人類的經典
（七十四）

法篇

柏拉圖 著
王曉朝 譯

Original Title "Nόμοι (Laws)"

人類的經典（七十四）

法篇

作者　柏拉圖（Plato）
譯者　王曉朝
總編　黃秀如
責任編輯　歐陽瑩
封面設計　郭佳慈
電腦排版　曾美華、嚴致華

社長　郭重興
發行人暨出版總監　曾大福
出版　左岸文化
發行　遠足文化事業股份有限公司
231台北縣新店市中正路506號4F
客服專線：0800-221-029
電話：（02）2218-1417 / 傳眞：（02）2218-1142
E-Mail：service@sinobooks.com.tw
網站：http://www.sinobooks.com.tw/
法律顧問　華洋國際專利商標事務所 蘇文生律師
印刷　成陽印刷股份有限公司
初版　2007年7月
定價　300元
ISBN　978-986-7174-87-1

國家圖書館出版品預行編目資料

法篇 / 柏拉圖(Plato)著 ; 王曉朝譯. -- 初版
. -- 臺北縣新店市 : 左岸文化出版 : 遠足
文化發行, 2007[民96]
面； 公分. -- (人類的經典 ; 74)
含索引
譯自 : Laws
ISBN 978-986-7174-87-1(平裝)

1. 柏拉圖(Plato, 427-347 B.C.) -
學術思想 - 哲學 2. 國家論

141.4　96008908

編輯室報告

每個時代與社會，都有特別關心的議題。回應這些議題的思考，在時間歷練、眾人閱讀之後，漸漸就形成了經典。後來者如我們在面對未知時，有了前人的思考，也就不至於從頭開始；如果我們說，站在巨人的肩上望前看才能看得更遠，正是因為前人的思考構成了巨人的臂膀。

左岸文化推出的「人類的經典」系列，旨在幫助讀者了解構成此一厚實臂膀的偉大心靈，推介對人類社會演進和自我認知上具啓發性和開創性影響力的著作。

當然，「經典」相對意謂著一定的時空距離，其中有些知識或已過時或證明有誤，那麼，為什麼現代人還要讀經典？

人類社會的歷史是條斬不斷的長河，知識的演進也有一定的脈絡。不論是鑑往知來，或覺今是而昨非，都必須透過閱讀「經典」與大師對話，藉由這種跨越時空的思想辯難才有所得。

在二十世紀的科技文明即將邁入下一個新世紀之前，左岸文化事業有限公司整理出一系列的經典著作，希望為社會大眾在面對未來愈趨多元的挑戰時，提供可立足的穩固基石。

為推廣「經典」的閱讀，左岸特別於二〇〇四年推出最新的普及文庫本，期盼各界對「經典」的印象不再囿於厚重，更利於開卷閱讀。

《柏拉圖全集》推薦序——

漢語世界的哲學盛事

彭文林

二○○二年十二月三十一日

二○○一年的冬季，一位正在德國留學的朋友寄來了一封電子郵件，在信中提到：第一部漢譯《柏拉圖全集》在大陸即將出版。得到這個消息之後，我個人感到非常高興，因爲這是繼漢譯《亞里斯多德全集》之後，希臘哲學研究的一個新的里程碑，然而另一方面也多懷著一份戒愼恐懼之情，爲當時我正接受國家科學發展委員會所委託的經典譯注計畫，從事柏拉圖《克拉梯樓斯篇》（*Kratylos*）的翻譯與注解。這篇短短不到六十頁的對話錄譯注，在上課之餘，將近耗費個人兩年的時間，何況是整部《柏拉圖全集》的翻譯和注解。

二○○二年十一月七日收到左岸文化事業公司歐陽編輯寄來王曉朝先生所翻譯的《柏拉圖全集》，並邀請我撰文推介。看到一大箱《柏拉圖全集》的譯稿，帶來了無比的興奮和期待。自漢語世界和印歐世界的交往以來，至今尚未出現《柏拉圖全集》的漢譯本，這個《柏拉圖全集》的出現，可說是漢語世界裡研究古希臘哲學之盛事。做爲一個柏拉圖的研究者，尤其在我個人已經翻譯和注解了柏拉圖《歐伊梯孚容篇》（*Euthyphron*）和《克拉梯樓斯篇》之後，特別能夠深切地了解箇中滋味，一篇柏拉圖對話錄的翻譯已經如此困難——如果閱讀過陳康先生《柏拉圖巴曼尼得斯篇譯注》的人，毫無疑問地，將都會同意這個論調——何況是所有柏拉圖的作品。

在六、七年前，我曾經讀嚴群先生所翻譯的三篇對話錄，當時對於嚴先生的譯文感到非常佩服，因爲嚴先生的譯文明白流暢、言簡意賅，而且和希臘文行文的意義非常相近，眞不愧爲翻譯名家，令人歎賞不已。大約兩年前，嚴群先生的哲嗣突然寫了一封信給我，由於他在北京商務印書館看到我在誠品書店所出版的一本小書《柏拉圖選讀．導讀》，進而和我通信，他並不是專攻哲學的學者，卻能讓我感到知識研究的熱誠。雖然後來我們並沒有繼續通信，但是我仍然由衷的感謝他的來信與熱誠。

由於個人的孤陋寡聞以及對大陸的學術界不甚了解，無緣認識大陸學界研究柏拉圖的同好，深深以此爲憾事。我個人和王曉朝先生並不認識，在這樣偶然的機緣裡，能夠拜讀王曉朝先生《柏拉圖全集》的譯文，這是令人愉快的事情。

從汪子嵩先生所作的序言，知道王先生是前輩學者嚴群教授的弟子，他不但從嚴先生那裡修習了古希臘文，而且在英國攻讀博士學位時又專攻古希臘文。因此，我個人對這部《柏拉圖全集》的譯文特別感到興趣，非常期待藉著這部漢譯《柏拉圖全集》的問世，能夠帶動漢語世界的柏拉圖研究。

從汪子嵩先生的序言裡，我讀到兩句似乎自相矛盾的話。他講：「王曉朝翻譯這部全集主要參考的英譯本《柏拉圖對話全集》的編者E．漢密爾頓……。」又講：「他以婁卜叢書《柏拉圖全集》的希臘原文爲基準，參考了學術界公認的權威英譯本。」汪先生序言的行文目的似乎只是要告訴我們《巴門尼得斯》這篇對話錄的困難，而並未確定地說出這部《柏拉圖全集》的根據爲何。後來讀到王曉朝先生的導言，才知道他是根據以 Edith Hamilton and Huntington Cairns 所編的英譯本《柏拉圖對話全集》而譯出的。

在這兩個多月的時間裡，我個人除了教學研究之外，盡可能的抽出時間來閱讀王先生的翻譯。由於我個人健康的因素，無法仔細地閱讀完這個冊子裡所有的對話錄。我仔細地閱讀了前三個的對話錄，並且對照了希臘原文以及三個現代歐洲語言的譯本，其他的對話錄只是大略地閱讀。從我的閱讀裡，我認爲：王曉朝先生的譯文相當忠實地傳達了英譯本的意思。王先生的譯文清晰流暢，非常適合一般大眾閱讀，在漢語世界裡，爲柏拉圖哲學思想的傳播與研究，提供一條新的道路。對他的努力和這個全集譯本對學術界的貢獻，我個人深感敬佩。無疑地，我們期待這個柏拉圖全集的譯本能夠爲漢語世界的柏拉圖研究帶來深遠的影響。

此外，值得一提的是這個柏拉圖全集本只收錄了二十六篇對話錄、兩篇僞作（這是十九世紀疑古之風盛行的研究結果）和十三封書信。對我個人而言，這或許不能算作全集，因爲從文獻的歷史沿傳看來，在柏拉圖的名字下的作品總共有四十九篇作品和十三封書信，其中有十三篇已經確定是僞作，所餘下來的是三十四篇對話、《蘇格拉底申辯篇》（*Sokratous apologia*）和十三封書信。在古代的柏拉圖全集出版裡，模仿悲劇詩人的四部論集（*Tetralogia*）的方式，將柏拉圖的對話錄和書信分成九組。如果作一下比較，我們可以知道，尚有以下的幾個對話錄和書信並未收錄在這部漢譯柏拉圖全集裡：*Alkibiades I, Alkibiades II, Hipparchos, Anterastai, Theages, Minos, Kleitophon*。當然在柏拉圖的哲學思想裡，這幾篇對話錄並不具有重要的研究意義與價值，而且它們的篇幅也都很短，只是缺了這幾篇，就無法形成古典四部論集的出版形式。

我個人認爲，王曉朝先生的漢譯柏拉圖全集還可以繼續朝以下的幾個方向去努力：一、各篇對話錄的哲學思想的詮釋與注解，這一點可以從汪子嵩先生的序裡知道，王曉朝先生和其他幾位學者正在致力於這樣的工作。二、順著這樣的注解和詮釋進行柏拉圖哲學的研究，這似乎是漢語世界裡向來所缺少的，更須待後來者努力，才能做出好成績。三、爲了學術研究的目的，似乎應該取法於 O. Apelt 主編的 *Platon Sämtliche Dialoge*，在這個德文的全集譯本裡，他提供了一些在歷史上關於柏拉圖著名的研究成果與著作目錄，藉著這些在柏拉圖研究上赫赫有名的學者的指引，可以讓初學者循此途徑而登堂入室——這當然是我個人的奢望，希望有朝一日，漢語世界的柏拉圖的研究做到上述的這幾點。

《柏拉圖全集》中文版序

汪子嵩

繼苗力田主持翻譯的《亞里斯多德全集》出版以後，由王曉朝翻譯的《柏拉圖全集》又將陸續出版，對於我國學習和研究古代希臘思想史，這是值得慶幸的好事。

柏拉圖的對話是古代希臘留給我們的，最早由哲學家親自寫定的完整著作。蘇格拉底以前的哲學家留下的只是一些殘篇，蘇格拉底自己沒有寫過什麼著作，他的思想活動，主要只能從柏拉圖的對話中才能窺見。在近代，西方曾經有些研究者懷疑柏拉圖對話的眞僞問題，但現在學者們幾乎公認爲極大多數對話確實出自這位哲學家的手筆。

柏拉圖的對話無疑是希臘文化留下的瑰寶。它不但爲我們展示了一個在西方哲學史上最早的，也是兩千多年來影響最大的理性主義的哲學體系，而且在文學史上也是極其優美的傑作，尤其是在他的早中期對話中，既充滿了機智幽默的談話，又穿插了許多動人的神話故事和寓言。他的對話可以與希臘古代的史詩、著名的悲劇和喜劇媲美，是世界上不朽的文學名著。因此不但爲學習哲學和文學的人所必讀，而且是世界各國許多人所喜讀。我國從二十世紀二十年代起就有人翻譯柏拉圖對話了，但直到現在，可能還有柏拉圖全部著作的將近一半左右篇幅尚未翻譯出版，所以這部全集的出版是十分必要且及時的。

關於柏拉圖的生平和著作的情況，譯者在導言中已經做了必要的介紹，我在這裡只想補充談幾點自己的體會。

一

柏拉圖是蘇格拉底的學生，他們生活的時代已經是雅典的民主政治從興盛繁榮走向衰落。一些政治野心家在公民會議上靠著蠱惑人心的演說煽動群眾，奪取政權，成爲專制獨裁者，使人民從主人淪爲群氓；雅典終於在伯羅奔尼撒戰爭中失敗了，政治和經濟遭受重創，國內道德淪喪。當時活躍在思想界的是一批自命爲青年導師的智者，他們雖然提出了「人是萬物的尺度」，用以反對舊有的「神是萬物的尺度」，突出了人的尊嚴和地位，起了重要的啓蒙和革命的作用；但是他們又將「人」解釋爲只是個別的個人，我感覺是甜的就是甜的，陷入了主觀主義和感覺主義，否認有客觀的眞理，甚至提出只有維護強者的利益才是正義。正是在這種情況下，蘇格拉底挺身而出，以螫刺、驚醒雅典的「牛虻」自居。他經常和智者、青年們討論什麼是正義、什麼是勇敢等倫理問題，他們都以某一具體的實例作爲回答，蘇格拉底挑出其中的矛盾，迫使他們承認自己的無知。這就是蘇格拉底使用的辯證法，也是「辯證法」一詞的原始涵義。柏拉圖的早期對話幾乎全是這種蘇格拉底式的辯證法的具體運用和精彩的表述。

原來蘇格拉底所要探求的並不是某一特殊的可以稱爲正義或勇敢的道德行爲，而是正義作爲正義或勇敢作爲勇敢的普遍的本質定義，它不是依某個人或某些人的愛好，也不是因時因地而有所不同；它應該是普遍適用的，在同類事物中只有一個，它是純粹的，是永恆不變的，是絕對的。這樣的正義或勇敢（的本質），是只有理性才能認識，感覺無法認知的。人從感覺產生意見，它是不確定的，甚至是虛幻的；只有從理性才能產生確定的眞正知識，才能認識客觀眞理。柏拉圖發展了蘇格拉底的思想，將理性提高到最崇高的位置，可以說他將「人是萬物的尺度」又提到「只有人類理性才是認識和評價萬物的最高準則」的高度。

柏拉圖將每一同類事物的本質定名爲Idea，一般譯爲「理念」。柏拉圖在有些對話中是將它解釋爲思想中主觀的「念」的，但在更多處卻說它是理性認識的對象，是客觀的存在，所以有人主張譯爲「型」或「相」，本書均譯爲「相」。對於蘇格拉底提出的什麼是正義或勇敢的問題，柏拉圖認爲正確的回答應該是正義有「正義的相」，勇敢有「勇敢的相」。他由此創立了被稱爲「相論」的理性主義的哲學體系，主要見於他的中期對話《斐多篇》和《國家篇》。這在西方哲學史上，是現在能夠見到最早提出的完整哲學體系。兩千多年來，它在西方哲學史上的影響幾乎是無與倫比的，對世界哲學的發展也產生了深遠的影響。

在柏拉圖的相論中出現了兩個世界：一個是相的世界，另一個是現實的世界；前者是眞實的，後者是變幻的。這樣便發生了這兩個世界的關係問題：它們是不是相互分離的？這就是說，相的世界是不是也和現實世界一樣，是獨立自存的？早在柏拉圖的學園內部，在他的學生們中間就已經為這個問題發生爭論，他的弟子亞里斯多德在《形而上學》中便有兩處批評柏拉圖將「相」和具體事物分離的學說，他認為普遍只能存在於具體事物之中，而不能在具體事物之外獨立自存。這個問題是在哲學史上著名的所謂分離問題，兩千多年來許多哲學家一直圍繞這個問題爭辯不休。

這個相和具體事物的關係，從本體論說，就是普遍和個別的關係；從認識論說，就是理性認識和感性認識的關係；從政治和倫理生活說，也就是理想和現實的關係。這些都是歷代哲學家、思想家永恆討論的話題。

柏拉圖既是哲學家，又是文學家、詩人，同時又是熱中於政治的思想家。他很想將他那套應該根據理性標準建立的政治體制在現實世界中實現，為當時混亂紛爭的希臘城邦樹立一個模範。為此他三次遠赴西西里，希望那裡的敘拉古城邦的執政者能夠接受他的教導，按照理性治理城邦。結果是一次次都失敗了，他只能返回雅典，在他創立的學園中著書立說。他最富盛名的對話《國家篇》大概是他返回雅典之後寫成的，比較完整地論述了他理想的政治制度。他認為一個城邦是由三個部分的人分工組成的：第一部分是統治者，他們必須具有最高的知識，表現人的理性，智慧是他們的美德，由此柏拉圖提出了所謂「哲學王」的想法；第二部分是保衛城邦的武士，表現人的激情，他們的美德是勇敢；除此以外的一般公民，表現人的慾望，接受理性的指導和武士的保衛；如果這三個部分的人都能正確地負起各自的職責，和諧共處，便是節制的美德。一個城邦如果能夠達到這樣的程度，便是實現了城邦的正義。這樣，柏拉圖對「正義的相」做了一個具體的說明，使它不再只是一個空洞的名稱了。

在當時希臘諸城邦中，柏拉圖比較服膺斯巴達。斯巴達在社會政治經濟制度方面雖然比較落後，還保留了原始公社的不少殘跡，比如沒有私有制，財物由全體公民共用（農牧業勞動是由被他們征服的異族奴隸承擔的），嬰兒也由公社共養等；但是斯巴達崇奉尚武精神，養成精銳善戰的軍隊，在伯羅奔尼撒戰爭中大獲全勝，戰敗了雅典，奪取了希臘城邦盟主的地位。柏拉圖因此設想在他的理想城邦中男女間可以任意相處，產生的嬰兒應該共同撫養和教育；沒有私有財產，尤其是擔任行政職務的統治者更不應該有私人的房屋和土地，他們只能從公民那裡得到作為服務報酬的工資，大家一起消費。這就是柏拉圖提出的共產、共妻、共子的主張（他的弟子亞里斯多德批評他，說這種主張是違背人的固有天性的）。人們已經從仰望神話中的天國，轉變為要開始設計地上人間的樂園了。柏拉圖是這種理想主義在西方的最早創始者。

柏拉圖的思想是有發展變化的，現在公認他的對話可以分為早期、中期和後期。早期對話主要表現蘇格拉底式的辯證法，中期對話建立柏拉圖自己的相論，這些是清楚的，是學術界比較一致的看法。但是後期對話的主要特點是什麼呢？在學者中就有各種不同的解釋：有的說是他原有相論的發展和擴大，但是不少學者指出：在後期對話中較前面的《巴門尼德篇》的第一部分裡，巴門尼德對少年蘇格拉底的相論提出了嚴格的批評，在這些批評論證中有一些和後來亞里斯多德對柏拉圖相論的批評是一致的。這是不是表示柏拉圖已經發現了自己相論中存在問題，因此加以批評？他是要否定原來的相論呢，還是僅僅要做一些修正？

如果我們將他後期對話中的一些論點和中期對話中的論點做比較，確實可以發現它們有許多不同之點。比如：在他的相論中，從感覺得到的意見和由理性得到的知識是絕對對立的，但是在《泰阿泰德篇》中，他卻認爲由意見也可以產生眞的知識。他原來強調只有智慧才能得到眞正的善和幸福，感情和慾望只能服從理性知識，但在《斐萊布篇》中，他卻論證善是智慧和快樂的結合。在他的相論中，更多注意的是倫理和政治方面的問題，有關抽象的概念和範疇的討論不多，但在後期對話中，對於抽象的範疇或「種」，如ON（英文Being，一般譯爲「存在」，有人主張譯爲「是」）、「一」、「動」和「靜」、「同」和「異」等，幾乎經常成爲思辨討論的重要題目。又如在他的相論中，主要討論的幾乎都是涉及人和社會方面的問題，對於早期希臘哲學集中討論的關於萬物的本原即自然哲學的問題很少提到，但在後期對話《蒂邁歐篇》中，他卻提出了一個完整的宇宙論體系，由創世者（*Demiurgos*）創造宇宙的學說。它在歷史上產生了很大作用，被早期基督教哲學家奉爲理論基礎。在政治思想上，柏拉圖在理想國中提出哲學王，主張賢人政制（aristocracy這個字，希臘文是指由出身好的人擔任統治，這個「出身好」既可以理解爲出身於高貴的家族，便可以譯爲貴族政制，柏拉圖便被說成是一個「反動的奴隸主貴族的哲學家」；但也可以理解爲賦有好的品格，便可以譯爲賢人或好人政制；統觀全文，柏拉圖顯然是在後一意義上使用這個詞的），他主張實行人治。但在實踐中一再失敗以後，他大概認識到這樣的賢人是可想而不可得的，在後期對話《政治家篇》中表現出從人治轉向法治的思想，到他最後也是最長的對話《法篇》中，他批評斯巴達只崇尚武力和戰爭，不知道城邦最好的狀態是和平；認爲不能給統治者以過分強大的權力，必須對他們進行監督和限制，因此城邦必須制定詳盡的法律。《法篇》爲理想城邦的政治、經濟、社會、文化各個方面規定了法律條款，成爲後來羅馬法的藍本。柏拉圖的政治思想已經從人治轉爲法治。

柏拉圖的後期對話不僅在內容上和他的早、中期對話有很大不同，而且在寫作的文字形式上也發生了很大的變化。在早、中期著作中，對話形式非常明顯，一問一答均簡明扼要，生動活潑，富有文學色彩；而在後期著作中卻常常從簡短的對話變成冗長的獨白，如《蒂邁歐篇》便通篇由主要發言人蒂邁歐長篇大論地申述他的宇宙論學說，是一篇具有深刻思辨的、卻又有點枯燥乏味的哲學論文，失去了對話的文學意味，《法篇》也有類似的情況。再有，便是蘇格拉底在對話中的地位也有了明顯的改變。在早、中期對話中，蘇格拉底是其中的主角，領導主宰談話的進程；但在後期著作中，他的地位改變了：在《巴門尼德篇》中，少年蘇格拉底是被愛利亞學派的老哲學家巴門尼德批判的對象；在《智者篇》和《政治家篇》中，主宰對話的是一位由愛利亞來的客人，少年蘇格拉底成爲被追詢的對象；在《蒂邁歐篇》中，蘇格拉底僅在開始時作爲主持人出現，指定蒂邁歐發言，接著便全部由蒂邁歐講述；到最後的《法篇》中，在對話者的名單中便根本見不到蘇格拉底的名字了。從這個對話名單中，我們可以設想柏拉圖的哲學興趣似乎已經從以繼承和發展蘇格拉底的思想爲主，轉向愛利亞學派的思想了。

在我國過去對柏拉圖哲學的翻譯、介紹和研究，一直集中於他的早、中期對話，尤其是被稱爲「理想國」的《國家篇》；對他的後期對話中的思想，很少被提及和重視。但是他的後期思想在古代希臘思想的發展史上，以至在整個西方思想的發展史上都產生過重要的作用，因此我在這裡多講了一些，希望能夠引起研究柏拉圖的學者的興趣和重視。雖然這些後期對話的譯文在《全集》第一卷中是看不到的，要在以後幾卷中才能讀到。

二

在我國，將柏拉圖的對話譯爲中文還是開始得比較早的，二十世紀二、三〇年代就有吳獻書先生譯的《理想國》（即國家篇）、郭斌和、景昌極先生譯的《柏拉圖五大對話集》、張師竹先生初譯、張東蓀先生改譯的《柏拉圖對話集六種》相繼出版。他們譯的都是柏拉圖的早、中期對話，並且都是用文言文翻譯的。其中除郭斌和先生用希臘文譯校外，其餘均根據英譯文轉譯，主要是Jowett的譯本和婁卜叢書的希、英文對照的《柏拉圖文集》中的英譯文。

我國近代翻譯界先驅嚴復先生的後裔嚴群先生精通希臘文，是本書譯者王曉朝的尊師。

他早在四〇年代便已譯有柏拉圖對話多種，解放後一再修改潤色，於一九六三年出版後期對話《泰阿泰德》和《智術之師》（即智者篇），一九八一年出版早期對話三種，一九八五年嚴先生去世後，經學生整理，於一九九三年又出版對話三種，其中包括後期對話《費雷泊士》（即斐萊布篇）。嚴先生的譯文也使用嚴復的文言文體。譯文以希臘原文爲基準，根據婁卜叢書的《柏拉圖文集》，參考公認的權威英譯本。

我國的哲學翻譯工作在五〇年代有很大的發展。一九五七年以後陸續出版的由北京大學哲學系外國哲學史教研室編譯的一套《西方古典哲學原著選輯》完全用白話文翻譯，在《古希臘羅馬哲學》中，將柏拉圖對話中的許多重要論點分別做了摘譯，譯者是任華先生，主要根據的也是婁卜叢書本。

一九八六年郭斌和先生和他的學生張竹明先生用白話文翻譯《理想國》全文出版，他們根據的是婁卜叢書本和牛津版 Jowett & Campbell 的希臘原文，並參考了多種英譯文。

一九六三年出版了朱光潛先生翻譯的《柏拉圖文藝對話集》，他將柏拉圖前後期七篇對話中有關文學藝術的論述全文或部分地譯出。二〇〇〇年又出版了楊絳先生翻譯的《斐多》。這兩位文學大師雖然是根據英、法譯文轉譯的，但他們的中譯文當然是非常精美的，表現了柏拉圖著作的文學風采。

此外還應當指出，一九九五年由苗力田主編，作爲高等學校文科教材的《古希臘哲學》選譯本中，對柏拉圖的中、後期的重要對話中的重要內容，都做了選譯，這部分負責編譯者是余紀元，他根據的主要是婁卜叢書的希臘原文。

從以上並不完備的介紹中，可以看到柏拉圖對話的中文翻譯雖然至今還不夠完全，但是不斷有所前進：譯文從文言轉爲白話，向更有規範的現代漢語發展；翻譯從英、德、法文轉譯趨向根據希臘原文；翻譯的範圍也從早、中期對話擴大到後期對話。這些變化爲現在翻譯《全集》開闢了途徑。

在以上介紹前輩學者的譯著中，我沒有提到一九四三年出版的陳康先生譯注的《柏拉圖巴曼尼得斯篇》，因爲我認爲陳先生這部著作並不是一般的翻譯作品，應該說它是用中文寫出的、對柏拉圖《巴門尼德篇》做出創造性闡釋的研究性專著。柏拉圖的這篇對話，兩千多年來被學術界認爲是一個最大的謎。它分爲兩個部分：第一部分是老年哲學家巴門尼德批評少年蘇格拉底的相論，第二部分是巴門尼德引導少年蘇格拉底進行思想訓練，提出八組假設的邏輯推論，得出不同的結果。從古至今學者們一直在爭辯：被批評的少年蘇格拉底的相論是不是柏拉圖自己的相論？第二部分的八組邏輯推論是什麼意思？它和第一部分又有什麼聯繫？許多學者做出各種猜想，都沒有能解開這個謎。當代哲學史家 W.K.C. 格思里在他著名的《希臘哲學史》第四、五卷中對柏拉圖的每篇對話都作做了詳細的論述，但他認爲要理解《巴門尼德篇》的目的，實在是很困難的，因此對它的第二部分只寫了短短三頁，沒有做認眞的解釋。王曉朝翻譯這部《全集》主要參考用的英譯本《柏拉圖對話全集》的編者E．漢密爾頓爲《巴門尼德篇》寫的提要中也說：這篇對話給讀者帶來極大的困難，它那些不斷在字面上變動的論證實在令人難以理解，例如他說的『一』在時間中變得比自己年老些時，也就比它自己年輕些」等等。對於這篇幾乎令所有學者感到困惑的對話，陳先生提出了他自己的解釋。

陳先生認爲了解這篇對話的關鍵就是所謂分離問題，哲學史一般都認爲在柏拉圖的相論中，相和具體事物是相互分離的。一九四〇年陳先生在德國柏林大學作的博士論文《亞里斯多德論分離問題》對此作做了深入的研究，他將柏拉圖和亞里斯多德著作中所有關於分離的論述全部集中整理、分類研究，發現分離問題的實質是自足，像兩個具體事物甲和乙可以彼此分開，在空間中獨立自存，才是所說的分離。而柏拉圖的相乃是事物追求的目的，它和事物只在尊榮和價值上有高低程度的不同，彼此間有距離，而不是空間上的分離。陳先生以這個觀點分析《巴門尼德篇》中少年蘇格拉底的相論，認爲少年蘇格拉底是明確主張相和具體事物之間是互相分離的，他將相看成和具體事物一樣，也是在空間中獨立自存的，這就是將抽象的相也物體化了，因此無法說明相和具體事物的聯繫和結合，他的相論只能被巴門尼德駁倒。陳先生認爲少年蘇格拉底的相論並不是柏拉圖自己的相論，它們是有根本區別的。他還專文考證少年蘇格拉底的相論大約是當時柏拉圖學園中某些人提出的主張。

這樣，問題便集中到分離和結合的關係上：相和具體事物是分離還是結合的？在什麼情況下它們相互分離，什麼情況下可以結合？《巴門尼德篇》的第二部分中的思想訓練，便是以八組虛擬的邏輯推論形式研究這個問題。它是從第一部分中引申出來的，所以這兩個部分有密切聯繫，由它們組成的這篇對話成爲一個統一的整體。但是在這八組推論中，柏拉圖首先提出的卻不是相和個別事物的結合和分離，而是抽象的相和相之間的結合和分離問題。因爲在柏拉圖原來的相論中，每一類事物的同名的相如「人的相」和「大的相」，也是彼此獨立的，柏拉圖並沒有專門討論它們之間的關係。不過在《巴門尼德篇》中，柏拉圖將同一類事物的普遍的相改爲最普遍的範疇，如「是（Being）」、「一」、整體和部分、動和靜、同和異、大和小等等，討論它們之間的結合和分離問題。他先選擇兩個最普遍的範疇——「一」和「是」作爲虛擬推論的前提。第一組推論的前提是：如果一和是不結合，只是孤立的一，那麼它便不能和許多對立的範疇如整體和部分、動和靜等等相結合，它便什麼都不是，甚至也不是一自己。第二組推論的前提與之相反：如果一和是互相結合，那麼它便可以和許多對立的範疇相結合，甚至它既是知識，又是感覺，又是意見。以後的推論實際上說明了：具體事物就是這些普遍範疇的集合體。這些結論都是經過複雜的邏輯推論才得出的，上述漢密爾頓提出的年齡問題，便是第二組推論中的第十三個推論。柏拉圖以相當複雜的邏輯步驟論證：一和是相結合，便也可以和「年老些」與「年少些」這對相反的範疇相結合（152A-155C）。陳先生不但爲這個推論中的每一邏輯判斷做了詳細的注釋，而且還寫了一篇專文《柏拉圖年齡論研究》（載《陳康論希臘哲學》）。

陳先生對《巴門尼德篇》所做的解釋，在柏拉圖其他後期對話中可以得到佐證。其一是在《智者篇》中的「通種論」。柏拉圖選取了在《巴門尼德篇》中出現過的三對對立的範疇（他稱爲「種」）：是和不是、動和靜、同和異（這些都是在其他後期對話中也經常提到，作爲重要討論對象的），用詳細的邏輯論證，證明它們是彼此相通，即可以互相結合的。在《巴門尼德篇》中，這種結合還只是虛擬的可能性，到《智者篇》中，「通種論」已經變爲正面的證明了。佐證之二是在《斐萊布篇》中，柏拉圖將「劃分」和「結合」的方法提高到「辯證法」的高度。在柏拉圖的對話中，關於辯證法有三種不同的說法：在早期對話中，他說的辯證法就是這個字的最初詞義，即蘇格拉底的對話問答法。在中期對話《國家篇》中，他認爲辯證法是高於其他一切學科的學問，它能認知「相」以至最高的「善」，相當於後來亞里斯多德所說的「第一哲學」，不過他不稱爲哲學而稱爲辯證法。但對於這門學問的具體內容，他沒有做深入的探討。到後期對話《智者篇》和《政治家篇》中，愛利亞的來客要少年蘇格拉底爲智者和政治家下定義，定義的方法叫二分法，即將事物不斷劃分（分析），如《智者篇》中將事物分爲生物和無生物，生物又分爲動物和植物，動物又分爲兩足的和四足的；將這些分析的結果綜合起來，「兩足的動物」便是「人」的定義。在《政治家篇》中對此加以糾正，說只有在合適的點（即「種」）上劃分，才能得出正確的結果。如果只將動物分爲兩足的和四足的，並不能顯示人的特徵，反而將鳥和人分到同一類去了；必須將兩足動物再分爲有翼的和無翼的，只有「無翼的兩足動物」才是人的定義（這就是人類最初認識的科學分類法，後來亞里斯多德經常舉這個例子）。作爲政治家，他具有的知識應當和工人和農民、醫生的實踐知識不同，是理論性的；但他的理論知識又不是評論性的，而是指導性的；政治家是統治人的，但統治又可以分爲「依靠暴力」和「根據自願」兩種，依靠暴力統治的是暴君，只有根據公民自願統治的才是眞正的政治家。柏拉圖認爲只有這樣，既從相似事物中分析它們的差別，又能綜合把握它們的共同性，即既能從一中看到多，又能從多中把握一，能夠將一和多統一起來的，才是「眞正的辯證法，它能夠使人更好地通過理性發現眞理」（287A）[1]。

柏拉圖在後期對話中所說的這第三種辯證法，實際上就是分析與綜合的辯證法，也就是尋求一和多的辯證關係的方法，是哲學研究的重要方法。自從柏拉圖提出以後，首先爲亞里斯多德所接受，成爲他進行哲學研究的重要方法。

古希臘愛利亞學派的巴門尼德首創 Being（希臘文 ON）的一元論，提出「是」和「不是」是辨別命題的眞和假的標準。柏拉圖在早、中期對話中對此沒有專門重視，直到後期對話《巴門尼德篇》開始，將 Being 和「一」作爲最普遍的範疇，討論它們和其他普遍範疇的分離和結合的問題；在其他後期對話中更不斷深入討論普遍範疇間的分析和綜合的問題，認爲這是最高的哲學——辯證法。柏拉圖的後期思想對亞里斯多德哲學的形成和發展起了很大的影響作用。亞里斯多德專門研究Being的問題，提出研究最普遍最純粹的Being as Being（希臘文*to on hei on*）即是「第一哲學」的任務，從而在西方哲學史上開創了Ontology（一般譯爲「本體論」，現在也有人主張譯爲「存在論」或「是論」）。他的主要研究方法就是對Being做了各種分析和綜合，比如將它分析爲本體（實體）及其屬性——性質、數量、關係等十個範疇，分析爲形式與質料、本質與偶性、潛能與現實等等，然後又將它們綜合起來，研究它們相互之間的關係。不過柏拉圖的分析與綜合和亞里斯多德的分析與綜合有一點重要的區別：柏拉圖對它們主要是做抽象的邏輯推理，亞里斯多德卻特別重視根據經驗事實對它們做推理論證。柏拉圖在《巴門尼德篇》第二部分所做的抽象範疇間的邏輯推理，可以說是後來黑格爾的《邏輯學》的先河；而亞里斯多德的本體論學說，可以說是爲當時哲學和科學的研究提供了科學的方法論。

當我們仔細閱讀柏拉圖和亞里斯多德的著作時，可以發現亞里斯多德的思想，無論是形而上學、自然哲學、邏輯學以至倫理學和政治學，都深受柏拉圖後期對話的思想影響，其中有些是對柏拉圖思想的繼承和發展，有些則是批評和修正。這是符合歷史事實的，因爲當代西方學者們的研究已經證明：當青年亞里斯多德到雅典進柏拉圖學園學習時，進入老年的柏拉圖已經在開始撰寫他的後期對話了。因此我們必須研究柏拉圖的後期對話，才能理解從柏拉圖哲學向亞里斯多德哲學的發展過程，才能理清從巴門尼德開始的，經過柏拉圖到亞里斯多德思想的發展線索，才能說明西方哲學中本體論的開創和形成。

陳康先生一貫認爲：學術研究的內容是會變動的，隨著新資料的發現或觀點的發展，研究的結論先後會有所不同。他認爲重要的乃是研究的方法。他將他的研究方法概述爲：「每一結論，無論肯定與否定，皆從論證推來。論證皆循步驟，不做跳躍式的進行。分析務必求其精詳，以免混淆和遺漏。無論分析、推論或下結論，皆以其對象爲依歸，各有它的客觀基礎，不作廣泛空洞的斷語，更避免玄虛到使人不能捉摸其意義的冥想，來『飾智驚愚』。研究前人思想時，一切皆以此人著作爲根據，不以其與事理或有不符，加以曲解（不混邏輯與歷史爲一談）。研究問題時，皆以事物的實況爲準，不顧及任何被認爲聖經賢訓。總之，人我不混，物我分清。一切皆取決於研究的對象，不自作聰明，隨意論斷。[2]」六十年前，陳先生將當時歐洲大陸流行的這種嚴格的學術研究方法介紹進中國，他用這種方法研究譯注了這部柏拉圖的《巴門尼德篇》。

王曉朝告訴我：在翻譯這部《柏拉圖全集》以後，他們幾位年輕的學者還將對柏拉圖的對話，分篇進行研究注釋。我想，這將是大大推動我國希臘哲學史研究的好事。翻譯和研究本來是相輔相成，相互促進的。翻譯必須先對原著的邏輯有所研究和理解，所以是以研究爲基礎；研究既然用中文寫出，也就必須對原著有所翻譯。現代西方學術界對於研究古典著作又提出了新的研究方法，如分析法、解釋法等。現在中西方學術交流日益頻繁，我國的年輕學者們既可直接接受西方的學術訓練，又經常參加國際學術活動，當然可能以新的研究方法創造出新的研究成果，既參考借鑑前輩學者的經驗，又超過前輩學者的成就。

* * *

從七〇年代我們開始編寫《希臘哲學史》起，王曉朝就參加了我們的工作，並爲該書第一卷編寫「譯名對照表」。他在原杭州大學攻讀碩士學位期間，便已從嚴群先生修習古希臘文；後來在英國攻讀博士學位期間，又專攻古希臘文兩年。他的希臘文根柢，應該說是比較著實的，但他還謙虛地說：「譯者至今仍未能達到拋開辭典和各種已有西文譯本，僅依據希臘原文進行翻譯的水準。」他以婁卜叢書《柏拉圖文集》的希臘原文爲基準，參考了學術界公認的權威英譯本。這種態度是實事求是的。我只讀了其中之一短篇對話，對他的譯文不能妄加評說。好在譯者以極爲誠摯的態度，歡迎讀者的批評。我認爲要使我國的學術研究繁榮起來，學術批評是必不可少的。不過學術評論必須建立在正確的態度上，應該是經過讀書研究，採取平等的切磋討論的方式；而不應該是盛氣凌人、毫無根據地扣大帽子的「大批判」的方式。

注釋

【1】參看汪子嵩：《柏拉圖談辯證法》，載紀念賀麟先生的生平與學術的《會通集》，一九九三年三聯書店版。

【2】《陳康哲學論文集》〈作者自序〉，一九八五年臺灣聯經版。

《柏拉圖全集》中譯者導言【1】

王曉朝

二〇〇一年四月八日於北京清華園

柏拉圖（西元前四二七年—三四七年）是古希臘最有代表性的大思想家、大哲學家、大文學家、大教育家。他的思想與著作（主要是對話）對西方哲學理念與整個文化的發展發揮了極爲重要的作用，產生著極其深遠的影響，把他在西方思想史和文化史上的地位比作中華文化傳統中的孔子絲毫也不過分。

古希臘文化是西方文化的兩大源頭（古希伯來與古希臘）之一，是古希臘民族留給全人類的一筆巨大遺產，而柏拉圖對話就是希臘文化寶庫中最有代表性的寶藏。柏拉圖對話不僅屬於西方人，而且也屬於全人類。

翻譯柏拉圖對話不需要花很多篇幅去說明理由，但是，爲了能夠幫助廣大讀者閱讀和使用這部《柏拉圖全集》，譯者有義務提供相關背景資料。

一、柏拉圖生平概述

柏拉圖的思想影響很大，但記載他生平的史料不多。人們介紹他的生平主要依據第歐根尼·拉爾修的《著名哲學家的生平和學說》和柏拉圖自傳性的《第七封信》。《著名哲學家的生平和學說》的作者第歐根尼·拉爾修是西元一世紀的傳記作家。他記載了眾多希臘哲學家的思想和生平，全書共十卷，其中第三卷全部用於記載柏拉圖，共一〇九節。柏拉圖的《第七封信》是柏拉圖傳世書信（共十三封）中最長的一封，大多數學者承認這封信是柏拉圖眞作，把它當作可靠的史料進行研究和引證。

柏拉圖（Plato）於西元前四二七年五月七日出生在雅典附近的伊齊那島。他的父親阿里斯通（Ariston）和母親珀克里提俄涅（Perictione）都出自名門望族。父親的譜系可以上溯到雅典最後一位君王科德魯斯（Codrus）。母親出自梭倫（Solon）家族。柏拉圖屬於梭倫的第六代後裔。

柏拉圖原名阿里斯托克勒（Aristocles）。據說，他的體育老師見他體魄強健，前額寬闊，就把他叫做柏拉圖，而在希臘文中「plato」的意思就是寬廣。柏拉圖有兩個哥哥阿得曼圖（Adeimantus）和格勞孔（Glaucon），在柏拉圖對話中常有出現。柏拉圖還有一個姐姐名叫波托妮（Potone），她是後來柏拉圖學園的繼承人斯彪西波（Speusippus）的母親。柏拉圖的父親去世後，他的母親改嫁給她的堂叔皮里蘭佩（Pyrilampes），生子安提豐（Antiphon）。皮里蘭佩和雅典民主派領袖伯里克利（Pericles）關係密切，柏拉圖在《卡爾米德篇》中以頌揚的口吻提到過他的這位繼父。

柏拉圖出生的那年伯羅奔尼撒戰爭已經進行到第四個年頭。柏拉圖從小在繼父家度過，受到良好的教育。他在青年時期熱中於文藝創作，寫過讚美酒神的頌詩和其他抒情詩，富有文學才能。大約二十歲時，柏拉圖追隨哲學家蘇格拉底（Socrates），直到蘇格拉底被雅典當局處死爲止，前後約有七、八年時間。在此期間，雅典發生了一系列重大事件：伯羅奔尼撒戰爭以雅典失敗而告終；「三十僭主」推翻民主政制，但因施行暴政而在八個月後又被群眾推翻；雅典恢復民主政治，但它又以莫須有的罪名處死了蘇格拉底。蘇格拉底之死給柏拉圖留下了終生難以忘懷的印象，也改變了他一生的志向。從他七十高齡時撰寫的自傳式的《第七封信》中可以看出，他在青年時期熱中於政治，希望能參加政治事務，公正地治理城邦，但是實際經驗告訴他，包括雅典在內的所有城邦都不能做到這一點。最後，他認爲只有在正確的哲學指導下才能分辨正義和非正義，只有當哲學家成爲統治者，或者當政治家成爲眞正的哲學家時，城邦治理才能是眞正公正的。這就是他在《國家篇》[2]中提出的一個重要思想，即所謂的「哲學王」，讓哲學家治理國家，或讓統治者成爲哲學家。

柏拉圖主要是哲學家，但也可以說他是一位政治家，一位政治思想家。柏拉圖青年時產生的政治志向實際上貫穿他一生，它後來三次西西里之行就是爲了實現他的政治理想。在他的對話中有不少地方討論政治問題，集中討論政治問題的除了《國家篇》以外，還有《政治家篇》和《克里底亞篇》是柏拉圖的最後一篇對話，雖然只寫了一個開頭，但柏拉圖在其中提出一個理想的「大西洋島」〔即亞特蘭提斯——編注〕，成爲後來西方思想家們的烏托邦的原型，英國近代哲學家培根就寫過一本《新大西洋島》。

蘇格拉底去世以後，柏拉圖遵從老師的教導外出遊歷。他於西元前三九九年離開雅典，先後到過麥加拉、埃及、居勒尼、南義大利和西西里等地，到西元前三八七年才返回雅典。他在遊歷中考察了各地的政治、法律、宗教等制度，研究了數學、天文、力學、音樂等理論和各種哲學學派的學說。在這樣廣博的知識基礎上，柏拉圖逐步形成了他自己的學說，以及對改革社會制度的見解。他回到雅典以後便建立學園，全面制定他自己的哲學體系，進一步傳播他的學說，培養人才，期望實現他的理想。

西元前三八七年，柏拉圖在朋友的資助下在雅典城外西北角的阿卡德摩（Academus）建立學園。此地原爲阿提卡英雄阿卡德摩的墓地，設有花園和運動場。這是歐洲歷史上第一所綜合性傳授知識、進行學術研究、提供政治諮詢、培養學者和政治人才的學校。柏拉圖的學園建校後園址長期未變，直到西元前八六年羅馬統帥蘇拉圍攻雅典時才被迫遷入城內，以後一直存在到西元五二九年被東羅馬皇帝查士丁尼下令關閉爲止，前後持續存在達九百年之久。以後西方各國的主要學術研究院都沿襲它的名稱叫 Academy。

學園的創立是柏拉圖一生最重要的功績。當時希臘世界大批最有才華的青年受它的吸引，來到這裡。他們聚集在柏拉圖周圍從事科學研究和學術討論，爲後來西方各門自然科學和社會科學的發展提供了許多原創性的思想。柏拉圖的後半生除了短期去過西西里以外都在這裡度過，他的著作大多數在這裡寫成。可以說，柏拉圖的學園在西方開創了學術自由的傳統，是希臘世界最重要的思想庫和人才庫。還應該提到的是，柏拉圖建立的學園 Academy 和後來西方各國沿襲這個名稱的各種學術研究團體也有不同，柏拉圖學園的目的之一就是要爲城邦培養治理人才，與當時許多城邦有政治聯繫。雖然柏拉圖在實踐中經過多次碰壁以後，他的政治理想也有所降低了，但他想按照哲學的正義原則治理城邦的思想卻並沒有放棄。他的一生雖然以主要的精力從事哲學研究，越來越少參加政治實踐，但想以他的思想影響城邦統治者，儼然以「帝王師」自居，這一點倒是和中國儒家的傳統相近的。

爲了能夠實踐自己的政治理想，柏拉圖曾三次赴西西里島與敘拉古統治者狄奧尼修一世（Dionysus）打交道，希望說服後者制定新政，用最好的法律來治理這個國家，但最後還是遭到失敗。從此以後，柏拉圖放棄了參與政治實踐，將全部精力用於辦好學園。

西元前三四七年，柏拉圖在參加一次婚禮宴會時無疾而逝，享年八十歲，葬於他耗費了半生才華的學園。柏拉圖晚年在希臘世界享有崇高的聲譽，他當時在人們心目中的形象可用他的學生亞里斯多德的悼詞來佐證：

「巋巋盛德，莫之能名。
光風霽月，涵育貞明。
有誦其文，有瞻其行。
樂此盛世，善以繕生。[3]」

二、柏拉圖著作的真偽及次序

柏拉圖的大部分著作都是對話。在希臘歷史上，這種體裁雖然不是他第一個使用，但「柏拉圖使這種寫作形式得到完善，所以應該把發明對話並使之富有文采的功勞歸於他。[4]」柏拉圖的對話不僅是哲學著作，而且也是文學作品，和著名的希臘史詩和戲劇一樣，有著非常優美的文采，又有極其感人的魅力。「在柏拉圖手裡，對話體運用得特別靈活，不從抽象概念而從具體事例出發，生動鮮明，以淺喻深，由近及遠，去僞存眞，層層深入，使人不但看到思想的最後成就或結論，而且看到活的思想的辯證發展過程。柏拉圖樹立了這種對話體的典範，後來許多思想家都採用過這種形式，但是至今沒有人能趕上他。柏拉圖的對話是希臘文學中的一個卓越的貢獻。[5]」

柏拉圖對話所涉及的內容極爲廣泛，哲學、倫理、自然科學問題、政治、教育、語言、藝術，等等，幾乎無所不談。他以前的所有希臘哲學家的名字和某些重要學說都在對話中出現，唯有德謨克利特除外。他以前的希臘重要詩人、戲劇家的名字也多數出現在對話中。所以我們可以說柏拉圖的對話是希臘文化的一部百科全書。通過閱讀柏拉圖對話，我們可以瞭解希臘民族的精神世界，從中得到精神的享受和文化的薰陶。

柏拉圖對話的眞僞，二千多年來一直有爭議的問題，我們在此作詳細介紹。第歐根尼．拉爾修在《著名哲學家的生平與學說》第三卷中用了十五節（第四十八─六十二節）的篇幅介紹柏拉圖著作，其中比較重要的內容有：

一、早在西元前三世紀時，拜占庭內學問淵博的亞歷山大圖書館館長阿里斯托芬（約西元前二五七─前一八〇年，和著名喜劇作家阿里斯托芬同名）曾將柏拉圖的對話按三篇一組的次序，分成以下各組：第一組──《國家篇》、《蒂邁歐篇》、《克里底亞篇》；第二組──《智者篇》、《政治家篇》、《克拉底魯篇》；第三組──《法篇》、《彌努斯篇》、《厄庇諾米篇》；第四組──《泰阿泰德篇》、《歐緒弗洛篇》、《申辯篇》；第五組──《克里托篇》、《斐多篇》、《書信》。其他對話則作爲獨立著作，沒有規定次序[6]。

二、西元一世紀時亞歷山大里亞的塞拉緒羅（死於西元三六年）說柏拉圖的著作眞的有五十六種，他將《國家篇》的十卷算成十種，十二卷的法篇算成十二種，實際上只有三十六種。塞拉緒羅給每一種加上兩個標題，一個是對話人的名字，另一個是討論的主題，還說明這對話是屬於什麼性質的。他按四篇一組（terralogy）把全部對話分爲九組：第一組──《歐緒弗洛》，或論虔敬、試驗的；《蘇格拉底的申辯》，論理的；《克里托篇》，或論責任、倫理的；《斐多篇》，或論靈魂、論理的。第二組——《克拉底魯篇》，或論正名、邏輯的；《泰阿泰德篇》，或論知識、試驗的；《智者篇》，或論存在、邏輯的；《政治家篇》，或論君王、邏輯的。第三組——《巴門尼德篇》，或論「相」、邏輯的；《斐萊布篇》，或論快樂、倫理的；《會飲篇》，或論善、倫理的；《斐德羅篇》，或論愛、倫理的。第四組——《阿爾基比亞德I篇》，或論人性、助產術的；《阿爾基比亞德II篇》，或論祈禱、助產術的；《希帕庫篇》，或愛好獲得者、倫理的；《競爭者篇》，或論哲學、倫理的。第五組——《塞革亞篇》，或論哲學、助產術的；《卡爾米德篇》，或論自制、試驗的；《拉凱斯篇》，或論勇敢、助產術的；《呂西斯篇》，或論友愛、助產術的。第六組——《歐緒德謨篇》，或論詭辯、反駁的；《普羅泰戈拉篇》，或論智者、批判的；《高爾吉亞篇》，或論修辭、反駁的；《美諾篇》，或論美德、試驗的。第七組——《大希庇亞篇》，或論美、反駁的；《小希庇亞篇》，或論虛假、反駁的；《伊安篇》，或論《伊利亞特》、試驗的；《美涅克塞努篇》，或葬禮演說、倫理的。第八組——《克利托芬篇》，或異論、倫理的；《國家篇》，或論正義、政治的；《蒂邁歐篇》，或論自然、物理的；《克里底亞篇》，或大西洋島故事、倫理的。第九組——《彌努斯篇》，或論法、政治的；《法篇》，或論立法、政治的；《厄庇諾米篇》，或夜間議會或哲學家、政治的；《書信》，十三封信、倫理的[7]。

三、第歐根尼·拉爾修指出：以下十篇托名柏拉圖的對話，已被認爲是僞作。它們是：《彌冬篇》（Midon）或《養馬人篇》；《厄律克西亞篇》（Eryxias）或《厄拉西特拉圖篇》；《阿爾孔篇》（Alcyon）或《西緒福篇》（Sisyphus）；《阿克西俄庫篇》（Axiochus）；《弗阿克人篇》（Phaeacians）；《德謨多庫篇》（Demodocus）；《凱利冬篇》（Chelidon）；《第七天篇》或《赫伯多米篇》（Hepdomic）；《厄庇美尼德篇》（Epimenides）[8]。這些被認定是僞作的對話有些已經失傳。

西元五世紀的柏拉圖學園也發生了對柏拉圖著作眞僞問題的爭論。當時著名的新柏拉圖主義代表人物之一普洛克羅（Proclus，西元410-485年）不僅認爲《厄庇諾米篇》和《書信》是僞作，甚至認爲最重要的《國家篇》也是僞作。

近代西方學術界疑古成風，十九世紀有許多哲學史家對柏拉圖的著作眞僞提出質疑。當時的學者把柏拉圖的思想看成是前後一貫的、嚴格的哲學體系，認爲《國家篇》的思想是這個體系的總結和頂峰。按照這種想法，他們把那些和《國家篇》思想有明顯不一致的對話當作僞作，並以此安排柏拉圖對話的先後次序。比如著名的哲學史家文德爾班在一八九二年出版的《哲學史教程》中認爲：「在可疑作品中最重要的是《智者篇》、《政治家篇》和《巴門尼德篇》。這些作品也許不是柏拉圖創作的，很可能是他的學派中和愛利亞學派的辯證法和論辯術有密切關係的人們寫成的」[9]。哲學史家宇伯威格總結說：「如果我們把古代和近代的批評加在一起，那麼塞拉緒羅提出的四篇一組的三十六種著作中，只有五種從來沒有遭到過懷疑」[10]。

進入二十世紀以來，學者們經過認眞研究取得了比較一致的意見，肯定現存柏拉圖作品中大多數作品，特別是那些重要的著作是眞作。納入這個中譯本《柏拉圖全集》正文的二十六篇對話被公認爲柏拉圖眞作，納入附錄的兩篇對話和書信的眞僞雖仍有爭議，但多數學者持肯定態度。因此我們大致可以放心地說，這二十六篇對話是柏拉圖的原作，是我們可以用來研究柏拉圖思想的第一手資料，而對附錄中的兩篇對話則可當作參考資料來用。

柏拉圖的《書信》共有十三封，主要是關於柏拉圖思想和實際活動的傳記性記錄，對於了解柏拉圖的生平及其爲人都很重要。對其眞僞，學者們也有各種不同的說法。但大多數學者認爲其中最重要也是最長的第七、八兩封信是眞的；對第一、二、十二等三封信則認爲是僞作的較多。

柏拉圖從事對話寫作前後相距約五十年，要爲它們安排一個寫作時間上的順序非常困難。古代似乎還沒有人想到要把柏拉圖的全部著作按先後次序排列，只是有人將它們按照內容進行分類，如上面提到塞拉緒羅將柏拉圖的對話分別定爲倫理的、政治的、邏輯的，等等。第歐根尼還記錄了他們的分類法：將對話分爲兩大類：教授的和研究的，教授的又可以分爲理論的和實踐的，理論的分爲物理的和邏輯的，實際的分爲倫理的和政治的；研究的也可以分爲兩種，一種是訓練心靈的，另一種是戰勝論敵的；前者又分爲助產術的和試驗的；後者又分爲提出批評反駁的和推翻論敵主要觀點的[11]。

十九世紀一些哲學史家和古典學者提出有關柏拉圖對話的分類和先後次序的看法，其中最有代表性的是以下幾家。

古典「解釋學」的創始人、德國著名的柏拉圖專家施萊爾馬赫（F. Schleiermacher）認爲柏拉圖從青年時代開始就意識到自己的哲學目的，有完整的系統框架，所以他撰寫對話有明確意識到的順序。據此他將柏拉圖對話分爲三個不同階段：第一，預備性的，主要是《斐德羅篇》、《普羅泰戈拉篇》、《巴門尼德篇》，作爲輔助的有《呂西斯篇》、《拉凱斯篇》、《卡爾米德篇》、《歐緒弗洛篇》、《申辨篇》、《克里托篇》等。第二，間接探討性的，主要說明知識和理智活動，它們是《泰阿泰德篇》、《智者篇》、《政治家篇》、《斐多篇》、《斐萊布篇》，作爲輔助的有《高爾吉亞篇》、《美諾篇》、《歐緒德謨篇》、《克拉底魯篇》、《會飲篇》等。第三，建設性的，主要是《國家篇》、《蒂邁歐篇》、《克里底亞篇》，作爲輔助的是《法篇》[12]。

阿斯特（G. A. E. Ast）的看法恰恰相反，從根本上否認施萊爾馬赫的論斷。他認爲各篇對話之間沒有任何內在聯繫，這些對話無論是內容還是形式都是戲劇性的，每篇對話都是一個哲學的劇本，其目的是多方面的，不可能設想有共同的哲學目的，絕大多數對話沒有肯定的哲學結果。他認爲柏拉圖是融詩人、藝術家、哲學家於一身的人，根本不會提出任何肯定的見解，沒有一個完整的哲學體系。他無非是推動學生們去思考研究，每篇對話都是獨立的著作，每篇偉大的對話都像一個有生命的機體，是精巧完成的均衡的整體。他將柏拉圖的著作分為三類：第一，詩和戲劇性占優勢的，有《普羅泰戈拉篇》、《斐德羅篇》、《高爾吉亞篇》、《斐多篇》。第二，突出辯證法因素的，有《泰阿泰德篇》、《智者篇》、《政治家篇》、《巴門尼德篇》、《克拉底魯篇》。第三，詩和辯證法因素相結合的，有《斐萊布篇》、《會飲篇》、《國家篇》、《蒂邁歐篇》、《克里底亞篇》。他還認為只有這十四篇對話是柏拉圖的眞作[13]。

赫爾曼（K. F. Hermann）和施萊爾馬赫一樣認為柏拉圖的全部著作是一個有機發展的整體，但他並不認為它們是事先設計的產物，而是柏拉圖思想發展過程的自然產物。他以蘇格拉底之死和第一次西西里之行結識畢達哥拉學派這兩件事實作標誌，將柏拉圖對話分為三個時期：第一，蘇格拉底學派時期，都是短篇對話，主要有《呂西斯篇》、《卡爾米德篇》、《拉凱斯篇》、《普羅泰戈拉篇》、《歐緒德謨篇》，認為這些對話都寫於蘇格拉底被處死以前，寫作目的是反對當時的智者；蘇格拉底死後接著寫下《申辯篇》、《克里托篇》、《高爾吉亞篇》、《歐緒弗洛篇》、《美諾篇》。第二，麥加拉時期或辯證法時期，《泰阿泰德篇》、《克拉底魯篇》、《智者篇》、《政治家篇》、《巴門尼德篇》。第三，成熟時期，從西元前三八五年到去世，受畢達哥拉學派重大影響的著作有《斐德羅篇》、《會飲篇》、《斐多篇》、《斐萊布篇》、《國家篇》、《蒂邁歐篇》、《克里底亞篇》，最後是《法篇》[14]。

上述學者的分類或分期帶有很強的主觀成分。這種主觀性解釋的最突出的例子是蒙克（E. Munk）。他認爲柏拉圖對話是在蘇格拉底死後將他當作眞正的哲學家的理想典範來寫的，因此他主張一種完全不同的排列次序，認爲這些對話展示了蘇格拉底一生的哲學成長；從蘇格拉底做爲一個少年出現的《巴門尼德篇》開始，由巴門尼德將他引進哲學，直到蘇格拉底一生的最後一幕，表現蘇格拉底之死的《斐多篇》是最後一篇對話。從《巴門尼德篇》到《斐多篇》，部分是藝術的順序，是相繼的歷史劇；部分是哲學的順序，是他學說的發展史，這就形成了一個蘇格拉底的圓圈。但這種看法現在已經很少有人接受了[15]。

從十九世紀後半葉開始，學者們逐漸採取比較科學的方法進行研究，經過學者們的長期努力，有關柏拉圖對話的先後順序和分期問題，基本上取得了比較一致或相接近的意見。他們研究使用的方法有以下這些：

第一，根據文體風格和語言檢驗。

柏拉圖的著述活動前後經歷半個世紀之久，他使用的詞彙、文法、句子結構必然是有改變的。一些學者根據這個特點研究柏拉圖的對話，最早是由英國著名的古典學者坎貝爾在他一八六七年發表的著作《柏拉圖〈智者篇〉和〈政治家篇〉：附修訂的希臘語校勘和英語注釋》一書中提出的。亞里斯多德在《政治學》（1264E26）中說《法篇》是柏拉圖晚年著作，遲於《國家篇》，第歐根尼·拉爾修記載說《法篇》是柏拉圖死後留在蠟版上未加修飾的著作[16]。

坎貝爾依據這些記載，把《法篇》定爲柏拉圖的最後著作，作爲一個鑑定標準。他又贊同學者們的普遍看法，《申辯篇》、《克里托篇》是柏拉圖最早的著作，作爲另一個鑑定標準。確定了柏拉圖最早的對話和最遲的對話以後，他考察柏拉圖各篇對話中使用的詞彙、文法、結構，考察文體風格的演變和各種語言現象，尤其是柏拉圖使用小品副詞和虛詞（如冠詞、副詞、前置詞、連接詞等）的演變情況。通過這樣的考察可以看出《法篇》和《申辯篇》的區別很大，《蒂邁歐篇》、《克里底亞篇》、《斐萊布篇》與《法篇》比較接近，可以將它們定爲後期著作，而《國家篇》、《斐德羅篇》、《泰阿泰德篇》、《巴門尼德篇》等處於兩個極端之間。

第二，根據古代著作的直接證據。

古代著作中提到的柏拉圖對話的先後材料是確定它們次序的有力旁證資料，如上面提到過的亞里斯多德說過《法篇》後於《國家篇》以及第歐根尼·拉爾修提到《法篇》是柏拉圖最後未加潤飾的作品。但是這類材料不但不多，使用時也必須愼重。

第三，根據對話中涉及的有關人物和事件。

這也是判斷對話編年順序的有效方法，可惜在對話中提到的這類事實也不多。一般都舉《泰阿泰德篇》爲例。這篇對話開始就提到參加科林斯戰役的泰阿泰德因受傷和染病被送回雅典，不久死亡。歷史上發生過的科林斯戰役有兩次，分別在西元前三九四年和三六九年。學者們經過仔細考證，肯定泰阿泰德參加的是西元前三六九年的那一次，由此確定這篇對話寫於這一年以後。又如《法篇》（683B）中提到敘拉古征服洛克利，這件事發生在西元前三五六年，是狄奧尼修二世所做，當時柏拉圖已經超過七十歲了，由此也可以佐證《法篇》是柏拉圖的晚年著作。但在使用這個方法時也要十分愼重。比如柏拉圖在《巴門尼德篇》中講的少年蘇格拉底和老年巴門尼德的會晤，在《智者篇》和《泰阿泰德篇》又重提過。究竟歷史上是否眞的發生過這樣一次會晤？學者們也一直有爭論。有人認爲這是符合歷史事實的，並以此來推算巴門尼德的生年；有人則認爲這是柏拉圖的虛構，歷史上根本不可能發生這樣一次會晤。

第四，根據對話中相互涉及的內容。

在一篇對話中提到另外一篇對話的有關內容，這是判斷這些對話先後次序問題的重要材料。《智者篇》和《泰阿泰德篇》中重述《巴門尼德篇》中敘述的那次蘇格拉底和巴門尼德的會晤，許多學者據此認爲這兩篇對話後於《巴門尼德篇》。《智者篇》開始提出的問題是要討論智者、政治家、哲學家這三種人的性質，要分別爲他們下定義。由愛利亞來的客人和三個對話者塞奧多洛、少年蘇格拉底、泰阿泰德分別討論。《智者篇》是由泰阿泰德回答有關智者的問題，《政治家篇》是由少年蘇格拉底回答有關政治家的問題。因此學者們認爲《政治家篇》後於《智者篇》，二者是緊接著的一組；按照柏拉圖原來的設計，本來還應該有由塞奧多洛回答有關哲學家問題的《哲學家篇》，可惜沒有寫成。這樣《巴門尼德篇》、《泰阿泰德篇》、《智者篇》、《政治家篇》四篇對話的先後次序大致可以肯定，它們的內容和形式也是比較接近的。

與此類似，在《蒂邁歐篇》開始柏拉圖也安排了三個人，蒂邁歐、克里底亞、赫謨克拉底與蘇格拉底對話。《蒂邁歐篇》由蒂邁歐主講有關自然界、宇宙直至動植物的生成和構造問題，《克里底亞篇》由克里底亞主講有關政治、社會和國家的生成問題，可惜只寫了個開始；也有人由此推論柏拉圖原來可能計畫還有一篇由赫謨克拉底主講的對話，主要內容可能是討論人、知識和哲學（或倫理道德）問題。

第五，依據蘇格拉底在對話中的地位以及對話中戲劇性成分的多少來確定對話順序。

除了以上四種方法和根據外，一般學者還使用另一種方法判斷柏拉圖對話的先後順序，即看蘇格拉底在對話中的地位以及對話中戲劇性的多少來確定。在柏拉圖的早期對話直到《國家篇》中，蘇格拉底始終是主要發言人，一直由他領導討論，重要的思想和理論都是通過他的口來闡述的。討論的形式也比較生動活潑，一問一答，長篇論述較少，經常有別人插話，諷刺幽默，戲劇性的場面較多。從《巴門尼德篇》開始，蘇格拉底成爲少年蘇格拉底，原來獨占的主講人地位被巴門尼德取代了。《智者篇》和《政治家篇》中，領導對話的是巴門尼德的同鄉、從愛利亞來的客人，蘇格拉底也只是少年蘇格拉底，雖然在《政治家篇》中，他還是主要對話人，在《蒂邁歐篇》中蘇格拉底僅只是個簡單的提問題者，到《法篇》便根本沒有蘇格拉底出現了。這些後期對話還有一個特點，就是原來戲劇性場面大爲減少，對話往往由兩個人進行，其中之一是主講人，長篇大論地發表他的理論，另一個人不過簡單提點問題而已。因此有人認爲柏拉圖年紀越大，年輕時的文學創作天才就越少。但是我們應該看到問題的另一面，那便是柏拉圖的哲學思想隨著他年齡的增長越來越成熟和深刻了。當然這個標準也同樣不能絕對化，在被認爲是柏拉圖的後期著作中，至少《泰阿泰德篇》和《斐萊布篇》是例外，這兩篇對話的主要發言人仍是蘇格拉底，對話的形式也比較活潑。其中《泰阿泰德篇》還是比較接近《國家篇》時期的著作，所以也有人將它列爲中期對話。至於《斐萊布篇》，由於這篇對話是討論倫理問題的，所以有人認爲主要發言人當然非蘇格拉底莫屬。

西方學者使用上述各種方法，分別提出了各自有關柏拉圖對話的編年順序[17]。他們雖然各有不同，但大體上我們可以看出有以下一些共同點：

第一，《卡爾米德篇》、《拉凱斯篇》、《呂西斯篇》這三篇都是討論某個倫理問題——自制、勇敢、友愛的，從內容到形式都極其相似，自古以來被人擺在一起，加上討論虔敬的《歐緒弗洛篇》，討論美德和知識的《普羅泰戈拉篇》，討論美的《大希庇亞篇》和《伊安篇》，大體上都擺在一起，雖然先後次序各有不同，但都將它們歸屬於初期的蘇格拉底的對話。

第二，《申辯篇》和描述他不願越獄的《克里托篇》在時間和內容上都是相聯的，都是記述蘇格拉底爲人的，也屬於初期對話。凡是主張柏拉圖是在蘇格拉底去世後才開始寫對話的學者往往將這兩篇置於所有對話之首，認爲《申辯篇》是柏拉圖寫的第一篇對話，凡是主張柏拉圖在蘇格拉底去世以前已經寫過對話的，則將這兩篇插進以上初期對話之中。

第三，《斐多篇》雖然寫的是蘇格拉底服毒以前的情況，在時間上緊接《克里托篇》以後，但一般學者都認爲《斐多篇》陳述柏拉圖相論的重要思想，和《國家篇》並列，是柏拉圖中期的主要對話。不過《國家篇》的第一卷一般認爲是柏拉圖初期寫的，後來才寫第二至第十卷。

第四，《美諾篇》、《歐緒德謨篇》、《高爾吉亞篇》、《美涅克塞努篇》和《克拉底魯篇》一般都列在初期對話和《斐多篇》至《國家篇》之間。

第五，《會飲篇》和《斐德羅篇》是兩篇內容和形式都非常接近的對話，一般將它們和《斐多篇》、《國家篇》列在一起。《斐德羅篇》後半部分所講的內容——辯證法，已經和《智者篇》、《政治家篇》接近了。

第六，《巴門尼德篇》、《泰阿泰德篇》、《智者篇》和《政治家篇》這四篇對話，一般都連在一起，列在《國家篇》之後，已經屬於柏拉圖後期對話，也有人將前兩篇對話列爲中期對話。

第七，肯定屬於後期對話的，還有《蒂邁歐篇》、《克里底亞篇》、《斐萊布篇》和《法篇》。

這樣當代柏拉圖學者大體上已經可以說是得出了基本上比較一致的結論，雖然對某幾篇對話應該擺前一點還是後一點還存有分歧；但對主要對話的位置卻基本上肯定了。其中最重要的一點就是不再認為《國家篇》是全部柏拉圖哲學體系的總結，也就是最後的對話，而認為它只是柏拉圖前期相論的總結。

我國的希臘哲學專家范明生先生借鑑西方學者的研究成果，將柏拉圖的對話分為三期，特摘錄如下，供讀者參考[18]。

一、早期對話：《申辯篇》、《克里托篇》、《拉凱斯篇》、《呂西斯篇》、《卡爾米德篇》、《歐緒弗洛篇》、《小希庇亞篇》、《普羅泰戈拉篇》、《高爾吉亞篇》、《伊安篇》。這些對話屬於所謂的「蘇格拉底的對話」，它們的主要論題和方法基本上屬於蘇格拉底，其哲學內容主要作為蘇格拉底和智者的思想資料來引用，但也包括柏拉圖在寫作加工中摻入的部分思想。

二、中期對話：《歐緒德謨篇》、《美涅克塞努篇》、《克拉底魯篇》、《美諾篇》、《斐多篇》、《會飲篇》、《國家篇》、《斐德羅篇》。這個時期柏拉圖已經擺脫蘇格拉底的影響，建立起自己的哲學體系，對話所表現的哲學內容可以視為柏拉圖本人的思想。

三、後期對話：《巴門尼德篇》、《泰阿泰德篇》、《智者篇》、《政治家篇》、《斐萊布篇》、《蒂邁歐篇》、《克里底亞篇》、《法篇》。與中期對話相比，這個時期柏拉圖的思想發生顯著變化，是對中期思想的修正、發展和更新。

三、柏拉圖著作的版本

柏拉圖著作的編纂、校訂、注釋在西方學界有很長的歷史。最早的拉丁文版柏拉圖著作於一四八三—一四八四年由斐奇諾（Marsilio Ficino, 1433-1499）編纂，出版於翡冷翠（即佛羅倫斯），一四九一年在威尼斯重印。最早的希臘文版是由馬努修斯（A. Manutius）一五一三年在威尼斯出版的。一五七八年由斯特方（H. Stephanus）在巴黎出版了希臘文版，並附有薩爾拉努（J. Serranus）的拉丁文譯文的三卷本。斯特方所編定的分卷、頁碼和分欄（A, B, C, D, E），以後爲各國學者廣泛採用。如：《國家篇》429D，即指斯特方本第四二九頁D欄。中譯《柏拉圖全集》亦將標準頁的頁碼和分欄作爲邊碼標出。後來，德國的貝刻爾（I. Bekker）將歷來的注釋一併輯入，一八二三年於柏林發表了校刊本。迄今爲止，公認爲較好的柏拉圖著作的希臘文版，是由英國哲學史家伯奈特（J. Burnet，1863-1923 年）校訂的牛津版六卷本《柏拉圖著作集》（*Platonis Opera*, 1899-1906）。

從古以來，有關柏拉圖著作，有大量的注釋，如亞歷山大里亞的歐多魯斯（Eudorus of Alexandria, 約西元前一世紀）、士麥拿的塞俄（Theo of smyrna, 約西元二世紀）和阿爾比努（Albinus）等人的注釋，都受到後人的重視。近代的一些學者對古代的注釋進行了整理，彙集在一起出版。如斯塔爾鮑姆（G. Stalbaum）一八二七—一八四二年於德國的戈塔（Gotha）和埃爾福特（Erfurt）出版的十二卷本；赫爾曼（K. F. Hermann）一八五一—一八五三年於萊比錫出版的六卷本，以後，沃爾拉布（M. Wohlarb）一八八四—一八八七年出版的修訂版。

現代各種通行語言的柏拉圖著作的譯本更是不勝枚舉。這裡擇要列舉英、法、德文的著名譯本。

英譯柏拉圖著作的全譯本，最早是泰勒（T. Taylor）一八〇四年於倫敦出版的五卷全譯本，接著是由卡里（Cary）和戴維斯（Davis）等分別譯出的博恩（Bohn）版六卷全譯本。現在流傳較廣的是喬伊特（B. Jowett）一八七一年發表的牛津版五卷本，每篇對話都有詳細的引論、分析提要；近年來有人進行個別修訂，於一九五三年出了第四版修訂本。此外，常用的還有伯里（R. G. Bury）、肖里（P. Shorey）等分別譯出的十二卷本洛布（Loeb）古典叢書版，是希臘文和英譯對照的。美國的漢密爾頓（H. Hamilton）和亨廷頓·凱恩斯（Huntington Cairns）等將現有較好的各家不同的譯文匯編在一起，一九六三年出版了普林斯頓版的一卷本《柏拉圖對話全集》，附有比較完整的索引，使用起來比較方便。

法文譯本比較通行的是由著名古典學者羅班（L Robin）和克若瓦塞（Croiset）等分工譯出的布德學會（Association Guillaume Bude）版本，每篇對話都有引論，說明寫作的年代背景、來源、結構以及對話人物和討論的主題等。

重要德文譯本有米勒（H. Müller）於一八五〇—一八六〇年發表的萊比錫版的八卷本；施

萊爾馬赫譯的六卷本，一八〇四—一八一〇年柏林版；米勒譯的八卷本，一八五〇—一八六六年萊比錫版；阿佩爾特（O. Apelt）一九一二—一九二二年發表的萊比錫版二十五卷本，附有比較豐富的文獻資料和比較詳備的索引；奧托（W. F. Otto）等根據施萊爾馬赫譯本和斯特方編碼於一九五七—一九五九年出版了六卷本的通俗柏拉圖全集，稱作Rowohlt版本；一九七四年吉貢（Gigon）又重新出版了米勒的八卷本，蘇黎世和慕尼黑版；一九七〇—一九八三年霍夫曼等（H. Hofmann）等在施萊爾馬赫和米勒版本基礎上重新加工出版了《柏拉圖研究版》，八卷九冊，是德希對照本，希臘文根據的是法國布德學會版。

重要法文譯本有：庫贇（V. Cousin）於一八二五—一八四〇年編譯的十三卷本；羅班等自二十世紀初至三、四〇年代完成的布德學會版，一直享有盛譽，再版至今；還有蘇依萊（J. Souilhe）譯的全集，一九二六年完成；尚布利（E. Chambry）和巴柯（R. Baccou）翻譯的八卷本，自三〇年代至五〇年代巴黎版；七〇年代以來拉卡斯（A. Laks）、布利松（L. Brisson）等校訂或重譯尚布利和巴柯的譯本，新譯本在陸續出版。

義大利文譯本，現在常用的有三種：馬爾梯尼（E. Martini）譯本，一九一五—一九三〇年第一版，一九七五年第二版；瓦吉米利（M. Valgimigli）等九人合譯的九卷本，一九八七年最後完成；由阿多爾諾（F. Adorno）和岡比亞納（G. Cambiano）合譯的全集，一九八八年完成。

自從二十世紀二十年代以來，柏拉圖的思想經過中國學者們的介紹和研究，逐漸為中國人所瞭解，柏拉圖的許多對話已被嚴群、朱光潛、陳康等著名學者翻譯成中文。許多重要學者也高度重視柏拉圖對話的翻譯，做過許多工作，如張東蓀等。改革開放以來，中國大陸又有一些新譯本問世，香港學者鄺健行亦翻譯了一些柏拉圖對話。盡譯柏拉圖對話是許多老一輩學者的理想和畢生爲之奮鬥的目標，然而由於種種原因，《柏拉圖全集》一直未能問世，但他們做出的貢獻是任何時候都不可抹殺的。爲了紀念他們的功績，亦爲了能使讀者對照已有譯本進行研究，茲將譯者所知道的所有柏拉圖對話中譯本列舉如下（按出版年代先後爲序）：

吳獻書譯：《理想國》，商務印書館，一九二一年版，一九五七年重印。

張師竹等譯：《柏拉圖對話集六種》，商務印書館，一九三三年版。

郭斌和、景昌極譯：《柏拉圖五大對話》，商務印書館，一九三四年版。

陳康譯注：《巴曼尼得斯篇》（即《巴門尼德篇》），商務印書館，一九四六年版，一九八二年重印。

嚴群譯：《泰阿泰德、智術之師》（即《智者篇》），商務印書館，一九六一年版。

朱光潛譯：《柏拉圖文藝對話集》，人民出版社，一九六三年版，一九八〇年重印。

嚴群譯：《游敘弗倫、蘇格拉底的申辯、克里同》（即《申辯篇》、《歐緒弗洛篇》、《克里托篇》），商務印書館，一九八三年版。

鄺健行譯：《波羅塔哥拉篇》（即《普羅泰戈拉篇》），台北中國文化大學出版社，一九八五年版。

郭斌和、張竹明譯：《理想國》（即《國家篇》），商務印書館，一九八六年版。

嚴群譯：《賴錫斯、拉哈斯、費雷泊士》（即《呂西斯篇》、《拉凱斯篇》、《斐萊布篇》），商務印書館，一九九三年版。

黃克劍譯：《政治家》，北京廣播學院出版社，一九九三年版。

戴子欽譯：《柏拉圖對話七篇》，遼寧教育出版社，一九九八年版。

楊絳譯：《斐多》，遼寧人民出版社，二〇〇〇年版。（台北，時報出版社，二〇〇二年版）

四、有關中譯《柏拉圖全集》的說明

《柏拉圖全集》的翻譯工作是在前人努力的基礎上進行的，但它不是上述譯文的匯編，不是老譯文加新譯文，而是由譯者全部重譯並編製的一個全集本。之所以要這樣做，那是因爲漢語和中國的教育制度在二十世紀中發生了巨大的變化，現在的中青年讀者若無文言文功底，對出自老一輩翻譯家之手的柏拉圖對話已經讀不懂了。已有譯本出自多人之手，專有名詞和重要哲學術語的譯名很不統一。爲了解決這些難題以適應時代和讀者的需要，譯者不得不放棄捷徑，將柏拉圖著作全部重譯，這樣做絕不意謂著對前人工作的不敬。

柏拉圖對話的原文是古希臘文，要譯成漢語，最佳途徑當然是從希臘原文直接翻譯。但是，這種做法要求翻譯者具有很高的希臘語水平，而希臘語之難度是任何一位學過希臘語的中國人都能體會得到的。譯者師從首開中國學界研究希臘哲學之先河的嚴群先生，在攻讀碩士學位期間聆聽先生教誨，修習了古希臘文。後來赴英國利茲大學攻讀博士學位期間又由 Barbara Spensley 博士單獨傳授古希臘文兩年。然而由於種種原因，譯者至今仍未能達到拋開辭典和各種已有西文譯本，僅依據希臘原文進行翻譯的水準。本人在跨入新世紀的時候已經在向五十歲靠攏，而又熱切希望能儘早完成先師嚴群先生未竟之願，故此這的譯本各篇以希臘原文爲基準，版本爲婁卜叢書中的《柏拉圖文集》（*Plato*, Plato, The Loeb Classical Library, Harvard University Press, 12 vols.），翻譯中參考了學術界公認的權威英譯本。這種做法希望學界人士予以理解。譯者對中國學界所有能拋開一切西文譯本，從希臘原文直接翻譯希臘典籍的學者均表示敬意，亦望學者們能依據希臘原文指出譯文中的問題，以利譯者修正錯誤。

中譯《柏拉圖全集》在編排上借鑑了由伊迪絲·漢密爾頓和亨廷頓·凱因斯編輯的《柏拉圖對話全集》（Edith Hamilton & Huntington Cairns, ed, *Plato The Collected Dialogues, including the letters, with Introduction and Prefactory Notes*, Princeton, 1961）。這個英譯本彙集了西方研究柏拉圖哲學的頂尖學者（F. M. Cornford, W. K. C. Guthrie, Benjamin Jowett, W. H. D. Rouse, A. E. Taylor, J. Wright 等）的譯本，其權威性在學術界得到公認，到一九八七年爲止已經重印十三次。編者之一伊迪絲·漢密爾頓女士在這個版本中爲各篇對話寫了短序，對我們理解各篇對話的概況有一定作用，故採納作爲中譯本各對話的提要。

譯者從讀碩士研究生開始即有幸得到汪子嵩、范明生、陳村富、姚介厚等先生的教誨，對他們從事的多卷本《希臘哲學史》的寫作過程很清楚，也爲配合該書的寫作編製過專門的「希臘羅馬姓名譯名手冊」。爲此，《柏拉圖全集》專有名詞的中譯以《希臘哲學史》中的譯名爲基準，哲學術語的譯法也盡可能多地吸取《希臘哲學史》的研究成果。

爲了能夠凸顯中譯《柏拉圖全集》的學術功能，便於學者們在研究中使用，譯者參考西方學術界的研究成果和已有中文研究著作，尤其是范明生先生的研究成果，製作了柏拉圖年表、譜系表、譯名對照表、篇名縮略語表和全書索引，在此對范明生先生的特許表示謝意。

翻譯柏拉圖對話需要有高度的哲學修養和文學修養，也需要有關於希臘生活各方面的知識。譯者的學術興趣主要屬於哲學學科，在翻譯中唯有本著「忠實、通順」的原則，力求將文本的原意表達出來，因此有許多地方無法兼顧到文采，這也是要請讀者們理解的地方。

譯作的完成之日，就是接受批評的開始。敬請讀者在發現錯誤的時候發表批評意見，並與譯者取得聯繫（通信地址：100084 清華大學人文學院哲學系；電子郵件：xiaochao@tsinghua.edu.cn），以便譯者在有需要再版時予以修正。

注釋

【1】本文撰寫時借鑑了范明生先生的《柏拉圖哲學述評》和汪子嵩先生等撰寫的《希臘哲學史》中的相關部分，特致謝意。

【2】《國家篇》在過去譯為《理想國》，就其希臘原名 *Politeia* 而言，沒有「理想」的意思。但就其內容來說，柏拉圖確實在書中闡述了一個理想的國家，它是柏拉圖的「理想國」。

【3】羅澤編：《亞里斯多德殘篇》第六一三頁，中譯文引自吳壽彭《亞里斯多德傳》，《哲學史論叢》，吉林人民出版社，一九八〇年，第四三四頁。詩中大意是說，柏拉圖的崇高與偉大難以用言語來頌揚，他的文章和道德都已經達到最高境界，現在再也沒有一個人能夠達到他這樣高的成就了，他是仁慈的、幸福的。

【4】第歐根尼．拉爾修：《著名哲學家的生平和學說》第三卷，第四十八節。

【5】朱光潛：《柏拉圖文藝對話集》譯後記，第三三五頁。

【6】第歐根尼．拉爾修：《著名哲學家的生平和學說》第三卷，第六十一－六十二節。

【7】第歐根尼．拉爾修：《著名哲學家的生平和學說》第三卷，第五十九－六十一節。

【8】第歐根尼．拉爾修：《著名哲學家的生平和學說》第三卷，第六十二節。

【9】文德爾班：《哲學史教程》中譯本上冊，第一四二－一四三頁。

【10】宇伯威格．普雷希特：《古代哲學》第一九五頁。

【11】第歐根尼．拉爾修：《著名哲學家的生平和學說》第三卷，第四十九節。

【12】施萊爾馬赫：《柏拉圖對話導論》第一－四十七頁。

【13】阿斯特：《柏拉圖的生平和著作》第三七六頁，引自格羅特：《柏拉圖及蘇格拉底其他友人》第一卷，第一七五頁。

【14】赫爾曼：《柏拉圖著作的歷史和體系》第三四〇，三六八頁，引自格羅特：《柏拉圖及蘇格拉底其他友人》第一卷，第一七六—一七八頁。

【15】蒙克：《柏拉圖著作的自然順序》，引自盧托斯拉夫斯基：《柏拉圖的邏輯學的起源和發展》第五十一—五十二頁。

【16】第歐根尼．拉爾修：《著名哲學家的生平和學說》第三卷，第三十七節。

【17】羅斯：《柏拉圖的相論》第二頁，參看范明生：《柏拉圖哲學述評》第四十四—四十五頁。

【18】參閱：汪子嵩等：《希臘哲學史》第二卷，第六四一頁。上述分期及對話次序與本書的編排順序並不一致，請勿混淆。

目次

彭文林：《柏拉圖全集》推薦序「漢語世界的哲學盛事」……5
汪子嵩：《柏拉圖全集》中文版序……9
王曉朝：《柏拉圖全集》中譯者導言……27
提要……57
第一卷……59
第二卷……101
第三卷……139
第四卷……185
第五卷……217
第六卷……245

第七卷……291
第八卷……347
第九卷……379
第十卷……421
第十一卷……467
第十二卷……501
柏拉圖年表……541
柏拉圖譜系表……546
人名、族名、神名、地名索引……547
法篇索引……559

提要

《法篇》是柏拉圖的最後一部作品，在他去世前若干年內寫成。它與其他對話不同，而蘇格拉底沒有作爲對話人物出現這一事實強化了這種差別。在《智者篇》、《政治家篇》、《蒂邁歐篇》中，蘇格拉底起的作用很小或沒起什麼作用，但畢竟都出場了，參與對話了。而在《法篇》中，他一次也沒有被提到。

三位老人——一位克里特人，一位斯巴達人，一位雅典人——在克里特相遇，談論法的好壞。最後，那位克里特人和那位斯巴達人與那位表現得具有較高智慧的雅典人談談，一種優秀的制度應當有什麼樣的法。他們同意法在理想國中不會產生，因爲理想的國家根本不需要法，而需要用法來統治的地方必定有不正義的現象存在。但不管怎麼說，法的統治無論如何是第二流的。這種意見表達了人們對利益共同體的眞實看法，如果加以堅持，就能增進對理想共同體的理解，進而改善實際的法。

柏拉圖老了，死亡已經離他不遠。他將與之辭別的這個世界具有與以往不同的面貌。對他來說，這個世界也變得極爲重要。他不想進一步尋求彼岸世界，而是要回到塵世中來實現他看到的某些眞理。他放棄了詩性思維和講故事的方式，把塑造人性而非推進知識當作國家的首要事務，不過他的這種想法並不表明他放棄了先前的信念，即只有知道什麼是正義才能成爲正義的人。

柏拉圖在《國家篇》中説過，凡人的事務不值得過分嚴肅地對待。他在《法篇》中重複了這個意思，但又説嚴肅對待還是必要的。然後他花了大量篇幅談論如何用法規範生活。有一條法的開頭是這樣的：「關於梨、蘋果、石榴，以及類似的水果……」。諸如此類的內容佔據了大量篇幅，但讀者若是堅持著讀下去，就可以發現柏拉圖是在一個新的高度上談論這些問題。他不可能長時間停留在常識水平上。

《法篇》共分十二卷，據説是由柏拉圖的學生奧布斯的菲力浦劃分的。他的劃分不盡恰當，大體説來，第一、二卷討論立法的基本原則，第三卷談到國家的起源，第四、五卷比較各種政體，第六卷討論官吏的任命，第七卷談教育，第八卷談愛情，第九卷談懲罰，第十卷談宗教和神，第十一卷談貿易和遺產繼承，第十二卷談軍事和外交。

第一卷

624 **雅典人** 先生，你們所說的這些法的確立應當歸功於誰？歸功於某位神，還是歸功於某些人？

克利尼亞 無疑應當歸功於某位神。我們會把它歸功於宙斯，而在拉棲代蒙[1]，按照他們自己的傳說，應當歸功於阿波羅，我們這位朋友屬於拉棲代蒙。你說，是這樣的嗎？

麥吉盧 沒錯。

B **雅典人** 你是說，彌諾斯像荷馬所說的那樣每九年與他父親相會一次，彌諾斯爲你們克里特城邦立的法以他父親的神喻爲基礎[2]？

625 **克利尼亞** 我們那地方的故事是這樣說的。還有一些細節，說彌諾斯的兄弟拉達曼堤斯——你當然熟悉這個名字——懷疑彌諾斯的公正。但無論如何，我們克里特人堅持說彌諾斯處理了古代克里特的法，爲他贏得了應得的名聲。

雅典人 你確實道出了一種高尚的區別，對宙斯之子尤其適宜。你和我們的朋友麥吉盧都是
B 在這種神聖法的體制下長大的，我們若在今天上午的旅行中花些時間來討論政治和法，我相信你們不會表示反對。我明白，從克諾索斯[3]到宙斯的洞穴和神廟相當遠，但路上有一些陰涼的地方可以歇腳，否則這個季節的酷熱可受不了。這些高大的樹木對我們這把年紀的人來說可真是好極了，我們可以多歇歇，說說話。這樣，我們就可以抵達長途旅行的終點而不感到疲倦了。

C **克利尼亞** 那當然了，先生，那些叢林驚人地美麗，遠處有高大的柏樹林，還有大片草地，

都是我們可以休息的地方。
雅典人 聽你這麼說我很高興。
克利尼亞 你當然會高興，等我們到達那裡，我們大家會更加高興。好吧，讓我們出發，願
我們有好運！
雅典人 一定會的！現在請你告訴我，你們的法對你們的公餐、身體鍛鍊、特殊裝備作了一
系列的規定，這樣做的目的是什麼？
克利尼亞 先生，要問這是爲什麼，就我們國家的情況來說，這個目的十分明顯。你們倆
D 自己也能看得出來，克里特島作爲一個整體，與帖撒利不同，二者不在同一水平面上。當然，
這就是帖撒利人寧可依靠騎兵，而我們寧可依靠快速匍匐前進的原因，因爲我們的地形崎嶇
不平，只能進行這種訓練。在這樣的地形上，士兵當然只能輕裝，不能負重奔跑；弓箭本身
較輕，因此也是值得推薦的武器。這樣的安排當然都具有軍事目的，如果把我自己確定的看法
E 說出來，那麼我們的立法者在進行這些安排時心裡想的是戰爭。例如，他規定公餐的原因就在
於，當所有人都上戰場並通過戰爭手段來保護自己時，他看到這種環境就會迫使他們一同就
餐。我相信，他有意指責人類的愚蠢，因爲人們不明白自己終生處於接連不斷的戰爭中，反對
626 其他所有城邦。因此，如果一支軍隊爲了保護自己而必須在戰時共同就餐，被長官指定去放哨
的士兵除外，那麼在和平時期也應當這樣做。在他看來，大多數人談論的和平只是一個空名，

因為在實際生活中，一個城邦對其他所有城邦的常規態度就是未經公開宣佈的戰爭。想到這些
B 問題，你們就會發現我們克里特的立法者著眼於戰爭，為我們的公共慣例和私人習慣提出了一個普遍的綱領，又本著同樣的精神把他的法傳給我們，要求我們遵守。他確信，如果不能在戰場上保持優勢，那麼任何財產或交往都不會帶來什麼利益，戰敗者的一切好處都將落入勝利者手中。

雅典人 先生，你們的軍訓似乎可以幫助你們深刻地洞察克里特的制度。但有一個問題你還可以說得更加明確一些。你提到組織完善的城邦，我想你的意思是說這樣的城邦必須武裝起
C 來，在戰爭中戰勝敵人。我說得對嗎？

克利尼亞 完全正確，我想我的這位朋友也會有同樣的看法。

麥吉盧 噢，我的好朋友，從任何拉棲代蒙人那裡你還能期待有別樣回答嗎？

雅典人 這也許是對城邦關係的正確檢驗，但村莊與村莊的關係可能不一樣，對嗎？

克利尼亞 我認為不對。

雅典人 村莊與村莊的關係也一樣嗎？

克利尼亞 當然一樣。

雅典人 如果拿我們村莊裡的一個家庭與另一個家庭相比，或者拿一個人與另一個人相比，結果又如何呢？結果也一樣嗎？

克利尼亞 完全一樣。

D **雅典人** 個別的人也一樣嗎？如果是這樣的話，那麼我們必須認爲個人與他自身的關係也是敵人與敵人的關係，或者說在這種情況下我們又該怎麼說呢？

克利尼亞 啊，我的雅典朋友！我寧可稱你爲雅典人，而不叫你阿提卡人，因爲我想你們得到這位女神[4]的喜愛，配得上這個名稱。你已經把這個推論推向極致，使你的命題更加確鑿無疑，不可推翻。進一步說，你自己對這個已經闡明了的眞理會頗感滿意。人類處於一種公開的戰爭狀態，每個人都與其他人爲敵；人類同時也處於一種秘密的戰爭狀態，每個人都與自己爲敵。

E **雅典人** 請你告訴我，這種秘密戰爭狀態該如何理解？

克利尼亞 呃，先生，在這種狀態下一個人可以贏得最基本、最細微的勝利，也就是戰勝自我。如果戰敗了，那麼他也是被自我打敗的，這種情況最難以令人置信，也是最具毀滅性的。這就表明，我們每個人都在與自己打內戰。

627 **雅典人** 假定我們把這個論證顛倒一下。倘若每個人都是自己的主人，或者說是由他自己掌握的，那麼我們可否說家庭、村莊、城邦都具有同樣的特徵？

克利尼亞 你指的是它們都可以是自己的主人，或者說可以掌握自己？

雅典人 一點兒沒錯。

克利尼亞 這又是一個非常恰當的問題。事實是確鑿無疑的，尤其是就城邦來說。在任何一個城邦裡，如果優秀階層成功地統治著大眾和低劣階層，那麼這樣的城邦可以說是它自己的主人，它也可以正當地接受人們對勝利者的祝賀；但若情況相反，我們就一定要把話倒過來說。

B **雅典人** 低劣者能否眞正地支配優秀者，這個問題我們不用提了，因爲回答這個問題需要更加充分的考慮。在我看來，你現在的論斷是這樣一個意思：不正義的多數人有時候可以借助暴力共同征服正義的少數人，他們是不正義者的親屬和同胞公民。如果這種企圖獲得成功，那麼這個城邦可以說是被它自己奴役了，這種情況可以說是邪惡的；但若這種企圖失敗了，那麼我們就說它是好城邦，它是自己的主人。

C **克利尼亞** 先生，這些話聽起來有些自相矛盾，但我們不能加以否認。

雅典人 暫停一下，讓我們來考慮另一個要點。同一父母可以有許多兒子，如果他們大多數是不正義的，只有少數是正義的，那麼這種情況也不值得奇怪，是嗎？

克利尼亞 是的。

D **雅典人** 這樣的家族或家庭在壞人占多數時可以說是被它自己弄壞了，如果多數人失敗了，我們又可以說它又成了自己的主人，你我也不會認爲這些說法太瑣碎。我們當前考察的目標不是使它的用語更恰當，而是要判明一種立法理論是正確的還是錯誤的。

克利尼亞 你說得對，先生。

麥吉盧 是的，我也同意，到目前為止，你說得很好。

雅典人 好吧，那就讓我們繼續前進。我剛才提到的這些一家裡的兄弟們可能想要有一名判決者來決定他們之間的事情，是嗎？

克利尼亞 那當然了。

E **雅典人** 那麼誰是較好的判決者呢？把那些壞兄弟全部翦除，命令好兄弟進行統治的那個人，還是把統治權交到好人手裡，但寬恕了壞人的生命，使他們自願服從這種統治的那個人？
628 如果我們能發現一個人能夠通過制定規則使一個家庭的多種成員調和，使他們永遠和睦相處，而又不至於死人，那麼還可以有第三種判決者。

克利尼亞 這第三種判決者才是最優秀的判決者或立法者。

雅典人 但是你注意到了嗎，在他為這些人制定的所有規則中，他立法的著眼點與戰爭正好相反？

克利尼亞 確實可以這樣說。

雅典人 那麼城邦的組織者是什麼人？著眼於對外戰爭他才去組織城邦生活嗎？倒不如說，
B 他著眼於城邦內部不時發生的內亂，你知道，這種情況被稱作內訌。這是一種任何人都不想在自己的城邦裡看到的戰爭，或者說如果內訌一旦發生，就希望它儘快平息，我可以這樣說嗎？

克利尼亞 顯然如此。

C **雅典人** 下述兩種過程人們會喜歡哪一種？一派戰勝另一派，消滅對手，恢復和平，或是通過調解重建友誼與和睦，使公民們把注意力投向外部的敵人？

克利尼亞 呃，任何人都會爲了他自己的城邦利益而喜歡後一種過程。

雅典人 立法者也會這樣想嗎？

克利尼亞 噢，那當然了。

雅典人 任何立法者在制定法規時都抱有最良好的意願嗎？

克利尼亞 這是不可否認的。

雅典人 但是戰爭和內訌都不是最好的，而是我們祈求加以避免的東西，和平與互惠才是
D 最好的。這樣看來，一個城邦戰勝自己就變得不像是好事，而必定是一種壞事了。儘管一個人可以這樣想，有病的身體要接受醫治，這種狀況對它是最好的，但他忽視了從來不需要這種治療的身體。所以，如果有人對城邦的幸福採取與此相同的看法，或者說對個別的人的幸福這樣看——我指的是如果對外戰爭是其唯一關注的目標——那麼他就絕不是一名眞正的政治家。任何人要想成爲一名成功的立法者，也只能把戰爭作爲贏得和平的工具，而不能把和平當作戰爭的工具。

E **克利尼亞** 先生，你的論證看起來是健全的，但若拉棲代蒙人的制度和我們國家的制度不以後者[5]爲其嚴肅的目標，那麼我就大錯特錯了。

629 **雅典人**　它們無疑具有這個目標，但我們現在關心的是把它們置於冷靜的考察之中，而不想
要進行固執己見的爭論，因爲我們確信制定這些制度的人心中也和我們一樣擁有相同的利益。
如果你們願意善意地提供幫助來推進這種考察，那麼我們可以訴諸於一位熱中於戰爭的人講的
B 話，這個人是提泰烏斯[6]，他出生在雅典，但後來歸化斯巴達，成了我們這位斯巴達朋友的同
胞。你們記得，他說他要「輕視」任何人，無論這個人的財富有多麼巨大，也不論這個人有多
少優點——他相當全面地列舉了各種優點——除非他能證明自己是第一流的勇士[7]。克利尼亞，
你肯定聽說過這些詩句；至於麥吉盧，他無疑可以隨口背誦。

麥吉盧　那當然。

克利尼亞　我們國家的人也知道這些詩句，是從斯巴達傳過來的。

雅典人　好吧，假定我們一道向這位詩人提問：提泰烏斯，神靈憑附的詩人，由於你出色地
C 歌頌了戰爭中的傑出人物，所以我們確信你擁有智慧和天賦。因此，克諾索斯的克利尼亞、我
本人，還有我們這位朋友，已經傾向於贊同你的主要看法，但我們想要弄確實我們講的是不是
同一種人。所以請你告訴我們，你是否同意我們區分出來的戰爭的兩種形式？

我想，我們實際上並不需要提泰烏斯這樣傑出的詩人來回答說有這樣兩種形式的戰爭。被
D 全人類稱作內訌的事情是存在的，內訌當然是最危險的戰爭，這是我們幾分鐘前說過的；而另
一種形式的戰爭是與各種各樣的外敵作戰，這種戰爭相比之下要溫和得多，對此我想我們全都

會表示同意。

克利尼亞 是這麼回事。

E **雅典人** 那麼你們那些偉大的頌歌，以及你們相應的贊同，指的是哪一種勇士或戰爭？假定
你們指的是對外作戰。那麼，你們在詩句中至少提到了你們不能寬容那些沒有勇氣去「面對屠
殺，打倒和消滅敵人」的人。所以我們可以繼續追問下去。你們大加讚揚的堤泰烏斯講的戰士
指的是那些在對外戰爭中抵抗外敵的人。他肯定會承認這一點，是嗎？

克利尼亞 他肯定會。

630 **雅典人** 但是我們肯定，在一種最大的戰爭中表現出超出常人的勇敢，這樣的人更加優秀無
比。對此，我們也可以引述一位詩人的話來證明。塞奧格尼是西西里的麥加拉人，他說：「庫爾
努斯，忠誠的勇士，在那致命的內訌時刻，他的行爲比金銀還要寶貴。[8]」因此我們可以斷定，
這種人可以在一場致命的戰爭中更好地證明自己勝過其他人，這個衡量的尺度包括正義、自
B 制、智慧在內，再加上勇敢，而不是僅有勇敢。因爲一個人絕不可能在內訌中證明自己的忠誠
和忠心，除非他擁有所有美德，而有大量的雇傭軍會在堤泰烏斯所說的這種戰爭中堅定不移，
至死不渝，儘管他們中大部分人是魯莽的、不義的、野蠻的、極爲冒失的，鮮有例外。我們的
C 論證現在可以得出什麼結論？我們到底想要說明什麼？顯然，你們那位接受了宙斯教導的克里
特的立法者，或者其他任何像他那樣老練的人，在立法中除了以最高的美德爲目標不會有其他

目標。這種最高的美德就是塞奧格尼所講的在危難時刻表現出來的忠誠，我們可以稱之爲完全的正義。至於堤泰烏斯專門加以頌揚的品質可以說相當高尚，值得詩人讚美，但準確地說，它
D 排在第四位，擁有第四等價値。

克利尼亞 先生，你把我們這位克里特立法者的地位排得非常低。

雅典人 不對，我的朋友，不是你們的立法者，而是我們的立法者，如果我們認爲萊喀古斯或彌諾斯在爲拉棲代蒙或克里特立法時主要著眼於戰爭，那麼我們的結論勢必如此。

克利尼亞 那我們該怎麼說呢？

E **雅典人** 說眞話，把探索眞理時必須說的話說出來。他們的立法以作爲整體的美德爲框架，而不是以其中最不值得考慮的部分爲指向。他們旨在構思一套分類的法典，儘管他們的分類與我們當今法典的制定者的分類不同。今天的法典制定者在構思任何附加段落時都要尋找其必要性——這些法典一部分涉及財產及遺產繼承，另一部分涉及人身攻擊，以及其他相類似的部分，
631 總數不定。但是我們認爲，我們開始已經說過的立法者構思法律條文的程序是正確的。我毫無保留地贊同你對你們國家立法的評價。從美德開始，進一步解釋這種美德是你們的立法者通過立法想要實現的目標，這樣做是非常正確的。但是當你說他的整個立法只以某一部分美德爲指向，這樣說就太輕率了。我認爲你的理解有誤。還有一個區別，我希望你能在你自己的談話中
B 看到，而不要指望在別人的談話中看到。我可以解釋一下它的性質嗎？

克利尼亞 我十分樂意。

雅典人 先生，我希望你能這樣說，克里特人的法在所有希臘人中擁有非常崇高的名聲，這
種狀況並非沒有很好的理由。這些法有著正確的目標，影響著樂意守法者的幸福。實際上，法
賦予他們所有好事物。但是好事物有兩種不同的類型：一種是凡俗的；一種是神聖的。前者是
後者的結果。因此，一個接受了較大的好事物的城邦會順帶得到較小的好事物，而拒絕接受其
C 中之一的城邦會同時失去二者。在這些較小的好事物中健康據首位，美貌據第二位，力氣以及
其他所有身體素質據第三位，佔據第四位的是財富，財富不是「盲目的」，而是視力清晰的，
因爲財富是智慧的僕從。關於神聖的好事物，首要的是智慧，其次是心靈的節制，第三位的是
D 正義，它是智慧、節制與勇敢相結合的產物，而勇敢本身是第四位的。所有這些東西都排在前
一類事物之先，當然了，立法者必定會注意到這種秩序。然後他會告訴他的公民，他的其他所
有命令實際上都是爲了實現這些目標；而在這些目標中，人們看著神聖的東西，而所有神聖的
東西都看著它們的領袖，也就是智慧。立法者應當通過正確分配榮譽和恥辱來監管公民們的婚
E 姻以及後來的生育活動，還有子女的撫養與成長，從嬰兒期直到老年。他必須借助這些社會關
632 係來仔細觀察和研究快樂、痛苦、慾望，以及由慾望引起的激情，並在實際的法律條文中對正
確行爲給予批准和讚揚。此外還有憤怒和恐懼這些激情、由不幸引起的各種靈魂的紛擾、由於
走好運而帶來的反映、由於處於疾病、戰爭、貧困，及其對立面，而引起的各種情感——所有這

些情況他都應當加以解釋並決定在這些情況下人的情緒會變得如何，不會變得如何。

B 其次，我們的立法者必須監管他的公民獲取和消費財富的方法，注意這些過程是否擁有正義，看它們是在增強還是化解人們相互之間的聯繫，看他們是自願的還是不自願的，把榮譽授予依法行事的人，而對不守法者制定專門的懲罰。最終完成立法時，他必須決定應當以什麼樣 C 的方式爲不同階層的公民舉行葬禮，如何表示對他們的尊敬。完成立法後，立法者會爲整個法律體系設立衛士，有些衛士擁有智慧，有些衛士擁有真正的信仰，最後由理智來把整個體系融爲一體，使之服從於節制與正義，而不是服從於財富或個人的要求。

D 先生們，我希望上面列舉的這些線索，可以幫助我們在這些歸功於宙斯和庇提亞之阿波羅的法中尋找優點，並且希望仍舊由你們來解釋。這些法是由彌諾斯和萊喀古斯制定的，熟悉法的人可以對它進行科學研究，甚至也可以從生活習慣的角度來研究，但它們究竟如何形成體系，對像我這樣的普通人來說，這個問題並不清楚。

克利尼亞 先生，我們下一步該做什麼？

E **雅典人** 我想我們的考察不需要重頭開始，如果你們願意，我們可以從養成勇敢這種美德的那些訓練談起，然後再考察美德的第二種形式和第三種形式。一旦完成了最初的論題，我們可以試著以它爲模式，邊走邊聊，一樣樣談下去，以此消磨時間。等我們討論了所有美德，到那時候只要神允許，我們可以指出我們所列舉的所有規範都以美德爲目標。

633 **麥吉盧** 好極了。假定你想要批評我們這位朋友，宙斯的崇拜者，你會怎麼做。

雅典人 我的批評同時也針對你和我自己，不亞於針對他。因爲我們全都與這個論證有關。現在開始吧。我們可以說你們的立法者著眼於戰爭，規定了你們的公餐和身體鍛鍊，是嗎？

麥吉盧 是的。

雅典人 這樣做所要實現的美德是第三位的還是第四位的？因爲在考慮這種美德與其他美德時，把美德的各個部分列舉一下是可能的，或者不管怎麼稱呼這些部分，只要意思清楚就行。

B **麥吉盧** 呃，就算第三位吧，我，或者其他任何拉棲代蒙人，都會說追獵是他發明的。

雅典人 假定我們想要發現第四位美德，或第五位美德，要是能做得到，我們該怎麼辦？

麥吉盧 我也會冒險指出第四位美德，即耐勞，我們斯巴達人的拳擊對抗與騎兵突襲訓練在
很大程度上與這種忍受身體痛苦的美德相連，通常包括嚴厲的鞭笞在內[9]。此外，我們還有一種
C 極好的鍛鍊吃苦耐勞能力的方法，稱作「秘巡」[10]，參加巡查的人要在冬天赤腳走路，走遍整個
國家，不分夜晚與白天，沒有任何隨從，自己做那些奴僕做的事。還有，我們的「國殤日」[11]也
包含鍛鍊吃苦耐勞的能力，因爲這種比賽在炎熱的夏季舉行。實際上，其他類似的考驗還有許
多，不勝枚舉。

雅典人 我的拉棲代蒙朋友，你說得很好。但請你告訴我，我們應當如何培養勇敢？用勇敢
D 來與恐懼和痛苦對抗，僅僅如此而無其他內容了嗎？或者說勇敢也包含對抗期望和快樂，以及

對抗期望和快樂帶來的危險的誘惑與奉承，各種勇敢融合在一起，像臘一樣，形成一種勇敢的氣質？

麥吉盧　我相信這是一個正確的解釋，勇敢與所有這些東西發生對抗。

雅典人　要承認你的看法，除非我們忘了前面的談話，我們來自克諾索斯的朋友談到城邦以及個人是被自己打敗的。你們忘了嗎？

克利尼亞　我當然沒忘。

E **雅典人**　那麼好吧，我們要把「壞」這個名稱給了被痛苦擊敗的人，還是也應當給予被快樂
擊敗的人？

克利尼亞　我認為這個名稱屬於被快樂擊敗的人更爲恰當。我想我們全都更傾向於說，被快樂所支配的人是被自己擊敗的，這種恥辱甚於被痛苦所征服之人的恥辱。

雅典人　那麼我們這一對接受宙斯和阿波羅指導的立法家[12]確實不可能把一種片面的勇敢確
634 立爲正宗，這種勇敢只能對抗兇惡的敵人，而在那些聰明伶俐、足智多謀、充滿誘惑的對手面
前卻被證明爲無能，是嗎？他們肯定知道勇敢的兩面性，是嗎？

克利尼亞　我相信他們知道。

雅典人　那麼我必須提出第二個問題。你們這兩個城邦有什麼習俗可以使人們養成不迴避
B 快樂的習慣，就好像不迴避痛苦一樣？一個人可以被迫或在榮譽的激勵下忍受各種痛苦，並且

克制痛苦。我想說的是，你們的法有什麼地方可以找到關於快樂的同類規定？我想知道，你們的制度有什麼辦法可以賦予人們反抗痛苦和快樂的同樣的勇敢，使人在必須勝利之處成爲勝利者，使人不至於敗在他最鄰近的、最世俗的敵人手中。

C **麥吉盧** 先生，我不能隨口說出大量有關快樂的法律條文來和有關痛苦的法律條文相比，不過我還是比較幸運地知道許多微小的細節。

克利尼亞 根據我們克里特的法，我也不能提出同樣明顯的例證。

雅典人 我的朋友們，這不值得奇怪。但若我們每個人在發現眞理和至善的願望的引導下，在我們這些國家中的任何一個國家的法中考察某些細節，那麼我相信我們可以溫和地處理這個問題，而不至於彼此結怨。

克利尼亞 說得對，雅典人。我們必須照你說的去做。

D **雅典人** 克利尼亞，苛刻和嚴厲實際上並不能使我們成熟。

克利尼亞 確實不能。

雅典人 那麼，有哪些方法可以用來保存或消除拉科尼亞[13]和克里特的制度是另外一回事，就一般情況來說，我可能比你們更有資格指出當前普遍流行的對這些制度的批評。如果你們的
E 法確實是世上僅有的好法，那麼我們必須定下這樣一條法律：年輕人不得提出這些法應當是什麼樣的這樣一類問題，而應當一致認可它們是神的恩賜，是可敬畏的，不得有不同意的聲音，

635 在這個問題上要直截了當地拒絕聽取任何爭論；但若老年人有些想法，那麼他必須在沒有年輕人在場的時候把這些想法告訴與他年紀相仿的執政官。

克利尼亞　完全正確，先生。從我們古代立法家的時代一直到今天爲止，我相信唯有你公正地說出了他的意圖，說得完全正確。

雅典人　好吧，現在沒有年輕人在場，至於我們這些人的年紀足以得到立法家的許可，我們可以就這個主題進行一場私人談話，而不至於有所冒犯。

克利尼亞　是這樣的。因此，我們請你無保留地批評我們的制度。如果我們的消息來源正當，彼此又無怨恨，那麼我們就不會由於聽到某些事情而感到受了冒犯，反而會得到修正的機會。

B **雅典人**　謝謝你。但是我當前的目標不是批評你們的法，因爲我們還沒有對之進行徹底的
考查，而是想指出問題的難處。你們的城邦在所有城邦中，希臘人的也好，非希臘人的也罷，
是我們所知唯一這樣的共同體，立法者命令你們把最強烈的快樂和愉悅完全拋棄，儘管在我們
C 剛才討論的與痛苦和恐懼有關的事務中，他認爲自童年起被這種制度要求迴避這些事情的人將
會面臨無法迴避的災難、恐懼和痛苦，而那些受過這方面鍛鍊的人反倒能夠躲過這些災難。因
此，這位立法者對快樂肯定也會這麼看，他也應當對快樂抱著同樣的想法。他會對自己說，
如果我們的公民從小就沒有經歷過最強烈的快樂，如果他們在受到給他們帶來恥辱的快樂的進

攻時沒有頑強地加以抵抗，那麼這些快樂所產生的影響將引導他們走向與屈服於恐懼之人同樣
D 的命運。他們會墮落成爲那些能夠抗拒快樂誘惑的人的奴隸，不過他們是另一種奴隸，而且更加可恥，他們會按那些人的指派去製造快樂，儘管那些人有時候是極端邪惡的人。這樣，他們的靈魂一半受奴役，另一半保持自由，不再有資格配得上勇敢者或自由人的稱號。我請你想一想，這些說法是否合適。

E **克利尼亞** 初聽上去相當合適。但是，面對如此重大的問題馬上就充滿自信地得出結論也許是不成熟的和愚蠢的。

雅典人 那就按照我們的計畫進入下一步，我的朋友，讓我們從討論勇敢進到討論節制。在這兩種不按照統一的原則組織起來的社會體系中，我們能夠發現什麼優先的東西嗎，就像我們剛才在討論戰爭時所做的那樣？

636 **克利尼亞** 不太容易。但我們規定實行公餐和身體訓練的目的還是爲了培養這兩種美德。

雅典人 啊，我的朋友，要想確保一種制度的運作像它的理論一樣無可置疑，看起來確實非常困難！假定這種制度的運作對國家和人身起著相同的作用，那麼我們不可能對這個問題規
B 定一個確定的態度，因爲這種制度的運作既有益處，又包含對身體的傷害。例如，你提到的這些身體訓練和公餐制度，它們儘管以許多方式有益於城邦，但也爲派別的出現提供了危險的開端，米利都人、波埃提亞人、圖里人的例子就說明了這一點。尤其是，人們一般認爲這種制度

在人類與動物都具有的性生活方面會損害古代的天然法則。人們首先會對你們這兩個城邦提出
C 這種指責，因爲你們這兩個城邦以及其他一些城邦尤其醉心於身體鍛鍊。無論這些事情被當作
運動還是保障，我們一定不要忘記人們認爲這種快樂是男性與女性進行生殖活動時由自然賦予
D 的，是本性的施暴和對性慾快樂的屈服。你知道我們對克里特人的最一般指控就是，克里特人
在該尼墨得[14]那個故事中是撒謊者，我們說他們確信自己的法來自宙斯，但當他們繼續講述這個
故事時，如果他們樂意的話，卻又可以用宙斯爲例來說明他們也沉溺於這種快樂。對這個故事
我們沒有必要進一步考慮，但是研究共同體和私人生活的快樂與痛苦和研究法這個主題同樣重
E 要。因爲痛苦與快樂確實是自然的一對孿生子，是許多事情的源泉，在適當的時候從正確的泉
眼中適度取水的城邦、個人，或任何生靈，是幸福的，而缺乏知識、不按規定季節取水的，其
命運完全相反。

麥吉盧 你說得確實不錯，先生，我不否認我們口瞪口呆，不知該如何回答。然而，在我看
來，我認爲我們拉棲代蒙人的立法者下令要迴避快樂是正確的。至於克諾索斯的法，如果我們
637 的朋友願意接受任務，可以由他來爲之辯護。在我看來，快樂這件事在斯巴達規範得比世上其
他任何地方都要好。我們的法律完全禁止那些引發這種強烈快樂的事情，那些最容易犯下姦情
的人以及做各種蠢事的人全都被驅逐出境。在我們全國各地以及那些被斯巴達人控制的城鎮，
B 你看不到酒宴，也看不到通常與酒宴一道舉行的各種激發快樂的活動。如果碰上一名喝醉了的

狂歡者，那麼我們中任何人都會對他作出最嚴厲的處罰，那怕是狄奧尼修斯節[15]也不能用作赦免
冒犯者罪過的理由。我在阿提卡看到人們在節日遊行的車上狂飲，在塔壬同，這是我們的一個
殖民地，我看到整座城市在酒神節狂歡，而在我們中間卻沒有這種活動。

雅典人 來自斯巴達的朋友，儘管抗拒性慾的力量是存在的，這種力量能愚蠢地使性慾得到
C 扼制，但無論如何，某種類型的生殖活動值得讚揚。我的同胞會很好地保護自己，會對你們的
做法反唇相譏，因爲你們斯巴達婦女的這種活動要得到法律的批准。當然了，要充分證明塔壬
同或我們國家對這類事情的處理是正確的，同樣也會遭到反駁，並且這種反駁並不亞於對你們
的批評。本地人總會遇到一些外地人對他們所不熟悉的風俗表示驚訝。這不值得奇怪，而是因
D 爲我們在這方面有既定的習俗，不過你們的風俗可能是不同的。

你我現在討論的不是人類的習慣，而是那些創造了習俗的立法者的功績或過失。所以我們
必須深入思考整個喜慶酒宴的主題；這是一種極爲重要的習俗活動，並不需要立法者的判決。
問題不在於喝酒或禁酒，而在於舉行酒宴。我們應當追隨西徐亞人和波斯人的時尚——更不要
說迦太基人、凱爾特人、伊比利亞人、色雷斯人了，他們全都是好戰的民族——還是你們國家的
E 時尚？就像你們提醒我的那樣，他們絕對拒絕參與這種活動，而西徐亞人和色雷斯人，無論男
女，都喜歡大碗大碗地喝酒，袍子打濕了也不在乎，反而視之爲光榮豪邁的行徑。波斯人也沉
溺於你們斯巴達人禁止的這種活動，嗜酒如命，還有其他一些奢侈活動，不過不像我提到的這

638 些民族那樣混亂無序。

麥吉盧 但是，親愛的先生，你別忘了，當我們手持武器時，他們被我們打得到處跑。

雅典人 不對，先生，你一定不能用這種招數來抗辯。逃跑和追擊經常不會留下什麼記錄，
今後也這樣；這就表明我們不能把戰場上的勝敗看得太重，勝過對一種習俗的考察，而它是否
B 值得讚揚尚無法確定。在戰爭中，人口較多的城邦可以打敗人口較少的城邦，使之成爲自己的
附庸，就好比敘拉古戰勝羅克里，你們知道羅克里城邦享有盛名，擁有世界這個部分[16]最好的
法，或者好比雅典戰勝開奧斯，類似的例子無疑還有許多。所以我們必須把戰爭勝負問題撇
開，依據習俗自身的性質來討論各種習俗，希望藉此能使我們自己信服，有些習俗值得讚揚，
有些習俗不值得讚揚。

C **麥吉盧** 你對習俗怎麼看？

雅典人 我認爲，當我們考慮某種習俗時，一提到它的名字就對它進行過分的譴責或讚揚
是極不合適的。就好比有人聽說了小麥這個名字，馬上就把它當作一種有益於健康的東西來加
以過分的讚揚，而不考慮它的結果或起作用的方式——我的意思是它如何起作用，對什麼人起
作用，和什麼東西一道起作用，以什麼樣的形式被食用，對處於什麼健康狀態的人起作用。這
D 就是我對當前所爭論的問題的看法。我們一聽到「飲酒」這個詞，一方就譴責這種習俗，另一
方就讚揚這種習俗，雙方都採取了一種奇怪的方式。實際上，雙方的根據都建立在一些明顯的

E 事實或特徵上，一方認爲有大量的證據可以證明，另一方認爲我們看到不喝酒的人在戰場上取勝，但那怕是事實也是可以爭論的。如果我們繼續按照這些線索來處理已有的習俗，那麼我個人是不會感到滿意的。因此我建議用另一種不同的方法來處理飲酒這個話題，我相信這種方法是正確的。我們可以藉此作一番嘗試，說明處理諸如此類問題應當遵循什麼樣的適當程序。我要指出，在我們當前討論的這些問題上有無數的人想要反對你們這兩個城邦。

639 **麥吉盧** 那是一定的，要是能找到一條處理這種問題的正確道路，我們一定不能加以拒絕。

雅典人 那就讓我們以這樣一種方式來處理我們的問題。假定有人稱讚養山羊，或者說山羊本身是一種有價值的動物，而另一個人看到牧羊人不在的時候山羊在毀壞莊稼，於是他就譴責這些家畜，或者對任何不受控制或控制得很不好的牲畜挑毛病。我們可以說這種情況下提出的任何批評都沒有什麼有效性嗎？

麥吉盧 當然沒有。

B **雅典人** 對此你有什麼可說的？一個人只有擁有航海知識才能成爲一名有用的船老大，無論他是否暈船，是這樣的嗎？

麥吉盧 要是他把暈船這種失調與他的專業知識混合在一起，那麼他不是。

雅典人 戰場上的指揮官怎麼樣？只要他擁有軍事知識，那怕他是個懦夫，在危險時刻暈頭轉向，他仍舊是一名稱職的指揮官嗎？

C **麥吉盧**　這種人是地地道道的廢物！他可以去指揮女人，而不能指揮男子漢。

雅典人　無論什麼社會活動都天然地需要領袖，活動參與者在他們的指導下受益。一個人要是從來沒有看到過別人正確地組織各種活動，而只看到許多活動沒有領袖或只有壞的領袖，然後就提出讚揚或譴責，這樣的觀察者作出的評價，我們會認爲它有什麼價值嗎？

D **麥吉盧**　假定他們從來沒有見證或參加這樣的活動，對之進行指導，我們怎麼可能這樣想呢？

雅典人　現在停一下。假定我們可以把舉行酒宴當作一種社會活動，行嗎？

麥吉盧　當然可以。

雅典人　那麼有誰曾經看到過這種活動得到了必要的指導？你們倆都猶豫不決，答不出來了。這對你們來說絕無可能，因爲這種事情是你們倆不熟悉的。但我曾經在不同的地方參加過
E 多次酒宴，我甚至非常仔細地研究過它們，但我從來沒有看到或聽說有哪個酒宴得到過完全正確的監管。我這樣說並不是指這些酒宴有這樣那樣的小缺點，而是認爲一般說來這些酒宴的監管都是錯的。

克利尼亞　先生，你必須解釋一下你的意思，說得再準確些。我們在這些事情上的經驗就像你說的那樣貧乏，那怕我們出席這樣的集會，也無法一眼看出什麼樣的監管是適當的，什麼樣的監管是不適當的。

640 **雅典人** 你不會那麼糟。但是請你盡力跟上我的解釋。你的理解無疑是這樣的，在每一次集會或有安排的活動中，無論目的是什麼，總會有某些人在控制集會，是這樣的嗎？

克利尼亞 沒錯。

雅典人 請注意，我們剛才說指揮官在戰鬥中必須是勇士。

克利尼亞 我們說過，確實應當如此。

雅典人 一位勇士不會像懦夫那樣易受驚嚇。

B **克利尼亞** 這樣說也沒錯。

雅典人 如果我們可以把軍隊置於一位完全不受驚嚇和騷擾的將軍的指揮之下，那麼我們務必這樣做，是嗎？

克利尼亞 完全應該。

雅典人 但我們當前思考的這位指揮官不是在你死我活的戰場上，而是處於朋友之間的和平交往中，這樣做的目的是爲了增強共同的良好情感。

克利尼亞 沒錯。

C **雅典人** 我們現在想到的集會是酒宴，而這種集會不會沒有令人激動的場面。

克利尼亞 當然會有，我應當肯定這一點。

雅典人 那麼讓我們再回過頭來說，這種活動需要有指揮官。

克利尼亞 確實需要，比其他活動更需要。

雅典人 如果有可能的話，我們要不要從這樣的指揮官那裡得到激動的許可。

克利尼亞 絕對需要。

雅典人 進一步說，我假定這位指揮官應當非常機智和圓滑。因爲他要做的事情是保全各派
D 之間現存的友好關係，並確保這些友好關係通過集會得到進一步增強。

克利尼亞 這樣說相當正確。

雅典人 所以這位指揮官就開始控制喝酒的人，使他們保持清醒的頭腦和文雅的舉止，而不是相反。如果喝酒的人處在一位自己也在喝酒的輕率年輕人的控制之下，要是不產生巨大的災難性的後果，那麼他可以認爲自己十分幸運。

克利尼亞 他確實可以這樣想。

雅典人 如果這些派別盡可能按照正確的規範在我們中間行事，那麼就會有人對這種制度提
E 出批評，這些批評也許是正確的，但當一個人痛斥一種習俗，因爲他看到這種習俗在各個可能
的方面都監管得不好，那麼首先，他顯然不懂這種習俗受到了誤導，其次，無論什麼過程顯得
不幸都可以理解爲在其實施過程中缺乏清醒的指導和指揮官。你們肯定能看到酗酒的水手，或
641 其他任何一種指揮官，把任何歸他指揮的東西都毀掉了，比如船隻、車輛、軍隊。

克利尼亞 先生，你最後的觀點無疑是正確的。但是請你繼續解釋這種鬧飲的習俗如果不加

正確引導會給我們帶來什麼好處。以軍隊爲例，就像我們剛才說的那樣。如果它得到了正確的
B 領導，其結果就是獲得勝利——這個好處可不算小——對我們其他例子來說結果也一樣。但是恰當地監管酒宴到底能給個人或城邦帶來什麼值得讚揚的利益呢？

雅典人　恰當地監管一個孩子，或一群孩子，又能給個人或城邦帶來什麼值得讚揚的利益呢？如果以這樣的方式提問，那麼我們一定不能回答說城邦從中得到了某些微不足道的利益。但若這個問題問的是城邦從這些被教育者所受的教育中能產生什麼巨大的利益，那麼這個問題
C 就很容易回答。教育是造就好人的方式，一旦造就出來，這樣的人就會高尚地生活，並且能夠在戰場上征服他們的敵人。所以，教育帶來勝利，儘管勝利有時候也導致教育的喪失，因爲勝利的戰爭經常把人引向驕傲，而人們由於驕傲就會被無數的邪惡所玷污。再說，卡德摩斯式的教育從來就沒有出現過，而卡德摩斯式的勝利在過去和未來都只能是太普通了[17]。

D **克利尼亞**　我們可以想像，你們在適當的時候一面喝酒一面暢談友誼，並且認爲這種做法對教育貢獻良多，是嗎？

雅典人　非常正確。

克利尼亞　那麼接下去，你能向我們提供證據來說明這個論斷是正確的嗎？

雅典人　噢，先生，就好比眞理必須留給神，在存在大量爭論的情況下，我能加以確定的就是這些了。但若要我提出個人意見，那我會十分坦率地說出來，因爲我們現在的談話討論的是

法與政治。

E **克利尼亞** 這正是我們的企圖——看你自己對這件有爭議的事到底怎麼看。

雅典人 那麼好吧，爲了完成任務，我就這樣做罷。但你們要努力跟上我的解釋，要像我一樣努力。先讓我們來作一個觀察。希臘人的普遍看法是：我們的城邦公民熱中於談話，每天都有大量的討論；拉棲代蒙人傾向於沉默寡言；克里特人的心思多變，勝過流利的言談。所以，
642 如果我在飲酒這樣一個微不足道的話題上高談闊論，我怕你們會得到這樣一種印象，說我在一件小事情上花費了太多的話語。但是事實上，一種眞正的聲音理論離開了眞正的音樂理論必然不能得到確定的、適當的解釋，還有，離開了一種詳盡的教育理論也不行，而這些理論都需要
B 長時間的討論。所以我要問，如果我們現在應當放棄對這些問題的討論，把話題轉到法的其他部分去，那結果會如何？

麥吉盧 先生，你也許不明白，我自己的家庭和雅典人是近鄰。這種事現在已經成了任何地方孩子們的一種普遍經驗，如果有人對他們說，你們是某個城邦的近鄰，那麼他們心中馬上就會產生一種親切感——我們把它當作第二個祖國，僅次於我們自己的國家。這種情況在我身上肯
C 定是有的。我們拉棲代蒙人很早就在爲雅典憤憤不平，或者感到自己對她負有義務。這些孩子曾經對我說，麥吉盧，不管我們做的這件事是否體面，但我們是爲你們的城邦做的。

聽了這些發言，以及你對譴責你們城邦的論調所作的反駁，我對你們的城邦產生了強烈

的同情。但就今天來說，我喜歡你的方言口音，也相信當前流行的說法，當一名雅典人是好人
D 時，他就格外地好。只有在雅典，善才是不受約束的、自動成長的，是完全意義上的、眞正的
「神的恩賜」。所以，在我看來，你不需要顧忌講得太長有什麼不妥，儘管隨意好了。

克利尼亞 先生，我也有話要講，我的話可以幫助你解脫困惑，把想法全部講出來。你也許
聽說過厄庇美尼德[18]，這位預言家出生在這個城邦，與我的家族有親戚關係。波希戰爭爆發之前
E 十年，他按照神喻的吩咐訪問雅典，在那裡向神獻祭，當時雅典公民們知道波斯人在備戰，格
外警覺，於是他就告訴他們敵人在十年內不會進犯，如果雅典輕舉妄動，那麼不僅不能達到目
的，反而會受到更大的傷害。從那時候起，我的家族開始與你們的同胞締結友誼，從那以後，
我的祖先和我本人對雅典都抱有好感。

643 **雅典人** 那麼我接受了，聽了你們的話使我感到格外輕鬆。我的任務不算重，但要說得好
就不容易了，不過我一定會盡力。作爲論證的第一步，讓我們定義教育及其結果，因爲我們知
道，我們已經大膽探索過的主題必定會循著既定的路線抵達終點——酒神。

克利尼亞 必然如此，因爲這就是你的快樂。

B **雅典人** 好。我現在就試圖解釋一下什麼是眞正的教育，而你們必須考慮我的解釋是否可以
接受。

克利尼亞 請你開始吧。

雅典人　我首先要說的是，擅長做某事的人必定從小就開始練習，那怕是當作遊戲也熱心
去做，還會類比這些工作所需要的環境。比如說，一個男孩子要做一名好農夫，或者做一名好
建築工，那麼在前一種情況下他會製造一座玩具房子，在另一種情況下他會去學著種地，而在
C 這兩種情況下，他們的老師都會按照眞的工具製作小一號的工具給他們使用。尤其是，他們會
把一切必要的預備知識教給孩子們。因此，將來要做木匠的孩子在遊戲中學會使用直尺和鉛垂
線，將來要當兵的學會騎馬，等等。我們應當把遊戲當作教育孩子的工具，引導孩子們的興趣
D 和愛好，使他們在成年以後可以去實現自己的理想。所以我們可以說，教育的總和與本質實際
上就是正確的訓練，要在遊戲中有效地引導孩子們的靈魂去熱愛他們將來要去成就的事業。但
如我所說，你們必須考慮自己能否接受我已經說過的這些話。

克利尼亞　我們確實可以接受。

雅典人　那麼讓我們提高警惕，不要去談那些與我們對教育的解釋無關的事情。當我們要對
人的訓練表示同意或批評時，我們會把我們中的一個人稱作受過教育的，把另一個人稱作沒受
過教育的——這裡的區別有時候就像小販與商人——還會把某個這樣的人稱作受過極爲良好教育
E 的。但我們當前的討論已經進到這一步，有人會說這些事情並不是教育，教育乃是從小在學校
裡接受善，使之抱著熱情而又堅定的信念去成爲一個完善的公民，既懂得如何行使又懂得如何
644 服從正義的統治。我認爲，我們的論證會把這種訓練與其他訓練分開，把教育這個名稱完全歸

於它；任何以財富、身體的力氣，以及其他與理智和正義無關的事物爲宗旨的訓練，都是粗俗的、不高雅的，完全不配稱作教育。所以我們一定不要咬文嚼字，而要遵循我們剛才已經同意的立場，認爲正確地接受教育就是接受我們所說的善。我們絕對不可以輕視教育的任何一個方
B 面，因爲教育是上蒼恩賜給人類的最高幸福，最優秀的人所接受的恩賜最多。如果教育發生了錯誤的轉向，我們都應當獻出畢生精力來修正它。

克利尼亞 確實如此。我們承認這個觀點。

雅典人 我們前不久還同意過，那些能指揮自己的人是善的，那些不能指揮自己的人是惡的。

克利尼亞 沒錯。

雅典人 那就讓我們再次更加準確地考慮一下我們說這些話是什麼意思。你們也許會允許我
C 借助一個寓言來把我的看法說得更加清楚些，要是我能做到的話。

克利尼亞 我們全都在注意聽。

雅典人 那麼好，我們說，任何人都是一個人，是嗎？

克利尼亞 當然。

雅典人 但是一個人在他身上有一對愚蠢的、相互爭吵的顧問，它們的名字是快樂與痛苦，是嗎？

克利尼亞　你說的是事實。

雅典人　此外，人擁有對未來的預見，分爲兩種。兩種預見的共同名稱是期待，預見痛苦的
D 專有名稱是恐懼，預見痛苦的對立面的專有名稱是自信。在此之上還有判斷，用來察覺這些狀
態中哪些較好，哪些較差，當這些判斷擁有了由城邦公共決定的形式，它的名字就叫作法。

克利尼亞　我擔心自己快要跟不上你的意思了，不過還是請你繼續說下去。

麥吉盧　我發現自己的情況也跟你差不多。

雅典人　讓我們按照這樣一個思路來觀察整個問題。我們可以想像我們每個人都是諸神製造
E 的木偶，也許是個玩具，也許有比較重要的作用。但我們確實說不出更多的意思來，只有一件
事情是確定的。我們上面說的身體的內在狀態就像牽引木偶的繩子或線，被它們拉著活動，但
它們之間是相互對立的，在我們身上起作用，把我們拉向不同的方向，而在此之中就有了美德
645 與邪惡之分。我們的論證是，一個人事實上必須服從某一種拉力，但同時也要抗拒其他所有繩
子所起的作用——也就是說，必須服從以城邦公共法的名義出現的判斷，把它當作寶貴和神聖
的黃金。其他的法像鐵一樣堅硬，而這種法像黃金一樣柔軟，這些法起著原則一樣的作用。所
以，人必須與法合作，只要它的制定是高尚的，因爲判斷儘管是一種高尚的東西，是溫和的、
不用暴力的，但是制定一種判斷需要有某種東西的支撐，而我們身上的黃金相對於其他成分來
B 說占主導地位。我們說的木偶人以這樣的方式得以完成。你們要是弄懂了下面這兩點，我的意

思會變得更清楚。首先，自我征服和自己打敗自己究竟是什麼意思；其次，個人的責任在於理解這種拉力的眞義，在生活中服從這種拉力，而城邦的責任在於從某位神或我們已經提到過的某位發現者那裡接受這種眞義，使之成爲城邦的法，成爲城邦自身及其他社團交往的準則。這樣做可以引導我們更加準確地把善惡問題結合起來，而對這個問題的解釋可能會給我們理解教育和各種制度帶來啓發，尤其可以幫助我們理解這種社會性的飲酒問題——人們會認爲這種事情微不足道，討論這種事情是浪費時間，然而我們以後會明白這樣做是值得的。

C **克利尼亞** 你說得很對。我們現在就來討論這個問題，只要有必要，無論怎麼冗長都不要緊。

雅典人 那麼好吧，請告訴我，假定我們強勸我們的木偶喝酒，那麼會產生什麼樣的結果？

D **克利尼亞** 你現在爲什麼要提到這一點？你提這個問題的目的何在？

雅典人 我還沒有進到問「爲什麼」，我現在想要知道的是處在這種行爲狀態中的木偶一般「如何」受影響。讓我更加精確地解釋一下我的意思。我的問題大體上是這樣一個意思，喝酒使我們快樂和痛苦，使我們的脾氣和慾望變得更加強烈，難道不是嗎？

克利尼亞 變得強烈得多。

E **雅典人** 它對我們的感覺、記憶、信仰、知識有什麼影響？它們同樣也會變得強烈起來嗎？或者說，如果一個人完全喝醉了，它們就會徹底離去？

克利尼亞 呃，是這樣的。

雅典人 所以這個人就會返回他幼年的精神狀態？

克利尼亞 確實如此。

雅典人 在這種情況下，他的自我指揮能力是最低的。

克利尼亞 是的。

646 **雅典人** 我們可以說，這樣的人處在他最糟糕的狀態。

克利尼亞 確實如此。

雅典人 如此看來，「第二個童年」這個短語似乎既適用於老年，也適用於酒鬼。

克利尼亞 你說得好，先生。

雅典人 現在有沒有一個論證可以相當大膽地提出建議，我們應當嘗試這樣的習俗，而不是竭盡全力避免它？

克利尼亞 好像有，至少你說過這樣的話，剛才你還說可以提出這樣的論證。

B **雅典人** 你眞是一個及時的提醒者，我現在重複一下這個承諾，因爲你們倆都已經說過渴望聽到我的論證。

克利尼亞 我們當然要聽。如果沒有其他原因的話，我們這樣說的原因在於你的悖論是完全不可信的，你認爲人會自覺自願地進入一種墮落狀態。

雅典人 你指的是靈魂的衰退嗎？

C

克利尼亞 是的。

雅典人 那麼好吧，我的好先生，身體的壞習慣——消瘦、殘廢、虛弱，是怎麼回事？一個人自願進入這些狀態不就是悖論嗎？

克利尼亞 當然是。

雅典人 噢，先生，人們自願去找醫生治病，我們必須設想他們並不知道自己很快就會進入這樣的身體狀態，如果這種狀態是永久性的，那麼他們會終生處於病態，是嗎？還有，當人們求助於體育鍛鍊或繁重的體力勞動時，我們知道他們的健康已經受到損害，是這樣的嗎？

克利尼亞 是的，我們知道這些事。

雅典人 我們也知道他們是自願的，為的是以後的好處，是嗎？

克利尼亞 確實如此。

D

雅典人 我們也一定要同樣看待其他習慣性的行為嗎？

克利尼亞 我認為應當這樣看。

雅典人 如果這樣的看法也適用於花時間飲酒，那麼我們對這種習俗也應當這樣看。

克利尼亞 當然了。

雅典人 僅當說明了飲酒可以帶來好處，這些好處與其他身體的好處可以相提並論時，才能說飲酒對體育訓練的初始階段有好處，而下一步就會帶來痛苦，但其他事情不是這樣的。

E **克利尼亞** 你說得很對，如果在這種習俗中我們也能找到什麼好處，那我會感到驚訝。

雅典人 我想，這一點至少是我們最後要搞清楚的。現在請你告訴我，能不能區分兩種恐懼？

克利尼亞 怎麼分？

雅典人 可以這樣分。首先，當我們預期邪惡要降臨時，我們害怕邪惡。

克利尼亞 是的。

647 **雅典人** 當我們知道自己由於某些卑劣的行爲和言詞而得到一個壞名聲時，我們也經常害怕我們的名聲，我想可恥這個名稱指的就是這種恐懼，其他人也這樣看。

克利尼亞 當然了。

雅典人 這就是我說的兩種恐懼，第二種恐懼是要反對我們最普遍的、最有激情的快樂，但它也反對痛苦，這種恐懼所反對的是其他，而非它本身。

克利尼亞 非常正確。

B **雅典人** 立法家，或其他任何稱職的人難道不會把這種恐懼放在最高榮耀的位置上嗎？他稱這種恐懼爲節制，而把自信當作節制的對立面，稱作冒失，視爲公私生活中最大的惡之一。

克利尼亞 正確。

雅典人 這種恐懼給我們帶來的其他許多巨大的好處就不用說了。整體說來，對於獲得勝利和保全自己來說，在戰爭中沒有什麼能比恐懼作出更大的貢獻了。事實上，勝利擁有雙重來源，對敵人的無所畏懼和害怕在朋友面前丟臉。

克利尼亞 是這樣的。

C **雅典人** 由此推論，我們每個人既需要馬上擺脫恐懼，又需要充滿恐懼，產生這些對立狀態的原因我們已經說過了。

克利尼亞 同意。

雅典人 當我們打算使人免除恐懼時，我們可以讓他接觸恐懼，讓他處在法的指引下，以此實現我們的目的。

克利尼亞 可以。

D **雅典人** 但是，假定我們的目標是使別人感到他可怕，結果又會怎樣？我們難道不應當讓他去與可恥作鬥爭，使他經受鍛鍊，以此確保他在與自己追求快樂的慾望的鬥爭中取得勝利？如果一個人只能通過與他自身的膽怯作鬥爭來消除膽怯，以此獲得成熟的勇敢，那麼缺乏參與這種鬥爭的經驗和不懂這種競賽的規矩，就沒有人可以達到他所能達到的成功的一半。他只有在誡命、習慣和機智的幫助下，首先對引誘他無恥和犯錯的無數快樂和慾望發起鬥爭，無論是在遊戲中還是在嚴肅的時候，才能實現對自己的完全支配。這種說法是可信的。這些經驗他能少得了嗎？

克利尼亞　這個觀點確實有些道理。

E **雅典人**　現在請你告訴我，有沒有哪位神把某種專門導致恐懼的藥賜給人類？這種藥的效果
是，人要是允許自己吃了這種藥，就會感到自己前途黑暗，現在和未來都充滿危險，即使最勇
648 敢的人在藥性達到高潮時也會感到極爲恐懼，當然，等到藥勁一過，他還會恢復原狀。

克利尼亞　嗨，先生，在這個世界上我們到哪裡去找這樣一種藥水？

雅典人　呃，沒地方。但假定我們能夠找到，那麼立法者會利用它來增進勇敢嗎？我的意思
是，我們以這樣的方式來討論是有用的。請告訴我，立法家先生——無論是克里特的立法者還是
B 你們想要說的其他社會的立法者——首先，你們會對這樣一塊檢驗你們公民的勇敢或膽怯的試金
石表示感謝嗎[19]？

克利尼亞　毫無疑問，他會的，他肯定會說是。

雅典人　那麼，你們希望這塊試金石既安全高效又沒有危險，或者說你們的希望正好相反？

克利尼亞　他肯定會希望它是安全的。

雅典人　你們會用這種藥水來使你們的公民進入恐懼狀態，然後通過鼓勵、誡命、認信，以
C 及他們有可能經受的種種恥辱來經受鍛鍊，使他們最後變成無所畏懼的人嗎？在這種鍛鍊中表
現良好，勇敢地經受了考驗的人，可以不受傷害地通過測試，而對那些表現很差的人你們會給

予某些懲罰嗎？或者說，你們會在沒有什麼理由的情況下，簡單地拒絕使用這種藥水？

克利尼亞 呃，我親愛的先生，他當然會使用它。

雅典人 這種做法至少能給我們提供一種比我們當前的制度更加輕鬆安全的訓練，無論是
D 對個人、小團體，還是對人數眾多的群體。如果一個人私下裡喝這種藥水，經受恐懼方面的訓
練，那麼這樣做是對的。當然了，爲了體面他必須避開公眾的耳目，直到獲得滿意的結果。還
有，當他相信自己已經準備好了，相信自己既有天賦又有預備性的實踐的時候，他可以在一大
E 群酒徒的面前喝藥水，公開展示他的美德，這種美德使他能夠超越和支配藥水不可避免的功效
所產生的影響，而又不會陷入嚴重的失誤或墮落，不過，由於擔心我們人的普遍弱點，他會在
藥力達到頂點前撤離。

克利尼亞 呃，是的，先生，你說的這種人相當聰明。

649 **雅典人** 讓我們把話題再轉到立法家身上來。我們會對他說，很好，但由於上蒼並沒有給我們提供這樣一種引起恐懼的藥水，我們自己也沒有發明出這種藥水來——因爲那些賣假藥的江湖郎中的話不足信——我們該如何對待無所畏懼、過分自信或錯誤時刻不恰當的自信呢？有沒有一種藥水會產生這樣的效果呢？

克利尼亞 他當然會說有，他說的藥水就是酒。

B **雅典人** 我們剛才提到的那些狀態的對立面不就是酒產生的效果嗎？當一個人喝酒時，它最

直接的效果就是使他比前一刻愉快，喝得越多，產生的樂觀想像越多。到了最後，喝酒的人充滿了智慧的奇想，放縱言語和行動，徹底無所畏懼了，到了這個時候就沒有什麼話他不敢說，沒有什麼事他不敢做。我認爲，任何人都會承認這一點。

克利尼亞 當然。

C **雅典人** 讓我提醒你一下我們前面說過的事情。在我們的靈魂中有兩種品質養成：極度自信及其對立面——極度恐懼。

克利尼亞 我想，你是把極度恐懼當作節制來說的。

雅典人 你的記性眞好。由於勇敢和無所畏懼必須要在驚恐中學會，所以必須考慮與之相反的品質是否需要有相反的條件來培養。

克利尼亞 確實可以假定爲需要。

雅典人 那麼看起來，要養成這種相反的品質我們至少要表現得魯莽和厚顏無恥，不是一般
D 的自信或大膽，而是說可恥的話，想可恥的事，甚至做可恥的事。

克利尼亞 看起來是這樣的。

雅典人 我們處於下列狀況時不就會表現出這種品質來嗎——氣憤、淫亂、驕傲、愚蠢、貪婪、膽怯？我們還可以添上財富、美貌、身體活力，以及其他驅使我們狂熱地沉浸在快樂中的
E 東西。如果我們想要有一種不太昂貴的、相對無害的快樂，首先用作對這些狀況的考驗，其次

作爲一種鍛鍊，那麼除了飲酒我們還能找到什麼更加適當的方法？只不過我們是帶著提防心理
對它加以使用的，既要用，又要提防。惱怒的脾氣和野蠻的脾氣是眾多罪惡的源泉，要對它們
650 進行考驗哪一種方法更加危險，是極有可能失敗的談判還是像酒神節那樣與之聯合？爲了檢驗
一個好色之徒的靈魂，我們可以把我們的妻子兒女託付給他，冒著我們最親近和最親愛的人有
可能遭遇的危險來發現他的品性嗎？人們可以舉出無數的例子來說明用一種嬉戲的考察方法不
B 會付出沉重的代價。但是我想克里特人或其他人在駁斥這種方法時不能否認其中有一點是可以
肯定的。建議中的這種考驗相當好，與其他考驗相比具有低廉、安全、快捷的優點。

克利尼亞 這一點至少是確定無疑的。

雅典人 那麼，在探討品性的天然氣質時，我們看到有一種無與倫比的培養品性的技藝，我想我們可以說，這就是政治家的技藝。

克利尼亞 是這樣的。

注釋

【1】拉棲代蒙（Lacedaemon）即斯巴達。

【2】彌諾斯（Minos）是克里特王，宙斯與歐羅巴之子，死後為冥土三判官之一。

【3】克諾索斯（Cnossus）是克里特王宮所在地。

【4】指雅典娜。

【5】指戰爭。

【6】堤泰烏斯（Tyrtaeus）是西元前七世紀希臘詩人。

【7】堤泰烏斯：《殘篇》十二。

【8】塞奧格尼：《哀歌》第七十七—七十八行。

【9】斯巴達貴族家庭的男孩自幼在軍營受訓，住氈篷草席，吃粗糲之食，而且每年要跪在神像面前受一頓鞭笞，以鍛鍊吃苦耐勞的能力。

【10】秘巡（crypteia）是斯巴達的一種制度，指派貴族青年秘密巡查全國各地。

【11】國殤日（gymnopaediae）每年舉行一次，紀念在提瑞亞（Thyrea）陣亡的勇士，參加慶祝的青年要表演裸體舞蹈和體操。

【12】指萊喀古斯和彌諾斯。

【13】拉科尼亞（Laconia）是伯羅奔尼撒半島上的一個地區的名字，此處指斯巴達。

【14】該尼墨得（Ganymede）是希臘神話人物，是特洛伊王特洛斯之子，為宙斯所喜愛。

【15】狄奧尼修斯（Dionysus）是希臘酒神。

【16】指希臘。

【17】卡德摩斯（Cadmus）是希臘神話中的底比斯城的創建者和國王，據說首創字母和發明書寫方法。

【18】厄庇美尼德（Epimenides）是西元前六世紀的克里特詩人和預言家。

【19】此處這位雅典人以對立法家說話的口吻說話，故用第二人稱，而下文克利尼亞的回答則仍用第三人稱。

第二卷

625 **雅典人** 討論這些事情所產生的下一個問題，我想，是這樣的。正確控制酒杯可以封閉我們的天然性情，但這樣做才是唯一值得推薦的辦法嗎？或者說飲酒還有其他某些值得考慮的、嚴肅的益處？是或不是？我認爲是，或者說我們的論證似乎在提出這種建議。但若我們只想知道這些益處是什麼，那麼我們必須提高警惕，提防它給我們佈下的圈套。

克利尼亞 請繼續說下去。

653 **雅典人** 我是願意的，但我要再次回憶一下我們對教育所作的正確解釋，這樣我才能斷言這種制度在恰當的管理下可以提供一種保障。

克利尼亞 這確實是一個大膽的論斷！

雅典人 因此我想說，嬰兒最先獲得的意識就是關於痛苦和快樂的意識，靈魂首先在這個地方獲得美德或邪惡。因爲一個人若是獲得智慧和確定的眞實信念，那怕是在他老年時期獲得的，也可以說他是非常幸運的，而且在各種情況下，擁有智慧和眞實信念的人同時也能得到與
B 智慧和眞實信念相伴的幸福，使人生狀態圓滿。因此，所謂教育，我指的就是善的獲取，它的最初形式就是兒童所獲得的那個樣子。事實上，如果快樂以及與快樂相似的東西，痛苦以及與痛苦相似的東西，在達到獲得理智的年齡之前就已經在靈魂中形成，那麼等這個年紀一到，由於早年在習慣方面接受的約束是適當的，這些感覺就會與理智一致，這種一致作爲一個整體就
C 是美德。但若你考慮到其中的一個因素，即對快樂和痛苦的狀態進行正確的約束，使人從一開

始就厭惡他應當厭惡的東西，愛好他應當愛好的東西——如果你把這個因素分離出來，並稱之爲教育，那麼你就做對了。這至少是我的確信。

克利尼亞 是的，確實如此。先生，我們承認你剛才道出了眞理，並不亞於你前面對教育所作的觀察。

雅典人 好，但我還要說，教育——這種對快樂與痛苦狀態的正確約束——在人生過程中以
D 各種方式傾向於鬆馳和懈怠。但是諸神憐憫我們人類命運之艱辛和不幸，指定了一系列的節慶來緩解這種瘟疫，除了指派繆斯，她們的領袖是阿波羅，還把狄奧尼修斯賜給我們，與我們共用這些節日以及諸神帶給節日的精神養料。因此我們必須弄清我們現在鼓吹的這個論證是否與事實相符。這個論證無非就是說，我們可以公正地斷言，無論什麼幼小的生物都不能使它的身
E 體靜止或不出聲，而是一直都在試圖運動和發出聲音。它們奔跑、跳躍、歡樂、嬉戲，發出各種聲音來。動物在運動中缺乏有序或無序的觀念，沒有被我們稱作節奏或旋律的那種感覺。但
654 我們人就不一樣了，諸神憐憫我們，賜給我們覺察和享受節奏與旋律的能力。在這個意義上，他們激發我們去運動，成爲我們歌舞隊的領袖。他們用歌舞這根繩子把我們捆在一起，歌舞隊這個名稱就來源於由歌舞所天然提供的快樂[1]。這一點現在可以作爲定論嗎？可以假定我們最早的教育來自繆斯和阿波羅嗎？

克利尼亞 我們可以這樣假設。

B

雅典人 所以，沒有受過教育的人，我們指的是他沒有受過歌舞方面的訓練，受過教育的人，我們指的是他受過徹底的歌舞訓練，是嗎？

克利尼亞 一點兒沒錯。

雅典人 你要注意，歌舞隊的藝術作爲一個整體既包括跳舞，又包括唱歌[2]。

克利尼亞 無疑如此。

雅典人 由此可以推論，一個受過良好教育的人跳舞唱歌都很好。

克利尼亞 應當如此。

雅典人 下面讓我們仔細觀察一下這個論斷。

克利尼亞 什麼論斷？

C

雅典人 呃，我們說一個人跳舞唱歌都很好。但我們是否應當作一個限定，僅當他唱「好」歌，跳「好」舞時，我們才說他跳舞唱歌都很好？

克利尼亞 假定我們接受這個限定。

雅典人 好，假定他把眞正好的東西判定爲好的，把眞正壞的東西判定爲壞的，並且以此作爲行動的依據。一個人儘管在這些好東西中沒有感到快樂，也沒有對他感到壞的東西表示厭

D

惡，但他能正常地用適當的姿勢和聲音把好的東西表達出來，在這種情況下我們能說這個人在歌舞和音樂藝術中受過較好的教育嗎？或者倒不如說，儘管有許多被善所附著的東西和被惡所

驅逐的東西都不可能用正確的聲音和姿勢來表達或理解，但他對快樂和痛苦擁有正確的感覺，是這樣的嗎？

克利尼亞 先生，你描述的教育有巨大的益處。

雅典人 如果我們三個人懂得歌舞中的善，那麼我們同樣也能知道誰受過正確的教育，誰沒有受過正確的教育，但若我們不懂這一點，那麼我們同樣無法決定教育能提供什麼樣的保障，這種保障在哪裡。你跟得上嗎？ E

克利尼亞 完全跟得上。

雅典人 所以我們必須通過考察姿勢、旋律、歌曲、舞蹈中的善來追蹤。如果我們讓這頭獵物逃走了，那麼我們所有關於教育——希臘人的或非希臘人的——的進一步討論都是在白費氣力。

克利尼亞 是這樣的。

655 **雅典人** 現在來吧，請告訴我，我們所說的姿勢或旋律中的善是什麼？舉個例子吧，一個與悲痛作鬥爭的富有男子漢氣概的靈魂和一個在同樣處境中膽怯的靈魂。我們發現它們會以同樣的姿勢和言語表達自己嗎？

克利尼亞 呃，當然不會，甚至在相同的情況下也不會。

雅典人 你說得確實很對，朋友。儘管音樂有形式和曲調，而其主題是節奏和旋律，據此我們也可以把一種曲調或姿勢說成合乎節奏或旋律，但我們用「音色華麗」這個比喻性的說法來B 描述歌舞隊的練習者是不恰當的。但是，膽小鬼和勇敢者有他們性格化的姿勢和口吻，所以把勇敢者稱作好人，把膽小鬼稱作壞人是恰當的。事實上，我們在處理整個主題時爲了避免大量重複，我們可以一勞永逸地認定，一切與靈魂或肉體的善——無論是善本身還是善的影像——相連的姿勢和旋律都是好的，而那些與靈魂或肉體的惡相連的姿勢和旋律都是壞的。

克利尼亞 這個建議好極了，你可以這樣處理，就當我們已經作出這種認可。

C **雅典人** 現在進到下一步。是否歌舞隊的任何表演都會給人帶來同等程度的快樂，或者說程度不同？

克利尼亞 你的意思是它們很不同？我認爲完全不同。

雅典人 那麼我們下面將要說的話很可能會成爲某種困惑的源泉，是嗎？一樣優秀的東西在各種情況下難道是不同的？或者說，它實際上是相同的，但人們並不這樣認爲？我認爲，沒有人會承認歌舞隊表演醜惡的東西實際上比表演優美的東西更傑出，或者說某人會喜歡墮落的姿D 勢，而其他人寧可喜歡相反的繆斯。當然了，人們一般認爲音樂是否正確的標準就在於它所產生的快樂效果。然而，這是一種不能容忍的觀點，實際上是對神靈的褻瀆。下面我就要講到引起我們困惑的另一個更加可能的原因。

克利尼亞 那是什麼？

雅典人 歌舞隊的表演是一種模仿，用各種行爲和場景象徵被塑造的角色及性格，表演者的
E 演出由此而被決定。因此，有些人發現角色的脾氣和習性、歌舞隊的歌詞、旋律以及其他表現
符合自己胃口，他們就感到快樂，爲之鼓掌，進而宣佈表演得好，而那些發現這些表演與自己
的脾氣、習性、嗜好、教養相抵觸的人就不感到快樂，也不會爲之鼓掌，更不會說它好。如果
人的天性是正確的，但所受的教養是錯誤的，或者倒過來，人的天性是錯誤的，所受的教養是
正確的，那麼人們從表演中得到的快樂和厭惡各不相同。如果一場表演被說成是快樂的，而實
656 際上是壞的，那麼有人不會說自己喜歡這樣的歌舞，因爲他害怕在其他具有判斷力的人面前丟
臉，但在內心他喜歡這種表演。

克利尼亞 你說得完全正確。

雅典人 現在你認爲壞人喜歡墮落的姿勢或旋律，而好人則從相反的姿勢或旋律中得到快樂嗎？

克利尼亞 可以如此設定。

B **雅典人** 僅僅是設定？這種情況就好比在眞實生活中看到惡人的行徑不但不感到厭惡，不加
以譴責，反而感到快樂，就好像不知道壞人的邪惡似的，是嗎？在這樣的情況下一個人不可避
免地會變得像他所喜歡的那個人一樣，無論是好是壞，儘管他自己也可以羞於承認。這個結果
是絕對不可避免的——對善惡來說，其他還有什麼結果我們可以稱之爲比這個結果更爲重大呢？

C **克利尼亞** 我相信沒有了。

雅典人 那麼可以相信，這種繆斯的教育—娛樂功能在任何地方，在現在或將來，都有健全的法則，具有詩人天賦的人應當自由地採取任何形式的節奏、旋律，或發音，來激發作曲者的創作想像，並通過合唱隊員和一個敬重法的社會中的青年來告訴人們，至於其結果是產生美德還是產生邪惡則聽天由命，是這樣的嗎？

克利尼亞 這肯定是不合理的，絕對不合理。

D **雅典人** 但人們在實際中確實這樣做，我可以說在各個國家都一樣，唯有埃及除外。

克利尼亞 請你告訴我，埃及是如何用法律來規範這件事的？

雅典人 我說出來你會感到驚訝。這個國家似乎很久以前就承認了我們現在肯定的眞理，如果這些姿勢和旋律是年輕一代公民的習慣行爲，那麼它們必須是好的。所以他們把各種類型的
E 發明集中起來，把樣品存放在神廟裡。除了按照傳統模式創作，禁止畫家和其他設計藝術家發明新的模式，這項禁令仍舊存在，適用於這些藝術以及音樂的各個部門[3]。如果你觀察他們各處
657 的繪畫和雕塑，你會發現一萬年前的作品——我這樣說不是粗略的，而是準確的——既不比今天的作品好，也不比今天的作品差，二者表現出同樣的風格。

克利尼亞 這種情況實在令人驚訝！

雅典人 倒不如說，這是因爲埃及人無比信任他們的立法者和政治家。在埃及的其他制度中

無疑也可以找到許多根據，但音樂問題——它至少是個事實，很有說服力的事實——實際上證明了在這樣一個範圍內用法來規範展示內在永恆正確性的旋律是可能的。這種事情想必是神的作
B 爲，或像神一般的人的作爲，實際上，在當地的傳說中，使這些旋律在無數個世代得以保存的是伊西斯[4]。所以，如我前面所說，只要我們能夠在這樣的事情中找到內在的正義，無論是什麼程度的，我們就可以把它化爲法律和制度，而不會誤置，因爲情感自身持久地表現出對高尚音樂的渴望，相比而言，使歌舞聖化，使之不受時尚的影響，這樣做對歌舞藝術帶來的傷害是微乎其微的。不管怎麼說，在埃及這樣做並沒有帶來什麼消極影響，其結果反而是積極的。

C **克利尼亞** 按照你現在的解釋，好像是這樣一種狀態。

雅典人 那麼我們可以大膽地說，這些就是使用音樂和歌舞藝術的正確方式嗎？當我們相信自己進展良好時，我們感到高興；反過來也可以說，當我們感到高興時，我們相信自己進展良好。你同意嗎？

克利尼亞 確實如此。

雅典人 請注意，處在這種情況下——我的意思是當我們感到高興時——我們無法保持冷靜。

克利尼亞 是這樣的。

D **雅典人** 所以我們的年輕人渴望跳舞和唱歌，而對我們老年人來說，我們認爲事物在時間中

變化，所以樂意看著他們遊戲和歡樂。我們的身體在隨著歲月的流逝已經失去靈活性，所以我們樂意安排表演比賽，讓表演者喚醒我們對青年時代的回憶。

克利尼亞 非常正確。

雅典人 所以我們幾乎無法否認，當前人們對娛樂活動的提供者有許多評判。我的意思是指
E 這樣的判斷，那些爲傑出的天才準備的棕櫚枝[5]應當獎給那些爲我們提供了最大快樂和享受的
人。由於我們保障在這樣的場合演出的自由，所以可以論證提供最大最多快樂的人應當受到最
658 高的尊敬，或者像我剛才說的，應當得到棕櫚枝。如果有這種爭論，你認爲這樣的說法和做法
是正確的嗎？

克利尼亞 是的，也許是吧。

雅典人 我親愛的先生，對這種主題，我們還是不要匆匆忙忙地作什麼論斷。如果能夠按照
這樣一種方式分割這個主題並考慮它的細節，結果可能會好些。假定一個人要組織一種比賽，
但沒有進一步限定，沒有規定它是一場體育比賽還是音樂比賽，或是賽馬，然後我們再想像他
B 把城邦所有公民召集起來，並提供獎品，宣佈任何人都可以參加比賽，只要他能提供快樂——獎
品頒給最受觀眾歡迎的表演者。至於表演的方式則沒有任何限制，只要能夠打敗競爭者，得到
最多人的喜愛。對這樣的宣佈，我們可以期待有什麼樣的結果？

克利尼亞 你到底想說什麼？

C

雅典人 嗯，這時候很可能會有一個表演者像荷馬那樣講述史詩，第二個會表演豎琴，第三個表演悲劇，第四個也許表演喜劇。他們中要是有人認爲自己贏得獎品的最佳機會是上演木偶戲，那麼我也不會感到驚訝。但是我們能夠說出在所有競爭者中以及大批想要參加比賽的人中，哪一位最配得到獎品？

克利尼亞 這是一個奇怪的問題。有誰能夠對此作答，就好像他能在親耳聽到這些表演之前就可以決定似的？

雅典人 那麼好吧，要不要我來回答這個對你們倆來說非常奇怪的問題？

克利尼亞 當然要。

雅典人 我的回答是，如果是兒童在做決定，那麼他們無疑會認爲那個要上演木偶戲的人最可能獲獎。

D

克利尼亞 呃，當然了。

雅典人 大一些的孩子會選上演喜劇的人，有教養的婦女、青年，他們也許是絕對多數，會選悲劇。

克利尼亞 是的，很有可能。

雅典人 而像我們這樣的老人喜歡從優秀的誦詩者那裡得到最大的快樂，聽他背誦《伊利亞特》、《奧德賽》，或者赫西奧德的詩歌，認爲這才是最優秀的藝術。那麼誰才是眞正的勝利者呢？我想，這是我們要回答的下一個問題，是嗎？

克利尼亞 是。

E **雅典人** 你我顯然都不可避免地要說，眞正的勝利者是我們這樣年紀的人所喜歡的。從我們的觀點看，風俗習慣至今仍是各種社會現存的最佳安排。

克利尼亞 當然如此。

雅典人 所以我本人實際上與當前流行的觀點在下述方面是吻合的。判斷音樂的標準是它所能提供的快樂，但音樂並非給任何人或每個聽眾都提供快樂。我們可以說，最優秀的音樂是那
659 些能使最優秀的、恰當地受過教育的人感到快樂的音樂，尤其是，它要能使在善與教育方面都非常卓越的人感到快樂。我們說，對音樂作判斷需要善，其原因在於判決者不僅需要智慧，而且需要勇敢。一位眞正的判決者一定不能隨波逐流，順從聽眾，一定不能在大眾的喧囂下喪失
B 自己的判斷力，也不能由於膽小怕事而虛弱地宣佈一個違背自己本意的判斷，並在判決中藉助諸神的名義來表明自己已經完成了職責。說實話，判決者的任務不是向聽眾學習，而是教育聽眾，反對那些以錯誤的、不恰當的方式給聽眾提供快樂的表演者。按照古代希臘的規矩，當時
C 不存在現今西西里和義大利風俗中的這些自由，把事情交給大多數聽眾來裁決，根據他們的投票來決定勝利者。這種做法既腐蝕了詩人，同樣又腐蝕了聽眾的嗜好，因爲詩人的創作標準以裁決者的嗜好爲依據，聽眾成了他們實際上的老師。反覆表演優於聽眾的角色必定會改善聽眾

的嗜好；但若不是這樣，那麼結果也正好相反，上演的角色就是聽眾自己的行徑。我們要再一次問，我們當前的論證結果給我們提供了什麼樣的教訓？某些東西也許能產生這種效果。

克利尼亞 什麼效果？

D **雅典人** 呃，我相信這個論證第三次或第四次把我們帶回原先的立場，教育實際上就是把兒童引導到由法律宣佈爲正確的規矩上來，其正確性爲最優秀的人和最年長的人的共同一致的經驗所證明。兒童的靈魂學習感受快樂與痛苦不可以用成年人的方式，這些成年人感受快樂與痛
E 苦的方式或者是違法的，或者是服法的，而要與成年人爲伴，在與成年人所經歷的相同事物中習得快樂和痛苦。我認爲，這就是所謂「詩歌」的眞正目的。它們確實是爲靈魂而唱，十分誠摯地要在靈魂中產生我們已經說過的和諧，亦即「戲劇」和「歌曲」的作用，但是年青人的靈
660 魂不能承受這種誠摯，並照樣實施。正因如此，面對虛弱有病的身體，醫生試圖通過可口的飲食爲之提供完善的營養，但他也會用不完善的、不可口的飲食來使病人接受一種食物而拒絕另一種食物，因爲他必須這樣做。以同樣的方式，眞正的立法家會進行勸告，勸告無效就強迫，擁有詩人天賦的人必須創作他們應該創作的東西，用高尚精美的詩句來再現好人，用適當的節奏來再現好人的心懷，用優美的旋律來再現好人的節制，這些人是純粹的，高尚的，簡言之，是善的。

B **克利尼亞** 我的天哪！你認爲在別的城邦詩歌就是這樣創作出來的嗎？據我的觀察，並不存

在你所讚揚的這種方式，除非在此地的家庭中，或者在拉棲代蒙；而在其他地方我注意到有無
數舞蹈和音樂方面的發明，不斷地發生變化，但這些變化不是在法的推動下發生的，而是由於
C 某種不受規範的嗜好，這種嗜好遠非確定的、永久的，不像你解釋的埃及的情況那樣，從不發
生任何變化。

雅典人 你觀察得好，克利尼亞。但若你想像一下我對現有方式的看法，那麼這種不幸的印
象很可能應當歸於我沒有把自己的想法說清楚。也許，我說過的話確實會給你留下這種印象，
但這些話只解釋了我對音樂的希望。因爲對一種重大的、沒有補救辦法的錯誤進行譴責，儘管
D 有時候是不可避免的，但絕對不是一樁愉快的責任。由於我們談論的只是原則，所以請你告訴
我，你認爲這個原則在你們自己人中間和我們的斯巴達朋友中間實施得要比其他希臘人中間好
些嗎？

克利尼亞 肯定好一些。

雅典人 假定我們中的其他人追隨同樣的方式，我們可以說這是對現存狀態的一種改進嗎？

克利尼亞 如果他們能追隨斯巴達和我們的榜樣，以及遵守你本人剛才給我們的誡命，我認
爲這是一種極大的改進。

雅典人 好吧，讓我們對這個問題達成一種理解。在你們兩個共同體中，由各種教育和音樂
E 所傳承的教導達到了這樣一種效果，是嗎？你們強迫你們的詩人去教導民眾，善人是幸運和幸

福的人，因爲他是節制的和正義的，而無論他是偉大還是渺小，是強大還是虛弱，是富裕還是
貧窮。但若一個人是不正義的，那麼哪怕他「比彌達斯和昔尼拉斯還要富有」[6]，也只是一個可
憐蟲，他的生活是可悲的。借用一些你們自己的詩人的話——這是他們的原話——「我既不願提
到他的名字，也不認爲他有什麼可取之處」，儘管他會謀求或取得所有那些流行的沒有公正的
661 善，而實際上作爲一個人，他「應當與敵人搏鬥，把他打倒在地」。如果一個人是不正義的，
我不會讓他「看血淋淋的屠殺而不加迴避」，或者「看色雷斯北風的勝利」[7]，更不會讓他享受
各種流行的那些享有好名聲的東西。因爲被大眾稱爲善的東西，實際上並非眞正配得上這個名
稱。你要知道，俗話說健康是最大的善，美貌列在第二位，財富列在第三位，其他的善還有無
B 數，比如敏銳的視力、聽力，以及其他感覺，當一名獨裁者也是善的，滿足自己所有慾望也是
善的，幸福之王就是擁有所有這些好處，還有長生不老。但是你們堅持的是，儘管所有這些官
能對正義的人和宗教來說都是大善，但對不正義的人來說，從健康開始，所有這些東西都是邪
C 惡。說得具體一點，如果一個人永遠享有所有這些所謂的善，而沒有正義和美德的陪伴，那麼
視、聽、感覺、生命本身，都是最大的惡，但若他只活了很短時間，那麼這些東西就不那麼惡
了。這是我的學說，我明白你會勸說或強迫你們國家的詩人也傳授這種學說，同時爲你們的青
D 年教育制定相應的節律和標準。現在請考慮，我充滿自信地肯定，被人們稱作惡的東西儘管對
正義者來說是惡的，但對不正義者來說是善的；被人們稱作善的東西，儘管它們對善人來說確

實是善，但對壞人來說是惡。所以我要像前面問過的那樣來問你，你我對此看法一致嗎？

克利尼亞 部分一致，部分絕對不一致。

雅典人 我想，我沒能使你信服的地方也許是這樣一個觀點：如果一個人享有終生的健康、
E 財富、絕對的權力——如果你樂意，我還要加上罕見的力氣，長生不死，與一切所謂的惡無緣——但只要他是不正義的，內心是傲慢的，那麼這樣的人生是可悲的，而不是幸福的，是嗎？

克利尼亞 完全正確。我不相信的就是這個觀點。

662 **雅典人** 好。那麼下面我該說什麼呢？姑且承認這個人是勇敢的、強大的、富裕的，能夠滿足他一生中的各種慾望，但你否認，若是他不正義和傲慢，他的一生必定是可恥的，是嗎？或者你也許會承認這種生活是可恥的。

克利尼亞 我打算承認。

雅典人 那麼它必定也是惡的，是嗎？你允許這樣說嗎？

克利尼亞 不，我並沒有打算承認這一點。

雅典人 進一步說，他本人也是不快樂的和不方便的嗎？

克利尼亞 我們怎麼有可能退到這一步？

B **雅典人** 你問怎麼有可能？顯然只能藉助某位神靈的干預來使我們達到完全一致的看法，而我們當前的看法很不一致。親愛的克利尼亞，在我這一方，我發現這些眞理是確鑿無疑的，

C 甚至比克里特是一個島嶼還要確定。如果我是立法者，我要儘量迫使我們的詩人和全體公民去
接受它們。如果我聽說有任何居民持有這樣一些觀點，說有些惡人過著快樂的生活，或者說一
種做法是有利的和有益的，但另一種做法更加正確，那麼我要對這些人進行懲罰，更不要說堅
持其他許多觀點了。我試圖說服我的公民們使用另一種不同的用語，這些用語與當前在克里特
人和拉棲代蒙人中普遍流行的語言顯然不同，這些用語肯定也在全人類中流行。呃，我高貴的
D 朋友，爲了宙斯和阿波羅的愛，假定我們可以向作爲你們立法者的這些神提出這樣的問題：最
正義的生活也是最快樂的生活嗎，或者說有兩種不同的生活，一種是最快樂的，一種是最正義
的？如果他們應該回答說有兩種生活，又假定我們知道如何正確發問，那麼我們可以繼續問：
哪一種人更加幸福，那些過著更加正義的生活的人，還是那些過著更加快樂的生活的人？如果
他們說，那些過著更加快樂的人更加幸福，那麼從中引出的論斷就非常奇怪了。然而我並不希
E 望把諸神的名字引入這種事情，而寧可使用那些祖先和立法家的名字。因此，我們可以把這些
問題向一名祖先和立法家提出，假定他回答說，過著最快樂的生活的人是最幸福的人。

接下去我就要說了，我的老祖宗，你不是希望我能過上最幸福的生活嗎？然而你不知疲倦
地囑咐我過一種最正義的生活。這樣一來，我想，無論他是祖先還是立法家，當他要作出應對
時都會顯得自相矛盾。但若他採取另一種觀點，最正義的生活是最幸福的，那麼我想，任何聽
663 眾都會問生活中有什麼善或幸福比快樂還要大，以致於能受到法律的讚揚，實際中又有什麼樣

的善來到正義者身上而不伴隨快樂？例如，好名聲，來自凡人與諸神的讚揚，它們難道是善的和光榮的，但卻又是不快樂的？反過來對壞名聲也可以這樣說嗎？根本不是這麼回事，尊敬的立法家。還有，既不要作惡又不要受惡，這個過程儘管是善的和光榮的，但卻是不快樂的嗎，或者說與之相反的過程儘管是可恥的和邪惡的，但卻是快樂的？

克利尼亞 肯定不是。

雅典人 因此這個理論要拒絕把快樂與正義、善與光榮分離開來，如果這個理論沒有其他
B 用處，它至少可以用來說服人們過一種正義的和虔誠的生活。因此從立法家的觀點看，任何否定這些立場的理論都是極爲可恥的和危險的，因爲沒有一個人，如果有辦法的話，會允許自己信服並遵循這樣一個沒有極大的快樂而只有痛苦的過程。我可以說，年代的間隔引起我們視覺
C 上的模糊，對兒童來說尤其如此，除非立法家能提出與我們的判斷相反的看法，驅散我們的黑暗，盡其所能，用制度、頌揚、論證來說服我們，既正確又錯誤的論證就像一幅令人困惑的圖畫，看起來好像是錯誤的，但從相反的視角看它是正確的，從一個不正義的、邪惡的人的角度看，它是快樂的，但從一個正義的人的角度看，它是最不快樂的，在雙方眼中，一切都正好相反。

克利尼亞 好像是這樣的。

雅典人 我們應當說哪一種意見更有權說自己是正確的，那些比較低劣的靈魂的意見，還是

那些比較優秀的靈魂的意見？

克利尼亞 我當然應當肯定是那些比較優秀的靈魂的意見。

D **雅典人** 於是也應當肯定不正義的生活不僅是可恥的和卑鄙的，而且實際上比正義的和虔誠的生活更加不快樂。

克利尼亞 應當遵循我們當前的論證所得出來的結論，我的朋友。

雅典人 我們當前的論證已經表明了這個結論。那怕並非如此，那麼一位更加有節制的立法家為了對年輕人產生良好影響而大膽地虛構，他能夠發明比這更加有用的虛構嗎，或者說他能發明一個能夠更好地引導我們自願而非被迫地去實踐一切正義的理論嗎？

E **克利尼亞** 呃，這種理論也許是眞理，先生，眞理是光榮的、持久的，但要使人們信服眞理似乎並不容易。

雅典人 是啊，但為什麼那個來自西頓[8]的人的最荒謬的故事卻那麼容易使人相信呢？這樣的故事多得很。

克利尼亞 故事？什麼樣的故事？

664 **雅典人** 呃，他們說牙齒種到地裡就能長出武士來。這個例子證明，只要加以耐心的勸說，立法者就可以讓年輕的心靈相信任何事情。因此，立法家需要做的事就是把他的發明能力用於發現什麼樣的信念有益於城邦，然後設計各種方式去確保整個共同體能始終如一地對待這種信念，比如用唱歌、講故事、討論等等方式。如果你有不同的看法，你仍舊享有駁斥我的完全的自由。

B **克利尼亞** 不，我認爲我們倆都感到這個觀點無法駁斥。

雅典人 那麼繼續往下說就成了我的事。我認爲我們三個人組成的歌舞隊[9]必須通過複述我
們至今爲止聽說過的，或今後聽說的高尚學說，趁我們兒童的靈魂還年輕稚嫩的時候，使它們
C 感到陶醉，我們整個結論及其基本精神可以用這些話來表示。如果諸神把最快樂的生活與最優
秀的生活說成是一回事，那麼我們的論斷馬上就完全正確了，比我們用其他方式說出來的論斷
更具有說服力。

克利尼亞 這種意圖必須承認。

雅典人 首先，男孩組成的歌舞隊應當獻給繆斯，在第一次公開登臺亮相時應向整個城邦展
現它的全部能力。其次，三十歲以下的成年人的歌舞隊在表演時應當祈求醫神[10]爲他們道出的這
D 種學說的眞理作見證，祈求他的恩典能使年輕人信服這種學說。當然了，還必須有三十至六十
歲之間的人組成的第三支歌舞隊。年紀更大的人當然不再能唱歌，但可以留著他們講故事，他
們的風格語調同樣受到神的激勵。

克利尼亞 先生，請告訴我，你說的第三支歌隊是什麼人？我的朋友和我不太明白。

雅典人 他們就是我們在前面的討論中經常提到的那些派別。

E **克利尼亞** 我們越聽越糊塗。行行好，你能解釋得清楚一些嗎？

665 **雅典人** 你們可以回憶一下我們在討論開始時說過的話，一切幼小的生物都天然地充滿著火元素，不能保持它們肢體和聲音的平靜。它們不停地叫喊跳躍，混亂不堪，其他動物不能意識到肢體和聲音的秩序，只有人是個例外。運動中的秩序稱作節奏，聲音中的秩序——銳音和抑音之混合——稱作音調，二者的結合就叫做歌舞藝術。進一步說，由於諸神的憐憫，阿波羅和繆斯成了我們的同伴和領袖，你們還記得，我們在此之外，還添了狄奧尼修斯作爲第三位領袖。

克利尼亞 呃，我們當然還記得。

B **雅典人** 我們已經說了阿波羅的歌舞隊和繆斯的歌舞隊，所以剩下來的第三支歌舞隊必然稱作狄奧尼修斯的歌舞隊。

克利尼亞 你說什麼！請你解釋一下。一支老人組成的歌舞隊獻給狄奧尼修斯！如果你不是在開玩笑，由三十歲或五十歲到六十歲的人組成他的歌舞隊，那麼聽上去確實太奇怪了。

雅典人 你說得很對。我這樣說不是爲了引起爭論，而是爲了表明這樣的安排是非常合理的。

克利尼亞 當然不是爲了爭論。

雅典人 那麼我們一致同意到此爲止所獲得的結果？

C **克利尼亞** 什麼結果？

雅典人 每個人必須不間斷地複述我們已經描述過的這些咒語，無論是成年人還是兒童，是自由民還是奴隸，是男人還是女人；事實上整個城邦都必須以各種形式對自己不斷重複這些咒語，爲此我們必須不惜一切代價設計出無窮多樣的和精緻的形式，使得表演者對這些咒語的讚美和享受可以永不衰退。

克利尼亞 這種結果可以確保，任何人對此都一定會同意。

D **雅典人** 如果這種最有價值的成分——它與時間和智慧的結合使之具有比其他任何成分更多的權威性，它的頌歌將是一切頌歌中最高尚的——最有可能是善的話，那麼它一定會在我們城邦的什麼地方歌唱呢？我們要未經引領就極爲愚蠢地撇開對最高尚最有用的音樂負有責任的身體嗎？

克利尼亞 如果你的論證是可信的，那麼我們一定不能撇開身體。

雅典人 那麼這些變化著的安排會是什麼樣子？也許是這種樣子？

克利尼亞 什麼樣子？

E **雅典人** 人年紀大了，就會不那麼喜歡唱歌。如果這時候還要強迫他唱歌，那麼他從中感受到的快樂會比以前少，歲數越大，心靈越審愼，對唱歌越感到忸怩不安。我說得對嗎？

克利尼亞 完全正確。

雅典人 當他站在舞臺上面對各種各樣的觀眾唱歌時，他當然會感到更加忸怩不安。此外，

666 如果從社會低層中把這種年紀和性格的人組織起來進行唱歌表演，就像參加競賽的歌隊一樣，還要他們禁食，那麼他們的歌唱肯定是極不和諧的，虛弱的，他們的表演也會成爲沒精打彩的。

克利尼亞 你說的這些話無可駁斥。

雅典人 那麼我們應該如何鼓勵他們精神飽滿地歌唱？我們難道還不需要制定一條法律來保證達到下列效果嗎？首先，我們要絕對禁止十八歲以下的男孩子飲酒。我們要告訴他們，必須保持節制，使他們身體或靈魂中的火在他們進入生活的辛勞之前越燒越旺。其次，當我們允
B 許三十歲以下的成年人有節制地飲酒時，我們將絕對禁止鬧飲和開懷暢飲。但當一位男子接近四十歲的時候，我們要告訴他，在吃完宴席後要向諸神祈禱，尤其要懇求狄奧尼修斯降臨聖禮——我指的是酒杯——請他在今後的歲月中，繼續賜給我們美酒，用來醫治老年的乾燥，使我
C 們恢復青春，治療我們魯莽的脾氣，通過遺忘使之變得溫和，就好像鐵在爐中熔化，變得更加馴服。有了這樣一種氣質，任何人都更容易精神飽滿地唱歌，或者像我們常說的那樣把他的咒語說出來，而不會感到忸怩不安，這種不安也許不是在大量陌生聽眾面前，而是在個人朋友圈裡。

D **克利尼亞** 確實如此。

雅典人 爲了引導他們承擔我們所說的唱歌的任務，這種方法並非完全不合時宜的，是嗎？

克利尼亞 不合時宜？我認爲很合時宜。

雅典人 迫使他們出聲的方式是什麼呢？當然必定要選用與他們人格一致的音樂。

克利尼亞 呃，當然了。

雅典人 對神一般的人有益的音樂是什麼？是歌舞隊的歌曲嗎？

克利尼亞 呃，先生，我們個別的斯巴達人和克里特朋友都不大會唱歌，但如果訓練我們合唱，我們還是會學的。

雅典人 對此我一點也不感到奇怪，事實上你們從來沒有唱過最高尚的歌曲。你們的城邦組
E 織得像一支軍隊，而不像城市居民組成的社會；你們讓年輕人過軍營生活，就像關在一起吃草
的小牛犢。你們從來沒有因爲自己的小牛犢躁動不安和吼叫就把它領回家，而是把它交給一位
667 專門的馴養者加以多方調教，使之不僅成爲一位好士兵，而且適宜管理國家及其城鎮。這樣的
訓練實際上就使他成爲我們一開始講過的勇士，比堤泰烏斯講的勇士更加優秀，因爲他會時時
處處尊敬勇敢的美德，這種個人和社會的美德是第四位的，而不是第一位的。

克利尼亞 先生，你又在以某種方式渺視我們的立法者了。

雅典人 不，我親愛的先生。如果我這樣做了，那麼並非出自我的本意，不過請你們還是允
B 許我遵循我們論證的引導。如果我們能夠找到一種比歌舞隊和公開演出更加優秀的音樂，那就
讓我們試著把它指定給這些人，我們說過這些人急於在最高尚的音樂中取得他們的份額，不過

我們也提到過他們會對此感到忸怩不安。

克利尼亞 務必如此。

雅典人 好吧，再說，我們一定不要認爲，一切事物的主要價值在於它所具有的魅力，或在於某種意義上的正確，或在於它們的有用，是嗎？舉例來說，飲食，或一般有營養的東西，帶
C 有魅力，我們稱這種魅力爲滋味，至於它的正確性和有用性，實際上就是各種美味佳餚有益於身體健康的性質，這種性質也就是它們的正確性。

克利尼亞 確實如此。

雅典人 還有，學習的行爲也伴有一種魅力，一種興趣，但賦予其正確性和有用性的卻是所學的眞理，是它的善與高尙。

克利尼亞 是這麼回事。

雅典人 依據同一性原則來運作的各種模仿藝術又怎麼樣？如果它們至今爲止是成功的，我
D 的意思是它們產生了伴隨性的快樂，那麼我想魅力是它的正確名稱，是嗎？

克利尼亞 是的。

雅典人 但一般說來，這種產物的正確性並不依賴於它們帶來的快樂，而完全取決於其性質和力度。

克利尼亞 對。

E

雅典人 那麼以快樂爲我們判斷的唯一標準只有在下列情況下才是正確的，一種表演既不能給我們提供有用性，又不是眞理，又不具有相同的性質，當然，它也一定不能給我們帶來什麼壞處，而僅僅是一種完全著眼於其伴隨性的魅力而實施的活動。所以，把不伴隨剛才具體指出過的各種結果的表演稱作快樂是非常恰當的，是嗎？

克利尼亞 只涉及無害的快樂嗎？

雅典人 是的。當它既無害又無益，不值得加以嚴肅考慮的時候，我對它也使用「遊戲」這個名字。

克利尼亞 非常正確。

668

雅典人 那麼從這個論證中肯定可以推論，一個人快樂的感覺或他的錯誤信念，絕不是一個可以用來判斷任何表演的恰當標準。我還要說，不能用它們來判斷任何比例和均衡。相等的東西絕不相等，均稱的東西絕不均稱，因爲有人相信它是這樣的，或者因爲有人感到不快樂；不對，我們應當用眞理作爲衡量的標準，無論對眞理作何種解釋，而不要用其他東西作標準。

克利尼亞 確實如此。

雅典人 現在我們可以說，一切音樂都是一門產生「相同」的藝術或表演。

克利尼亞 當然了。

雅典人 於是，當一個人告訴我們快樂在音樂中是判斷的標準時，我們必須拒絕接受這種說

B 法。能保持與高尚模式同一的是其他類型的音樂，而不是這種類型的音樂，如果確實有這種類型的音樂，那麼我們應當嚴肅地對待。

克利尼亞 是這樣的。

雅典人 我們的公民當然也會做同樣的事。由於他們的宗旨是最高尚的歌曲，所以他們一定不會要那些令人快樂的歌曲，而要正確的歌曲。實際上我們解釋了表演的正確性就在於恰如其份的象徵和保持原初的性質。

克利尼亞 沒錯。

C **雅典人** 還有，人們普遍允許音樂作品具有象徵和描述性質。創作家、表演者、聽眾，對此也都表示同意，是嗎？

克利尼亞 無疑如此。

雅典人 因此，能對具體作品作出正確判斷的人在各種情況下必定明白這種作品是什麼。如果不明白它是什麼，或它指代什麼，或它實際上是什麼東西的影像，那麼他就遠遠不能察覺藝術家的目的是正確的還是錯誤的。

克利尼亞 他要能察覺確實還早呢。

D **雅典人** 如果不明白這種正確性，那麼他還有可能討論作品的善與惡嗎？我這個問題表達得不很清楚，但要是換個說法，也許就清楚了。

克利尼亞 什麼說法？你說吧。

雅典人 如你所知，眼睛可以察覺無數相同的東西。

克利尼亞 當然。

雅典人 假定一個人並不知道某些物體象徵什麼，他有無可能對藝術家作品的正確性作出判
E 斷？比如，他能說出某個眞實場景中的某些東西是什麼意思嗎，這些東西擺放在那裡象徵別的
事物——更不要說這些東西的顏色或形狀了——或者說這些東西在象徵中全都混在一起了？你認
爲一個人要是根本不知道這個人要用這些東西來象徵什麼，他有可能對這個問題作出決斷嗎？

克利尼亞 當然不能。

雅典人 現在假定我們明白藝術家畫出來或塑造出來的某個圖形是人的圖形，他描繪了人的
669 所有肢體，還有人的顏色和輪廓。由此是否可以推論這個活人有能力作出進一步的判斷，這個
作品是美的，或者在某些方面缺乏美？

克利尼亞 呃，先生，不管怎麼說，我們全都是行家，有能力進行鑑定。

雅典人 非常正確。那麼一個人作爲任何象徵（無論是繪畫、音樂，還是其他藝術部門）
的有理性的判斷者必須具備下列三種素質：首先，他必須理解象徵物的象徵意義；其次，象徵
B 物如何象徵才是正確的；第三，也是最後一點，如何用語言、旋律或節奏很好地進行象徵。

克利尼亞 好像是這樣的。

雅典人　現在我們必須省略對音樂的難處作充分解釋。討論音樂的想像比討論音樂的其他方
面需要更多的時間。爲什麼音樂的想像比音樂的其他方面更加需要小心謹愼的考察，其原因在
C 於音樂想像所產生的錯誤是最危險的，因爲它鼓勵惡劣的道德品質，而且最難發覺，因爲我們的
詩人並非都與繆斯們處於同一水平。我們可以肯定，繆斯們自己絕不會犯下如此巨大的錯誤，
以致於給陰柔的音階、音調或婚禮旋律配上陽性的唱詞，或者給自由民的姿勢配上只適合奴隸
D 的節奏，或者把自由民的姿態與不恰當的節奏結合在一些。她們更不會把人、動物、機械的聲
音，以及其他各種聲音混在一起，用一個大雜燴來象徵一個單一的主題。而我們凡俗的詩人特
別喜愛用這種無意義的、複雜的混合來激發我們這些「有愉悅經驗者」的不敬，這是奧菲斯[11]
的話。事實上，我們不僅看到這一類的混淆，而且我們的詩人還走得更遠。他們把說話配上格
E 律，從而把節奏、音型與旋律分割開來，他們又無伴唱地演奏弦琴[12]和笛子，從而將旋律、節
奏與歌詞分割開來，然而這樣一來，要發現這些無歌詞的節奏和音調所象徵的意義，或者說要
考慮它們所象徵的模式，就成了一樁最艱鉅的任務。不，我們不得不得出結論，使弦琴演奏和
笛子演奏從舞蹈或歌唱中分離現來，使之成爲對速度和技巧的展示，還有對動物聲音的模仿，
670 這些流行的東西都是邪惡嗜好中最壞的，把兩種樂器作爲獨立的音樂工具來使用並不比沒有音
樂的變戲法好到哪裡去。關於這件事情[13]的理論就談到這裡。但我們自身的問題畢竟是，我們由
三十個或五十個公民組成的歌舞隊要用哪種音樂，而不是他們要迴避哪種音樂。我想，從我們

B 已經說過的這些話中馬上可以作出一些推論。讓那些五十歲到六十歲之間的人來爲我們唱歌，他們所受的教育至少比歌舞隊的演員所受的教育要好。當然，他們必須對節奏和旋律有敏銳的感受，要能對節奏和旋律作判斷。確實，要是一個人對多利亞音階一無所知或所知甚少，他又如何能夠判斷這種曲調的正確性或詩人給它確定的節奏是否正確呢？

克利尼亞 他顯然什麼也不能做。

雅典人 事實上，一般公眾是非常可笑的，因爲他們相信人能夠對旋律和節奏中的善惡作出適當的判決，他們只是被訓練得隨著笛聲唱歌或邁步前進，當然，當他們這樣做的時候並不意

C 謂著他們對這些事情完全缺乏理解。我們可以說，凡是有適當成分的音調就是正確的，凡是有不適當成分的音調就是不正確的。

克利尼亞 無可否認。

雅典人 一個人要是連音調中有什麼成分都不知道，那又該怎麼辦？我是在問，他能判斷它的正確性嗎？

克利尼亞 無疑不能。

雅典人 看起來我們又再次返回我們的發現，我們強制性地敦促我們的歌手唱歌，但他們需

D 要先接受一種教育。他們全都要能夠跟得上曲調的節奏和音符，要能唱出預定的音高，如果我們根據年齡和性格，從他們中間選擇適當的人來演唱相應的音部，那麼這樣的表演馬上會給表

E 演者帶來純潔無邪的快樂，也會給他們的年輕人上一課，使他們明白如何恰當地評價音樂。如
671 果以這樣的方式受教育，那麼這種教育是受他們自己支配的，比一般人所受的教育或詩人自己所受的教育更爲細緻。儘管詩人無法避免對音階和節奏作判斷，但詩人並非一定要成爲我們指出的第三點的判決者——他的象徵是好還是壞——而我們所說的這些人則需要這些素質，以便能在最優秀與優秀之間作選擇，否則他們就沒有人能有效地吸引年輕人趨向美德。我們的論證已
B 經盡力達到了它最初的目標，表明我們爲「狄奧尼修斯的歌舞隊」所作的辯護是好的，但我們還需要考慮它是否成功。當然了，任何這樣的集會隨著酒越喝越多，不可避免地會產生喧嘩，我們一開始就假定這種情況必然會發生。

克利尼亞 是的，不可避免。

雅典人 在這樣的鬧飲中，每個人都會放開嗓門大吼大叫、吐沫飛濺，而不像平時那樣輕聲低語，他們根本不注意同伴們在講些什麼，並認爲自己完全有權爲自己和其他所有人立法。

克利尼亞 確實如此。

C **雅典人** 我們說，事情到了這個地步，飲酒者的靈魂就會發熱變軟，變得十分幼稚，就好像他們還很年輕一樣，它們就像加熱了的鐵，在那些有權力和技巧訓練和塑造他們的人手中變得十分可塑，而對他們進行塑造的任務我們說要由好的立法家來承擔。他要爲酒宴立下規矩，引導我們的赴宴者，但這些人此時已經變得面紅耳赤，心中充滿自信，完全擺脫了平時的節制，

不願遵守秩序，不願保持安靜，邊喝酒邊聽音樂，作出種種不體面的舉動來。這些都是那種不
D 適宜的自信所致，而酒宴剛開始的時候，他還心存恐懼，這種恐懼接受了節制的名字，而它的
意思是知道羞恥。

克利尼亞 非常正確。

雅典人 至於這些法律的監察者及其同僚，我們必須選擇那些安祥的清醒者作不清醒者的隊
長，如果沒有這些人，那麼酒宴上的戰鬥就會比田野裡的戰鬥沒有指揮員更加危險。還有，若
E 是有人不能自願服從他們或狄奧尼修斯，也就是他們的長官、超過六十歲的公民，那就應當對
他進行處罰，使他像那些不服從阿瑞斯[14]屬下的指揮官的人一樣受到羞辱，或者更加厲害。

克利尼亞 說得對。

雅典人 如果說在這樣的時尚中用酒可以得到快樂，那麼酒宴中有這樣一些派別在場不是會
672 更好些嗎？我說的派別不是今日敵對意義上的黨派，而是爲了增進友誼，因爲他們的交往完全
可以用法律來規範，他們也會追隨由清醒者爲不清醒者指出的道路，是這樣的嗎？

克利尼亞 如果眞有你說的這種派別，那麼你說得很對。

雅典人 那就讓我們不要再重複過去對狄奧尼修斯的禮物[15]所作的不適當的批評，過去我們
把它說成是一種邪惡的東西，城邦不能接受它。關於這個論題還有很豐富的內容，但我猶豫不
B 決，不知道還要不要公開提到這位神的禮物的主要益處，因爲這個說法已經被誤解和誤斷了。

克利尼亞 你說的益處是什麼？

雅典人 有這麼一個流行的故事非常可疑，說這位神的理智被他的後母赫拉[16]剝奪了，這就是為什麼他要與酒神狂女們一起折磨獻祭的犧牲，狂歌亂舞。這是一種復仇的形式，他把酒賜給人類的動機就在於此，而不是出於其他什麼動機。在我看來，這樣的故事就留給那些認為
C 可以這樣談論神靈的人去講，但有一件事情我可以肯定。沒有任何生物是生來就擁有這種理智或所有理智的，理智要在它成熟時才表現出來。因此，當一個生物還沒有達到一定的智力水平時，它是相當瘋狂的。它會亂吼亂叫，一發現自己有腿，就會到處亂跑。讓我提醒你們，這就是音樂和體育的源泉。

克利尼亞 我們當然沒忘。

D **雅典人** 你們也能記得，我們說過這種開端在人類中如何成為節奏感和旋律感的前兆，與這種發展有關的諸神是阿波羅、繆斯、狄奧尼修斯，是嗎？

克利尼亞 沒錯。

雅典人 至於酒，一般的故事似乎認為它被賜給人類是為了起到一種復仇的作用，是為了使我們瘋狂，而我們當前的看法是，這種禮物的意思正好相反，它是一種藥物，可以產生靈魂的節制和身體的健康與力量。

克利尼亞 先生，你對這個論證的總結非常好。

E **雅典人** 那麼，我們已經處理了歌舞藝術的一半。現在我們要不要進一步考慮另一半，或者說我們可以省略？

克利尼亞 你說的一半是什麼？你是怎麼分的？

雅典人 呃，我們發現，整個歌舞的藝術就像整個教育一樣，這門藝術的一半與聲音有關，由節奏和旋律組成。

克利尼亞 是這樣的。

雅典人 涉及身體運動的這部分藝術和聲音運動一樣有節奏，但是姿勢和姿態是這部分藝術專有的，就好像旋律是聲音運動專有的。

克利尼亞 完全正確。

673 **雅典人** 使聲音向善，直至抵達靈魂，在此意義上，我們把這種對聲音的訓練稱爲音樂。

克利尼亞 這個名稱也非常恰當。

雅典人 至於身體的訓練——跳舞被我們當作一種遊戲——當這個過程達到身體之善的時候，讓我們把帶有這種目的的身體訓練稱作體育。

克利尼亞 我們可以非常恰當地這樣做。

雅典人 關於音樂——歌舞藝術的一半，我們剛才承諾要爲之提供一個完整的看法——我們

B 的論斷仍舊可以看作是標準的。下面我們該做什麼？討論其他部門，還是做什麼？

231

台北縣新店市中正路506號4樓

左岸文化事業有限公司 收

廣告回信
臺灣北區郵政管理局登記證
第 1 5 5 1 2 號

請直接投郵，郵資由本公司負擔

新讀者□ 老讀者□（編號　　　　）

縣市　　　市區鄉鎮

路街　段　巷　弄　號　樓

□□□

左岸文化與您的讀書計畫

◎您的建議就是左岸文化創新的原動力。這是一張讀書卡，屬於左岸文化與您的閱讀計畫，請您費心填寫，並寄回給我們(免貼郵票)，即可成為左岸文化的貴賓讀者，享有優惠禮遇，及定期「左岸文化」書訊。

姓　名：＿＿＿＿＿＿ □男□女　生　日：　年　月　日＿＿＿

身分證字號：＿＿＿＿＿＿ E-Mail：＿＿＿＿＿＿

學　歷：□國中（含以下）□高中・職　□大學・大專　□研究所以上

職　業：□學生　□生產・製造　□金融・商業　□傳播・廣告　□軍人・公務　□教育・文化　□旅遊・運輸　□醫藥・保健　□仲介・服務　□自由・家管　□其他

電　話：＿＿＿＿＿＿（手機）＿＿＿＿＿＿傳真＿＿＿＿＿＿

◆購買書名：＿＿＿＿＿＿

◆您如何購得本書：□郵購　□書店＿＿＿＿縣（市）＿＿＿＿書店
□業務員推銷　□其他＿＿＿＿＿＿

◆您從何處知道本書：□書店　□左岸書訊　□廣告 DM　□媒體新聞介紹
□親友介紹　□業務員推薦　□其他＿＿＿＿＿＿

◆您通常以何種方式購書（可複選）：□逛書店　□郵購　□信用卡傳真　□網路
□其他＿＿＿＿＿＿

◆您對本書的評價（請填代號 1.非常滿意 2.滿意 3.尚可 4.待改進）：
□定價　□內容　□版面編排　□印刷　□整體評價

◆您的閱讀習慣：□百科　□圖鑑　□文學　□藝術　□歷史　□傳記
□地理、地圖　□建築　□戲劇舞蹈　□民俗采風　□社會科學
□自然科學　□宗教哲學　□休閒旅遊　□生活品味　□其他

◆每年出國旅遊次數：□不曾　□1次　□2次　□3次　□4次　□5次以上

◆請推薦親友，共同加入我們的讀書計畫：

1.姓名＿＿＿＿＿＿地址＿＿＿＿＿＿

2.姓名＿＿＿＿＿＿地址＿＿＿＿＿＿

◆您對本書或本公司的建議：＿＿＿＿＿＿

克利尼亞　我親愛的先生，你是在和克里特人和拉棲代蒙人談話。我們已經討論了音樂，如果我們把體育放過去，那麼你認爲我們倆會作出什麼樣的回答？

雅典人　我把你的話當作是對我問題的一個相當明確的回答。事實上，我承認它形式上是一
C 個問題，但實際上可以稱它爲一個回答，甚至有更深的涵義，這就是指示我們去完成對體育的討論。

克利尼亞　你正確地理解了我的意思，這件事就交給你去完成吧。

雅典人　呃，我會的，這件事並不十分困難，因爲你們倆對這個主題都很熟悉，你們對這種技藝確實擁有比前一主題更多的經驗。

克利尼亞　你說得很對。

D **雅典人**　那麼好，這種技藝同樣起源於一切生物天然的跳躍習慣，而我們說過，在人類中，節奏感的獲得產生了舞蹈。由於旋律觸動和喚醒了節奏意識，二者的結合就產生了歌舞表演。

克利尼亞　是這樣的。

雅典人　如我所說，這個主題的一個部門我們已經處理過了，下面我們要盡力處理另一個部門。

克利尼亞　我完全同意。

E **雅典人**　如果你們倆同意，那我們可以先就我們剛才對飲酒的解釋做最後的陳詞。

克利尼亞 你爲什麼要提議做這件事？

雅典人 如果一個城邦實施的習俗現在處在嚴肅的討論之下，這種習俗作爲一種自律的訓練要使它接受法律和制度的控制，那麼我們要以同樣的原則允許遷就其他快樂，把對所有快樂的嗜好當作把握這些快樂的一種手段，毫無例外地按我們確定的界線加以處理。但若這種實施
674 僅僅被當作遊戲，允許所有人隨意喝酒，想跟誰一起喝就跟誰一起喝，在喝酒時爲所欲爲，那麼我就不會再同意允許這樣的城邦或個人嗜酒。我甚至會在克里特和拉棲代蒙的做法上進一步添上迦太基人的做法，他們的法律禁止任何士兵在戰場上喝酒，在軍訓期間也只能喝水。在城
B 邦生活中，我要絕對禁止男女奴隸在一年到頭履行他們的職責時喝酒，同樣也要絕對禁止船長和水手在履行職責時喝酒，議事會的重要成員在要去開會時也不能喝酒。進一步，我還要絕對禁止在白天喝酒，除非有教練員和醫生的命令，在夜晚男女將要同房時也絕對不能喝酒，由健全的法律規定了的其他不能喝酒的場合在這裡就不一一說了。因此你可以看到，按照我們的論
C 證，沒有一個城邦需要許多葡萄園，一般的農業生產和生活方式都屬於要加以規範的事務，尤其是葡萄栽培要保持在一個合理的狹小限度內。先生們，如果你們同意，可以把我剛才講的這些話當作我對酒這個主題所作的最後陳詞。

克利尼亞 確實說得好，我們完全同意。

注釋

【1】歌舞隊又譯為合唱隊，此處「快樂」一詞的希臘文是xara。
【2】希臘悲劇中的合唱隊一般分為兩組，有所謂向左跳舞唱和向右跳舞唱的體系。
【3】希臘文mousikei（音樂）一詞出自藝術女神繆斯（Muses），廣義上包括藝術的多個分支，而非僅指音樂。此處音樂一詞是在廣義上使用的。
【4】伊西斯（Isis）是埃及神靈。
【5】勝利的象徵。
【6】堤泰烏斯：《殘篇》12.6。彌達斯（Midas）是希臘傳說中的弗里基亞國王，昔尼拉斯（Cinyras）是希臘傳說中極為富有的人。
【7】此句暗喻觀看性交。在遠古希臘皮拉斯基人的創世神話中，宇宙女神歐律諾墨（Eurynome）在急速旋轉中抓住北風（Boreas）在手中搓揉，造出大蛇俄菲翁（Ophion），大蛇與女神交媾懷孕，產下宇宙卵，是為創世之始。參閱王曉朝：《希臘宗教概論》，上海人民出版社，一九九七年，第三十三頁。
【8】西頓（Sidon）是腓尼基一古城。
【9】希臘戲劇中的歌舞隊人數不等，有的只有三個演員，有些則由數十人，參閱吉爾伯特·默雷：《古希臘文學史》，中譯本：上海譯文出版社，一九八八年，第二三〇頁。
【10】指阿波羅。
【11】奧菲斯（Orpheus）是希臘傳說中的色雷斯詩人和歌手。

【12】希臘弦琴（cithara）是一種類似豎琴的樂器。

【13】指音樂。

【14】阿瑞斯（Ares）是希臘戰神。

【15】指酒。

【16】赫拉（Hera）是希臘神話中的天后，宙神之妻。酒神狄奧尼修斯是宙斯與塞墨勒（Semele）所生。

第三卷

676 **雅典人**　那麼，這個問題就談到這裡。但是我們可以拿什麼來做爲一個國家的開端呢？處理這個問題最好的、最方便的辦法我想是這樣的。

克利尼亞　什麼辦法？

雅典人　當我們研究一個城邦在美德和邪惡兩方面的進展時，我們通常會從某一點開始，因此我們同樣也可以用這個起點作爲國家的開端。

B **克利尼亞**　這個起點是什麼？

雅典人　呃，我想這個起點就是永無止境的時間以及時間帶來的變化。

克利尼亞　請你解釋一下。

雅典人　城邦已經存在了很長時間，人們在城邦社會中生活。你認爲自己有可能說出城邦存在多久了嗎？

克利尼亞　我不知該怎麼說才好。

雅典人　但你至少得承認城邦已經存在很久，長得令人難以置信，是嗎？

克利尼亞　是的，這一點無可置疑。

雅典人　你必定會承認在這段時間裡有成千上萬個城邦誕生，也有許多城邦滅亡，是嗎？還
C 有，各種形式的制度都在這個或那個城邦裡反覆出現。有的時候一個小城邦成長爲大城邦，有的時候一個大城邦變成小城邦；有的時候一個壞城邦變成好城邦，有的時候一個好城邦變成壞

城邦。

克利尼亞 確實如此。

雅典人 因此，如有可能，我們必須尋找這些變化的原因。我相信，在這個地方我們可以找到一把鑰匙，打開這些制度的最初起源及其改進的關鍵。

克利尼亞 這個想法很好，我們必須竭盡全力——你解釋你的想法，而我和我的朋友會盡可能跟上你的步伐。

677

雅典人 你們倆對古代傳說怎麼看？這些傳說包含著眞理嗎？

克利尼亞 你指的是哪些傳說？

雅典人 人類多次被大洪水、瘟疫，以及其他原因毀滅，只留下極少數倖存者。

克利尼亞 噢，每個人都相信這種故事。

雅典人 很好，讓我們假定有一次大洪水造成了人類的滅絕。

克利尼亞 你要我們觀察的要點是什麼？

B

雅典人 當時躲過這場大災難的少數人必定都是山裡的牧人，由於住在高山上，他們成了人類之火的稀有餘燼。

克利尼亞 呃，顯然如此。

雅典人 這些人必定不熟悉各種技藝，尤其不懂那些城鎮居民之間進行競爭和超越的技巧，以及他們相互傷害的詭計。

克利尼亞 這種可能性肯定有。

C **雅典人** 現在我們是否可以假定有這樣一個時刻，位於低處和海邊的城市全都毀滅了？

克利尼亞 無疑可以這樣假設。

雅典人 那麼我們還可以說當時所有工具都佚失了，任何有價值的發現，包括政治科學或其他各種專業，全都佚失了，是嗎？當然了，我親愛的先生，如果這些發明能夠永久保持到現在，那麼還會有什麼新發現嗎？

D **克利尼亞** 由此說來，我們必須認爲，那些年代裡的人在好幾萬年中對這些事情一無所知。而他們得到這方面的啓示至今不過幾千年或兩千年，這些啓示者有代達羅斯、奧菲斯、帕拉墨得斯，發明音樂的有瑪息阿和奧林普斯，安菲翁發明了豎琴，還有其他無數的人作出無數的發明。可以說，這只是昨天和前天發生的事[1]。

雅典人 你說得太妙了，克利尼亞，但有些地方說得很含糊，誰是嚴格意義上的昨天的人？

克利尼亞 我想，被你挑到毛病的可能是帕拉墨得斯吧？

E **雅典人** 我說的就是他。我的朋友，你要知道他的發明使其他所有人相形見絀。沒錯，赫西奧德很久以前就模糊地提到過他的發明，但是按照你們克里特人的傳說，這些發明的實際運用屬於其他人。

克利尼亞　確實如此。

雅典人　我假定人們可以這樣說，處於災難時期的人的國家是這樣一種狀況。人口可怕地銳
678 減，大量土地變得荒無人煙，大部分動物滅絕了，只有少量牛群，也許還有一些山羊倖存，爲
那些少得可憐的牧人提供生計。

克利尼亞　無疑如此。

雅典人　但對城邦、制度、立法來說——這是我們當前討論的主題——我們能想像對這些東西的最模糊的記憶保存下來了嗎？

克利尼亞　呃，肯定沒有。

雅典人　這就是當時的狀況，從這樣的狀況中要產生我們整個實際生活，包括城邦、制度、科學、法律、多重的道德上的惡，以及同樣多重的道德上的善，是嗎？

克利尼亞　我不太能跟得上你的意思。

B 雅典人　呃，我的先生，我們能假定那時候的人不像過去那樣熟悉城市生活中無數的幸福和
災難，所以他們必定要在德性方面成熟起來，或者是養成美德，或者是變得邪惡？

克利尼亞　非常需要。我們同意你的看法。

雅典人　於是，隨著時間的推移和人類的繁衍，人類生活就成了我們現在看到的這個樣子，是嗎？

克利尼亞 沒錯。

C

雅典人 我假定，這種變化不是一蹴而就的，而是在一個漫長的時期內逐漸形成的。

克利尼亞 不可能是別的情況。

雅典人 我確實應當假定，這個時候他們仍舊提心吊膽，因爲從高山到平原都有各種可怕的事情發生。

克利尼亞 當然。

D

雅典人 因此在人類數量極爲稀少的時候，儘管他們碰到陌生人仍舊會表示歡迎，但由於技藝的喪失，一切水陸交通肯定完全消失了，是嗎？所以我想，當時的社會交往不那麼容易實行。鐵、銅，以及其他金屬礦藏，由於發洪水的原因都已經被忘卻，要想重新發現這些礦藏是個大問題，因此他們也幾乎沒有機會砍伐樹木。山區倖存下來的少量工具肯定很快就用壞了，要等到開礦的技藝重新出現，才有可能獲得新的工具。

克利尼亞 是的。

E

雅典人 那麼我們必須假定這件事的發生要經過多少個世代？

克利尼亞 無疑要經過許多個世代。

雅典人 因此，所有需要鐵、銅，以及類似材料的技藝在此期間，或在更長的時期內，也都佚失了。

克利尼亞 那當然。

雅典人 因此，由於多種原因而非某一原因，內亂和戰爭在整個時期內也都消失了。

克利尼亞 這些原因是什麼？

雅典人 一個原因是人類的孤獨使產生相互交往和交友的需要；另一個原因是他們不必爲
679 了維持生計的方式而發生爭吵。除非在最初的某些場合，他們想要吝惜他們的牲畜，因爲那是當時最主要的用來維持生計的東西，但實際上當時奶和肉的供給還是夠的，因爲除了飼養牲畜以外，他們還可以通過狩獵來提供很多優質的肉食。還有，他們的衣服、被褥、房屋、器皿、
B 烹飪用具都很短缺。這你知道，鐵對陶工和織匠的技藝來說並非必需的，神把這兩種技藝賜給我們，彌補我們的各種需要，使我們這個種族在落入這般境地後仍舊能夠生存和增長。因此，由於我已經指出過的這些原因，他們並非極端貧困，不會因爲赤貧而引起紛爭，但他們當時也不能稱作富裕的，因爲他們沒有金銀。一個既不貧困又不富裕的社會通常會產生優秀的品性，
C 因爲它既沒有給暴力和作惡留下什麼空間，也沒有給競爭和妒忌留下什麼餘地。因此他們是好人，這一方面是由於這個原因，另一方面是由於他們極爲單純。眾所周知，他們簡單到這種地步，一聽到某種事物被稱作美好的或愚蠢的，他們就會順從地把這些說法當作正確無誤的眞理來接受。沒有一個人會像今天的人這樣精明，會對欺騙表示懷疑。把關於神的事和人的事告訴他們，他們就信以爲眞，並照此生活。就這樣，他們成爲你我已經描述過的這種人。

D **克利尼亞** 我同意你的陳述，我的朋友也同意。

雅典人 那麼我認爲，我們可以說人類在許多個世代裡都過著這樣一種生活，與大洪水之前
的時代相比，或與我們當今時代相比，在各種技藝方面他們是未開化的、無知的，尤其是對那
E 些戰爭技藝，比如像今天的陸戰或水戰，還有城市內部的戰爭，以訟爭和派別的名義出現，憑
著精心設計的多重詭計用言語和行動相互傷害和作惡。一般說來，他們比現在的人更加單純、
更富有男子氣，因此也更加自制、更加正義。之所以如此，我們已經解釋了其中的原因。

克利尼亞 是這樣的。

680 **雅典人** 要明白，我們剛才所作的那番陳述，以及以此爲基礎的推論，其目的只是爲了能夠知道在那些遙遠的年代立法的需要是如何出現的，又是誰制定了法律。

克利尼亞 是的，你說得好。

雅典人 我們也許還不能說那個時候需要立法者，因爲法律這種東西在當時還不是一件尋常事，是嗎？實際上，那時候的人甚至還不知道字母，但卻按照習俗和所謂「傳統法」來規範他們的生活。

克利尼亞 這至少是一個非常好的假設。

雅典人 但即使是這樣一種狀況，也已經有一種政治的形式了。

克利尼亞 什麼形式？

B

雅典人 我相信，那個時代的政治形式一般稱作王朝，在希臘人和非希臘人的許多地方至今仍舊能夠看到這種形式。荷馬在談起王朝的時候，顯然把它當作「獨眼巨人」[2]的生活方式。他說：「他們沒有議事的集會，也沒有法律。他們居住在挺拔險峻的山峰之巔，或者陰森幽暗的山洞，各人管束自己的妻子兒女，不關心他人的事情。」[3]

C

克利尼亞 你們的詩人似乎確實是個大好人。我向你保證，我以前也讀過他的一些美麗的詩句，儘管不是很多，因爲我們克里特人不太接觸異邦人的詩歌。

麥吉盧 我們在斯巴達對這些詩歌倒很有興趣，儘管荷馬所描述的生活肯定是伊奧尼亞的，而不是拉科尼亞的，但我們把他當作最優秀的詩人。他的故事描繪了原始時代那些人的野蠻性

D

格，但確實可以用來充分肯定你們現在的理論。

雅典人 是的，他確實這樣做了，我們可以引以爲證，表明確實可以在不同時代找到這種政治類型。

克利尼亞 確實如此。

雅典人 也就是說，在這些大災難發生以後，這些人以家庭爲單位分散在各處，擁有自己的家宅，是嗎？我們難道看不到，這樣的社會由老人統治，因爲他們繼承了他們的父母親的權

E

威？其他人追隨他們，組成一個群體，就像許多鳥聚集在一起，處在家長的控制之下。這是各種王權統治中最公正的類型。

克利尼亞 一點沒錯。

681 **雅典人** 下一步便是很多人聚集在一起，共同體的規模加大了，開始轉向農業。起初在山區坡地上種植，發明製造了某種圍欄，用來防範野獸，隨後就在這樣的共同體中出現了一種較大的新型家宅。

克利尼亞 這至少是事情發展可能擁有的順序。

雅典人 那麼有沒有不太可能的事情呢？

克利尼亞 那會是什麼事情？

B **雅典人** 隨著那些較小的、較爲原始的家宅成長爲較大的家宅，每個群體都帶來了自己的家長統治者，以及某些自己的私人習俗——所謂私人的，我指的是這些群體的，因爲它們互相隔離，幾個群體被不同的祖先和養育者按照不同的對待神和人的行爲習慣加以訓練，如果祖先比較守紀律，那麼他們的行爲習慣也比較守紀律；如果祖先勇敢，那麼他們也比較勇敢。因此我說，每個群體就這樣變成了較大的有著自己專門法律的定居團體，用他們自己的好惡影響著子女和後代。

克利尼亞 呃，這是不可避免的。

C **雅典人** 每個群體當然也會首先贊同自己的法，其次才是其他群體的法。

克利尼亞 沒錯。

雅典人 根據種種跡象，我們發現自己已經不知不覺地抵達立法的起點。

克利尼亞 是的，確實如此。

雅典人 至少，下一步必定是這些聯合在一起的群體選擇一些代表，他們當然會查核所有的
D 法律用語，公開而又明白地向各部落的首領和領袖——也可以稱作他們的國王——說明自己贊同的內容，提出加以採納的建議。因此，這些代表自己就是立法者，當他們任命首領作執政者的時候，這些家長制的群體就形成了貴族政制，或者也可能是君主制，在這種政治的轉型期間代表們會監管各種事務。

克利尼亞 沒錯，可以把這一步設定爲整個過程中的下一步。

雅典人 那就讓我們開始解釋第三種類型的政治如何產生，在這種類型中，政治和社會都會展現出各種各樣的形式和命運。

克利尼亞 這種類型是什麼？

E **雅典人** 荷馬也提到過這種類型，認爲這種類型是從前一種類型中產生出來的。我相信他說過這樣一些話：「他創建了達爾達尼亞，因爲神聖的伊利昂，這座凡人的城市還沒有在平原上建
682 起，人們還居住在多泉的伊達山麓。[4]」這些詩句，像他談論獨眼巨人的那些詩句一樣，是神靈附體的時候說出來的，無比真實。你知道，詩人們吟誦的時候也要有神靈的激勵才有靈感，憑著神靈的恩典和繆斯們的幫助，他們往往會道出真實的歷史事實。

克利尼亞 這一點我完全相信。

雅典人 讓我們繼續講述這個故事，讓它來引導我們進一步發揮想像，因爲它很有可能會給我們所要達到的目標提供一些暗示。所以我們的步驟肯定是正確的，是嗎？

克利尼亞 非常恰當。

B

雅典人 我要說的是，伊利昂的泉水來自一塊廣闊的高原，而這座城市地勢較低，靠伊達山上下來的幾條河流供水。

克利尼亞 故事是這樣講的。

雅典人 我們一定會假設，這已經是大洪水過後許多個世代以後的事了，是嗎？

克利尼亞 無疑是在許多個世代以後。

C

雅典人 建城者實際上肯定已經忘掉我們現在講的這場災難，他們充滿自信地把城市建在這樣一塊坡地上，面對幾條從高山上下來的河流。

克利尼亞 呃，是的，那場災難必定已經屬於極爲遙遠的過去。

雅典人 我想，由於人類的繁衍，那個時候也有了許多其他的城邦共同體。

克利尼亞 是的，當然了。

雅典人 你知道，就是這些其他的城邦共同體圍攻了伊利昂，他們極有可能是從海上過來的，因爲當時所有人都早已遺忘了他們對大海的恐懼。

D **克利尼亞** 是這樣的。

雅典人 在阿該亞人成功地攻下特洛伊之前有那麼幾十年的耽擱[5]。

克利尼亞 是這樣的。

雅典人 在伊利昂被圍的十年中，包圍這座城市的各支隊伍[6]自己國內發生了各種不幸的事
E 件，年輕一代發動了暴亂。還有，當勇士們返回自己的城市和家園時，那些年輕人對他們的迎接既不是榮耀的又不是公平的，而是伴隨著無數的屠殺和驅逐。後來，這些被趕走的人又回來了，他們不把自己稱作阿該亞人，而是稱作多立斯人，也就是那些被驅逐後又重新聚集起來的人。至於後來的事情，在你們自己拉棲代蒙人的傳說中有詳盡的描述[7]。

克利尼亞 確實如此。

雅典人 就這樣，我們發現自己神佑似地又回到了這個要點上來，就在這個地方我們偏離了法律這個主題，討論起音樂和飲酒來，所以我們現在可以結束這個論證了。因爲我們已經談到
683 了拉棲代蒙人的定居這一步，你們倆都認爲拉棲代蒙人的體制是健全的，而克里特人的體制也與法律關係密切。從我們不太連貫的論證中，再加上對各種政治體制及其基礎的檢視，我們肯定獲得了很多好處。我們考察了在一個漫長的時期內從一個基礎中產生的前後相繼的三種共同體，現在我們要進入第四種，考察一個城邦的基礎——你或者寧可說它是一個國家——這種共同
B 體一直存在到現在。如果整個討論能使我們理解在這樣的基礎上什麼東西值得稱讚，什麼東西

不值得稱讚，什麼類型的法律使它們得以保存，什麼類型的法律使它們瓦解，什麼樣的變化對一個共同體的幸福有貢獻，那麼麥吉盧和克利尼亞，我們還有什麼必要再從頭開始，除非你們對我們已經說過的東西有反對意見。

C **麥吉盧** 呃，先生，如果我們能夠擁有一位神的話語，說我們研究立法問題的第二次嘗試是好的，是的，就我們已經討論過的情況來看它是好的，那麼我準備繼續長途跋涉，並且認爲這個白天太短了，儘管如果我沒弄錯的話，今天是夏至。

雅典人 那麼我假定我們要繼續考察。

麥吉盧 我十分願意。

D **雅典人** 麥吉盧，讓我們先想像有這樣一個時期，拉棲代蒙、阿耳戈斯、墨西涅，以及它們的所有領地，實際上全都處在你們祖先的控制之下。如故事所說，他們下一步就是要把他們的力量一分爲三，建立三個城邦，也就是拉棲代蒙、阿耳戈斯、墨西涅。

麥吉盧 沒錯。

雅典人 於是阿耳戈斯變成了特美努斯的王國，墨西涅成了克瑞司豐特的王國，拉棲代蒙成了普羅克列斯和歐律斯塞涅的王國[8]。

麥吉盧 是的。

E **雅典人** 整個共同體發誓承認他們的統治，並支持他們挫敗任何顛覆他們王權的企圖。

麥吉盧 確實如此。

雅典人 憑著神的名義起誓，除了被自己所推翻，你認爲有沒有哪一位國王曾經被打倒，有沒有任何政府曾經被推翻？這就是我們在開始討論這個觀點之前的立場，你們已經忘了嗎？

麥吉盧 噢，當然沒忘。

684 **雅典人** 那麼我們甚至可以更加自信地肯定這個立場，因爲我們從歷史事實中可以得出相同的結論，因此我們的看法有事實作支撐，而不僅僅是空洞的想像。我們知道有這樣一些歷史事實：三個統治家族與其治下的城邦相互發誓，這是他們所採用的法律所明確要求的王權和忠誠，國王除了在家族中傳承王位之外不應再擴大特權，而他們的臣民要尊重契約，既不應該在內部作亂廢除國王，也不應該屈從來自外部的對王權的顛覆；如果平民的權力受到侵犯，國王要按照慣例支持平民，不亞於對待一位王族成員，而民眾同樣也要支持國王，不亞於對待其他平民。我相信，這些都是事實，是嗎？

麥吉盧 是這樣的。

B **雅典人** 那麼好，這就是三個城邦在立法中一開始所作的規定，它對於已經建立起來的制度極爲重要，無論其最初的動議是由國王提出的還是平民提出的，不是嗎？

麥吉盧 你這是什麼意思？

雅典人 我的意思是，在任何情況下，一個城邦違反了這種體制的法律，總會遇到結成同盟的另外兩個城邦的反對。

麥吉盧 是的，顯然如此。

C **雅典人** 現在我可以提醒你，人們通常期待平民或大眾作爲立法者來制定這樣的法律，以便能接受他們自己的動議，這就好比人們希望一位教練或醫生對身體的訓練和治療成爲接受者的快樂。

麥吉盧 對。

雅典人 而事實上，如果能夠以適當的痛苦爲代價確保身體的健康和良好狀態，那麼人們通常會對此表示感謝。

麥吉盧 當然。

D **雅典人** 說到那個時期還有一個便利條件，可以極大地促進立法。

麥吉盧 什麼便利條件？

雅典人 在試圖確定某種對財產的擁有時，他們並沒有進行巨大的變革，而在其他城邦中，人們會提出土地改革或取消債務的要求，認爲沒有這些措施，就不可能獲得平等。但當立法者
E 試圖進行這種改革時，每個遇到他的人都會大喊「不要亂來」，還會詛咒那些重新分配土地和免除債務的始作俑者，因爲這種做法足以使人絕望。而多立斯人，你知道，他們在這方面有這種便利條件，使他們可以免受不愉快的指責。在他們中間，土地的分配沒有什麼爭執，也沒有

積累下來的債務負擔。

麥吉盧　相當正確。

雅典人　我必須問，他們的基礎和立法證明了它的失敗，其原因何在？

685 **麥吉盧**　呃，它在什麼方面遭到了失敗，爲什麼要對它提出批評？

雅典人　因爲在這三個城邦中，有兩個城邦的制度和法律迅速發生退化，只有一個城邦，也就是你們斯巴達，仍舊保持著原樣。

麥吉盧　要回答這個問題不容易。

雅典人　如果要用我這個頭腦清醒的老頭的法律遊戲來減輕我們旅途的疲勞，這是我們出發時講過的，那麼我們所面對並要加以討論的問題全都是這樣的。

B **麥吉盧**　無疑如此，所以我們必須按你說的去做。

雅典人　那麼有什麼法律比這些共同體制定的法律更適宜進行研究？有哪些更大的、更出名的城邦，我們可以拿來對它們的基礎進行考慮？

麥吉盧　如果我們放棄它們，再要提出其他城邦也不容易。

雅典人　有一件事情相當清楚。那個時代的創建者把他們的創造當作一種適當的保護，不僅
C 是對伯羅奔尼撒的保護，而且是對整個希臘世界的保護，因爲他們感到自己有可能受到外族的侵犯，而實際上他們也已經受到伊利昂居民的侵犯。當時的特洛伊人傲慢地相信尼尼微的亞述

人的力量，結果也就招致對特洛伊的遠征。尼尼微這個帝國現存的威望仍舊很高。那個時代的人也同樣害怕這個聯合王國，就好像我們今天對這位偉大國王的恐懼一樣。當特洛伊第二次被
D 佔領，成了亞述帝國的一部分時，它對希臘人確實抱著深深的怨恨。在這種形勢下，分佈在上述三個城邦的青壯年組成一個團體去征討特洛伊。他們說這三個城邦的國王都是兄弟，全都是赫拉克勒斯子孫，這種說法確實是一個奇特的發明和巧妙的處理方式，而且人們全都相信了。
E 首先，人們認爲赫拉克勒斯的子孫比珀羅普斯的子孫更適宜擔任各路人馬的統帥；第二，人們認爲這支軍隊比曾經圍攻過特洛伊的軍隊更加勇敢，因爲它是由獲勝的多立斯人組成的，而當年那支隊伍則是由打了敗仗的阿該亞人組成的。因此，我們可以說，這就是當時的形勢，這也就是創建者立法的目的。

麥吉盧 呃，是這樣的。

686 **雅典人** 所以，考慮到這些城邦以往聯繫的困難和危險，以及他們隸屬於同一家族的三位做國王的兄弟——更不必說他們得到了許多神諭的批准，尤其是德爾斐的阿波羅的神諭，我們可以假設這些立法者所做的工作具有穩定和長遠的效果。

麥吉盧 確實可以作這種假設。

B **雅典人** 然而我們看到，這些意義重大的預見很快就消失得無影無蹤，我們說過，除了你們拉科尼亞那一點地方，而你知道，時至今日，它一直處在與另外兩個城邦的連續不斷的戰爭

之中。儘管最初的設計得到了貫徹，形成了一個同盟，它的軍事力量也一直所向披靡，不可抗拒。

麥吉盧 是的，確實不可抗拒。

雅典人 那麼這個失敗的根源在哪裡？這個問題肯定值得考察——這個巨大的、令人敬畏的組織會碰上什麼惡運。

C **麥吉盧** 是的，確實要加以考察。把注意力從這個事例轉向另一個方向的人應當仔細觀察使這種宏偉的組織得以保存或毀滅的法律和制度。

雅典人 是的，我同意。就在這個地方，我們發現自己可以幸運地開始對它的大小進行研究。

麥吉盧 這一點可以肯定。

D **雅典人** 那麼我要問，親愛的先生，剛才我們是不已經無意識地成爲一種對人類普遍錯誤的犧牲品。人類不斷地想像自己作出了某些偉大的發明，以爲只要知道使用它的恰當方式，無論什麼樣的奇蹟都可以創造出來。就在這一點上，我懷疑你我的想法可能已經誤入歧途了，就像別人通常會犯的錯誤一樣。

麥吉盧 請你解釋一下，好嗎？你注意到什麼了？

E **雅典人** 呃，我的朋友，我最近實際上對自己的情緒感到好笑。我想像有一支軍隊，也就是我們現在正在談論的東西，這是一支多麼偉大的軍隊啊，如我所說，只要我能恰當而又及時地使用它，就能向希臘人作出雄辯的證明！

麥吉盧 我看還不完全像你說的這樣，能夠這樣想，我們的理智難道不是很健全嗎？

雅典人 也許是的，但我想到的是，一看到某些巨大的、強盛的、有力量的事物，我們馬上就感到這樣一個神奇事物的擁有者知道了如何使用它，就可以用它造出奇蹟來，就能夠獲得幸福。

687

麥吉盧 噢，你這樣說也是對的，不是嗎？

雅典人 請你仔細考慮一下我這樣說的意思，然後再對我的頌揚作判斷。以我們現在正在談論的軍隊作爲第一個例子。如果它的締造者明白如何恰當地指揮它，那麼可以說他們確實能夠達到他們的目標，但我的問題是如何獲得？我想，如果他們穩定持久地存在，因此也能保障他們自己的自由，統治所有臣民，簡言之，保證他們自己及其後代能夠快樂地與所有人相處，希臘人也好，非希臘人也好。這些也是可以對他們進行頌揚的依據。

B

麥吉盧 確實如此。

雅典人 還有，當一個人的注意力被吸引到巨大好運或家族顯赫一類的事情上來，對此他也表達了同樣的讚美，他的想法是這種便利條件使它的擁有者可以滿足他的所有慾望或極大部分慾望，會有這種事嗎？

C

麥吉盧 我想會的。

雅典人 從我們的論證可以推論，有某種欲望對所有人來說都是共同的，我們的論證本身肯定了這一點。

麥吉盧 什麼慾望？

雅典人 各種事件與人的靈魂的欲求並不一致，所有事件都與之不一，如果不是這樣的話，那麼至少取決於人力的事情是這樣的。

麥吉盧 當然。

雅典人 如果我們所有人從小到大都一直抱著希望，那麼我們現在必然也在祈求。

麥吉盧 必然如此。

D

雅典人 還有，我假定，我們向與我們親近的人祈求，希望可以得到自己想要的東西。

麥吉盧 當然。

雅典人 現在假定一父一子，孩子是個男孩，父親是成年人，他們是親近的人。

麥吉盧 當然。

雅典人 請注意，這個男孩祈求得到的東西很多，而他的父親就向上蒼祈求能夠滿足他兒子的要求。

麥吉盧 你的意思是祈求者思想還不成熟，還很年輕？

E **雅典人** 是的。但若這位父親，年老的或年輕的，你喜歡怎麼說都行，不知道什麼是好的和對的，只是依照自身的慾望進行祈求，就好像忒修斯與他那不幸的犧牲品希波呂忒[9]，但這位兒子卻知道什麼是好的和對的，在這種情況下又會怎麼樣？你認爲在這種情況下，這位兒子會在父親祈禱後跟著祈禱嗎？

麥吉盧 我看出來了，你的意思是一個人努力祈求的對象不應當是與他自己願望相一致的事

688 情，除非他的希望也和他的清醒判斷相一致。社團和我們每個人的祈求與渴望也要擁有理智，這是一個標誌。

雅典人 是的，我尤其要提醒自己，像政治家一樣的立法者在制定法律時也要始終記住這一點。如果我們沒有忘記我們談話開始時講過的話，那麼我也要提醒你，你們倆都同意過，一位好的立法者必須著眼於戰爭來設計各種制度，而我當時極力主張，立法家不能只著眼於四種

B 美德中的一種。我說，他應當著眼於所有美德，而其中最主要的和第一位的美德是可以給其他所有美德帶來約束的美德，這就是伴隨著適當慾望的判斷、理智和正確的信念。所以我們的論證又回到原來的地方。我重複以前說過的話，嘴唇兩張皮，你把它當作開玩笑也好，當作認眞

C 的也好，都沒有關係。我要說的是，我把沒有理智之人手中的祈禱當作一件危險的工具，因爲這樣做會擊碎他的希望。如果你把我的話當作認眞的，那就請你這樣做。我充滿自信地說，如果你們跟得上我們已經擺在面前加以考慮的這個故事，你們馬上就會發現這三位國王毀滅的原

因，在他們的整個設計中指揮員和被指揮的人都沒有膽小鬼，也沒有對軍事一竅不通的人，使他們遭到毀滅的原因是他們具有的其他各種邪惡，尤其是他們對人的最高關切一無所知。這就是這一連串事件的結果，而這種情況在今天仍舊存在，將來也會存在。在這個被你們遺棄的地方，我要試著進行更加充分的論證，友誼將引導我盡力把它向你們說清楚。 D

克利尼亞 先生，口頭喝采也許會使你疑心，但我們的行爲表明我們非常贊同你的意思。我們將熱心地跟隨你的談話，這才是一位尊重自己的人表明自己同意與否的方式。

麥吉盧 說得好，克利尼亞，我們會這樣做的。

克利尼亞 當然了，有神的允許。請你開始吧。 E

雅典人 那麼好，根據我們論證的線索，我們說摧毀這種強大力量的是最大的愚蠢，這種情況在今天也不可避免地會產生同樣的結果。如果是這樣的話，那麼一位立法者的目標必須是在一個共同體中創造他所能創造的一切智慧，並用他的力量來消滅愚蠢。

克利尼亞 是的，顯然如此。

雅典人 我現在一定要描述什麼類型的愚蠢可以正確地稱作最大的愚蠢，而你必須考慮是否同意我的觀察。 689

克利尼亞 你認爲是什麼類型？

雅典人 判斷告訴他高尚的或好的東西，他並不熱愛而是仇恨；而判斷告訴他卑鄙邪惡的東西，他卻喜歡和熱愛。就是這種快樂與痛苦之間的不協調，我稱之爲最糟糕的愚蠢，也是最大的愚蠢，因爲它本身是靈魂的居民，痛苦與快樂在靈魂中就像一個共同體中的民眾和普通人。靈魂自身也擁有知識、判斷、推理，以及被我說成是非智慧的東西，因此呈現多樣性，而推理是靈魂的天然統治者，整個靈魂就像一個共同體，在其中會出現普通平民的造反，反抗執政官和法律。在這種人身上，優秀的推理雖然存在於靈魂中，但並沒有起好作用，而是起相反的作用。如果你明白我的意思，那麼就是這些類型的愚蠢，而非那些職業者的愚蠢，我要稱之爲共同體或個別公民身上最大的不和諧。 B

克利尼亞 我們確實明白了，先生，我們認可你的觀點。 C

雅典人 那就讓我們把這一點定下來，並且宣佈我們確信政府的功能絕不能託付給這種意義上的愚蠢公民。他們的愚蠢必定要受指責，那怕他們是計算專家，長期接受吃力的訓練和其他一切使心靈聰明的學習，而那些相反類型的人應當被視爲聰明的，那怕他們如諺語所說「既不能讀書又不能游泳」，我們執政官的位置應當留給這些聰明人。確實，我的朋友，在沒有和諧的地方，怎麼會有智慧最微小的顆粒呢？這是完全不可能的，而最美好、最偉大的和諧可以非常恰當地稱作最大的智慧。按照規矩生活的人享有一份這種智慧，而沒有智慧的人必定是酒囊飯袋，於社會無補，只能起相反的作用，這全都是因爲他在這方面的愚蠢。好吧，如我剛才所說，讓這一點成爲我們記錄在案的信念。 D E

克利尼亞 務必如此。

雅典人 我想，在一個共同體中，必定要有統治者和被統治者，是嗎？

克利尼亞 當然。

690 **雅典人** 很好。現在我要問，統治和服從需要有哪些公認的資格，我們在大小城邦和家庭中可以找到多少種這樣的資格？所謂的父親和母親不就是一種嗎？或者一般地說，人們普遍公認父母有資格統治他們的後代？

克利尼亞 這是非常確定的。

雅典人 按照順序，下一種就是出生高貴的有資格統治出生卑賤的；再按照順序，第三種就是年長的有權統治，年輕的要服從，是嗎？

克利尼亞 當然是的。

B **雅典人** 第四種是奴隸要服從，而他們的主人要統治他們，是嗎？

克利尼亞 呃，當然是了。

雅典人 我想，第五種是強者統治，弱者服從，是嗎？

克利尼亞 當然，這種資格也是無法反對的。

雅典人 是的，這種資格在整個動物王國盛行——這是自然本身的安排，如底比斯的品達[10]所說。第六種我們可以宣佈是最重要的，這就是愚蠢的人追隨和接受聰明人的領導和統治。然

C 而就是這種資格，它是對自願從屬者的非暴力法律統治，我多才多藝的品達，我不能稱之爲不自然的。

克利尼亞 你說得很對。

雅典人 還有第七種統治，我們說這種統治依據上蒼和命運的青睞。我們把人們召集在一起抽籤，並稱之爲最公平的安排，運氣好的人就進行統治，運氣不好的就接受統治。

克利尼亞 對，確實如此。

D **雅典人** 你瞧，我的立法者——可以設想我們現在正在對一位輕鬆愉快的立法者說話——我們問在統治這個問題上有多少種資格，它們相互之間又是如何發生衝突的。我們剛才已經發現了整個紛爭的源頭，你們的任務就是對之進行彌補。但假定你們現在開始加入我們對阿耳戈斯和墨西涅的國王們的考察。這些城邦的力量在當時的希臘是非常偉大的，但它又如何導致自己
E 的毀滅？他們在哪些方面違反了他們的原則？他們的錯誤不就是遺忘了赫西奧德的箴言，「一半經常多於全部」嗎[11]？他的意思是，要想得到全部是有害的，得到一半就足夠了，所以有節制的自足比無節制的攫取要好。

克利尼亞 他說得也對。

雅典人 那麼城邦的毀滅從什麼時候開始，通常會在什麼地方露出端倪？是在國王那裡，還是在平民那裡？你怎麼說？

691 **克利尼亞** 依據可能性以及通常的經驗，其根源在於國王的奢侈導致浮誇的歪風。

雅典人 那麼這種違反已有法律的疾病顯然是在古代就從國王這裡開始了。他們相互之間沒有保持和諧，而這是他們發誓要做到的。就是這種無節制的不協調——它看起來與智慧很相似，但在我們的判斷中它確實是一種極大的愚蠢——毀滅了整個體系。

克利尼亞 極爲可能。

B **雅典人** 好，很好。那麼一位立法者在這種時候應當採取什麼措施來預防這種症狀呢？要回答這個問題對神來說是輕而易舉的，但要是哪位先知能夠預見這一點，那麼他一定比我們聰明，是嗎？

麥吉盧 你指的是什麼回答？

雅典人 呃，麥吉盧，只要看看在你們自己的社會裡是怎麼做的，就可以發現當時應該做的是什麼？

麥吉盧 你必須說得更加清楚一些。

雅典人 好的，這一點是絕對清楚的。

麥吉盧 哪一點？

C **雅典人** 如果我們無視恰當的比例而對任何事物過多地賦予，比如說把過多的風帆給予一艘船，把過多的營養給予一個身體，把過多的權威給予一個靈魂，其結果就必然是翻船，在一種

D 情況下是身體過於肥胖，在另一種情況下是靈魂的專橫，結果就是犯罪。你們問我該怎麼說。呃，我的朋友們，肯定應當這樣說。人的靈魂在年輕時或在尚可理喻時如果不受控制，那麼它就不可能擔負起社會最高權威的重擔，而且會染上最糟糕的心靈疾病，亦即愚蠢，疏遠它的最親密者。當這種事發生時，靈魂很快就會毀滅，失去它的所有力量。因此一位偉大的立法者需要用他對適當比例的洞察預見這種危險。我們現在已有推論是這種危險會得到預見，但事實上它似乎必須……

麥吉盧　必須怎樣？

雅典人　必須有某位神用他對未來的預見支配你們，要你們同時設立兩位國王而不是一位，
E 從而使他們的權力擁有更加合乎比例的限度。甚至在那以後，有某人的理智在神的助佑下，注
692 意到你們的統治者仍舊會有狂熱之舉，因此就設法限制王族的專橫，讓二十八位長老在處理政務時發出與國王同等的聲音。第三位神啓者注意到你們的政體仍舊充滿陽剛之氣，因此就引入一個禮儀官的職位，由抽籤決定，作爲一種約束。就這樣，你們自己的拉科尼亞王政由多種正確成分混合而成，有著某種限制，其結果就是使這種政體得以保存，它也證明了我們所說的一般保存。因爲這些事情如果留給特美努斯、克瑞司豐特，以及那個時代的立法者去處理，無論
B 他們是誰，那麼甚至連「阿里司托得姆自己那一份」[12]也不能倖存。事實上，他們在立法工作中非常老練，或者說他們幾乎不可能想像用一句誓言就能保證年輕人的心靈有節制，因爲年輕人

C 的心靈獲得權威後一定會轉變爲獨裁，而一個政府若想長期繁榮，那麼神已經告訴我們該怎麼做，他已經向我們顯示一個政府過去是怎樣組成的，現在必須如何組成。你我應當能夠理解，如我前述，這種事情並不是理智所能證明的，而總要通過以往的事例才容易看得清。當時有這樣一位有預見的人，而且還有力量限制國王的權力，並在三個國家之一加以實施。這一時代的偉大發現必定保存在這些國家中，而對我們稀缺的資源表示輕視也絕對不會使波斯人或其他人的艦隊來進攻希臘人。

克利尼亞 非常正確。

D **雅典人** 克利尼亞，打退這些進攻確實沒有得到任何人的讚揚。我這樣說的意思並不是說那時候在陸地和海上取得的勝利對勝利者來說都不是一種榮耀。我之所以說這段歷史不值得讚揚，乃是因爲在開始受到侵犯時，三個國家中只有一個拿起武器保衛希臘，而其他兩個已經極端腐敗，其中有一個甚至採取激烈的敵對行動來試圖阻止拉棲代蒙人的努力，而另一個國家，
E 阿耳戈斯，儘管在伯羅奔尼撒的第一次劃分中在幾個國家中佔據首位，但對要它出兵支援，抗擊外國人的呼籲也沒有作出什麼回答，它什麼也沒做。如果詳細講述這場戰爭的故事，那麼會
693 有一大堆對希臘人的指責。事實上，希臘並沒有眞正地作出什麼防衛。若無雅典人和拉棲代蒙人共同起來驅除遭受奴役的威脅，那麼希臘人的群體早就已經相互混合在一起，野蠻人和希臘人混雜，希臘人與野蠻人混雜，就好像現在波斯專制統治下的臣民那樣雜居。

克利尼亞和麥吉盧，這就是我對過去和現在所謂的政治家和立法家提出的指責，我這樣做
B 乃是因爲希望通過對其原因的考察，揭示其中必然發生的不同過程。本著這樣的精神，我剛才
說，考慮到一個共同體應當是自由的、明智的、和平的，立法家在制定法律時必須著眼於此，
所以建立一個過分強大的，或純粹的王權肯定是錯的。我們已經不止一次提出這些立法者必須
C 考慮的目標，儘管我們的建議看上去並非每次都一模一樣，但我必須要求你們不要對此感到驚
訝。你們必須明白，當我們說立法者必須以明智、智慧、和平爲目標時，這些目標並非不同
的，而是相同的。如果我們看到自己進一步使用許多不同的表達法來達到相同的效果，那麼我
們一定不要被它弄糊塗了。

克利尼亞 在回顧我們的討論時，我們一定盡力記住。而當前你可以解釋一下和平、智慧與
D 自由。你會說立法者的宗旨在於哪一點？

雅典人 請你們注意，我們可以說各種體制有兩個策源地，其他各種體制都是從其中派生出
來的，其中一個的名字是君主制，另一個的名字是民主制。第一種制度最完全的形式可以在波
斯人中看到，第二種制度則可以在我們自己的同胞中看到。如我所說，這兩種制度是其他所有
E 體制的主線，一般說來，其他各種體制都是在此基礎上編織出來的。好吧，在自由、和平與智
慧結合的地方必定要同時具有兩類成分。我們的論證就是要指出，不擁有這些成分的共同體不
可能得到正確的治理。

克利尼亞 當然不可能。

雅典人 我們提到過的一種社會表現出極端的、過分的對君主制原則的忠誠，而另一種社會則忠誠於自由體制，因此這兩種社會都沒有能夠在二者間達到平衡，而你們拉科尼亞和克里特卻獲得了較大的成功。對某個時期的雅典人和波斯人也可以這樣說，但絕非現在。我們要不要探討這種狀況的原因？

694 **克利尼亞** 如果我們想要完成我們的考察，務必如此。

雅典人 那就把你們的耳朵豎起來。當波斯人在居魯士[13]時代沿著服從與自由的中道前進時，他們開始爲自己贏得了自由，並成爲無數民族的主人。作爲一個政府，他們給予臣民一份自由，並賦予臣民與自己平等的地位，因此他們的士兵願意追隨指揮官，敢於冒著危險前進。

B 還有，若有臣民是聰明人，適宜作謀士，那麼國王不會對他心生妒忌，而會允許他自由發表言論，讓他出名，所以上蒼恩賜的智慧可以自由地用來提出公共事務方面的建議，服務於公眾。因此，自由、和平，以及一般普及的理智之間的結合，在那個時代帶來了全面的進步。

克利尼亞 看起來，在歷史過程中確實有這樣一個時期。

C **雅典人** 從波斯在岡比西斯[14]統治下的衰落和在大流士[15]統治下的全面復興，我們又能看出什麼來？我們又得像猜謎語一樣躊躇不決嗎？

克利尼亞 不管結果怎樣，至少是對我們研究這個基本問題的一個貢獻。

雅典人 我自己對居魯士的看法是這樣的：儘管他是一位好將軍和一名眞正的愛國者，但他完全沒有接受過正確的教育，也從來沒有想到要管束他的家人。

克利尼亞 我們該怎樣理解你的話？

D **雅典人** 他好像很年輕就開始戎馬一生，不停地打仗，把對他的兒子們的管教留給女人去處理，王子們從小嬌生慣養，無憂無慮，享有各種特權。沒有人會在任何事情上批評他們，每個人都讚美他們的各種言行，其結果就可想而知了。

克利尼亞 照你的解釋，這種管教好極了。

E **雅典人** 呃，後宮的嬪妃照料著王子們，沒有男子漢可以幫助他們，也不會有人用戰爭和危險告誡他們，你能看到的就是這樣一種管教。

克利尼亞 看起來確實挺合理。

695 **雅典人** 至於他們的父親忙著爲他們攫取大批的牲畜和無數的百姓，但卻忘了這筆巨大財
富的繼承人沒有按他們波斯祖先的要求得到訓練，因爲你知道，波斯人是簡樸的牧民，是貧瘠
山地的兒子，他們身體強健，吃苦耐勞，能在野外長期生活，必要的時候也能過艱苦的軍旅生
B 活。這位父親閉眼不管嬪妃和太監對他兒子的教育方式——這是米地亞人[16]的教育——他的兒子
們被所謂的幸運腐蝕，放棄正確的管教所產生的結果由此得到證明。至少，這位父親死的時
候，繼承祖業的兒子們已經被傲慢和放縱吞沒了。長子岡比西斯不能容忍與他人平等，開始排

斥他的兄弟；後來由於酗酒和缺乏教育，他失去了他的聰明才智，最後在米地亞人和那位著名
的太監手中失去了他的王位，他的愚蠢遭到了極大的輕視。

C **克利尼亞** 故事確實是這樣講的，但可以假定與事實相當吻合。

雅典人 我們還知道，大流士或七位首領爲波斯人恢復了王位。

克利尼亞 確實如此。

雅典人 讓我們沿著我們的論證所建議的思想線索前進。你知道，大流士並不是國王的親
兒子，沒有受過傲慢和浮誇的教育。當他在六位同伴的幫助下取得政權後，他把整個國家分成
七塊，至今仍舊留有某些模糊的蹤跡。生活在他自己制定的法律下，他感到滿意，在這個國家
D 裡，他通過立法引入了某些平等，使波斯人之間的和睦與公共精神得以提升，而當年居魯士曾
經對附屬於米地亞人的波斯人作過這種許諾，用自由和慷慨贏得過普通民眾的心。於是波斯人
的軍隊效忠於大流士，爲他贏得了大片土地，就像居魯士留下來的國土一樣大。但是等到大流
士一死，薛西斯[17]又是一個接受溺愛教育的王子！大流士啊，大流士，我想我們可以正確地表示
E 抗議，你不能指責居魯士，因爲你對薛西斯的教育與居魯士對岡比西斯的教育是一樣的！我要
說，薛西斯是同一類教育的產物，他後來的政績也一模一樣。廣泛地說，從他那個時代一直到
今天，波斯人從來沒有一位眞正的大王，說他們有名無實並不爲過。按照我的理論，這種事情
696 並非偶然，其原因正在於君主的兒子和暴富者的後代所過的這種惡的生活。這樣的教養絕不會

在男孩子、青年男子、成年男子身上產生傑出的善。我認爲，這是立法者需要考慮的地方，也是我們當前討論需要考慮的地方。我要公正地指出，你們拉棲代蒙人的社團值得敬佩，因爲你們沒有在窮人和富人、普通公民和王族子弟之間作出具體區別，給予不同的教養，只有你們最早的神啓的神聖權威除外。具體的城邦榮譽確實一定不能授予財富，也不能授予不伴隨善的雙腳的速度、外貌的美麗、肢體的力量，甚至也不能授予不包括節制在內的善。

B

麥吉盧 先生，你這個說法該如何理解？

雅典人 你承認勇敢是善的一部分嗎？

麥吉盧 肯定是。

雅典人 好。那麼先請聽我的論證，然後決定你自己的觀點。你希望一個非常勇敢的人也應當像你家中或鄰居家中不節制的浪蕩公子一樣嗎？

麥吉盧 上蒼作證，絕對不要！

雅典人 一個人擁有嫻熟的技巧，這個詞的意思也就是說他很聰明，但卻不正義，對此你會怎麼說？

C

麥吉盧 我沒什麼可說的。

雅典人 還有，缺乏節制的地方，正義也不會盛行。

麥吉盧 是的，怎麼會呢？

雅典人 也不會有我們剛才思考過的這種智慧，因爲一個人的快樂與痛苦與其正確思考的結果相一致。

麥吉盧 是的，絕不會有。

D **雅典人** 此外，我們還要進一步考慮，節制是否也決定了分配各種城邦榮譽的正確與否。

麥吉盧 那又怎樣？

雅典人 假定節制獨立存在於人的靈魂中，與其他善分離，那麼節制一定是，或一定不是榮譽的正確稱號？

麥吉盧 你都說了，我沒什麼可說的。

雅典人 你回答得很妙。假如你回答是或不是，在兩種情況下你都會碰上我認爲是錯誤的解釋。

麥吉盧 這麼說來我確實回答得很好。

雅典人 是這樣的。相對於眞正榮耀的東西來說，一種附屬品不值得討論，我們可以把它放過去，保持沉默。

E **麥吉盧** 我想，你說的附屬品是指節制。

雅典人 是的。正確健全的程序應當把首要的位置賦予其他東西，無論它是什麼，它與這種附屬品相結合，對我們起著最重要的作用，然後我們可以把第二位的位置賦予對我們起次要作用的東西。我們只有以同樣的方式穿越整個以榮耀程度爲標準的系列，才能使各種事物都得到它恰當的位置。

麥吉盧 我完全同意。

697 **雅典人** 那麼，建造這套標準就是立法者事務的一部分。

麥吉盧 確實如此。

雅典人 那麼在把建造整套標準以及各種具體細節的事留給立法者的時候，我們要試著爲自己建立一種三重劃分，區別第一類、第二類、第三類，我們不也是一定意義上的成熟立法者嗎？

麥吉盧 我完全擁護。

B **雅典人** 那麼我要說，使所有成員幸福快樂地生活，以正確的方式賦予他們光榮與恥辱的標誌，顯然是一個社會義不容辭的職責。這種正確的方式就是把靈魂之善放在首要的、最榮耀的位置上——而靈魂的節制總是被假定爲必不可少的——把身體的利益和善放在第二位，把城邦之
C 善，我們稱之爲財富，放在第三位。任何立法者若是把財富放在最榮耀的位置上，或者把較高類別的事物放在較低的位置上，因此違反了這些限度，那麼這種行爲一定是對宗教和政治的冒犯。我們可以把這一點當作確定的信念嗎？

麥吉盧 是的，絕對可以。

雅典人　引導我們對這個觀點作漫長討論的，是我們對波斯人的共同體的考察。我們發現他們還在不斷退化。
D 其原因在於普通民眾的自由太少，君主的權力太大，從而使他們的民族情感和公共精神終結。由於它們的消失，權柄們關心的不再是他們臣民的共同利益，而是他們自己的地位。只要認爲對自己有一點兒好處，他們就會把國家的城市和民眾投入烈火，使之荒無人煙，於是人們野蠻地相互仇視，深懷敵意。另一方面，當需要民眾組成軍隊保護自己時，他們
E 在民眾中找不到忠誠者，也沒有人願意在戰場上爲他們冒險，在理論上他們的軍隊成千上萬，但實際上人數再多也不起作用。因此他們就招募雇傭兵和外國人來打仗，指望這些人能救自己
698 的命，就好像沒有自己的軍隊似的。還有，他們的愚蠢被迫表現出來，因爲他們的習慣行爲表明，整個社會對名聲和榮譽的尊重與金銀財寶相比只是一個玩具。

麥吉盧　確實如此。

雅典人　至此，我們可以結束論證，波斯人當前統治的病根在於過分的服從與過分的王權。

麥吉盧　無疑如此。

B **雅典人**　下面要講到阿提卡的國家，我們同樣要指出，來自各種權威的、不加限制的、絕對的自由，遠比服從有限制的權力的統治更糟糕。古時候波斯人進攻希臘人——或者我應當說進攻歐羅巴的居民——當時我的同胞們生活在一種可敬的體制下，它的統治基礎是一種四重的社會等級。還有，我們受良知的支配，自覺自願地服從法律。此外，來自海上和陸上的強大敵軍使我

C 們驚恐萬狀，迫使我們只能更加嚴格地服從法律和執政官。這些原因都在不斷地強化我們相互
之間的忠誠。在薩拉米海戰[18]發生前數十年，達提斯[19]來到波斯軍隊的前鋒所在地，對波斯軍隊
下達了大流士的命令，向雅典人和埃雷特里亞人[20]進攻，他的任務是帶兵俘虜雅典人和埃雷特里
D 亞人，大流士警告達提斯，要是失敗了就別活著回來。達提斯指揮大軍迅速打敗了埃雷特里亞
人，完全捕獲了埃雷特里亞人，這個消息傳到我們雅典。據說埃雷特里亞人一個也沒能逃脫，
達提斯的士兵手拉手就像一張網似的橫掃埃雷特里亞全境。這個消息無論是眞是假，令希臘人
膽戰心驚，尤其是雅典人，他們派出使者向各地求援，但除了拉棲代蒙人，其他希臘人都拒絕
E 了。甚至連拉棲代蒙人也來得太遲，無論是因爲他們面臨墨西涅人的戰爭壓力，還是由於其他
緊迫事件，我不清楚到底是什麼原因，但不管怎麼說，他們的援兵到達時馬拉松戰役已經開始
了。

馬拉松戰役以後，不斷有波斯人備戰的消息傳來，波斯國王也不斷地對我們發出威脅，後
來有消息說，大流士死了，他的兒子繼承了王位，用年輕人的那種熱情堅持征服希臘的事業。
699 雅典人明白，波斯人的整個行動主要針對自己，想要對馬拉松戰役的失敗進行報復。當聽到阿
索斯[21]這座通往赫勒斯旁海峽的陸橋已經開通，海上出現敵人的小股艦隊時，他們感到這下子從
陸上和海上都無法逃脫了。他們也找不到援兵。他們記得波斯人第一次從海上進攻埃雷特里亞
B 時的情景，當然也就設想後來在陸上發生的事又會重演。另一方面，所有從海上逃跑的希望顯

然都不可能了，因爲敵人擁有上千條戰船，具有更大的威脅。能夠想到的獲救機會只有一個——非常渺茫而又鋌而走險，但仍舊是他們僅存的機會——他們回顧了以往如何在極端危險的情況下堅持戰鬥，最終取勝。在這樣的希望支持下，他們明白自己獲救的機會只能掌握在他們自己手
C 中，掌握在他們的神那裡。這些原因結合在一起，激發了他們相互間的忠誠——恐懼使他們想要逃跑，但對現存法律的服從又平息了這種恐懼，因爲他們已經學會要服從現存的法律——這就是良知，我們前面不止一次地這樣稱呼它。如我們所說，要成爲高尚的人，必須服從良知，而出於恐懼而逃脫應盡義務的是懦夫。要是他們不被我們所談論的這個時刻嚇倒，那麼他們絕不會重新振作起來打敗侵略者，保衛神廟、祖墳、國家，以及其他最親近的東西，而事實上他們確
D 實這樣做了，否則的話，我們在這場危機中早就化爲灰燼在天空中飄蕩了。

麥吉盧 先生，你的觀察不僅完全公正，而且很能說明你自己和你的同胞。

雅典人 無疑如此，麥吉盧，你也一樣，你們繼承了祖先的品格，是聆聽這些時代歷史的正確人選。但我要你和克利尼亞考慮我的敘述與立法有什麼相關之處。我的敘述不是爲了講故
E 事，而是爲了我說明過的那些目的。請注意，由於我們的命運在一定意義上與波斯人的命運是一樣的——儘管他們把共同體的成員變成徹底的下屬，而我們鼓勵民眾爭取無限的自由——我們前面的談話在一定意義上與我們下面要說的和應當說的問題密切相關。

700 **麥吉盧** 說得好，但你必須把你的觀點說得更加清楚些。

雅典人 我會這樣做的。我的朋友，在我們古老的法律下，我們的成員不是主人，他們在一定意義上是法律的自願僕人。

麥吉盧 你說的法尤其是指哪一些？

雅典人 如果追溯我們生活中的過度自由是如何發展起來的，那麼這個源頭就是當時有關音
B 樂的法。我們的音樂當時分成幾個種類和類型。第一種歌是頌歌，就是對諸神的祈禱詞；第二
種歌與第一種歌正好相反，被稱作哀歌；阿波羅頌歌是第三種；第四種是酒神頌歌，如果我沒
弄錯的話，是用來慶祝狄奧尼修斯誕生的。nome（牧歌）這個詞用來指另一類歌，儘管這類
C 歌有弦歌的性質[22]。現在我們已經確定了各種歌的類型，不允許再混淆。有能力的人要認識這些
規則，要按照規則作出評價，在需要的情況下要像今天一樣懲罰違規者，不得遺漏，比如劇場
裡表示不贊成的噓聲、狂呼亂叫、歡呼與鼓掌，等等；受過教育的人把安靜地聆聽表演當作規
D 則，而對那些孩子和他們的侍從，以及那些下等人，就需要有官員的權杖來維持秩序。這樣，
大批民眾就會接受嚴格的控制，而不會冒險在喧嘩中作判斷了。

後來，隨著時間的推移，詩人們出現了，與他們相關的非音樂的法規也制定出來，他們是
天才，但對繆斯領域中的正確與合法卻一無所知。他們充滿無限的想像力和追求快樂的慾望，
E 把哀歌與頌歌、阿波羅頌歌、酒神頌歌全都拼湊在一起，他們實際上還用豎琴模仿笛子的旋
律，創造出一種大雜燴。就這樣，他們的愚蠢引導他們無意識地誹謗他們的職業，假設在音樂

中無所謂對錯，判斷的正確標準就看能給聽眾提供多少快樂。爲了能夠創作出具有這種效果的
701 音樂和談話，他們當然要鼓勵聽眾藐視音樂法，還把自己僞裝成能幹的法官。就這樣，我們曾經一度安靜的聽眾發現了一種聲音，在說服他們要明白藝術中的善與惡，於是這個領域中古代的「最優者的統治權」讓位給了一種邪惡的「聽眾的統治權」。如果這樣做的結果是民主制的產生，那麼只要它還限制在藝術範圍內，是自由民的創造，那麼還不會有大害。但就像我們看到的那樣，音樂已經成爲對普遍知識的整體欺騙和對法律以及追隨其後的自由的藐視。自信有
B 了所謂的知識，恐懼也就被拋棄了，而失去恐懼也就產生了魯莽。因爲對判斷的漠視必然產生毫無顧忌的過分自由，這種東西不是別的什麼，而就是應受嚴責的魯莽。

麥吉盧　非常正確。

雅典人　所以向著自由的旅程的下一站將是拒絕服從執政官，再接下去就是不受權威的約束和不接受父母和長者的矯正。然後，他們努力接近這個種族的目標，擺脫對法律的服從，一旦
C 達到這個目標，他們就會藐視誓言和一切宗教。我們古老傳說中的提坦[23]的情景就會重現，人類又退回到地獄般的處境，充滿無止境的悲哀。再說，噢，我們爲什麼要提起這些事？我想我們必須經常約束我們的論證。我們一定不要偏離主題，儘管它的嘴上並沒有馬嚼子，以致於如諺
D 語所說，騎在馬上丟了座位。不，如我剛才所說，我們必須不斷地問自己，我們爲什麼要說這些話。

麥吉盧 當然要問。

雅典人 我要說，因爲這些話與前面說的話是相關的。

麥吉盧 和前面的哪些話相關？

雅典人 呃，我說過立法者在立法時應當有三個目的——他爲之立法的社會必須擁有自由，這個社會必須擁有和平，這個社會必須擁有理智。我相信這就是我們的觀點。

麥吉盧 確實如此。

雅典人 這就是我們要以最專制的和最自由的社會爲例的原因，現在我們要問自己，哪一種
E 社會的公共生活才是應有的。我們發現，當我們在兩個例子中看到專制和自由各自擁有一定比例時，兩種社會都會獲得最大限度的幸福，而當事情在兩個例子中都被推向極端，一個是極端服從，一個是極端的不服從，那麼其結果在兩個社會都不能令人滿意。

702 **麥吉盧** 非常正確。

雅典人 出於同樣的目的，我們要回顧多立斯入侵者定居的情況、達耳達諾斯[24]在山腳下建城的情況、在海邊建城的情況，甚至還要回顧大洪水後最早的倖存者的生活情況。我們前面關於音樂與飲酒的討論，以及在此之前講過的所有話，都是爲了相同的目的。我們整個討論的目
B 的就是學會一個社會如何得到最佳的管理，一個人如何最佳地規範他的個人生活。但是我們得到任何結果了嗎？我要問你們，麥吉盧和克利尼亞，我們對自己能夠提出什麼樣的試驗？

克利尼亞 呃，先生，我相信自己找到一種試驗了。我想，在我們整個論證中有某些東西是合乎天意的。事實上，我發現自己正處在這樣一個位置，很適合自己的需要，你和我們的朋友麥吉盧的出現也正是時候。由於我還沒有把我的情形告訴你們，所以我甚至把你們的出現當作一個極好的兆頭。你們一定要知道，克里特島的一人塊地方正在建設一個殖民城邦，克諾索斯人負責這件事。克諾索斯當局把這件事託付給了我和另外九個人。我們發出的指令是進一步依據我們認可的克里特地方法，設計這個殖民地的立法框架，或者依據其他地方的法律。我們自己並不再意這些法律來源於外國，只要我們認定它是最好的。假定我和你們現在正在做這件事，讓我們先對有關社會的各種理論設計作一番選擇，可以假定我們正在從頭開始建設。這樣做可以結束我們的探索，同時我也可以發現我們提出的理論對將要建設的社會是有用的。

C

雅典人 我不反對，克利尼亞！如果麥吉盧沒有反對意見，那麼我向你保證，我會盡力協助你的。

D

克利尼亞 謝謝你。

麥吉盧 我也願意這樣做。

克利尼亞 我要向你們倆表示最衷心的感謝。讓我們開始吧，設想一下這個城邦的基礎。

E

注釋

[1] 這段話中提到了許多神話傳說中的發明家。代達羅斯（Daedalus）是建築師和雕刻家；奧菲斯（Orpheus）是詩人和歌手；帕拉墨得斯（Palamedes）是特洛伊戰爭中的人物，善用詭計，後來說他發明了尺、天平，等等；瑪息阿（Marsyas）善長吹笛子，曾與阿波羅比試；奧林普斯（Olympus）是傳說中的著名樂師，得到瑪息阿的傳授；安菲翁（Amphion）發明豎琴。

[2] 在希臘神話中獨眼巨人（Cyclops）有好幾種，分別是牧人、鐵匠、瓦匠等等。

[3] 荷馬：《奧德賽》，第九卷，第一一二行以下。

[4] 荷馬：《伊利亞特》第二十卷，第二一六行以下。伊利昂即特洛伊。

[5] 在歷史上，大約西元前二〇〇〇年左右，一支印歐語人從歐洲南下進入希臘半島，他們被稱作阿該亞人（Achaeans），也就是後來希臘人的第一代，他們進入伯羅奔尼撒半島以後主要在阿哥利亞活動，在荷馬史詩中，阿該亞人是攻打特洛伊城的主體。

[6] 指由希臘各部落組成的希臘聯軍。

[7] 大約西元前一一八〇年，巴爾幹地區又發生一次部落大遷徙，同屬於希臘語支的多利斯人（Dorians）陸續南下，進入希臘半島和某些愛琴海島。

[8] 這裡提到的特美努斯（Temenus）、克瑞司豐特（Cresphontes）、普羅克列斯（Procles）、歐律斯塞涅（Eurysthenes）均為傳說中的國王。

[9] 忒修斯（Theseus）是傳說中的希臘英雄，希波呂特（Hippolytus）是他與亞馬遜人的女王所生的兒子。

【10】品達（Pindar）是西元前六世紀希臘詩人。

【11】赫西奧德：《工作與時日》，第三十八行。

【12】「阿里司托得姆自己那一份」指斯巴達。

【13】居魯士（Cyrus）是西元前六世紀波斯帝國的創建者，他於西元前五五九年擊敗米地亞人，自居王位至西元前五二九年。

【14】岡比西斯（Cambyses）是居魯士之子，為波斯第二位國王，西元前五二九－五二二年在位。

【15】大流士（Darius）是波斯第一位國王居魯士的女婿，西元前五二一－四八五年在位，曾兩次用兵希臘，失敗而歸。

【16】米地亞（Medes）是現今伊朗西北部的一個古國，西元前五五○年成為波斯帝國的轄地。

【17】薛西斯（Xerxes）是波斯國王，大流士一世之子，西元前四八五－四六五年在位。

【18】薩拉米（Salamis）海戰發生在西元前四八○年薛西斯領兵侵略希臘的時候。

【19】達提斯（Datis）是大流士手下的將軍。

【20】埃雷特里亞（Eretria）是優卑亞島上的一個城邦。

【21】阿索斯（Athos）是鄰近赫勒斯旁海峽的一個半島。

【22】此處各種歌的希臘文是：hymn（頌歌）、lament（哀歌）、paeans（阿波羅頌歌）、dithyramb（酒神頌歌）、nome（牧歌）、citharoedic（弦歌）。

【23】提坦（Titan）是希臘神話中犯上作亂的巨靈神族。

【24】達耳達諾斯（Dardanus）是希臘神話中特洛伊城的創建者。

第四卷

704 **雅典人**　那麼好吧，我們必須如何設定我們的國家？我的意思並不是問它現在的名字是什
麼，或者今後要用什麼名字稱呼它。國家的名字可以來自它產生的地方或地區，或者來自某些
B 河流、山泉的名字，地方的神靈也會在城市創建之初把他們神聖的名字賦予城市。在我的問題
中我比較關心的是，它的位置在海上還是內陸？

克利尼亞　呃，先生，我剛才講的城市離海邊八十斯塔達左右。

雅典人　城市邊上有港口還是完全沒有港口？

克利尼亞　先生，沒有港口。但海邊有一個很好的港口。

C **雅典人**　嘖，嘖！太可悲了！城市周圍的土地怎麼樣？物產豐富還是土地貧脊？

克利尼亞　無可奉告。

雅典人　近處有無其他相鄰的城市？

克利尼亞　呵，沒有。這就是爲什麼要在那裡建定居點的原因。原來的居民很久以前都遷走了，好多個世代無人居住在那裡。

D **雅典人**　有平原、山脈、森林嗎？把這方面的情況告訴我，好嗎？

克利尼亞　與克里特其他地方的情況差不多。

雅典人　你的意思是那裡崎嶇不平而非一馬平川？

克利尼亞　絕對如此。

雅典人 它的情況，從獲取善的角度來看，還不是令人絕望的。如果它建在海邊，有很好的港口，缺乏許多生活必需品，不能自給自足，那麼我們就需要一位強大的保護人和立法者來防範這種處境下產生出來的眾多精巧的罪惡。好在它現在離海邊有八十斯塔達，足以令人感到欣慰。儘管如此，它離海邊還是太近了，更何況你說那裡還有一個很好的港口。即便如此，我們還要感恩。一般說來，人們都希望與大海為鄰，但它畢竟是一個又鹹又苦的鄰居。它會使城市充斥商人和小販，培育出易變和多疑的靈魂習慣，從而使得社會對自己不信任和不友好，也對全人類不信任和不友好。儘管如此，我們仍舊可以從那裡的物產情況得到進一步的安慰。由於它崎嶇不平，因此它顯然不能一下子出產各種東西，也不能豐收。若有豐富的物產，那麼大規模的出口就有可能了，如果是這樣的話，我們的城市就會有大量的金銀流通。現在我們已經考察了各個方面，你可以回想一下我們說過的話，在那裡沒有一件事情會成為在這個社會裡發展高尚、正義品格的嚴重障礙。

705

B

克利尼亞 我們想過了，像前面一樣，我們同意你的意見。

雅典人 下一個問題是：這個地方如何提供造船的材料？

克利尼亞 那裡既沒有樅樹，又沒有松樹，柏樹也不多。而你知道，修造船的內部通常需要用這些木材，而那裡連落葉松和梧桐樹也很少看到。

C

雅典人 這仍舊不能算是一件壞事。

克利尼亞 爲什麼？

D **雅典人** 因爲一個社會要模仿它的敵人的所作所爲必定遇到困難。

克利尼亞 我們前面的哪一個結論使你說這樣的話？

雅典人 呃，我親愛的先生，請你依照我們剛才對克里特體制的單一目的所做的觀察，來注
意我的論證過程。你們倆完全認定它的目的是軍事，而我回答說，善也完全應當成爲這種體制
E 的目的，但我不能承認它們應當以缺乏完整性的某一部分善爲目的。現在輪到你們倆來遵循我
的建議了，你們不要去留意那些與善或部分善無關的事情。

706 我從一開始就採取了這樣一個基本原理，僅當以其他一切事物以之爲目的的那個事物爲唯
一目的時，才有可能正確地制定法律，這樣做必定會相伴產生多種多樣的高尚結果，並會輕視
其他各種目的，無論它是財富還是別的什麼與我具體指出過的目的相分離的東西。至於我提到
的那種對敵對者的有害模仿，我指的就是海上居民受敵人騷擾的情況。比如彌諾斯——克利尼
B 亞，我以他爲例並不包含爲你的同胞辯護的意思在內——由於擁有強大的海上力量，曾經把阿
提卡置於一個蠻荒的附庸國的位置。他的犧牲品當時還不像今天這樣擁有打仗的戰士，他們境
內也沒有豐富的木材適宜建造海上的戰船。所以他們不能馬上模仿敵人，把自己的水手轉變成
C 爲水兵，把侵略者趕出去。當時的情況就是這樣，他們寧可多次失去七對青年[1]，而不願使自己
從幼稚無知的人變成海軍戰士，掌握海戰技藝，在盾牌的掩護下撤到船中。他們的觀念是，一

旦受到敵人的進攻，那就戰死在崗位上，他們也不會找出種種似乎可信的理由和藉口，扔下武
器，去進行所謂「光榮的撤退」。帶武器的戰士在戰船甲板上打仗通常就是這種情況，對他們
D 不需要進行無限的讚美，而是正好相反。因爲我們絕不能用邪惡的方式去訓練人，至少不能對
共同體中最優秀的成分進行這樣的訓練。我認爲，能從這種訓練中學到的東西實際上是不高尚
的，荷馬告訴我們，奧德修斯指責阿伽門農在受到特洛伊人的進攻時下令把戰船拖下海。奧德
E 修斯的諫諍是這樣的：「戰鬥正在激烈進行，你卻命令把我們的那些精良船隻拖下海去，好讓已
對我們佔有優勢的特洛伊人更占上風，讓我們被他們徹底打敗。如果我們把船隻拖下海，阿該
707 亞人便會不斷回首觀望，放棄戰鬥，全軍的統帥啊，你的建議實在有害。[2]」

因此，你瞧，荷馬非常明白，要一些勇士來支持一個幼稚的人是一件壞事。呃，如果按這
樣的習慣進行訓練，那麼雄獅遇到小鹿也會逃跑，更不必說遇到擁有自己海軍力量的國家了，
B 而且這些國家也會爲了自身的安全對自己力量中的低劣成分給予獎勵。由於這些國家把它們的
安全歸功於船長、槳手，以及其他船員的技藝，而非歸於其他閒雜人等，所以它們也就不可能
把榮譽獎勵給各式各樣的個人。然而，一旦排除了這種可能性，這個國家如何能夠保持不受傷
害？

克利尼亞 幾乎不可能。不過，先生，希臘人與非希臘人在薩拉米進行的海戰拯救了希臘人，或者我們至少在克里特可以這樣講。

C **雅典人** 沒錯，全人類都這樣講，無論是希臘人還是其他人。但是我們，亦即麥吉盧和我本人，堅持說，希臘人的得救始於陸上，亦即在馬拉松，終於另一處，即普拉蒂亞[3]。還有，如果這樣一些用語可以被允許用於那個時期的拯救行動的話，那麼我要說這些戰役的勝利使希臘人變得更加優秀，而其他戰役並沒有產生這種效果。你瞧，我已經打算拿阿特米西烏海戰[4]來和
D 薩拉米海戰相提並論了。事實上，我們當前考察地理和立法的目的在於一種社會體系的道德價值，我們並不贊同大多數人的意見，認爲生活中最寶貴的事情就是保存生命。我們認爲，像我們前面說過的一樣，生活中最寶貴的事情就是使自己徹底變成善的，並且只要活著就要保持這種善。

克利尼亞 那當然了。

雅典人 那麼我們唯一必須考慮的就是我們處理定居點的事務和立法有無遵循同一原則——爲了社會的至善。

克利尼亞 確實如此。

E **雅典人** 那麼下一步，請告訴我，你建設的這個定居點有多少人口？他們全都是由克里特各地來的自願者組成的嗎，假定各地人口增長太快，已經無法保證有足夠的食糧？我想，你們不
708 會從整個希臘徵召申請者，儘管我已經注意到來自阿耳戈斯、伊齊那，以及其他希臘各地的人在你們國家定居。請告訴我，你希望你們當前要安置的公民來自哪個地區？

克利尼亞 他們最有可能來自整個克里特。至於其他希臘人，伯羅奔尼撒人似乎最受歡迎到這裡來定居。事實上，就像你剛才說的那樣，我們中間已經有了來自阿耳戈斯的移民，而在我們當前這個社會中最傑出的人來自戈提那[5]，那裡的人是伯羅奔尼撒著名的戈提那人的後裔。

B **雅典人** 一個國家處理定居事務不是一件易事，尤其是，有時候整個定居點的成員並非像一群蜜蜂似的從同一個地方遷來，相互之間保持友好，只是由於原來的領地不夠大，生活必需品不夠充分才遷徙到這裡來。還有的時候，一個共同體會因爲黨派之爭而用暴力驅逐部分成員，
C 也有整個共同體由於受到外來的強大進攻而遭到驅逐。現在，有一種方式的定居和立法在各種情況下都比較容易，而另一種方式就比較難。種族、語言、體制方面的相同確實有助於促進人們之間的友好情感，因爲他們在宗教儀式以及其他類似的事情中會融爲一體，但他們不會容忍與其原有法律和體制不同的新法律和新制度，也許，有的移民團體已經因爲遵守壞的法律而結
D 成派別，其成員出於習慣勢力而拒不服從新城邦的創建者及其立法。另一方面，由各種不同因素匯合在一起的人也許比較願意接受新法律，但這也是一件難事，需要很長的時間才能使其全體成員如諺語所說的那樣「同呼吸，共命運」。實際上，立法或建立一個社會是人力所能達到的最完善的頂峰。

克利尼亞 無疑如此，但最好把你的評價說得更清楚些。

E **雅典人** 呃，親愛的，我懷疑我對立法者所作的反覆思考會誘使我說出一些不好聽的話來。

不過，要是我的評價是中肯的，那就不會帶來什麼損害。我爲什麼猶豫再三，說出這樣的話來，因爲這件事畢竟是全人類都要關心的。

709 **克利尼亞** 你心裡想的是什麼事？

雅典人 我差點要說出，人從來不立法，我們的立法總是偶然性和無限多樣的環境起作用的結果。制度遭到破壞，戰爭的暴力或一無所有的貧民改變法律。還有，疾病也經常強迫我們制定新的法律，尤其是在瘟疫降臨的時候，或者是在有損於身體健康的天氣延長或反覆出現的
B 時候。鑑於這些事實，人們也許會改變想法，會像我剛才所說的那樣認爲人沒有制定過任何法律，人類的全部歷史都是由偶然事件組成的。還有，同樣的話用於航海、醫藥、謀略顯然也有一定道理。然而，對這些事情說另外一番話也絕不會不合理。

克利尼亞 什麼話？

C **雅典人** 神是一切，而偶然性和情境處於神之下，爲我們確定生命的整個過程，不過，我們還必須允許有第三者存在，這就是技藝，一位起彌補作用的合夥人。這樣我就不會認爲航海者在暴風雨中行船的技藝沒有什麼用了，是嗎？

克利尼亞 當然不會。

雅典人 同樣的意思在其他例子中也適用，所以我們在立法中也應當承認同樣的道理。我們承認地區的條件對於幸運的定居者來說是必要的，這樣的共同體也必須設定會出現一位眞正的

立法者。

克利尼亞 這一點可以確定無疑。

D **雅典人** 因此，一個有技藝的人需要我們提到過的某種偶然性，但他也非常明白自己要祈求什麼樣的運氣，除了他自己的技藝外，他不需要進一步依賴任何東西。

克利尼亞 確實如此。

雅典人 無疑，如果我們問從事其他任何職業的人，你們在祈求什麼，那麼他們無疑也會告訴我們，是嗎？

克利尼亞 當然。

雅典人 那麼我們假定，立法家也能這樣做。

克利尼亞 可以這樣假定。

雅典人 好吧，假定我們在對一位立法家說話。我們問：「立法家，我們必須給你什麼？」

E 我的意思是，如果立法家的工作就是能夠使你們具有能力，憑藉自己的努力爲他人塑造你們的社會，那麼我們需要給立法家提供什麼樣的社會條件。

克利尼亞 我不知道正確的答案是什麼。

雅典人 你明白我們在以立法家的名義說話嗎？

克利尼亞 明白。

雅典人 那麼這就是答案。他會說，「給我提供一個由一位獨裁者統治的社會，但這位統
治者要年輕些，要有很強的記憶力，要能快捷地學習，要非常勇敢，要有一顆高尚的靈魂。還
有，如果這些條件都已經具備，它們還必須與某種我們已經提到過的東西相伴，一起在這位獨
710 裁者的靈魂中起作用，這種東西對實現善的每個部分來說都是不可缺少的。

克利尼亞 麥吉盧，我想，我們的朋友說的這種相伴的東西是節制。我說的對嗎，先生？

雅典人 對，克利尼亞，節制是這個語詞的普通意義，但不是它最高的、最深刻的意義。在
最高意義上，可以說節制與智慧是同一的。節制是一種天生的表面性質，在兒童和動物身上都
B 能看到，它們中有些在快樂方面缺乏自制，有些則擁有自制。我們說過，這種性質若是與其他
各種善分離，那麼它本身就沒有價值。你聽懂了嗎，有沒有疑問？

克利尼亞 呃，當然聽懂了。

雅典人 很好，如果這個社會要用最快的速度把這種制度建立起，成功地使它的社會生活
幸福美滿，那麼我們的獨裁者必定擁有這種天賦，以及所有那些我們提到過的天賦。我向你保
證，對於建設這個定居點的體制來說，沒有，也不可能有其他更好的、更快捷的方法了。

C **克利尼亞** 是的，先生，但一個人如何，或用什麼樣的論證才有可能說服自己相信這種學說
的眞理？

雅典人 呃，當然了，克利尼亞，顯見的這是一件自然而然的事情。

克利尼亞 我再問一遍，這種理論是什麼？你說要有一位獨裁者，他必須年輕、節制、聰明、勇敢、心靈高尚，是嗎？

雅典人 你還必須加上幸運，這種幸運僅僅在於因爲機遇使一位傑出的立法者有機會從事立
D 法工作。神把大量的幸福賜給這個共同體也是偶然的。因爲當時有可能得到幸福的還會有第二
個或第三個同樣優秀的共同體，優秀的共同體越多，要得到幸福就越難，反過來說也一樣。

克利尼亞 聽你的意思，最好的國家是從君主制中產生出來的，只要有一位最好的立法者和
E 一位有約束的君主，那麼要建成一個最好的國家是輕而易舉的，而要從寡頭制中產生好國家就
不那麼容易，要從民主制中產生好國家就更不容易。這是你的意思嗎？

雅典人 我就是這個意思。獨裁制是最方便的起點，其次是君主制，再次是民主制，寡頭制
列在第四位。我們要承認，寡頭制的發展有很大的困難，因爲在這種制度中擁有重大影響的人
很多。請注意，按照我們的看法，這種體制並非沒有機會建成優秀的國家，但必須要有一位天
711 生的眞正立法者，而且他要能與社會中大部分有影響的人分享權力。如果後一種人很少，但卻
是最強大的，那麼在這樣的地方，就像在君主制中一樣，你們通常可以看到那裡很容易發生革
命。

克利尼亞 什麼？我跟不上你的意思。

雅典人 我這個看法說了已經不止一次了，除非我記錯了。但也許你和你的朋友從來沒有觀

察過處在獨裁統治下的社會。

克利尼亞 我必須說，我也沒有特別的慾望想要這樣做。

B **雅典人** 如果你曾經觀察過，那麼你肯定會明白我指出過的那個特點？

克利尼亞 什麼特點？

雅典人 獨裁者想要改變公共生活的基調並不費勁，也不需要很長時間。他只需要沿著這條道路改變自己，以此爲第一步——無論這條道路是走向美德還是走向邪惡——指導整個共同體。
C 他首先必須以他自己的行爲作標準，獎勵一種值得讚美的優秀行爲，懲罰不值得讚美的行爲，羞辱那些倔強的不服管教的行爲。

克利尼亞 但你爲什麼要設定其他社會成員在說服和高壓下會很快地仿效這種榜樣？

雅典人 噢，我的朋友，別相信會有比權威者的個人指導更快捷、更容易改變共同體法律的
D 方式了，現在沒有，將來也不會有。不，我們並非要尋找改變法律的不可能性和困難，眞正的困難在於那些在歷史過程中出現的非同尋常的事情，這些事情的出現絕不會給社會帶來無限的幸福。

克利尼亞 我不知道這是什麼事情？

雅典人 我指的是，那些身居高位的人身上天賦的節制感和正義感甦醒了，比如說君王，或
E 者極爲富有的人或家族，或者是像涅斯托耳[6]這樣的人，據說涅斯托耳在品德方面高於其他所

712 有同時代的人，但不是靠他的辭令，而是靠他的節制，儘管這種事在我們的時代從來沒有聽說過，但在特洛伊戰爭年代確實存在過。無論情況如何，如果曾經有過這種人，或者今後會有這樣的人，或者這樣的人現在就在我們中間，那麼他自己的生活該有多麼幸福，其他人聽到從他充滿美德的嘴裡講出來的話語該有多麼幸福！我們可以敘說以各種形式出現的這種力量。如果一個人的智慧與節制相結合，那就是一種最高的力量，在這種情況下，不需要依靠其他條件，就會產生最好的體制和最好的法律。所以你們可以把這些神諭般的話當作一個寓言，其中包含著這樣一個證明，一方面對社會來說，要得到優秀的法律是難的，但另一方面，只要事情變得像我所說的這樣，那麼它就會最快捷、最容易地全面發展。

克利尼亞 但是，爲什麼會這樣？

B **雅典人** 假定我們把這個寓言用於你的城市，試圖按照想像來塑造它的法律，就像老人玩兒童遊戲似的。

克利尼亞 你的想法倒挺新奇，但你別再拖延了！

雅典人 當然了，我們必須呼喚神的臨在。這樣，他就能聽到我們的討論，仁慈地幫助我們建設我們的城市和法律！

克利尼亞 我同意！

雅典人 請告訴我，我們要建議這個社會採用什麼類型的體制？

C **克利尼亞** 你提出這個問題想要問什麼？你應當問得更清楚些？你的意思是它應當是民主制的，還是寡頭制、貴族制、君主制的？你肯定不會認爲它應當是獨裁制的，或者說至少我的朋友和我難以接受。

雅典人 這些名稱中哪一個描述了你們自己的體制？不知道你們哪位可以比較容易地作答。

麥吉盧 我年紀大些，我先說也許比較公平，是嗎？

D **克利尼亞** 是的，我也這樣想。

麥吉盧 呃，先生，一想起拉棲代蒙人的體制，我確實不能馬上告訴你它的恰當名稱是什麼。它確實與獨裁制有相似之處——事實上，我們的監察官的權力確實是極爲獨裁的——但有時
E 候我又認爲我們的體制在所有社會中是最民主的。還有，如果否認它是一種寡頭制，那麼就會引起悖論，但同時所有人，包括我們自己在內，都斷定它是一種活生生的君主制，是這種制度最古老的形式。你的問題提得突如其來，我要說，我確實不能明確地告訴你我們的體制屬於哪一種類型。

克利尼亞 我發現自己也像你一樣困惑，麥吉盧，我幾乎無法充滿自信地確定我們克諾索斯的體制屬於哪一種類型。

雅典人 我的朋友們，那是因爲你們喜歡眞實存在的體制，而我們剛才指出的這些類型實際
713 上並不是體制，而只是我們所說的這個定居點的某些主導性成分，它的某些組成部分想要支配

它，於是就各自依據其主導因素進行設計。但若一個社會必須從它的某個部分得到它的名稱，那麼最好的辦法是以一位神的名字命名，這位神是理性之人的主人。

克利尼亞 這位神是誰？

雅典人 要想使我的回答令你完全滿意，我們也許要再花一些時間使用那個寓言。

克利尼亞 噢，我們必須從這個寓言開始，是嗎？

B **雅典人** 確實如此。呃，在我們討論其根基的這個社會建立很久以前，在克洛諾斯[7]時代——他們是這樣說的——有一種更加方便的統治形式，一種非常幸福的形式，在我們今天最好的共同體中仍舊可以看到。

克利尼亞 那麼，我要說，你必須告訴我們是什麼形式。

雅典人 那當然了，依據我自己的判斷，我之所以要把它引入這個論證就是由於這個原因。

C **克利尼亞** 這樣做也很恰當，鑑於關係重大，你最好把整個故事都告訴我們。

雅典人 我必須按你說的去做。好吧，按照世代傳承的故事，在那個幸福的時代，各種生活用品的供應極爲豐富，從不短缺。其原因據說是這樣的。克洛諾斯當然明白，凡人要是不狂妄自傲和不正義，那麼沒有一個人能夠對整個人類實施不負責任的控制。明白了這一點，於是

D 他給我們共同體派來的國王和執政官不是人而是精靈，它們屬於比人更加神聖和優秀的種族，就好像我們現在對我們的羊群、牛群和其他家畜做的事情一樣。我們不會指派公牛去管理公

牛，或者指派山羊去管理山羊；我們的種族比牲畜高一等，因此成爲它們的主人。這位神出於
對人類的仁慈，做了同樣的事，他指派精靈這個較高等的種族來監管我們，爲了我們的方便而
E 不厭其煩，賜給我們和平與憐憫、健全的法律和充足的正義，還有人的家庭內的和諧與幸福。
所以，這個故事給我們現在的人提供的教育是，一個共同體如果不是由神來統治，而是由人來
統治，那麼其成員就不可能擺脫邪惡和不幸。我們應當竭盡全力——這就是這個故事的寓意——
714 再造克洛諾斯時代的生活，應當規範我們的私人家庭和公共社會，使之服從我們中間的不朽成
分，並把法律的名稱給予這種理智的約定。但若一個人、一種寡頭制，或者一種民主制，用它
自己的靈魂關注自己快樂、激情和慾望的滿足，那麼這樣的靈魂就無法自持，而會處在長期
的、貪得無厭的疾病控制下。當這樣的人或體制把法律踩在腳下，對個人或社會發號施令，那
B 麼如我剛才所說，一切獲救的希望都消失了。克利尼亞，這就是我的論綱，我們必須考慮我們
對此是否信服。

克利尼亞 使我們信服？當然了。

雅典人 那麼你是否熟悉這樣一種理論，認爲法律像體制一樣有許多種類型？我們才看到在
人們的眼中有多少種類型的體制。請你們相信，我現在提出來的這個問題並不是微不足道的，
而是提得恰到好處。我們又回到正確與否的標準問題上來了。據說，我們法律的標準既不是戰
C 爭，又不是作爲整體的善。無論現存體制是什麼樣的，法律都應當照看它的利益，它的長治久

安，要反對瓦解，而界定眞正正義的最佳方式應當說就是……

克利尼亞 就是什麼？

雅典人 就是統治者的利益。

克利尼亞 你必須作出更加清楚的解釋。

雅典人 我會的。你知道，他們說法律在一個社會中總是由占主導地位的部分制定的，是這樣的嗎？

克利尼亞 是這樣的。

D **雅典人** 那麼，你能想像，當民眾、其他某些政黨，或某個獨裁者，如果你喜歡這樣說的話，得到了人們的舉手擁護，那麼勝利的一方將按照自己的意願，以其自身在這個永久權威中的利益爲目標來制定法律，是嗎？

克利尼亞 當然不是。

雅典人 如果有人觸犯了這些法律，那麼立法者會懲罰他，因爲他違反了正義，意思就是這些法律都是按照正義制定的。

克利尼亞 我應當能夠理解。

雅典人 那麼這些法律在任何情況下都是正義的，並且僅僅是由於它們自身的原因。

克利尼亞 按照這種解釋，是這樣的。

E **雅典人** 事實上，這就是我們前面提到過的統治者的原則之一。

克利尼亞 原則？哪些原則？

雅典人 呃，就是我們已經考察過的聲稱擁有權威。我們發現父母對他們的後代聲稱擁有權威，老人對年輕人聲稱擁有權威，出生高貴者對出生低賤者聲稱擁有權威，你還可以記起來，在有些情況下人們相互聲稱擁有權威。這實際上還只是我們開列的清單之一，我們注意到，品達曾經把「高舉的暴力之手」——用他自己的話來說——當作天然的正義。

715 **克利尼亞** 是的，我們前面確實說過。

雅典人 現在請考慮，我們要把社會託付給哪一方。以前在公共生活中反覆出現過這樣的情景。

克利尼亞 什麼情景？

雅典人 競爭職位以後，勝利的一方以協定的方式規定了公共事務的運作，把權力歸於自
B 己，不讓失敗者分擔任何工作，甚至也不讓他們的後裔參與。一個黨派監視著其他黨派因妒忌而策劃的叛亂，因爲叛亂者認爲取得職位的那些人過去作惡多端。這樣的社會，我們當然不會把它視爲法治國家，就好像法律若不是爲了整個共同體的共同利益，就不是眞正的法律一樣。我們說，爲一個黨派做事的人是黨派分子，而不是公民，他們所謂的公民權力是空洞的陳詞濫調。我們這樣說的理由是，你我都不願把你們社會中的職位授予那些只爲自己財富打算，或只

C 爲自己佔有某些利益的人，比如膂力、地位或家庭。我們認爲，絕對服從已有法律的人才能對其同胞取得勝利，我們只能把諸神使臣的工作交給這樣的人，讓他擔任最高職位，次一等的職位則通過競選產生，其他職位也同樣通過有序的選拔來確定。我剛才把權力稱作法律的使臣，
D 這樣說並非爲了標新立異，而是因爲我深信社會的生存或毀滅主要取決於這一點，而非取決於其他事情。法律一旦被濫用或廢除，共同體的毀滅也就不遠了；但若法律支配著權力，權力成爲法律馴服的奴僕，那麼人類的拯救和上蒼對社會的賜福也就到來了。

克利尼亞 對，先生，我以神的名義起誓，你說得對！你看得眞遠。

E **雅典人** 呃，是的，人們年輕的時候在這些事情上總是近視，年紀越大，看得越遠。

克利尼亞 是的，確實如此。

雅典人 我們下一步該做什麼了？假定要在這個國家定居的人就站在我們面前，我們下面的討論就是對他們說的，這樣做行嗎？

克利尼亞 務必如此。

雅典人 我會對他們說：朋友們，老人們常說，在神的手中常握著一切事物的開端、終結
716 和中間，事物在自然的循環中運動，走向終結，沿著正確道路前進的事物比背棄神的法則的事物更加正義。以卑微、恭敬的態度密切追隨神的法則的人是幸福的，而那些空洞自傲的人，
B 例如爲財富、等級、年輕、美貌而感到自豪，陷入荒淫的火坑，既不接受管教又不要指導，反

而要去指導別人，這樣的人就會遭到神的離棄。這樣的人被離棄後會聚集他的同類，用瘋狂的行爲製造混亂。在有些人眼裡他似乎是偉大人物，但要不了多久，他就會無限制地修改正確的東西，毀滅他自己，毀滅他的家庭，毀滅他的國家。事情就是這樣，對此有判斷力的人該怎麼辦，我們有什麼預見嗎？

克利尼亞　結論是明顯的，每個人都必須刻意成爲神的追隨者。

C **雅典人**　什麼樣的行爲才是神喜歡的，可以用來表明自己對神的追隨？這樣的行爲只有一
種，可以用一個古代的原則來概括：有特定尺度的事物「同類相親」。因爲，沒有特定尺度的
事物既不能相互親愛，也不會得到那些有尺度的事物的愛。在你我看來，「神是萬物的尺度」這
句話所包含的眞理勝過他們所說的「人是萬物的尺度」。所以，要被這樣的存在[8]熱愛的人自己
D 必須盡力成爲神一樣的人。按照這個論證，神熱愛我們中間有節制的人，因爲這樣的人像神；
神不喜歡我們中間無節制的人，因爲這樣的人與神不同，對不正義的人來說，這條規則也同樣
適用。請你們注意，我認爲從這個規則中可以推導出其他規則，可以推導出所有規則，這條規
則是最偉大的，最眞實的。因爲善人最適宜過這種光榮的、有益的生活，享有幸福，他們最適
宜向神獻祭，通過祈禱、奉獻，以及各種方式的崇拜與上蒼交通，而對惡人來說，其結果完全
E 相反。因爲惡人的靈魂是不純潔的，而善人的靈魂是純潔的，善人和神都不會接受骯髒的禮
717 物；不虔誠的人做這些事是徒勞的，而虔誠的人這樣做是合情合理的。

這就是我們必須射中的目標，但我們要使用什麼樣的箭和力量呢？首先我要說的是，如果
B 冥府神祇擁有的榮耀低於奧林帕斯諸神[9]和城邦的保護神，甚至低於其他擁有我們已經提到過的
這些力量的低等神靈，那麼我們就眞的找到目標了。在崇拜了這些神祇以後，有判斷力的人會
崇拜精靈，然後是英雄，再其次是他的家神的偶像，按照法律的要求進行崇拜。

現在我們要提到孝敬仍舊在世的父母。宗教在這個地方要求人們適當地承擔這種最早的、
C 最沉重的債務，這種義務是我們所有義務中最神聖的，它要求一個人盡其所能和所有，侍奉那
些養育他的人，盡力照顧他們的需要，首先是他們的食宿，其次是他們的身體，然後是他們的
心靈。他們在年幼時得到的精心照料和長輩爲他們付出的辛勞就像一筆貸款，現在要由他們在
長輩年老和迫切需要時加以償還。還有，一個人在一生中都應當對父母保持特別恭敬的態度，
D 因爲輕狂的話語會帶來沉重的厄運，指派涅墨西斯[10]爲使者監察這種事是完全正確的。所以當父
母發火時，應當順從他們，要用言語和行動平息他們的憤怒。你們要理解，做父親的認爲自己
受到兒子的傷害而悖然大怒其實是非常自然的。父母過世的時候，最有節制的葬禮是最好的。
E 不應超越習俗，舉行浮華的葬禮，但在祖宗墓地裡埋葬死者時也不能缺少葬禮，還要遵守同樣
718 的規則每年祭奠死者。在花費適當的錢財祭祀祖先時，最重要的是在心中牢記死者，永遠尊敬
他們。如果我們這樣做了，並按照這些規矩去生活，我們就能不斷地得到上蒼和更高力量的
恩賜，我們的日子和我們的生活就會充滿希望。至於我們應當對孩子、同胞、朋友、其他公民

B 承擔的義務，以及應當爲陌生人提供的款待，與外邦人的關係等等，也是法律要求我們做的。一個人應當熱愛生活，解釋生活。在上蒼的保佑下，認眞貫徹這些法律，將確保我們的社會幸福美好，要做到這一點，一部分要靠說服，另一部分要靠對那些不聽勸告的人實施強制性的法律。

像我本人這樣的立法家還應當說或者必須說其他一些事情，但不適宜用法律條文的形式來
C 說。我要向那些立法家提出建議，在眞的制定法律之前，在盡力討論完其他事情以後，你們要爲自己以及你們爲之立法的那些民眾樹立一個模範。那麼用什麼樣的形式能夠最好地表達這些事情呢？用一連串簡要的提綱來表達這些事情並不容易，然而若以這種方式觀察這些事情，我們也許能夠得到一些確定的結果。

克利尼亞 我們有可能得到什麼樣的結果？

雅典人 我希望這些主題能夠使聽眾聽從勸告，趨向美德，而這顯然也是我們的立法家在其立法活動中想要達到的效果。

D **克利尼亞** 當然。

雅典人 這使我想起，我們已經說過的東西可以起一些作用——如果我們的話語並非針對完全野蠻的靈魂而言——可以得到民眾和朋友們的傾聽。所以，如我所說，如果它能使聽眾變得比較友好，甚至略微有些友好，打算接受指導，我們就有理由感謝上蒼。熱心向善的人，竭力向

E 善的人不容易找，要找到許多這樣的人更不容易。赫西奧德批評那些聰明人說：「通向惡的道路是平坦的，而且不遠，不必流汗就能抵達；然而永生神靈在善和我們之間放置了汗水，通向它

719 的道路既遙遠又陡峭，而且出發之處的路面崎嶇不平，可是一旦到達最高處，儘管還會遇到困難，那以後的路就很容易走了。」[11]

克利尼亞 這段話也說得很好。

雅典人 是的，確實很好。但我要建議你們一起來考慮我們前面的論證對我本人產生的影響。

克利尼亞 讓我們來聽聽有什麼影響。

B **雅典人** 讓我們還是對著立法者說話。立法家，請你告訴我們一件事。如果你知道我們必須做什麼和說什麼，那麼你應當把這個「什麼」告訴我們。這一點肯定是清楚的，是嗎？

克利尼亞 當然是。

雅典人 但是不久前我們聽你說過，立法家一定不能允許詩人隨心所欲地創作，不是嗎？因為他們好像並不知道會在什麼地方違反法律，危害社會。

克利尼亞 我必須承認這是事實。

雅典人 假定我們把詩人的問題向立法家提出，那麼我不知道這樣說是否公平。

克利尼亞 怎麼說？

C **雅典人** 這樣說。立法家，這是一個古老的故事，我們的詩人總是這樣說，而世上的人也普遍相信這種說法，當詩人們坐在繆斯的三足祭壇前時，他已經失去了理智。他就像那湧出清泉來的泉眼一樣不斷地吐出詩句來，由於他的詩句表現了他技藝的本質，因此必定與他自己的話
D 語有矛盾之處，人們根本無法知道詩人說的話是眞理，還是他的詩中人物說的話是眞理。對同一事物或同一主題作出兩個相反的陳述，這不是立法家要做的事，立法家通常對一樣事物只做一種判斷。就拿你自己剛才說過的那件事爲例吧。葬禮可以是奢侈的，這句話的意思也可以是葬禮可以是體面地簡樸的。從不同的類型中，你選擇並只能選擇一個適中的類型要求人們普遍接受和無限地加以推廣。但在我講的這件事情中，如果我是一名詩人，我的聽眾是一位富婆，
E 我在和她討論她的葬禮有什麼要求，那麼我會向她推薦浮華的葬禮，但若我面對一位極爲節儉的窮人，或者面對像你這樣有著適度財產和節制人格的人，那麼我會向他推薦簡樸的葬禮。不過，你剛才說光講節制還不夠，所以你必須告訴我們花多少錢才算節制，或者承認你的陳述還不是一條法律。

克利尼亞 確實如此，你說得對。

雅典人 那麼，我們指定的立法家在他的法典面前就提不出令人滿意的陳述來嗎？他難道只
720 是非常簡單地告訴我們應該做什麼，不應該做什麼，再加上一些懲罰的威脅，然後就轉入下一條法律，而沒有一句鼓勵的話，或對接受者的建議？這就好比一種類型的醫生，當我們請他們

來看病時用的是一種方法，第二種類型的醫生爲我們看病用的是另一種方法，我們要提醒自己兩種方法間的差別，然後就可以向我們的立法家提出請求，就好像兒童會向他們的醫生請求得到最溫和的治療。你喜歡這個比喻嗎？有醫生，也有醫生的助手，但我們把醫生的助手也稱作醫生。

B **克利尼亞** 就算是吧。

雅典人 兩種人雖然擁有同樣的名稱，但是自由民或奴隸以經驗的方式來獲得他們的職業知識，通過觀察他們主人的行爲和聽從主人的指示，這種方式並不是自由人學習技藝和向學生傳授技藝的科學方式。你同意所謂醫生有兩種類型嗎？

克利尼亞 我當然同意。

C **雅典人** 一般說來，我們共同體中的病人既有奴隸又有自由民，但都由奴隸來給他們治病，你有沒有注意到這些奴隸醫生會匆匆忙忙地給病人看病，開處方？這樣的醫生絕不會在意奴僕的抱怨，也不會詢問病人的病情，他就像一位魯莽的抄寫員，蠻不再乎地依據經驗給病人一些囑咐，然後就匆匆離開，去給下一個生病的奴僕看病——這就是奴隸醫生從他主人那裡學來的治
D 病方法。自由行醫者給自由民看病，這樣的醫生大部分都能以一種科學的方式自始至終地治療疾病，充滿自信地對待病人和病人的家屬。他會向病人瞭解病情，盡力調理病人的症狀。在沒
E 有得到病人的支持以前，他不會開處方；而一旦他開出旨在使病人完全康復的處方，就能得到

病人的完全服從。上述兩種治療疾病的方法，哪一種是比較好的醫生或身體健康指導者使用的方法？兩種方法中有一種包含雙重過程，有一種是單一的，這種單一過程的方法是比較差的，是令病人惱火的方法，是嗎？

克利尼亞 是的，先生，包含雙重過程的方法要好得多。

雅典人 那麼你看我們是否可以考慮一下這兩種方法，包含雙重過程的方法和單一過程的方法，在立法上的運用？

克利尼亞 應當這樣做。

雅典人 那麼我問你，我們的立法者將要制定的第一條法律是什麼？他立法的自然過程不就是從規範新建社會第一步的一條法令開始的嗎？

721

克利尼亞 呃，當然了。

雅典人 創建任何社會的第一步肯定是婚姻關係，是嗎？

克利尼亞 沒錯。

雅典人 假定某個社會的立法是健全、正確的，那麼它必定始於婚姻法。

克利尼亞 我非常贊同。

雅典人 那就讓我們先以簡要形式陳述這條法律。這條法律也許可以這樣說：

B

男子應在年齡到達三十歲，並在三十五歲之前結婚；拒絕結婚者應受罰款和失去地位的懲罰，罰金若干，失去地位的方式是如此這般。

這段話可以作爲我們婚姻法的簡要表述。它的複雜形式我們可以這樣說：

男子應在年齡到達三十歲，並在三十五歲之前結婚，在此年齡段的人可以視爲已經擁有
不朽意識，人的本性使我們每個人以各種形式表現這種不朽意識，想要在世上贏得名聲，不願
C 沒沒無聞地躺在墳墓裡，就是這種不朽意識的表現。因此，人類這個種族是時間的雙生子和伴
侶，絕不能與時間分離，這就是人類不朽的性質。通過世代延續，這個種族保持同一，通過繁
殖後代分有不朽。因此，虔誠斷然禁止人們用自己的行爲剝奪自己的歡樂，比如有些人不想要
D 妻子和孩子，自願地剝奪自己。所以對那些服從法律的人我們不會讓他受到傷害，而對那些不
服從法律，到了三十五歲還不結婚的人，那就讓他每年交付若干數量的罰金，使他不能用他單
身狀態作爲贏利和偷閒的資源，讓他失去年輕人經常給予長者的那些公共榮耀。

你已經聽到以這種形式表述的這條法律，現在可以考慮一下，一般說來我們的法律要不要
E 在條文中加上說服性的話語，或者說是否至少要用雙倍的篇幅來表述，或是只限於法律條文本
身，只需要一半的篇幅。

麥吉盧 先生，喜歡簡練從來就是我們拉棲代蒙人的方式，然而我無法決定在我們的城邦裡
722 要不要強制實施你們的法律，我的意見也許比較囉嗦。對任何法律，我的選擇確實會像你舉的
這個例子一樣，兩種形式都有可能。但我們一定不要忘了，我們當前的建議也需要我們的朋友

克利尼亞的批准，因爲是他的城邦將要採取我們所建議的這些法律。

克利尼亞 麥吉盧，謝謝你的美言。

B **雅典人** 呃，爭論應該多幾個音節還是少幾個音節沒有什麼意義，我關注的確實不是法律條
文的篇幅或簡潔程度，而是它的性質——相比較而言，剛才提到的一種法律在使用中比另一種法
律具有雙倍的優點。我才說過，我們關於兩種類型的醫生的比喻完全是適當的。然而，儘管我
們的立法者沒有人曾經注意到自己在立法中完全依賴一種工具，但是立法實際上有兩種工具可
C 用，這就是說服與強迫，如果民眾缺乏教育，那就可以使用這兩種方法。權柄在立法中絕不會
攙和說服的方式，他們的工作完全依靠強迫。唉，憑天發誓，我想法律還有第三種必需品，而
這種東西事實上普遍被人忽視。

克利尼亞 請告訴我它是什麼？

D **雅典人** 呃，我們自己今天的談話碰巧已經把它揭示出來了。我們從早晨開始討論法律，而
現在已經是中午了，我們已經抵達這個令人興奮的中心，我們所有的談話都和法律有關。然而
我想，我們關於法律的討論才剛剛開始。因爲迄今爲止我們所說過的內容只是法律的一個開場
白。我爲什麼要這樣說？因爲我觀察到，對每一種事物的討論和口頭表達都有它的前奏和預備
性的內容，我們可以說這些預備性的內容爲將要進行的研究提供了一種有用的方法上的介紹。
E 例如，所謂豎琴曲的創作「規則」或一般的音樂創作「規則」，有一些精心撰寫的介紹，而被

我們當作眞正「規則」的共同體的法律卻從來沒有人提到這個名稱，也沒有撰寫和發表言方面的文字，而且人們認爲這種東西是不存在的。然而我相信，我們當前的討論表明這種東西是存在的。我認爲，我們剛才所說的以複雜形式表達的法律並不僅僅是法律，它實際上包含著兩樣東西，既是法律又有法律的介紹。有些法律被我們比作奴隸醫生的抄寫員式的處方，這樣的法律是不合格的法律，而所有那些在前面講述的內容——麥吉盧稱之爲說服——事實上是說服性的，只具有開場白式的修辭學性質。因爲我發現自己限定了整個討論的框架，討論者的基調是說服，是爲了使聽眾能夠接受立法者在立法中開出的處方，亦即他制定的法律，其中充滿著友好精神並帶來馴服的後果。正是由於這個原因，所以我認爲應當恰當地用另一個名稱稱呼它，
723
它不是法律的文本，而是法律的前奏。

你們會問我，要跟隨這種觀察我有什麼建議。我想我會讓一名立法者不斷地注意，既不要一下子拋出他的整部法律，又不要在不提供任何介紹性的開場白的情況下留下它的各種條文。
B
這一做法上的差異在我們剛才考慮過的兩個例子中會造成巨大差別。

克利尼亞 我也會敦促理解自己工作性質的立法者按這種方法進行工作，而不用其他的方法。
C
雅典人 在這一點上我完全同意你的意見，克利尼亞。所有法律都有它們的開場白，開始立法工作的每個人都應當事先確定各部分的前奏，並與整個主題相適應。他要說的話不是微不足

道的，無論這些話能否被人們清楚地記得，但它將產生巨大的差別。但若我們緊持每一條所謂的大大小小的法律都要有一個序言，那可能就錯了。事實上，我們一定不要以這種方式處理每
D 一首歌或每一次講話。確實，在各種情況下都有恰當的開場白，但我們不會在任何地方都使用它，我們必須讓個別的講話者、歌手、立法者根據自己的判斷來決定要不要使用開場白。

克利尼亞 我完全同意你的意見。但是，先生，請你不要再浪費時間了。讓我們返回我們的論證，如果你願意，我們可以用你前不久說的話重新開個頭，當然我們不會把它當作一個必要的開場白。讓我們從頭再來一遍，這是人們在遊戲中常說的，在這「第二遍」中我們在理解的
E 基礎上不再進行隨機的論證，而是提出一個開場白——我的意思是，讓我們一開始就承認我們正在作開場白。至於對諸神的崇拜和對長輩的孝敬，我們已經說過的話是非常恰當的，但我們必須試著進一步推進這個主題，直到你們感到我們整個序言都已經完全充分了。然後，而不是在此之前，你們將聽到眞正的法律條文。

724 **雅典人** 好，那麼我們的開場白，如我們同意的那樣，已經恰當地涉及了諸神、次一級的力量、活著的與去世的長輩。按照我的理解，你希望我能夠就我們尚未涉及的這個主題的某些部分給你提供一些啓發。

克利尼亞 完全正確。

B **雅典人** 呃，下一步，發言人和聽眾應當盡力思考他們應盡的義務，而不必考慮心靈、身

體和生計方面的問題，藉此獲得教育，這樣做是恰當的，符合他們的共同利益。因此，這些事情，而不是其他事情，無疑就是我們必須談論和聆聽的事情。

克利尼亞 非常正確。

注釋

【1】指遠古希臘習俗，用青年男女向神靈獻祭。
【2】荷馬：《伊利亞特》第十四卷，第九十六行以下。
【3】西元前四七九年，希臘聯軍與波斯侵略者決戰於普拉蒂亞（Plataea），以少勝多。
【4】阿特米西烏（Artemisium）海戰也發生在西元前四八〇年薛西斯領兵侵略希臘的時候。
【5】戈提那（Gortyn）是克里特的一個古城。
【6】涅斯托耳（Nestor）是特洛伊戰爭中的名將，為人公正，長於詞令，足智多謀。
【7】克洛諾斯（Cronus）在希臘神話中是天神烏拉諾斯和地神該亞的兒子，曾推翻天神烏拉諾斯的統治。
【8】指神。
【9】奧林帕斯（Olympians）教是希臘正統宗教，崇拜以宙斯為首的十二位主神。

【10】涅墨西斯（Nemesis）是希臘神話中專司報應的女神。

【11】赫西奧德：《工作與時日》，第二八七行以下。

第五卷

726 **雅典人** 聽著，我們現在要討論諸神和人們敬愛的祖先，你們要把耳朵豎起來。每個人除了
諸神還擁有一樣最神聖的東西，而且這樣東西確實是他自己的，這就是他的靈魂。與每個人相
727 關的事物從來都有兩類：一類是優秀的，從事統治；另一類是低劣的，服從統治。所以，每個
人都應當始終喜愛那些光榮的優秀事物，勝過喜愛那些低劣的事物。因此，我吩咐人們要在榮
耀統治我們的諸神以及諸神之下的神力之後，榮耀他們自己的靈魂，我想這個建議是對的。然
而，可以說我們中間還沒有人正確地榮耀了他的靈魂，儘管他們以爲自己這樣做了。我認爲，
榮耀是神聖的，是善的，不能由惡的事物來授予。有人認爲自己正在依靠語言、才能或服從來
完善自己的靈魂，但這樣做並不會使他的靈魂比以前完善，他以爲自己榮耀了自己的靈魂，但
實際上並沒有。

B 舉例來說，一個尚未成年的人在自己適宜對一切事物發表意見之前想要榮耀他的靈魂，
C 允許自己的靈魂爲所欲爲，以爲這就是對靈魂的榮耀，而我們宣佈，這樣的做法不僅不能給靈
魂帶來榮耀，而且會給靈魂帶來傷害，我們要求人們把榮耀靈魂放在榮耀上蒼之後。又比如，
一個人犯了過失，但不指責自己，反而把大部分責任推給別人，認爲自己沒有錯，他以這種方
式尊敬他的靈魂，或者說他以爲這樣做是對靈魂的尊敬，這樣的做法給靈魂帶來的遠非榮耀，
而是傷害。還有，人們在缺乏立法者的訓誡和批准的情況下追求快樂，這樣做並沒有給靈魂帶
來榮耀，而是帶來恥辱，是在用不幸和悔恨玷污靈魂。還有，換個方法說，一個人不願忍受艱

D 辛、恐懼、痛苦，而是屈服於它們，這種投降行爲不會給靈魂帶來榮耀，所有這樣的過程都會給靈魂帶來恥辱，而忍受艱難困苦才是值得讚揚的。還有，如果一個人認爲要不惜一切代價地活著，那麼這也會給靈魂帶來恥辱；他內心的投降者把這個不可見的世界視爲完全邪惡的，而一個人應當用具有說服力的證據來反對他的幻想，他甚至不知道我們最主要的善是否屬於這塊土地上諸神的恩賜。還有，當一個人喜歡美麗的相貌勝過喜歡善時，也會給靈魂帶來莫大的恥

E 辱。因爲這種傾向宣告了身體比靈魂更加榮耀，因此是極端錯誤的。地上出生的東西沒有一樣比天上出生的東西更榮耀，用剛才那種奇怪的想法欺騙自己的人並不懂得被他輕視的靈魂是極爲珍貴的。還有，當一個人使用卑劣手段謀得財富，或者對這種攫取並不厭惡時，那麼他並沒

728 有用這種供物眞正地榮耀靈魂，而是使靈魂遠離榮耀！爲了一袋硬幣他出賣了自己最珍貴的東西，但地上或地下的所有黃金都不能與善等價交換。

總而言之，無論誰若不能在任何條件下遠離立法家在他的解釋中列舉的低劣和邪惡，反而

B 竭盡全力去做那些與善良和美好相反的事情，那麼他就不知道自己正在以這樣的方式愚蠢地積累他對他自己擁有的最神聖事物——他的靈魂——的羞辱和傷害。事實上，我們中沒有人，或很少有人像俗話所說的那樣，對惡行作最嚴厲的「審判」，人們在成長過程中變得像那些惡人一樣，越來越像，他們迴避善人，拒絕與好人談話，不和好人交往，而是去追隨另一類人，成爲

C 壞人的親密伴侶，而與壞人打交道當然只能做壞人自然會做的事，說壞人自然會說的話。所以

這種狀態並非審判，而是報復，是邪惡的痛苦後果，因爲審判和正義一樣都是善。碰到報復的人和沒碰到報復的人都是不幸福的，這是因爲前者無法治癒他的疾病，後者失去其他許多獲救的機會。但是我們認爲，榮耀一般說來總是跟隨比較優秀的東西，是爲那些可資改進的較差的事物而設的，甚至有可能使較差的事物變得很好。

D 所以，人擁有的一切事物沒有一樣會像靈魂避惡求善那樣天生的快捷，靈魂想要獲得主要的善，並在餘生中始終保持善。因此，我們賦予靈魂第二位的榮耀。處於第三位的那種榮耀屬於身體，這一點不管怎麼看都清楚。但下一步我們要問，有哪些不同的榮耀，哪些是眞的，那些是假的，這就是我們立法者的任務。我想，他會提出這樣一些建議。身體應當受榮耀的不是它的美貌，也不是它的強壯，也不是它的敏捷，也不是它的健康，儘管有許多人會這樣想，身
E 體應當受榮耀的也不是與這些性質相反的性質。以適中程度展現這些性質的身體也遠遠不是最清醒、最健全的。因爲一種身體使人的靈魂空虛和不堪重負，另一種身體使人的靈魂馴服和卑微。這種狀況與擁有財產是一樣的，可以用同樣的標準來衡量。所有這些事情只要過度，就會滋生出公共的和私人的世仇、派別、缺陷、屈服，這可以算作一個通則。

729 不要讓任何人爲子女將來的富足而覬覦財富；這樣做對他們自己不是好事，對國家來說也不是好事。因爲擁有遺產雖然可以使年輕人不必奉承別人，然而不缺乏其他所有人都需要的最好的、最和諧的事物，這種狀況可以產生一般的和諧與協作，驅逐生活中的痛苦。我們應當使

B 我們的孩子富足，但不是擁有黃金，而是擁有敬畏。我們以爲自己在年輕人忘記節制時訓斥他們，就能保證他們擁有敬畏這種遺產，但實際上這樣做並不能取得效果，就好比我們現在告誡年輕人說，「年輕人必須尊敬所有人」。明智的立法家更有可能要求年紀大的人尊敬年輕人，要
C 求他們絕不要讓年輕人看到或聽到自己做了醜事，說了醜話，因爲當年紀大的人忘了節制的時候，年輕人也會忘記節制，會變得極端無恥。教育年輕人和我們自己的最佳方式不是訓誡，而是靠終生有形的實踐，這才是一個人應當告誡他人的地方。如果一個人榮耀和尊敬他的親人，也尊敬和自己崇拜同樣神靈的同族人，那麼他可以合理地爲生育子女期待生育女神的青睞。

D 至於在幾樣人生事務方面的朋友和同伴，如果一個人把他們對自己的服務看得更重大，更充分，而把自己對朋友和同伴的仁慈看得較低，那麼他會對他們抱有善意。在一切與城邦和同胞有關的事情中，最優秀的人，或至今爲止最優秀的人，就是那些在奧林匹克賽會上取得勝
E 利、在戰爭或和平時期取得勝利、在遵守家鄉法律方面取得信譽、終生爲家鄉人忠實服務的人。至於對待外邦人，我們必須記住，這種約定有獨特的神聖性，我們確實可以說，外邦人冒犯外邦人，與冒犯本地人相比，更容易引來神的復仇。因爲客居的外邦人沒有朋友和同胞，更
730 需要得到人和神的憐憫。因此，被他冒犯而來向他復仇的人本來都是可以幫助他的人，但沒有一個人能夠像神或精靈那樣保護外邦人，就好像化身爲公鵝[1]的宙斯的使者。那麼，擁有預見而從不冒犯外人的人在生命之旅終結時又有什麼可焦慮的呢！再說，最大的冒犯，無論是對本地

人還是對外地人，總是對求援者犯下的，他們在求援時總是呼喊某位神的名字，這位神在做了
應許後也總是關注著受苦者，因此求援者所受的苦一定會由神來替他復仇。

B 我們已經公正地考察了一個人與其父母、自身、財產、城邦、朋友、親人、外人、同胞
之間的關係，下一步要考慮的則是一個人必須以什麼樣的方式度過充滿誠信的一生。我們現在
談論的已經不是法律的效果，而是如何通過表揚和批評使人對我們以後要制定的法律具有較好
的、願意接受矯正的態度。

C 在一切好事物中，眞理具有首要地位，這在諸神和凡人中都一樣。有些人知道什麼是幸
福，我祝願他從一開始就得到眞理，作爲一個眞正的人生活。這樣的人是可信的，而那些自願
接受假相的人是不可信的，那些不自覺地喜歡假相的人則是傻瓜，他們的命運不值得羨慕。因
D 爲，背叛眞理的人和傻瓜肯定都沒有朋友。時間會發現他在生命終結接受審判時極端孤獨，沒
有同伴和子女，無論他們是否還活著。榮耀歸於自己不作惡的人，但能夠使別人也不作惡的人
配得上雙重榮耀，乃至更高的榮耀，第一重榮耀是不作惡的人方才配得上是一個人，第二重榮
E 耀是把他人作的惡報告權柄，使許多人能夠成爲眞正的人。努力使人們服從權柄的人是偉大的
完善公民，美德的棕櫚枝應當歸於他。有些人把自己喜愛的節制、理智，以及所有優良品質灌
輸給他人，對此我們也要做同樣的評價。我們要把最高等級的榮耀賦予那些傳播這些優良品質
731 的人，不能傳播這些品質但樂意這樣做的人必須列入第二等。至於有人獨善其身，在可能的情

況下不與朋友分享這些優良品質，我們應當批評他這個人，但不要批評他擁有的品質，而要盡力使這種品質成爲我們自己的。

B 在這種追求美德的競賽中，我們與所有人都是競爭者，但一定不能有妒忌。因爲對一個我們想讓他改進國家的人來說，他在賽跑時不會用邪惡的傳聞來阻礙他人，而妒忌的人則會把誣告他人當作自己進步的正當手段，但這樣做既不能使他自己獲得眞正的美德，也會使他的對手因爲不公正的批評而洩氣。這樣一來，他就使整個社會的美德賽跑殘缺不全了，他的謊言降低了比賽的良好聲譽。每個人都應具有高昂的精神，但同樣也要非常仁慈。因爲要躲避他人所施予的殘酷暴行幾乎或完全不可能，唯一的辦法就是勇敢地面對，抵抗、矯正對方，沒有仁慈心

C 的靈魂不可能有這樣的行爲。有些罪人的過失尚可彌補，但我們首先必須肯定沒有一個罪人可以用彌補的方式獲得拯救。因爲沒有人會故意接受最大的惡，至少不會在他最珍貴的財產中接受這種惡。但是，每個人最珍貴的財產就是他的靈魂，所以我們可以肯定沒有人會故意在這種最珍貴的東西中接受最大的惡，並終生與惡相伴。然而，儘管惡人或作惡者總是可悲的，但他

D 的疾病尚可治癒，在他身上總有可憐憫之處。與惡人在一起，我們要治療和馴服他的慾望，但我們不要像一名潑婦那樣對他訓斥，爲了挽救那些無節制的、不思悔改的冒犯者和完全腐敗的人，我們必須約束我們的怒火。這就是我們說一個善人在這種情況下既要有高昂的精神，又要溫和的原因。

靈魂所犯的一切錯誤中最大的是大多數人自身的錯誤，這個錯誤的發生有著種種理由，
E 因此沒有人試圖避免它，用一句格言來表達，這就是「每個人都天然地是他自己的朋友」，這
樣說當然有一定道理，人確實應當是自己的朋友，但強烈地依賴自我事實上是我們每個人的種
732 種惡行的永久源泉。一看到被愛者，愛的眼睛就瞎了，所以人無法正確判斷什麼是正確的，善
的，光榮的，人經常自以為是，不顧眞正的事實，而可以算得上是偉大的人既不關注自我，又
不在乎自己的附屬物，而是關注正義，這種正義與其說表現在他自己的行爲中，倒不如說表現
B 在他人的行爲中。從這個錯誤中也會產生一種普遍的信念，以爲自己的愚蠢就是智慧，其結果
就是我們在一無所知的時候以爲自己知道一切，拒絕跟隨別人去做我們不懂的那些事，在行動
中犯下不可避免的錯誤。因此，每個人必須力避極端的自愛，要步步緊跟比自己好的人，絕不
要認爲這樣做是一種恥辱。

還有一些小小的、經常性的規勸，但它們並非無益的，規矩必須通過反覆才能牢記在心。
我們可以這樣說，就好像水從湖泊裡白白流走，但一定會有水流進來保持平衡，而回憶就是保
C 持智慧的好辦法。由於這個原因，必須約束不合理的大笑和眼淚，每個人參加禮儀時，都必須
敦促同伴們隱藏所有過分的快樂或悲傷，無論在某個環境中遇到的是大量的幸運還是困難重
D 重。陷於不幸時，我們應當抱著長久的希望，相信依靠神對我們的恩賜可以減輕我們碰到的麻
煩，相信我們的處境在上蒼的青睞下會變得比較好。這些就是我們的希望和相關的思考，我們

每個人都應當生活在希望中，在工作中不畏艱難，使這些希望成爲我們的鄰居和我們自己的充滿自信的回憶。

E 神對這種肯定要建立的體制必定會說些什麼，所有人都必須追求什麼樣的個人品性，這些問題我們現在已經全部說完了，然而我們還沒有談到純粹出自人的考慮。但我們必須涉及這一點，所以我們下面的話是對人說的，不是對諸神說的。對人來說，沒有比快樂、痛苦、慾望更自然的事了，所以人們說這些東西是任何可朽性質不可避免、絕對依賴的主線。因此，我們必須讚揚高尚的生活，不僅認爲這樣的生活名聲最高，而且認爲這種生活本身就是最優秀的。如
733 果人們在年輕時品嘗它，而不是拒絕它，那麼我們的一生占主導地位的是壓倒痛苦的快樂。如果以正確的方式品嘗，並能明顯地實施，那麼結果必然如此。但正確的方式又是什麼？對此，我們必須依據我們的論證來發現它。依據下列線索，通過比較生活的相對快樂與痛苦，我們一
B 定會發現有一種生活與我們的體制天然不合，另一種生活與我們的體制天然一致。我們希望得到快樂，我們既不會選擇也不希望得到痛苦。儘管我們並不希望用中性狀態[2]來代替快樂，但我們希望用它來擺脫痛苦。我們希望痛苦少快樂多，但我們不希望快樂少痛苦多。至於快樂與痛苦相等的狀況，我們提不出確定的理由來表明是否希望得到它。快樂與痛苦的頻率、範圍、
C 強度、均衡，以及與此相反的狀態都會影響我們的選擇。由此必然得出推論，一種包含無數次的、廣泛的、強烈的兩種感覺的生活是人們希望得到的，那怕快樂過度；但若痛苦過度，人們

就不希望得到這種生活。還有，包含很少或很微弱的快樂與痛苦的生活是不值得考慮的，如果
痛苦佔據主導地位人們就不希望得到它，如果與痛苦相反的感覺佔據主導地位人們就希望得到
D 它。但就一種保持二者平衡的生活來說，我們必須恪守我們較早的立場，如果吸引我們的感覺
占主導地位，我們就希望得到它；如果被我們排斥的感覺佔據主導地位，我們就不希望得到
它。所以我們必須把我們的生活視爲在此限度內的，必須考慮哪一種生活對我們的慾望來說是
自然的。但若我們說自己希望得到的東西不是前面說過的這些東西，那麼這樣的說法完全是因
爲無知和缺乏眞實生活的經驗。

如果這個選擇過程是愉快的、吸引人的、合乎美德的、高尚的，可以引導我們獲得凡人的
E 最高幸福，我們必須進行選擇，並視之爲自立之法。那麼，有什麼樣的生活可供選擇，又有多
少種生活是我們希望得到的或不希望得到的呢？當然了，我們會把節制的生活當作一種，還可
以把智慧的生活算作另一種，還有一種是勇敢的生活，健康的生活是另一種，這樣一共有四種
生活，與此相對我們還可以提出另外四種生活，這就是愚蠢、膽怯、放蕩、有病的生活。人們
熟悉的一種意見和事實是，有節制的生活都是溫和的。它所提供的痛苦和快樂都是不激烈的，
734 它的慾望和情慾從來不會達到瘋狂的地步，而是溫和的。放蕩的生活都是魯莽的，它提供的痛
苦和快樂都是猛烈的，它強烈的慾望和瘋狂的情慾會狂熱到極點。就大小、數量、強烈程度而
言，在節制的生活中，痛苦被快樂所壓倒；而在放蕩的生活中，快樂被痛苦所壓倒。從中我們

B 必然推論，前者是比較快樂的生活，後者是比較痛苦的生活，希望得到快樂生活的人必定不能選擇放蕩的生活。如果我們現在的推理是健全的，那麼馬上就可以明白放蕩必定總是與放蕩者自身的意願相違背。大量的人生活無節制，其原因總是無知或缺乏自制，或同時具有兩個原因。對於有病的生活與健康的生活我們也必須說同樣的話，兩種生活都既有快樂又有痛苦，但
C 在健康的生活中快樂壓倒痛苦，在有病的生活中痛苦壓倒快樂。

我們對各種生活作選擇的目的不是要保證痛苦的優勢，我們已經宣稱比較快樂的生活是另一方面佔優勢的生活。與放蕩的生活相比，我們在有節制的生活中以較少的數量、較小的
D 範圍、較弱的強度保持快樂與痛苦的展現——與愚蠢的生活相比，聰明的生活也是這樣，與膽怯的生活相比，勇敢的生活也是這樣。由於在兩兩成對的不同生活中，在一種生活中快樂具有優勢，在另一種生活中痛苦具有優勢，勇敢的生活戰勝膽怯的生活，聰明的生活戰勝愚蠢的生活，由此帶來的結果就是，節制的、勇敢的、聰明的、健康的生活比膽怯的、愚蠢的、放蕩
E 的、有病的生活更快樂。總之，這種身體的或精神上的優秀生活比那些墮落的生活愉快，更不必說它在適當性、正確性、美德、名聲等方面的優勢了。因此我們的結論是，這樣的生活給人們帶來絕對的、無保留的幸福，它給人們帶來的幸福比與它相反的那種生活更大。

作爲立法開場白的討論可以到此結束了。當然，在序幕之後，必定要上演作品本身，或者
735 更加眞實地說，我們要有一個民法的提綱。這就好比蜘蛛織網，或其他編織工作，經線與緯線

不能用同樣的線，經線的質量一定要好，一定要結實，還要有一定的韌性，而緯線可以比較柔軟，具有適當的柔順性，這你是知道的。這個比喻表明，公民也必須擁有某些相類似的區別，有些公民要從事統治與管理，有些公民要接受的教育和考驗則很少，這個區別適用於各種情況。你一定知道，建立一種體制要做兩件事：一件事是把職務授予個人；另一件事是給官員提供一部法典。

B 但在談論這些主題之前，必須作下列觀察。掌握畜群的人，牧羊人、牧牛人、牧馬人，等等，如果不首先淨化畜群，那麼他絕對不會開始照料它們。他首先會把健康的牲畜與有病的牲畜分開，把純種牲畜與雜種牲畜分開，把雜種牲畜趕到其他畜群中去，然後照料純種牲畜。如

C 果不提純畜群，他將遇到無窮無盡的麻煩，因爲出自本性或由於管理不當，這些家畜的身體和心靈都已經退化了，如果讓它們與其他健康的牲畜繼續待在一起，就會引起整個畜群衰退。關於這些低等動物我們就不多說了，我們提到它們只想起一個比喻的作用。對人來說，這個問題

D 也是立法者首先要關心的，他要能夠發現和使用一種方法，能夠處理淨化問題和其他問題。例如，在人類社會的淨化方面，情況是這樣的。淨化社會有許多種方法，有些比較溫和，有些比較激烈。有些方法——最激烈的和最好的方法——可以由同時作爲獨裁者和立法者的那個人來

E 使用，但若一名創建新社會和新法律而又較少擁有獨裁權力的立法者能夠用最溫和的方法來達到淨化的目的，那麼他會很滿意。最好的辦法就像最有效力的藥，是痛苦的，通過正義與懲罰

的結合來達到矯正的效果，而這種懲罰最嚴厲的就是死刑或流放，通常用來清除社會中最危險
736 的成員，那些重大的罪犯，無可救藥的冒犯者。比較溫和的淨化方法我們可以這樣描述：有些
人由於缺乏生存手段而準備追隨他們的領袖參加殺富濟貧的戰鬥，這種人被立法者視爲國家的
大患，立法者會盡可能善意地把他們送往國外，委婉地說來就叫做「解脫」，這一過程的名稱
就叫「殖民」。每個立法者從一開始肯定會或多或少地使用這種方法，但我們自己的處境，在
當前時刻，仍舊是令人高興的。我們既不需要去殖民，也不需要選擇其他淨化方法。可以說，
B 我們已經有了一個大水庫，這個水庫有多種水源，進入這個水庫的水有些來自河流，有些來自
山溪，我們只需要小心翼翼地確保庫中之水的純潔，從它的某個部分取水滿足我們的需要，或
者把它的某個部分排除掉。沒錯，在政治方面做相類似的事情當然會有某些麻煩和危險，但我
們現在只涉及理論，不涉及實際操作，所以從理論上說我們可以完成招募公民，並確保其純潔
C 性。事實上，有些壞人想要成爲我們所建立的這個國家的成員，但我們可以讓他們接受長時間
的多種考驗，阻止他們到來；而對那些想來的好人，我們要表示衷心的歡迎和懇切的期盼。

別忘了，我們享有的好運值得慶賀，就好像赫拉克勒斯的子孫[3]建城時交的好運一樣，既
沒有沒收財產的殘酷鬥爭，又沒有廢除債務、重新分配財產的問題。在一個古老的、已經建立
D 起來的社會中，一旦必須創立新法，那麼革新和守舊都以某種方式證明了這樣做實際上是不可
能的，剩下來可以做的事情只是抱著虔誠的意願對已有法律的某些方面作緩慢的、小心翼翼的

E 修正。總會有一些改革者擁有大量地產和大量負債人，如果不免除債務和重新分配財產，負債
人就不可能以一種自由精神享有他們的權益，因此改革者希望他們獲得某種適度的財產，確信
貧困的產生更多地在於人們的貪婪，而不是更多地在於個人財產的減少。這樣的信念確實是社
會安全最穩定的根源，使人們保持這樣的信念是後來建立一切政治制度的最穩固的基礎。如果
737 這些最初的條件不具備，那麼政治家後續的行爲總是困難重重。如我所說，我們幸好沒有這種
危險，不過，解釋一下在不能倖免的情況下如何擺脫這種危險對我們還是有幫助的。我們可以
說，我們必須把實施正義與擺脫貪婪結合起來，在這種結合中尋找我們避免這種危險的方法。
除此之外我們沒有任何或大或小的道路可以獲得拯救，這一原則必須視爲我們社會的一個支
B 柱。事實上，必須用某些制度確定財產，其中包括不得反訴財產的主人，否則的話，任何有理
智的人只要有可能就會拒絕接受這種人們在其中長期相互妒忌的社會體制。有些人出於上蒼恩
賜的運氣找到一個新社會，就像我們現在一樣，其中還沒有內部的敵意，但若分配土地和房屋
就會引入這樣的敵意，可見這樣做完全是一種墮落行爲，是極端的愚蠢。

C 那麼，什麼樣的分配方法才是公正的呢？首先，我們必須確定一個適當的公民總數；其
次，我們必須就如何分配達成一致意見，每人應當得到多大份額，應該得到多少土地和房屋，
等等。總人口應當有多少才是令人滿意的，要正確回答這個問題不必考慮相鄰共同體的領地。
D 共同體的領土應當足以維持一定數量的最有節制的人的生活，但不要再大了，共同體的人口應

當能夠足以保護自己，反對侵略，還要能在鄰國受到侵犯時幫助鄰國。通過考察領地和鄰邦，
我們可以把這些要點確定下來，這些要點既是理論的又是實際的，但對我們當前的論證來說，
我們可以開始用提綱或輪廓的形式完成我們的法典。
E 讓我們假定——爲方便起見我們說個整數——我們有五千零四十位土地所有者，這些人能夠
武裝起來保護自己的財產，土地和房屋也按同樣的數目劃分，一人一份。讓這個總數首先除以
二，然後除以三，事實上這個數字也可以被四、五，以及後續一直到十爲止的整數整除。任何
738 立法者當然至少必須熟悉數，知道什麼數字、或什麼樣的數字對一個既定的國家最有用。因此
我們會選擇能夠承受一連串劃分的那個最大的數。當然，整個整數系列可以用任何數字來除，
得到任何商數，但我們對五千零四十所作的劃分可以用於戰爭的目的，或者說適用於締結和
平，我們還可以按照這個數字來徵稅和進行公共分配，用整數作除數除以這個數共有五十九個
商，而從一開始算起，共有十個商是前後相繼的。
B 那些從事法律事務的人必須在閒暇時間徹底掌握這些關於數的知識，要像我說的那樣準確
地理解它們，城邦的創建者也必須提到它們，其原因我現在就來說明。無論是重新創建一個新
的基礎，還是恢復老基礎，在關於諸神及其聖地的事務上——比如一個城邦必須建什麼神廟，
C 應當把神廟獻給什麼神或什麼精靈——沒有一個聰明人會想去打擾從德爾斐、多多那、阿蒙神的
神諭中得來的信念，或者動搖來自任何神靈顯現和神靈啓示的古老傳說的信念，這些信念已經

D 導致獻祭和祭儀的建立，無論它是原創的和本土的，還是從埃圖利亞、塞浦路斯，或者別的地方傳來的，神諭、神像、祭壇、神龕、聖地的供奉後來都固定下來了。立法者應當盡可能避免干擾這些事務，他應當給每個區指定保護神，或指定精靈和英雄，他劃分領地時的第一步應當給每一位神靈指定一塊專門的區域來負責供奉。他這樣做的目的是，在特定時期把崇拜各種不同神靈的人聚集在一起，爲滿足人們的需要提供機會，宗教節慶可以增進人們相互間的友誼和
E 親密。公民們能夠這樣相互熟悉和瞭解確實是一個社會的福氣。如果不瞭解對方的性格，或對此一無所知，那麼就沒有一個人能夠達到一定的等級，或他可以承擔的職務，或恰當地行使正義。因此，向所有鄰居證明自己不是騙子，而是貨眞價實的眞正的人，不能被當作冒牌貨來對待，這是社會中的每個公民在做其他事情之前應當努力做到的。

739 我們的立法事務下一步必定朝著另一個方向移動，就好像下跳棋時從這條「神聖的界線」移向別處。這話初聽上去好像有點突如其來，然而我們的思考和實際經驗顯然告訴我們，一個社會好像只能享有居第二位的最好體制。我們中有些人可能會對這樣的社會感到不滿，因爲他們不熟悉一位並不擁有獨裁權力的立法者處境，但是嚴格的立法程序會區別最好的、次好的、
B 第三等的體制，而把選擇權留給對建設城邦基礎負有責任的派別。據此我建議，我們當前的討論也要採取這種方法。我們要描述最好的、次好的、第三等的體制，把選擇權留給克利尼亞，或者留給其他任何人，這個人也許正好承擔選擇的任務，想把他認同的價值具體化爲體制，以

滿足他自己的愛好。

C 那麼，擁有最佳體制和法典的最佳社會就是那句口諺所說的那種社會，「朋友的財產確實
是公共財產」。假如世上現在有這樣的社會，曾經有過，或者將來會有這樣的社會——妻子、兒
女，以及一切財產公有——假如用某種方法消滅了我們生活中用「所有權」這個詞來表示的一
切事物，假如用一切可能的辦法使我們天然擁有的東西都成了某種意義上的公共財產，我的意
D 思是，假如我們用來看、聽、做的眼睛、耳朵和雙手都服務於公共事務，還有，假如我們都能
完全一致地表示贊同或表示譴責，從同樣的源泉中產生快樂與痛苦，簡言之，假如一種社會體
制使其成員變得完全像一個人，那麼我們再也找不到比這個標準更眞實、更好、更能衡量他們
品質的標準了。假定在某個地方有這樣的城邦，這個城邦的居民是諸神或諸神的子孫，他們在
E 那裡過著無比幸福的生活。假定我們不再向別處尋找體制的模型，而是以此爲榜樣，努力把我
們的國家建成這種樣子。一旦這樣的國家誕生了，那麼我們可以說它是不朽的，也是唯一可以
稱得上位居第二的最好的國家，至於位居第三的最好的國家，有上蒼的青睞，我們放到後面再
說。現在要說的是，我們所說的這種體制是什麼，怎樣才能實現它？

740 首先，讓他們在他們中間劃分土地和房屋，不要共同耕作，因爲共同耕作掩蓋了他們在出
生、哺育和教育方面的差別。要帶著這樣的想法來劃分，土地是分給個人使用的，但他必須把
這塊土地當作整個社會共同財產的一個部分，整個領地是他的祖國，他要精心照料這塊土地，

就像兒子爲母親做事一樣，他還要把這塊土地當作呵護她的凡人子女的女神，對所有神祇和地
B 方精靈也要這樣想。這種想法可以長久存在，我們必須進一步加以發揮。依據我們現在的劃分
建立起來的灶神之火的數量必須永遠保持不變，既不能增加也不能減少。在任何城邦確保這一
C 點的方法是這樣的。讓擁有份地的人根據自己的喜愛指定一個兒子做家庭的繼承人，在自己生
前或死後繼續崇拜家庭的神和管理家產。如果子女不止一個，那就依照法律把女兒嫁出去，其
他的兒子則過繼給無子嗣的其他公民，對此雙方要達成友好的協定。如果一個人沒有朋友，或
D 者有類似問題的家庭數目太大，或者由於生育的原因而男女比例失衡，碰到這些情況我們就要
設立一位最高的、最有權的執政官來考慮如何解決人口過度或不足的問題，想出最好的辦法
來保證我們的家庭數量爲五千零四十，不能再多。辦法有幾種。一種是對生育進行檢查，在人
口過多時加以控制，在人口不足時加以鼓勵，可以用授予榮譽或使之丟臉的辦法來影響年輕父
E 母，也可以對他們的長者發出警告，只要能起到作用。此外，在最極端的情況下，假如用盡所
有辦法也不能保持五千零四十這個數字，如果婚配引起人口過度增長，那麼在失敗之中我們就
不得不使用我們不止一次談論過的老辦法，這就是挑選那些相互比較友愛的人實行移民。如果
741 情況正好相反，比如遇上洪水、疾病、戰爭，公民突然死亡而使得總人口遠遠低於指定的這
個數字，那麼在這種時候，儘管我們知道只要有辦法就絕不能吸收那些教育程度低劣的人做公
民，但我們仍舊不得不這樣做，如諺語所說，「連神也沒有辦法」。

讓我們想像，我們當前的論證在用這樣的腔調敦促我們：最高貴的人啊，你們的成長並
B 不缺乏榮耀的本性，這種本性必然會產生和諧、平等、同一、統一，就像能產生公平和良好效
果的數字和其他事物一樣。尤其是你們這些人在這裡已經接受委託，你們首先要保持固定的人
數，其次，你們不要輕視相互之間買賣自己那份土地上出產的物品，如果你們輕視它，那麼你
們就是在反對自己分得的那塊土地——它是一位神——此外還有立法者。這是因爲，首先，我們
C 當前的法律發現告誡，要是願意，人們可以按照規定的條件接受這塊土地，如果不願意，那麼
可以不接受，此外法律還有進一步的行動，無論這塊土地是否獻給所有神靈，無論男女祭司會
不會有獻祭的意向，一次、兩次或三次，想要出售或購買分給個人的房屋和土地的人將會爲他
的行爲受到恰當的懲罰，這些事情將被刻在柏樹板上，放在神廟裡作紀念。其次，這條法律的
D 實施將由人們認爲目光最敏銳的執政官來監督，這種違法事件一旦發生就不可能逃脫，冒犯法
律，違抗神靈的人都會受到懲罰。這條規則若能配上一種相應的組織，將會給社會帶來大量的
幸福，沒有一個惡人知道這是一種什麼樣的組織，而那句古老的諺語說過，考驗就是通往德性
E 之路。因爲這樣的組織不會給僥倖留下什麼大的空間，其結果就使得無人需要僥倖，或者許可
在卑鄙的呼喚下製造僥倖——甚至連大聲指責「粗卑的手藝」也會使有著一顆自由靈魂的人感
到厭惡——沒有人會停止依靠這樣的手藝來積累財富。

742 與上述禁令一起頒佈的還有一條法律，任何個人都不能擁有金銀，只能擁有日常交換用

的流通貨幣，因爲用貨幣向手藝人支付工錢的事情幾乎無法避免，某些行業也要用貨幣向那些掙工資的人支付工錢，無論他們是奴隸還是外邦來的定居者。因此，我們要規定一種本國的貨幣，在國內有用，而到了國外就沒用了。至於共同的希臘貨幣，爲了滿足一些人旅行和探險的需要，比如派遣駐外使館人員和組織必要的使團，國家必須擁有一些流通的希臘貨幣來滿足這些種類的需要。如果某個人不得不去國外旅行，那麼他在啓程前要獲得執政官的批准，旅行回來後手頭若還有外國貨幣，他應當把外幣交給國家，兌換成地方貨幣。如果發現有人私藏外幣，那就要沒收充公，上交國庫，對私藏外幣者要給予和偷運外幣者同樣的詛咒和譴責，再加上罰款，數額不低於偷運進來的外幣總額。不得有任何嫁妝，在嫁娶中不能送嫁妝，也不能收嫁妝，不得把錢存放在私人那裡謀利，也不能放高利貸。但是法律允許限定利率的借貸。任何活動都有原則和意圖，密切注意這些活動的原則和意圖，考察者就可以正確地看出哪些活動對社會是最好的。請你們注意，聰明的政治家的意圖不會是多重的。有人會說，一位好的立法者必定想要用他的智慧使他爲之立法的城邦盡可能偉大、富裕，擁有金礦和銀礦，擁有陸上和海中的各種物產。人們還會說，如果他是一位正確的立法者，他必定想要使他的城邦盡可能地良好和幸福。這些目標有些是可能的，有些是不可能的。因此，國家的建設者試圖做那些可能的事，而不會把那些不可能的事當作自己的目標，也不會進行嘗試。一般說來，幸福的實現實際上必須等候善的到來，所以國家的建設者會以善和幸福的結合爲目標。但要馬上變得極爲富裕

B

C

D

E

743 和極爲良好是不可能的，如果我們說的富裕指的是那些民眾心目中的富裕，也就是少數人擁有
極大的財富，這實際上是一個惡人夢寐以求的事情。既然如此，我絕不承認富裕的人是眞正幸
福的人，除非他也是一個善人，但要說一位極爲善良的人也應當極爲富裕，那完全是不可能
的。有人會問，這是爲什麼？呃，我的回答是，這是因爲以公正和不公正二者加在一起爲本所
B 獲得的利潤，大於僅以公正爲本所獲得的利潤的兩倍，而一個既不願體面地花費又不願不正當
地花費的人的開銷，少於一個準備在榮耀的目的上體面地花錢的人的開銷的一半。因此，按相
反方式行事的人絕不會變得比那贏得雙倍利潤的人更爲富有，而他的花費也只有後者的一半。
這兩個人一個是好的，另一個人在節儉的時候不是壞的——儘管有時候他可以完全是壞的——
但我已經說過，他絕不是好人。事實上，用誠實和不誠實的手段贏利，正當或不正當地花錢的
人，只要他是節儉的，他會變得很富裕，儘管他完全是個壞人，如果他是奢侈的，那麼一般說
C 來他會變得很窮；而一個在榮耀的事情上花錢，並且只從誠實的來源中獲取時，這樣的人不容
易變得極爲富有或極端貧困。由此看來，我們關於極富的人不是好人這個論斷是站得住腳的，
如果他們不是善的，那麼他們也不是幸福的。

我們法律的目標是讓我們的人民獲得最大的幸福，相互忠誠，但若公民們在法律中有許
D 多爭訟，那就不會相互信賴了，還會犯下無數的過錯，但這兩種情況都比較少見。我們規定，
我們的社會一定不要金銀，也不要用手工技藝謀利，不能有高利貸，也不能容忍利慾薰心的小

E 人，而只允許有限度的農耕，人們不能用它來謀利，以致於忘了擁有財產的目的。擁有財產是
爲了靈魂和身體的存在，沒有身體的訓練和自由的教育，財產也就沒有任何意義。我們曾不止
一次地說過，在我們所推崇的事物序列中，財產所據的地位應當最低，因爲人的普遍利益以三
樣東西爲目標：正當地追求和獲得財產是第三位的，最低的；身體的利益居第二位；靈魂的利
744 益居第一位。對我們現在考慮的體制來說也一樣，如果按照上述原則來規定榮譽，那麼就可以
正確制定國家的法律，但若有任何法律使公眾對健康的推崇高於明智，或者對財富的推崇高於
健康和明智，那麼我們可以認爲這些法律的制定是錯誤的。所以，立法者應當一次又一次地問
自己：我的意圖是什麼？我達到目的了嗎？以這樣的方式，而非以其他任何方式，立法者也許
能夠完成他的立法工作，實現他的意圖。

B 我們說，讓獲得份地的人在我們已經陳述過的條件下擁有土地。讓所有人帶著同樣的東
西進入我們這個殖民城邦，這確實是件好事，但又是不可能的。前來定居的人有些帶著較多財
產，有些帶著較少財產，因此這個社會一定會出現不同等級的人，由於種種原因，尤其是因爲
我們的社會爲每個人提供相同的機會，因此公職人員的選拔以及付給他們薪酬也分成不同的
C 等級。這種選拔當然要涉及個人的資格，這種資格不僅是個人的和祖傳的美德，也不僅是身體
的氣力和相貌，而且要看有無資產。一種比例代表制的統治可以合理地分配榮譽和職位，儘管
這種做法不平等，但可以避免內部糾紛。據此，我們必須把公民分成四個等級，第一等、第二

D 等、第三等、第四等——也可以用別的名字稱呼它們——按照公民的財產數量決定他們屬於哪個等級，在他們由窮變富或由富變窮時改變他們的等級，讓每個人隸屬於恰當的等級。

至於由此產生的進一步後果，我想制定另一條其他類型的法律。無序可以恰當地被稱爲分散而非分裂，在擺脫了致命的無序狀態的社會中，必定在它的任何部分都沒有赤貧的人群，也沒有極富的人群，二者都會帶來不良後果。因此，立法者一定要制定貧富標準。收入低於貧困
E 線以下的人可以獲得配給，這條規定要長期維持，執政官，或其他想要獲得善人名聲的人，在任何情況下都不得默許取消這種配給。立法者要以這條貧困線爲尺度，允許人們獲得兩倍、三倍、四倍於它的收入。如果有人由於庫藏、捐贈、商務，或碰上其他類似機會而獲得了大量收
745 入，那麼他可以把超過限度的收入交給國家和國家的神，以此保持好名聲，避免所有對他的起訴。如果有人不服從這條法律，那麼任何人只要願意都可以去告發他，並得到他超過限度的財富的一半做獎勵，而被定罪的違法者還要從他自己的財產中支付同樣數額的罰金，至於他超過限度的財富的另一半就獻給諸神。除了每個人分配來的基本財產外，每個公民必須在法律任命
B 的執政官那裡事先公開登記他的全部財產，這樣做是爲了一旦有涉及財產問題的法律訴訟，法官就能夠輕而易舉地判案。

其次，城邦的創建者在爲他的城市選址時，要考慮有利於實現他目的的各種有利條件，然後要盡可能將城市的位置設在整個領土的中心，要想發現或講述這樣一個地方並不難。然後，

他必須把他的城市分成十二個部分，但他首先要建立一塊供奉赫斯提、宙斯和雅典娜的聖地——
C 他會稱之爲城堡——從那裡他再延伸出城市的十二個區和整個城邦的領土。十二個區的平等性應當通過這樣的方法來保證，土地比較肥沃的地區面積應當比較小，土地比較貧脊的地區面積應當比較大。然後他要進一步劃分五千零四十份土地。每一份土地又由兩塊組成，一塊較近，一
D 塊較遠，組成一份土地。最鄰近城市的地塊與最鄰近邊境的地塊搭配，離城市稍遠的地塊與離邊境稍遠的地塊搭配，總之，根據地塊的遠近程度搭配每一份土地。我們還應當根據這些地塊的肥沃與貧瘠來進一步調整它們的面積，使之平等。當然，立法者也必須把整個人口分成十二個部分，要按照他們的其他財產使每一部分人的總財產大體相當，並對此作詳細記錄。接下去
E 他要努力把這十二個部分指定給十二位神，以神的名字爲這十二個部分命名，如此確定下來並神聖化的人群就稱作部落。接下去，城市的十二個部分也必須按照劃分整個領土的相同方法進行，每個公民必須有兩座房子，一座靠近國家的中心，一座靠近邊境。到此爲止，定居的事情算是完成了。

有這樣一種想法是我們必須仔細考慮的。我們剛才提出來的整個綱領中的所有安排並非都
746 像是能夠找到完全實現的條件。它假定在此定居的所有人都喜歡這樣的社會規範，願意忍受終生把自己的財產限制在一個確定的界線內，願意接受我們已經提出來的生育方面的限制，願意不要金銀，以及我們已經提到過的立法者禁止擁有的東西。他們還要接受事先規定了的城堡的

中心位置，把住宅分佈在整個領土上，就像立法者已經規定了的那樣，儘管這位立法者好像是
B 在講述他的美夢，或者是在臘板上塑造他的城市和居民。當然了，整個綱領並沒有錯，但是它
的作者需要再次考慮它的後果。因此，我們的立法者再次對我們作出下列告誡。

我的朋友們，別以爲我在當前的討論中對你們的敦促無動於衷。事實上，我認爲在討論將
要實施的計畫時展示一個完善的、可供模仿的模型是最公平的，不能視之爲毫無優點和眞理，
C 而對那些根本不包含這種完善性的計畫，人們應當拒絕加以實施。人們應當盡一切努力去實現
完善的計畫，使現實盡可能接近理想，使現實狀態在性質上與理想狀態最接近。人們應當允許
立法者完善他心中理想的輪廓，等這一點做到了，人們才可以與之討論他的立法建議有哪些是
冒險的，哪些會引起很大的困難。因爲你們知道，在任何事情上都必須堅持前後一致的原則，
D 那怕是製造一個最微不足道的事物，只要製造者還值得一提，他就應當能夠保持前後一致。

我們已經討論了把整個領土分成十二個區的問題，我們現在直接關心的是，必須清楚地
看到這十二個部分會以什麼明顯的方式接受進一步的多重劃分，以及從這些劃分中如何產生不
同的群體，直至五千零四十個個人。這樣的劃分會產生兄弟般的關係、守衛隊、社區、戰時組
織、小分隊等等問題，更不要說還有貨幣問題和衡器問題，用來測量固體和液體，用來稱重
量。我要說，你們瞧，所有這些細節都必須由法律來規定，以適應人們之間的相互和諧關係。
E 還有一種擔心我們必須打消，由於法律規定了一個公民擁有的器皿不得超過規定的大小，立法

747 者會因此而得到過分講究細節的迂腐名聲。但是立法者必須以此爲一般的原則，認定數的劃分
和複雜性是有用的，無論這些複雜性展現在純粹的數中，還是展現在長度或深度中，或是展現
在音符和運動中，或是展現在直線運動或旋轉運動中。立法者在對所有公民頒佈法令時必須記
住這些事，在可能的情況下絕不要缺少這些量化的標準。因爲，在家庭生活和公共生活中，在
所有藝術和技藝中，沒有其他任何一個教育部門能像數的理論一樣擁有巨大的潛能，但人們對
B 它最大的推薦卻是它會使人昏頭昏腦，也會使人變得靈巧、謹小愼微、注重細節，膽小，總之
它會給人的各個天然部分帶來奇蹟般的教養方面的改進。所以，只要進一步依靠法律和制度在
那些追求利潤的人的靈魂中排除了不自由的精神和商業主義，那麼你會看到所有這些知識部門
都是美好的，合適的，否則你會驚訝地發現你生產出來的不是一名哲學家，而是一名標準的無
C 賴。這種效果實際上已經產生了，我們可以在埃及人、腓尼基人，以及其他種族中看到這種情
況。這種情況的產生是由於他們缺乏自由追求的精神，也是由於他們的富足，或者由於他們的
立法者的缺點，或是由於偶然的不幸，或是由於某種容易導致這種傾向的天然環境。

D 事實上，麥吉盧和克利尼亞，我們一定不能忽視這個進一步的考慮。有些地方比其他地方
更容易產生好人或壞人，但我們現在並非要依據事實來立法。我知道有些人把他們的吉祥或凶
兆歸於颮風和日曬，有些人歸於他們的飲水，還有一些人歸於他們土地的出產，這些出產不僅
E 爲身體提供較好的或較差的營養，同樣也影響著靈魂的善惡。還有，最令人注意的是，有些地

方是某些超自然的存在物的家，或者是精靈出沒的地方，它們仁慈地或不仁慈地接受定居者死後的身體。聰明的立法者會盡力考慮這些事實，盡力使他的立法適合這些事實。所以，你，克利尼亞，也當然要這樣做。作爲一個地區的殖民規劃者，你必須首先注意這些要點。

克利尼亞 你說得非常好，先生。我一定會照你說的去做。

注釋

【1】此處原文為 Xenios，希臘神話中的宙斯有各種化身，

【2】指既不快樂也不痛苦的狀態。

【3】赫拉克勒斯的子孫（Heraclidae）指底比斯人。

第六卷

751 **雅典人** 好吧，把已經講過的這些事情做完後，你的下一個任務就是在你的這個社會中任命
行政官員。

克利尼亞 呃，當然是。

雅典人 這件事確實涉及社會組織的兩個部門。首先是設立行政職位和任命行政官員，決
B 定恰當的職位數量和適當的任用官員方式。等這件事做完後，接下去就確定這些行政部門的法
律，決定有多少個部門和行政官，每個行政官員要用什麼樣的適當方式來進行管理。但在我們
進行選舉之前，我們可以暫停一下，先來確定一條與此相關的原則。

克利尼亞 這條原則會是什麼？

雅典人 呃，這條原則是這樣的。每個人肯定都能看到，如果一個組織良好的國家在立法中
取得了偉大成就，但卻把極爲優秀的法律交給那些不合格的官員去執行，那麼這些法律再好也
C 不會起什麼好的作用，不僅是這個國家會成爲人們的笑柄，而且這樣的社會肯定會發現它的法
律是最大的傷害和不幸的源泉。

克利尼亞 是的，確實如此。

雅典人 所以，我的朋友，我們必須注意這種危險有可能在你現在思考的社會中出現，在它的體制中出現。你瞧，首先是那些將要被選舉擔任公職的人，他們本人和他們的家庭無疑都要接受徹底的考驗，從他們的幼年一直到他們參選的時候爲止；其次是那些參加投票選舉的人應

D 當接受很好的法律訓練，懂得如何用正確的方法表示同意或不同意，這是候選人必然面臨的兩種命運。但在我們這個事例中，這些人是最近才聚集起來的，相互之間不熟悉，也不懂得如何磋商，我們能夠期待這樣的人按這種無可非議的習俗選舉他們的執政官嗎？

克利尼亞 這確實幾乎是不可能的。

雅典人 還有，假定你已經像人們通常說的那樣開始工作了，說請你們原諒的時間已經沒有
E 了，假定這就是你現在的處境，也是我的處境，你和你的九位同事一起向克里特人民宣誓，要
752 全心地投入這項建設工作，而我也發誓要用我們當前設想的這個故事來幫助你。當然了，我不能讓我現在講的這個故事沒有腦袋，如果它像個無頭怪物似的亂吼亂叫，那就太難看了。

克利尼亞 你說得很對，先生。

雅典人 是的，此外，我的意思是我要爲你盡力而爲。

克利尼亞 很好，我也全心全意，讓我們照我們說的去做吧。

雅典人 要是有神的許可，我們會的，但願我們能夠取得進展。

B **克利尼亞** 我們可以相信神允許我們這樣做了。

雅典人 當然可以。所以在神的幫助下，讓我們提出下一個觀點。

克利尼亞 什麼觀點？

雅典人 事實將會證明我們當前的建城實驗是一項勇敢的冒險。

克利尼亞 你這樣說的時候心裡想著什麼，你爲什麼要特地這樣說？

雅典人 我想到了我們立法時的輕率，因爲我們毫無依據地希望人們會接受我們建議的法
C 規。然而，克利尼亞，有一點是非常清楚的，那怕沒有特別敏銳的洞察力，也能知道沒有人會
一開始就輕易地接受這些法規，因此我們要耐心等候，直到那些適合擔任公職的人出現，他們
從小就已經品嘗到了擔任公職的滋味，並準備長大以後在這個委員會中發揮自己的作用。請你
們注意，一旦我們的觀點得到承認，並有計畫或方法能確保其實現，那麼我相信通過一段間
隙，以這樣的方式規劃出來的社會就有了生存的保證。

D **克利尼亞** 聽起來好像很有道理。

雅典人 我們再來考慮一下與我們的目的相適應的措施。克利尼亞，我認爲在所有克里特
人中，這首先是你們克諾索斯人的責任。你們不僅要用各種宗教關懷來對待你們定居的這塊土
地，還要高度注意最初的官員任命，要盡可能使用最確定、最優秀的方法來做這件事。整體說
E 來，這是一個相對較輕的任務，但我們不可避免地要盡最大的努力從選擇執法官開始。

克利尼亞 我們在考慮這一點的時候有什麼樣的措施或計畫？

雅典人 我會告訴你的。克里特的兒子們，鑑於克諾索斯在你們眾多城邦中的領先地位，我
宣佈這是克諾索斯人的責任，你們要和新來的居民一道從兩部分人中選擇三十七個人的領導集
753 團，從新居民中選十九人，其他的人從克諾索斯人中選舉。克諾索斯人應當把這樣一個領導集

團獻給你的城邦，而你既是這個殖民城邦的公民，又是創建這個城邦的十八人之一，或者是他們自己贊同的，或者是你用一種最溫和的強迫手段使他們同意的。

克利尼亞 先生，你爲什麼不把自己和麥吉盧也列爲享有我們公民權的人呢？

雅典人 呃，克利尼亞，雅典是一個驕傲的國家，斯巴達也是。這兩個國家都很遠，而你
B 們有各種合格的人選，就好像你創建城邦有你的同件一樣。我剛才說的話也同樣適用於你的這些同伴。關於我們當前處境所需要的最令人滿意的程序，我就說那麼多。要讓這種制度能在時間的流逝中存活下來，就要按照這樣一個過程任命這個委員會。那些在騎兵或步兵隊裡攜帶武器，並在年紀許可的時期內上戰場打仗的人都應在選舉執政官時有自己的聲音。選舉應當在被
C 國家認爲最莊嚴的聖地裡舉行。每位選舉人都要把他的提名牌放在祭壇上，上面寫著他提名的候選人，候選人的父親、候選人的部落、候選人所屬的居民區，提名人自己的名字也要寫在牌子上，還要寫上與被提名人相同的內容。任何人若是對提名牌的內容有疑問，只要他願意，就
D 可以把提名牌拿到市場上去公佈，不少於三十天。提名的候選人可達三百人，由當局把候選名單向整個共同體公佈，然後每個公民將根據自己的意願對候選人進行初選，負責選舉的官員會把得票在先的一百人公佈。整個選舉的第三步在兩次獻祭之間進行，公民們可以隨意從這一百名候選人中選舉自己喜歡的人，得票最多的三十七人將在接受審查後由官方任命爲執政官。

E 那麼，麥吉盧和克利尼亞，在我們的國家裡制定這些選舉規則和對當選者進行審查的是誰

呢？我想，我們可以看到在一個社會中肯定要有人做這件事，但在還沒有任何執政官之前由誰來做這件事仍舊是個問題。我們必須找到這樣的人，不管是用魚鉤還是用彎勾，他們也肯定沒有什麼同伴，但都來自那個最高的階層。誠如諺語所說，「良好的開端是成功的一半」，我們全都讚揚良好的開端。儘管在我看來，良好的開端還不止是成功的一半，然而一個良好的開端絕
754 不能夠被讚揚爲這項工作的圓滿完成。

克利尼亞 非常正確。

雅典人 既然我們同意這個觀點，那我們就一定不能在還沒有弄清楚如何解決這個問題之前就在沉默中把它放過去。儘管我自己希望除了一次必要的、有益的觀察之外，我不想在這個結合點上重複多次。

克利尼亞 這個結合點是什麼？

雅典人 我要說的是，我們將要建立的這個城邦，除了它得以建立於其中的社會之外，是無
B 父無母的。之所以這樣說，不是因爲我忘了已經有大量的城邦建立以後常與它們的創建者的想法不一，或者後來變得不同，而是因爲此時的情景就像一個孩子似的，那怕有朝一日他會與他的父母有差別，然而他那兒童時期的無助狀況此時仍舊存在。他依賴父母，父母也關心他，他老是跑回家，在家人中找到他僅有的同盟者。我說的這種聯繫也都能在我說的克諾索斯人與我
C 們的新國家之間的關係中找到，他們的關心我們當然要感謝。所以，像我已經說過的那樣——健

全的思想不會因爲重複而被糟蹋了——我認爲克諾索斯人必須參與選舉事務。他們應當共同選擇
不少於一百名的新到達的殖民者，要儘量選擇年長的和最好的，另一百人則來自克諾索斯。這
D 後一百人必須到我們的新城邦來，承擔部分依法任命官員和審查當選者的工作。等這件事做完
後，這些克諾索斯人應當返回克諾索斯，把這個新建的國家留給定居者，讓他們用自己的努力
來保存國家，並使之繁榮昌盛。繼續往下說，讓那些屬於這個三十七人委員會裡的人現在或今
後得到任命，以實現下列目的。他們首先應當是執法官，然後他們要負責登記每個公民交給公
E 家的財產數量，頭等公民可以留四個明那[1]，二等公民可以留三個明那，三等公民可以留兩個明
那，最低等的公民可以留一個明那。如果任何人被發現隱匿超過規定數額的財產，那就要將他
的財產充公，還要公佈於眾，對他進行起訴，使他留下不老實的壞名聲，讓大家都知道他爲了
755 金錢而藐視法律。要讓他在執法者面前爲了這種可恥的所得而受審。如果違法者打輸了官司，
他就失去了自己應得的那一份「公共福利」，除了份地以外，他再也得不到任何福利待遇了。
他的罪行也會被記錄下來，一輩子都不能取消，存放在一個每個人只要想看就都能看到的地
方。執法官的任期不得超過二十年，低於五十歲的公民不得當選。如果某位公民在擔任這個職
B 務時已經六十歲了，那麼他的任期不能超過十年，與這條規定相一致，如果一個人的壽命超過
七十歲，就不能在這個重要的委員會中任職，在任何情況下不能有例外。

那麼讓我們說，執法官應當承擔三項職責。除了我們現在提到的具體職責外，在立法開始

的時候，每一項新的法規都會賦予他們更多的職責。而現在，我們可以按照順序任命我們的其
C 他官員。我們下一步當然必須挑選軍隊的將領以及他們的助手，爲方便起見我們可以稱之爲主帥和副帥，我們還要挑選各個部落的步兵指揮官，對這些人我們也可以很方便地稱之爲統領，事實上，人們一般就是這樣叫他們的[2]。首先是將軍職位的提名，將軍必須由我們的公民擔任，由執法官提名，由所有當過兵的人或正在服役的軍人選舉。然而，若是有人認爲某人不適宜被
D 提名爲將軍候選人，那麼他應該提出自己的候選人，並指出要用自己的候選人代替哪一位候選人，他還要發誓，然後把自己的候選人當作競選者提出來，舉手表決獲得多數通過後才被列入選舉名單。獲得選票最多的三個人將被任命爲將軍，在通過與執法官相同的審查後掌管軍事。
E 當選的將軍們可以提名步兵統領的候選人，共十二名，每個部落一名，整個選舉過程和將軍的選舉一樣，也要經過候選人覆議、投票選舉和最終審查。這個臨時性的議事會——因爲公民大會或公民議事會的議員此時都還沒有任命——由執法官在適當的、最神聖、最寬敞的地方召開，全副武裝的步兵和騎兵佔據顯要位置，軍中所有等級在他們之下的人組成第三個團體。將軍和主
756 帥由所有軍人通過投票選舉，統領由所有步兵選舉，副帥由所有騎兵投票選舉。將軍們必須任命他們自己的輕裝兵、弓箭手或其他部隊的指揮官。這樣，還需要安排的就是副帥的任命。選
B 舉副帥的準備階段與選舉將軍一樣由執法官提名，覆議候選人和投票選舉的過程也和選將軍一樣。來自步兵的副帥候選人要由騎兵們來投票，得票最多的兩名候選人將成爲整個武裝力量的

指揮官。在投票過程中有兩次機會可以對選舉結果表示異議，但若有人對選舉結果第三次表示異議，那麼整個選舉無效，需要重選。

C 要建立一個由三十打人組成的議事會——三百六十這個數字便於進一步劃分——這些人將分成四組，每組九十人，每一等級的公民選舉九十名議員。首先要在最高財產等級的全體公民中舉行強制性的投票，棄權者要交納法律規定的罰金。投票結束後，當選者的名字要及時記錄
D 下來。第二天由第二財產等級按同樣的程序投票。第三天由全體公民投票選舉第三財產等級的議員，但第三等級的公民必須參加，而最低的第四等級的公民如果不參加可以免除罰金。第四天，這個最低的第四等級的議員要由全體公民投票選舉，但對選擇棄權的第三、第四等級的公
E 民免除處罰，而那些第一等級和第二等級的成員如果拒絕參加投票就要受處罰，第二等級的罰金是先前罰金的三倍，第一等級的罰金是先前罰金的四倍。第五天，當局要向公眾公佈選舉記錄，對這些當選者再進行一次全體公民的投票，若有拒不參加者仍要處以原先數量的罰金。來自各等級的一百八十人就這樣選舉出來，再根據抽籤決定其中的一半送交審查，這些人將組成當年的議事會。

以這樣的方式進行的選舉會產生一個介於君主制與民主制之間的體制，一種合理的制度
757 必定要這樣做。奴隸和他的主人之間絕不會有友誼，卑賤者和高尚者之間也不會享有同樣的榮耀；確實，以平等的方式對待不平等的對象，如果不用特定的比例來加以限制，就會以不平

B 等的結果而告終；這兩種情況事實上就是產生內亂的豐富源泉。有句古諺說得好，平等產生
友誼。這條公理是非常合理的，令人敬佩的，但它沒有清楚地說明什麼樣的平等會產生這種效
果，如果對此模糊不清則會給我們帶來浩劫。事實上，在同一名稱下有兩種平等，但它們在大
部分情況下產生的結果相反。一種平等是數量和尺度的平等，任何社會和立法者都可以用抽籤
的方法簡單地規定各種獎勵，但是眞正的、最優秀的平等很難用這種方法獲得。對人世間的公
C 共和私人事務，那怕是宙斯給予的獎勵也只能產生恩惠，不能產生平等。它會使強者更強，弱
者更弱，因爲賜予要適合兩種承受者的眞正性質。尤其是授予兩部分人的榮耀要合理，對高尚
的人要授予較大的榮耀，而對與之相反的人則要授予與其相對應的榮耀。我們實際上也會發現
這種純粹的正義總是體現在政治體制中。克利尼亞，我們必須以這種平等爲目標，在建設我們
新生的城邦時我們一定要注意這種平等。如果有其他人能找到這樣的社會，那麼他們也會抱著
D 同樣的目的立法，不是著眼於少數獨裁者或某個獨裁者的利益，也不是著眼於富人對社會的主
宰，而是著眼於正義去消除各種各樣的不平等，這種正義在我們剛才的解釋中就是一種眞正的
平等。然而，一個社會作爲一個整體，爲了避免它各個組成部分之間的分裂，在使用這些標準
E 時畢竟也要作某些限制。你知道，平等和放縱總是在違反一種絕對完善的正義統治。事實上，
就是由於這個原因，我們必須使用某些抽籤的平等來避免民眾的不滿，儘管當人們用這種辦法
處理最正義的事情時應當祈求神的保佑和好運的指點。所以你瞧，我們不能同時提供兩種平

758 等，因此我們在使用一種平等的時候一定要極為吝嗇，因為這種平等的實現訴諸於幸運。

我的朋友們，一個社會要想存活，必須採用這樣的辦法，其原因我們已經指出了。正如一
艘船在海上航行必須有人日夜不停地瞭望，一個國家也是這樣，它要在城邦間事務的波濤中顛
B 簸，面臨被各種陰謀推翻的危險。因此，行政官員必須輪流值班，一刻也不能中斷。公民議事
會靠指派的方法是不能處理好這些事務的，由於我們不得不讓大部分議員在大部分時間裡待在
自己家中，處理他們所在的那個區的事務，因此可以指定每個月由十二分之一的議員值班，由
C 他們擔當衛士的職責，負責會見來自國外的使者與國內的公民。無論來者有什麼事要彙報，或
者有什麼問題要提出，都由輪值議員負責解答，有什麼問題要向其他國家提出和要求對方答覆
也由他們處理。在一個國家中，不斷地會有各種新情況發生，國家要對此作出防範，而這些情
D 況一旦發生，就要迅速作出反應，消除各種不幸。由於上述原因，召集或解散公民議事會議的
權力必須賦予這個輪值委員會，包括召開常規性的會議、臨時性的會議，或者召開特別會議。
這個由十二分之一的議員組成的輪值委員會在當值的一個月中要起到上述作用，而在每年的另
外十一個月中則不擔負這種職責。輪值委員會必須與我們的其他官員保持不間斷的聯繫，監管
整個國家。

E 這就是在這個城邦裡管理國家事務的合理方式。但這個城邦及其領土的一般監管又如何
呢？我們已經把整個城市和周圍的領地都分成了十二塊，那麼我們要不要給城市的街道、公共

和私人建築物、港口、市場、河流，還有那些神聖的區域、聖地，以及其他類似的地方指定管
理者？

克利尼亞 我們肯定要這樣做。

759 **雅典人** 所以，我們可以說要有專門管理獻祭的人，要設立男女祭司來管理聖地。至於對街
道、房屋的管理以及維持恰當的秩序——對人來說，要避免居民的權利受到傷害，對較低等的動
物來說，我們要在城牆內和郊區保持體面的文明狀態——我們將任命三種官員來管理，負責我們
剛才提到的這些事務的人我們可以稱之爲「市政官」，專門管理市場的人我們可以稱之爲「市
B 場專員」。至於那些管理聖地的男女祭司，我們說要是有世襲的祭司，那麼一定要讓他們繼續
工作，不得干擾，但若很少或沒有世襲的祭司，比如在我們這個定居點剛剛建立的時候，那麼
就應當在還沒有任命男女祭司的地方加以確定，讓他們負責向諸神獻祭的事務。上述官員的任
命一部分通過選舉產生，一部分通過抽籤產生。我們在城市和鄉村的每個區都必須把來自民眾
C 的成分與不來自民眾的成分友好地結合起來，使之產生最完滿的和諧。然而對祭司來說，我們
必須讓神按他自己的意願行事，用抽籤的方法決定祭司的人選，只不過抽籤決定了的祭司人選
還要通過進一步的審查，首先要審查他有無褻瀆神靈的言行和合法的出生，其次要審查他的住
宅是否潔淨，他的生活是否純潔，以及他的父母是否有血案，或有無諸如此類對宗教的冒犯。
D 我們應當從德爾斐取來最普遍的宗教法規，讓最先任命的官員負責解釋。每個祭司的職位可

以保持一年，不能再長，按照我們神聖的法律負責崇拜儀式的人不得低於六十歲，這條規定也適用於另一性別的祭司。負責解釋宗教法規的人要從四個部落中選舉產生，每個部落每次選一
E 人，共選三次。得票最多的三個候選人要接受審查，由其餘九人進行審查，他們必須去德爾斐聆聽神諭，以便從每三人中指定一人負責一位候選人的審查。審查的規則和審查者的年齡要求與對祭司的要求相同。如有空缺出現，則由發生空缺的這四個部落補選。至於神廟的庫房管理
760 和聖地界內土地的出產及租佃事宜，應當從最高財產等級的公民中爲每個最大的聖地指定三人管理，爲中等大小的聖地指定兩人管理，爲最小的聖地指定一人管理，這些管理者的選舉程序和審查與將軍的選舉一樣。關於宗教制度我們就談這些。

如果有能力，我們就不應當使城邦處於沒有防衛的狀態。城邦的保衛工作應當作如下安排。一旦我們選舉和任命了城邦的將軍、統領、主帥、副帥、輪値官，以及市政官和市場專
B 員，那麼保衛工作就由他們負責。我們整個國土的其他所有部分也應當以下列方式來看守。由於我們整個國土被分成大體相等的十二個區，因此要通過抽籤決定一個部落負責一個區一年的保衛工作，這個部落要能提供五名「鄉村巡視員和衛隊長」，我們也許可以這樣稱呼負責這項
C 工作的人。這五個人每人要從他自己的部落中挑選十名年輕人，年齡必須在二十五歲以上，但不能超過三十歲。要用抽籤來決定這些巡邏隊員負責的區域，每年在一個地方巡邏一個月，用這種方法使每個隊員熟悉全部國土。這些衛士和他們的指揮官應當任職兩年。按照最初由抽籤

D 決定的位置，他們受巡邏隊長指揮在某個區值勤一個月，一個月以後他們就按照時序輪換到下
一個區值勤，所謂時序就是從西向東。一年值勤期滿之後，每個隊員不僅熟悉了整個國家在某
個季節的狀況，而且熟悉每個區在各個季節中的狀況，然後他們會按照指揮員的要求，按照相
E 反的時序在各個區巡邏，直到第二年值勤期滿。下一年必須重新選舉鄉村巡視員和衛隊長，衛
隊長負責指揮由十二人組成的巡邏隊。他們在各處值勤時要做許多事情。首先，他們必須有效
地建立抵禦敵人入侵的邊境防衛設施，修建必要的防護欄和壕溝，豎起堡壘，對付任何敢於前
761 來蹂躪國土的敵人和牛。爲了達到目的，他們可以使喚自己家裡的家畜和奴僕，把它們當作工
具來使用，當然在繁忙季節應當盡可能避免役使它們。簡言之，他們要儘量使整個國家變得敵
人無法接近，而朋友最容易接近，無論這個敵人是人還是家畜和牛。他們的職責還包括把所有
道路修得盡可能平整。他們要修建堤壩和溝渠，使雨水能在山頂和山坡上暢流而不至於泛濫成
B 災，要使坡地能得到或吸收足夠的雨水。他們要修建各種水利設施使耕地得到灌溉，甚至使那
些最乾燥的地區也能有充足的水源。他們以種植和建築來崇拜和讚美清泉水，無論是河流中的
C 還是山泉中的，通過開挖溝渠來確保豐富的水資源供應。如果附近有聖地的叢林或園區，那麼
他們要修建輸水管，在各個季節向聖地供水，以增強聖地的魅力。在各個佈防點上，我們的年
輕人應當爲自己和他們的長官修建體育鍛鍊場所，還要讓他們的長官能洗上熱水澡，爲此要貯
D 備大量的乾柴。他們也要在這裡提供一個友好之家，爲那些在農耕中受傷的人提供治療。他們

提供的治療應當比那些庸醫更爲有效。

上述工作以及相類似的事情對一個區來說既很實用，又可作爲城邦生活的裝飾品，還能
爲公民提供一種有吸引力的消遣活動。各區的官員有許多責任。由六十人組成的機構將保衛一
E 個區，不僅要抵抗敵人，而且要防範那些僞裝的朋友。任何人，奴隸或自由民，若是對鄰居或
同胞犯下嚴重過錯，那麼案子應當由五位指揮官來審。比較嚴重的案子，其涉案金額在一個
明那以上，但不超過三個明那的，或有十二名原告的，都應當這樣做。而那些很小的過失則可
以由某個指揮官單獨審。沒有可靠的調查，法官不可以判案，也不可在沒有調查的情況下免去
官員的職務，除了那些負責終審的人可以這樣做，比如君主。尤其是我們那些鄉村巡視員，這
762 些官員若是壓迫歸他們照料的人，把不公平的負擔強加於村民，未經同意就試圖徵用村民的農
產品，接受村民爲了得到某種優惠而贈送的禮物，或者對下屬的分配不公平，那麼這些官員就
要因爲其腐敗行爲而被打上可恥的烙印；官員只要對區裡的居民犯下過失，那怕只有一明那的
案值或者更少些，犯罪的官員都將在村民和鄰居面前接受由他們自願發起的審判。如果官員在
B 受到大大小小的指控時拒絕受審，並希望能夠在輪値期滿後去一個新的區，以此逃避指控，那
麼原告可以向公共法庭起訴。如果告贏了，那麼原告從拒絕接受自發審判的潛逃者那裡可以得
到雙倍的賞金。指揮官和鄉村巡視員在兩年任期中的日常生活是這樣的。首先，每個區都有一
C 個公共食堂，所有人都在那裡就餐。如果有人哪一天沒去食堂，或者有某個夜晚違反規定在外

留宿，除非由於有他的長官的命令，或者由於某些絕對無法避免的突發情況，那麼其他人就要向五名指揮官舉報，把他當作逃兵處理，送到市場上去示眾。要像對待逃避責任的賣國賊那樣
D 鞭打他們，不能赦免，任何人見到他只要願意都可以動手鞭打。五名指揮官在自己的崗位上若有腐敗行爲，就由整個六十人來處理這件事。任何人若是知情不報，將與犯錯誤的指揮官受到相同的法律制裁，對他們的處罰比對年輕人更加嚴厲，這樣的人將不再有資格擔任監管年輕人的任何職務。執法官將嚴格調查這些案子，重在徹底防止這類事件的發生或有人逃避應得的懲
E 罰。必須讓所有人堅信，一個人無論是誰，若不首先當好一名僕人，就不能成爲一名可信賴的主人，要想成功地履行公務——首先侍奉法律，因爲侍奉法律就是侍奉上蒼——就不能自傲，在侍奉法律之後尊敬長者是年輕人的光榮。其次，我們的鄉村官員在兩年任期中必須過一種非
763 常節儉的生活。事實上，當選之後，這十二人與他們的五名指揮官就是僕人，他們沒有自己的僕人，不能使喚他們自己的奴隸，不能隨意役使農夫和村民，也不能在私人生活中使用奴僕，而只能在公務中使用奴僕。在公務以外的其他事務中他們必須完全依靠自己，既當主人又當奴
B 僕。他們還要在夏季和冬季攜帶武器巡邏，以便完全熟悉整個國家的地形及防衛，這可以認爲是一項重要的學習任務，目的是使他們對自己的國家瞭如指掌。讓他們在青壯年時期練習追獵或其他形式的狩獵，其原因就在這裡，而他們自己也會從這樣的練習中得到快樂和益處。我們
C 可以用諸如偵察員、鄉村巡視員這樣的名字來理解這種人和這種職業，但應徵者必須是那些決

心成爲能幹的祖國衛士的人。

我們選舉官員的下一步涉及對市政官和市場專員的任命。我們的鄉村巡視員有六十人，與此相應的市政官有三人。城市的十二個區可以像管理機構那樣分成三個區域，市區本身的道
D 路，幾條從鄉下通往首都的大道，還有按照法規建造起來的整齊劃一的房屋，都歸他們管轄。尤其是，他們必須管理供水事務，鄉村官員負責向城裡輸送水，保證水庫蓄水充足潔淨，使之不僅能供應城市日用，而且能美化城市。因此，擔任市政官的人必須具備能力，而且還要有處
E 理公務的閒暇。同樣，屬於最高財產等級的公民可以按自己的意願提名市政官，得到提名最多的六人作爲候選人，然後由負責選舉的官員根據抽籤選擇其中三人送交審查，審查通過後，他們將擔任這一職務。

下一步是選舉五名市場專員，候選人必須來自第一和第二財產等級。其選舉程序與市政官的選舉基本相同，得到提名最多的十人爲候選人，再用抽籤的辦法決定其中五人當選，然後在
764 通過審查以後宣佈他們的任職。在選舉中，每個參加者都應當投票，拒絕這樣做的人，如果其行爲被當局查明，將處以五十德拉克瑪[3]罰款，還要被宣佈爲是一名壞公民。任何公民都有權參加公民大會或出席公開的公民議事會。第一和第二財產等級的成員必須參加會議，如果有人缺席，將處以十德拉克瑪以下的罰款。第三和第四等級的成員參加會議不是強制性的，如果不參
B 加會議也不用交納罰金，除非得到當局的緊急告示，要求所有公民參加某次會議。市場專員們

要按照法規監督和維護市場的秩序，並且負有保護聖地及聖地內清泉的責任，如果有奴隸或外
邦人侵犯聖地，那麼市場專員們要懲罰冒犯者，鞭笞或監禁他們。如果冒犯者是公民，那麼他
C 們有權對冒犯者處以一百德拉克瑪以下的罰款，案子若與鄉村巡視員聯合審理，那麼罰金可以
加倍。鄉村巡視員擁有自己的罰款權和處罰權，他們可以單獨處以一個明那的罰款，若與市政
官聯合審理，則可處以兩個明那的罰款。

下面我們可以來規定音樂和體育訓練方面的督察了，兩個領域分別要有兩套班子來處理
D 教育事務和競賽事務。法律規定由教育官員負責監理體育場、學校的維護和提供教育，以及與
此相關的給男女兒童提供的照料和住宿事務。競賽官負責組織和裁判音樂和體育競賽，競賽官
分爲兩類，一類負責音樂，一類負責體育。在體育比賽中，競賽官既要負責裁判人又要負責裁
判馬，這樣做是恰當的；而在音樂比賽中，可以讓一些官員專門裁決獨唱或獨奏，比如獨唱演
E 員、豎琴手、笛手，等等，讓另一些官員專門裁決合唱。所以我認爲，我們首先應當爲我們的
兒童合唱隊和男女成年人的合唱隊選擇督察。這些合唱隊在舞蹈和整個音樂體系中表演。對它
765 們來說，有一個這樣的權威就足夠了，他的年紀一定不能低於四十歲。督導獨唱或獨奏表演的
官員年紀不低於三十歲也就足夠了，他要負責宣佈比賽結果。合唱隊的實際主持人或督察應當
以下列方式任命。所有從事合唱的成年人必須參加一個會議，不能缺席，否則就要受到處罰——
B 這件事將同執法官來處理——但其他人可以根據自己的意願自由參加。候選人必須是公認的音樂

專家，對若干候選人審查的唯一標準是他們的專業能力，然後可以用排除法來確定由誰來擔任
這個唯一的職位。得到提名最多的十名候選人要接受審查，審查後仍高居榜首的人要按照法律
的要求擔任當年的合唱隊督察。選舉獨唱和獨奏方面的督察，方法與此完全相同，當選者要監
C 管一年的獨唱和獨奏競賽，負責裁決這方面的事務。接下去我們要從第三和第二財產等級中任
命負責包括賽馬在內的體育競賽的督察，前三個等級的公民必須參加選舉，最低等級的公民可
以缺席而不受懲罰。初選獲得成功的二十名候選人要再次由抽籤決定最後的當選，在任命前也
D 要通過審查委員會的批准。在任何官員的選拔中，如果有人在審查中沒通過，都應當按相同的
辦法補選替補者，並通過相同的審查程序。

在我們的考慮中，還有一個部門的官員要選舉，這就是教育總監，他要對男女公民的教育
事務負總責。同樣，法律規定這個唯一的職位必須要由不低於五十歲的男性公民來擔任，他必
須是一個合法家庭的父親。女性要擔任這個職位實際上是不可能的。提名者和被提名者都必須
E 牢記，這個職位是國家高級職位中最重要的。因爲在所有成長的生靈中——樹木、溫和或野蠻的
獸類、人類——最初的嫩芽和幼崽都是美好的，這個時期對其一生能否達到善的頂峰影響最大。
766 我們把人稱作溫和的動物，但實際上，若是擁有正確的天賦和教育，那麼人確實比其他動物更
像神、更溫和，但若訓練不足或缺乏訓練，那麼人會比大地上的任何東西更加野蠻。因此立法
者一定不能把對兒童的訓練當作第二位或附屬性的任務，這方面的當務之急是選擇最優秀的人

B 擔任教育總監，負責教育事務，必須由各方面最優秀的公民來擔任這個職務。同理，在選舉教育總監時，除了公民議事會及其委員會，所有官員都要去阿波羅神廟，在那裡秘密地投下自己的一票，選擇一名自己認爲最適合管理教育的執法官擔任這個職務。獲得選票最多者將由全體已經任命了的官員進行審查，得票最多的這位執法官除外，通過審查後他將任職五年，到了第
C 六年，再通過同樣的程序任命新的教育總監。如果一名官員在他任職期滿前就去世了，而他的任期還有三十天以上，那就要由處理選舉事務的委員會按照同樣的方式選舉一名替補者。如果一名負責孤兒事務的官員去世，那麼他的父系和母系親戚應當在十天內指定死者的一名堂兄弟
D 來繼任，如果沒有這樣做，那麼每個相關的人都要受到處罰，直到指定新的監護人爲止，每人每天的罰金是一德拉克瑪。我們知道，如果不任命法官，社會就不成其爲社會。但是一名法官不能像一名仲裁官那樣大喊大叫，更不必說在那些預備性的程序中說話聲音勝過那些黨派爭論了，法官的許可權若有爭議也不能保證進行充分的審判，因此組織一個良好的法庭法官人數既
E 不能過多，也不能太少，致使能力不足。在每一案子中，法官應當瞭解有爭議的雙方，要有足夠的時間反覆進行預備性的調查，詳細把握案情的經過。因此有爭議的雙方首先要在他們的鄰居和朋友面前受審，這些人對有爭議的事情是最熟悉的。案子審完後，如果當事者不能從這個法庭中得到滿意的裁決，那麼他可以開始向另一個法庭起訴。如果兩個法庭均不能解決問題，
767 那麼第三個法庭的判決應當是終審裁決。

在一定意義上，上述法庭的任命也是一種行政官員的選舉。事實上，任何行政官員都必定
是處理某些事務的法官，而法官儘管不是眞的行政官，或眞的能夠變成行政官，但在一天中的
B 某些重要時刻，他也要對某些事情做決斷。因此我們可以把法官包括在行政官之中，然後開始
說誰適合承擔這項功能，他們要處理什麼事務，在各種情況下應有多少名官員。最簡單的法庭
可以由與案情有關的人員組成，他們通過協商，一致同意選擇他們中的某些人來處理案子。但
C 對其他所有案子的處理將有兩種法庭：一種法庭處理的案子是某個人受到他人的傷害，想要把
對方告上法庭，求得判決；另一種法庭處理的案子是某個公民認爲有人傷害了公眾的利益，因
此爲了支持國家而將他告上法庭。我們必須解釋什麼樣的法庭要有多少法官。首先，我們必須
爲所有個人設立一個共同的正義法庭，使爭執雙方的聲音有第三者聽到，其構成是這樣的。在
夏至後的那個月新年開始的前一天[4]，所有行政官員，無論是一年任期的還是更長時間任期的，
D 都要在阿波羅神廟裡集合，在對這位神起誓以後，他們可以分別選舉法官，每個管理部門選
一名，這個人應當被本部門的官員認定爲是最稱職的，最善於審理與他同胞公民有關的案子，
在將要到來的一年中最虔誠。選舉完成後，投票者將對當選者進行審查，如果有人沒有通過審
查，那就要以同樣的方式補選，通過審查者將爲那些拒絕其他司法審判的派別擔任法官，選舉
法官的投票應當是公開的。公民議事會的成員和其他有權任命法官的官員必須作爲證人和旁聽
E 者出席審判，希望旁聽者也允許參加。如果有人認爲任何法官故意錯判案子，他應當向執法官

提出上訴，被確認有錯判行爲的法官必須對受害者作出所受損害一半以上的補償，如果認定要
給予法官更大的懲罰，那麼處理上訴的執法官應當進一步明確處罰，或者規定法官要向公眾和
768 執行處罰者交納的罰金。至於對反公眾罪行的審判，首先必須讓公眾說話——如果國家受到傷
害，那麼所有人都是受害者，如果剝奪了這樣的裁決，那麼每個人都會抱怨——但在審理這類案
子時，除了把最初階段和最後階段留給公眾，對案情的法庭調查應在三名最高級別的行政官面
前進行，原告和被告應當就由哪幾位最高行政官出席法庭調查達成一致意見。如果雙方不能達
B 成一致意見，那就要由議事會對雙方的選擇作調整。只要有可能，每個公民也應當參與私人案
子的審判，因爲一個人若是不參與審判就會感到自己不是這個共同體的眞正組成部分。因此，
必須要有各個部落的法庭，在特定時候用抽籤的方法來決定這些法庭的法官，他們的審判要儘
量不受私人因素的影響，但所有案子的終審必須由我們所說的已經設立了的這個完全不會有腐
C 敗行爲發生的法庭來進行，這個法庭負責審理那些在他們的鄰居面前或部落法庭中無法解決的
案子。

關於法庭問題——如上所述，這種事務不加限定同樣很難稱其爲行政事務——我們已經用
所謂勾劃輪廓的方式處理了一部分，但還有一部分尚未完成。實際上，在我們立法的最後一部
D 分，我們還可以看到一項更加準確的對法規和法律行爲的分類。所以，尚未完成的這部分內容
我們留到我們的工作快要結束的時候再來考慮，而我們對其他行政官員的選任方法已經做了相

當充分的規定。我們的考察若不按照自然秩序從頭到尾詳細地覆蓋整個基礎，我們就不能充滿自信，準確而又全面地處理市政和行政管理的每個細節。你們可以看到，到目前爲止，我們對選舉官員所作的這些安排已經使這個準備階段有了充分的結論，並可作爲新的立法的起點，而無需進一步推延或猶豫。 E

克利尼亞 先生，你對這個準備階段的處理我完全理解，我更高興的是你把已經得出來的結論作爲一個起點，與下一步要做的事情聯繫起來。

雅典人 那麼我們可以說，我們這場老頭們的大游戲到目前爲止進展良好。 769

克利尼亞 我在想，你所謂的進展良好實際上是想說這是一個思想有活力的人的艱苦工作。

雅典人 也許是吧，但是問問你自己是否同意我的下一個觀點。

克利尼亞 什麼觀點？你想說什麼？

雅典人 呃，你知道畫家在畫一個人物的時候，他的筆好像從來不會有畫完的時候，他會不斷地爲它著色或潤色——或者無論什麼用專業術語表示的某個過程——但似乎永遠不能抵達那個時刻，此時這幅畫的美麗和活力已經不能再增強了。 B

克利尼亞 儘管我本人對這些藝術缺少專業知識，但我聽別人談論得夠多了，足以使我跟上你的描述。

雅典人 也不會感到困惑！但仍舊有一個觀點，我們可以利用這個機會來加以說明。假定一

C 位畫家的意願是想要畫一幅非常美麗的畫，美得無法更美了，幾年過去了也不會褪色。但你知道，由於這位畫家不是長生不老的，因此他必須培養一名繼承人，能夠修補時間給這幅畫帶來的損害，或者由於這位畫家的本領不到家，使這幅畫有某些缺陷，因此這位繼承人要能夠給這幅畫潤色，或者是儘管畫家付出了巨大的勞動，但其效果很快就發生了變易？

克利尼亞 當然。

D **雅典人** 那麼好，立法家不是也有同樣的意願嗎？首先他想要盡力制定一套接近絕對完善的法律。然後隨著這些法律的付諸實施，接受時間的考驗，你難道認爲會有立法家如此粗心，竟然忘了這些法律必定有一些缺陷，要有某些繼承人來修補它們，以此確保由他建立起來的社會

E 體制可以逐步改善，而不會衰退嗎？

克利尼亞 每個立法者當然都會有這樣的意願。這是必然的。

雅典人 所以，如果有人發現了某種方法——一種用例證或教訓來使別人明白保存和改善法律的重要性的方法——那麼我想，他絕對不會厭煩對這種方法作解釋，直到獲得成功爲止。

克利尼亞 當然不會厭煩。

770 **雅典人** 那麼，我自己和你們倆現在不也應當做同樣的事嗎？

克利尼亞 做什麼事？你想說什麼？

雅典人 呃，我們想要建立一套法典，任命一些執法官，但我們這些人已經快要日落西山

了，所以我們不能僅僅爲那些比我們年輕的人立法，而且同時也要讓他們成爲立法者和執法官。

B **克利尼亞** 只要能夠做到，我們務必這樣做。

雅典人 我們至少可以試一試，盡力而爲。

克利尼亞 當然可以。

雅典人 所以，我們應當對他們這樣說：朋友們，法律的保存者們，我們當前爲各個不同部門立的法有許多省略的地方，這種情況無法避免。我們將盡力而爲，爲更多的部門和整個體系
C 刻劃輪廓。但是你們必須爲這個輪廓填補具體內容，必須知道這樣做的目的是什麼。麥吉盧、克利尼亞和我本人已經相互之間反覆說明了這一點，但我們現在急著想要你們成爲我們富有
D 同情心的追隨者，你們的目的應當是把像我們這樣的立法者和執法者的想法全都記住。整體說來，我們完全一致的看法是，無論用什麼方法來使我們全體公民的靈魂——男性的或女性的、年輕的或年老的——擁有與人性相應的優秀美德，它們必定是某些職業、天賦氣質、財產、激情、信念，當然還有學習的產物。我要說，學習沒有終結，只要生命在延續，就要努力學習，沒有
E 任何靈魂會把學習視爲累贅。如果不這樣做，那麼到了最後，除了俯首聽命於卑劣者的統治，或者被驅逐流放，不會有別的什麼選擇了，不改變那種產生卑劣者的政治體制，這樣的命運必定會出現。這就是我們當著你們的面宣佈的「我們」一致同意的論斷。而「你們」這一方，在

開始讚揚或批評我們的法律之前要確立雙重目的，即批評那些與實現我們整體意願不相吻合的法律，接受那些與我們的良好意願相一致的法律，使之成爲你們生活的準則。所有其他的追求你們必須放棄，儘管這些追求能導致某些不同的所謂的善。

771 我們可以按照下列方式進一步立法，以宗教爲起點。首先我們必須回到五千零四十這個
B 數字，我們發現對這個數字作劃分有許多便利之處，在建立部落時，你們記得，可以把這個總數分成十二份，再將其中的一份除以二十便可得到二十一這個商。我們的總人數可以用十二整除，同樣我們每個部落的人數也可以被十二整除；所以每次這樣的劃分必定被視爲神聖的，是上蒼的恩賜，因爲十二這個數字與每年的月份數相應，與宇宙的旋轉相應。事實上，就是因爲這個原因，所有共同體都本能地把這個數視爲神聖的，儘管有些權柄也許會作出更加眞實的劃
C 分，得到更加幸運的神聖結果。對我們來說，當前的目的是證明我們有理由喜歡五千零四十這個數，因爲這個數可以被從一到十二的各個數整除，十一除外，要證明這一點並不難，因爲只要把劃分開的兩部分放在一起就可以了。如果我們有空閒，用很少話語就可證明這個事實。所
D 以我們可以把我們當前的任務託付給這個傳統的信念，作這樣的劃分。每個部落都可用一位神或一位神的兒子的名字來命名，再爲他們提供祭壇和其他器皿，在那裡我們每月將舉行兩次獻祭，這樣每年有十二次獻祭爲十二個部落舉行，有十二次獻祭爲城裡的十二個區舉行。這些獻祭的目的首先是確保得到神的青睞，促進宗教；獻祭的第二個目的，從我們的角度看，是增進

E 人們之間的相互瞭解和發展各種社會交往。因爲從締結婚姻和增強對嫁娶雙方所屬部落的聯繫角度看，這樣做是完全必要的。我們一定要盡力防止婚姻事務中可能發生的任何錯誤。爲了保
722 證得到最好的效果，甚至我們男女青年的體育運動也應當採取男女共舞的形式，這樣就可以附帶地給他們提供一個相互觀看裸體的機會，但參加跳舞的人應當已經達到適當的年齡，有足夠的理智，在各方面都能接受的清醒和節制中進行。我們合唱隊的監理要對所有這類事情進行監督和控制，他也要和執法官一道對我們立法有可能忽略的地方進行補充。如我上述，在所有繁
B 多的微小細節中，立法者不可避免地會有所省略，而那些對此擁有日常經驗的人應當在實踐中學會如何使用制定規則和每年修訂的方法提供補充規定，直到法規達到相當完善的地步。所以，要試驗所有這些獻祭和節日舞蹈的細節，一個適當而又確定的時間是十年，在此期間，在
C 各部門工作的行政官可以向執法官報告原有法律忽略了的地方，提出補充，直到各項法規都臻於完善，然後向民眾宣佈他們有能力補充法律，並從此以後將這些補充的法律與那些最初由立法者制定的法律一道實施，這個時候如果最初的立法者還活著，那麼行政官可以與立法者一起行動，如果最初的立法者已經死了，那麼行政官就單獨行動。行政官一定不要故意去創立什麼
D 新法，如果他們認爲自己絕對有必要這樣做，那麼應當徵求所有行政官、全體公民議事會成員、所有神諭的意見，在這些權柄的批准下方能制定新法，沒有它們的批准，無論什麼樣的改變都是不允許的，因爲法律總是需要有反對的意見。

所以，每當二十五歲或三十五歲以上的男子在其他部落找到了適合自己的配偶，可以與之
E 共同生兒育女，那麼他無論如何都要在三十五歲以前結婚。但首先要讓他知道尋求適當配偶的正確方式，因爲如克利尼亞所說，每一法律都必須從它自己的緒言開始進入正文。

克利尼亞 先生，謝謝你提到我。我發現最適宜引進這種法律的時機，你已經用了。

733 **雅典人** 你眞是個好人。那麼下面這番話是我們將要對一位出生在某個高尚之家的兒子說的。我的孩子，聰明人會對你已經訂下的婚約表示贊同，他們給你提的建議不是要讓你過分關注對方的貧富，而是要你在其他條件基本相等的情況下，盡可能與家境比較貧寒的人結婚。這樣做實際上對雙方所處的社會和家庭都有益，因爲從差別中求得平衡和保持特定的比例比無限
B 制的極端要好。知道自己脾氣過於急躁、行事過於魯莽的人應當盡可能選一個安寧的家庭結親，而脾氣和行事方式與此相反的人應當找一家與此相反的家庭結親。我們可以爲所有婚約制定一條唯一的規矩：一個人應當爲了城邦的利益而求婚，而不是主要根據自己的想像。然而存在著這樣一種天然的本能，我們每個人都會接近與自己最相似的人，這就使得整個社會上的人
C 品性和道德不一，這也就給大部分國家帶來不可避免的結果，而我們的國家不希望有這種情況發生。假如用法律禁止富人與富裕家庭結親，或禁止一個能幹的人與能幹的家庭結親，強迫脾氣急躁者找一個脾氣溫和的人做伴侶，或強迫一個脾氣冷淡的人找一個熱情洋溢的人作伴侶，
D 那麼要制定這樣的法律確實是可笑的，更有甚者，會引起人們的普遍怨恨。要看到一個國家像

一隻倒滿熱氣騰騰的美酒的好碗確實不容易，但通過其他人或清醒的神靈的矯正，美好的婚姻還是能夠給我們提供健康的、美好的配偶。我要說沒有人，或幾乎沒有人，能夠察覺到子女的婚配也是這樣。正是由於這個原因，所以我們在立法時省略了婚姻問題，努力讓每個人在其子
E 女的婚姻中建立一種平衡，要追求婚姻狀況的平等，而非無止境地追求富裕的婚姻，要用不具有法律強制力的批評來指點那些追求富裕配偶的人。

當然了，如前所述，這番話是我們對婚姻的告誡，也是一個追求永恆者的義務，其方法
774 就是讓自己的子女和子女的子女在他死後仍舊侍奉神。所有這些話，以及更多的話，可以在論及婚姻義務的序言中說。但若有任何人拒絕自願地服從城邦的要求，疏離城邦，到了三十五歲還不結婚，那麼如果他屬於最富裕的等級，他每年要交納一百德拉克瑪的罰金，第二等級的交
B 七十德拉克瑪，第三等級的交六十德拉克瑪，第四等級的交三十德拉克瑪，這種罰金將會獻給赫拉[5]。拒絕或拖延交納罰金的人要負上十倍於罰金的債務。收繳罰金的事務由這位女神的司庫負責，他在非強制的情況下收繳，所有違法者都要當眾交納。這就是拒絕結婚者在金錢方面受到的懲罰。至於來自晚輩的榮譽，違法者一樣也得不到，沒有一個比他晚出生的人會對他表示
C 任何尊敬，這是不可避免的。如果他要責打對他不敬的人，那麼所有人都會支持和保護受傷害的一方，任何在場的人要是不這樣做將會被法律宣佈爲懦夫和叛徒。

我們已經討論過嫁妝問題，但我們可以再次強調，儘管在我們的社會裡，所有公民的生活

必需品都可以確保，但假定仍舊有窮人到老不能娶妻是合理的，因爲他們付不起嫁妝；再說，女方十分傲慢或者男方試圖卑鄙地控制女方的錢袋，也都會引起不能結婚的現象。所以，服從
D 我們建議的人會有一個良好的記錄，不服從我們建議的人就要向公共金庫交納罰金。接受或者提供嫁妝不得超過五十德拉克瑪的價值，或者不超過一個明那，或者不超過半個明那，最富裕的階層不超過這個數目的兩倍，如果超過這個標準提供或接受嫁妝，那麼超過標準的部分應當獻給赫拉和宙斯，這些神祇的司庫要像我們說過的那位赫拉的司庫那樣強制收取罰金，或在不
E 強制的情況下讓獨身者從自己的私人錢袋把罰金交出來。

同意訂婚的權力首先應當屬於當事人的父親，如果當事人沒有父親，則屬於他的祖父，如果他也沒有祖父，那麼屬於他父親的兄弟，如果他也沒有這樣的親戚，那麼這個權力就從父系轉向母系。如果父母兩系的近親都沒有了，那麼就由當事人最近的遠親，無論是什麼親戚，與監護人一道行使這個權力。

775 關於訂婚儀式以及正式結婚前後要舉行的神聖儀式，當事的公民都應當向宗教法律的解釋者諮詢，按照他們的指點恰當地舉行這些儀式，使各方滿意。

B 關於結婚喜宴，男女雙方家庭邀請的朋友不能超過五人，親戚也不能超過五人，喜宴開支要與家庭境況相稱，最富裕等級的不能超過每人一明那，第二等級的是第一等級的一半，其他等級按照這個比例遞減。服從這條法規將受到所有人的讚揚，不遵守這條法規的將由執法官給

予懲處，把他們當作從來沒有聽到過繆斯婚禮之歌的鄉巴佬。至於酗酒問題，這種情況除了在慶祝酒神節的宴會上會發生，其他場合不太會有，但對婚宴來說，酗酒畢竟是危險的，尤其是
C 對要結婚的人。新郎和新娘最好是在頭腦清醒的時候相見，因爲他們此刻面臨著人生道路的重大轉折，必須十分謹慎。再說夫妻應當在頭腦清醒時同房，懷孕是件不確定的事，不知道會在什麼時候發生，這全在神的把握之中。此外，這種事情絕不能在狂歡時進行，新生命的孕育必須安靜有序地進行。而一個喝醉了酒的男人只會亂爬亂摸，他的身體就像他的心靈一樣瘋狂。
D 喝醉酒的人在播種時是笨拙的，魯莽的，所以毫不奇怪，他通常會生出呆滯的嬰兒，其靈魂就像身體一樣扭曲。因此，男子一定要終年謹慎，終生謹慎，尤其是在生育後代時，他一定要盡
E 可能避免各種有損健康的行爲，或錯誤的接觸，或使用暴力——如果有這些情況發生，就會給那未出生的生命的靈魂和身體留下印記，造成後代的退化——總之，這類行爲日夜都要避免。因爲神本身掌握著人的生命的第一步，並且在生命成長的各個階段給予矯正，所有當事人都必須抱著適當的敬畏之情來做這件事。

776 已經要結婚的人必須考慮建立一個屬於他自己的家，他必須離開父母，與他的妻子住在新家中，在那裡生兒育女。在人生的所有想法中，總會有某些事情無法實現，當希望破滅時人的心思會集中在這一點上，久久不能忘懷，而永久的伴侶會給你帶來溫暖，使你很快忘掉不愉快
B 的事。由於這個原因，我們的年輕夫婦應當離開父母，離開新娘的親戚，去他們的老宅居住，

就像去一個殖民地定居。他們會回父母家探視，父母親戚也會來探望他們。他們在自己的家中生育和撫養子女，由此把生命的火炬一代代傳遞下去，按照我們法律的要求，永遠侍奉神。

C 下面要談到個人物品與財產。如果所有權能使人眞正感到滿足，那麼一個人應當擁有哪些東西？有許多物品很容易得到，就像我們很容易指出它們的名字來一樣，但奴僕有很多種，很難說清楚。爲什麼會這樣？因爲我們對奴僕的看法半對半錯，我們關於奴隸的用語和實際經驗是矛盾的，對此我們可以馬上證明。

麥吉盧 請你告訴我們，你的話該如何理解？先生，我的朋友和我對你的意思困惑不解。

D **雅典人** 但你們沒有感到驚訝，麥吉盧。拉科尼亞的「希洛人」[6]可能是希臘生活中最令人困惑的問題，人們的爭論涉及希洛人的功過。關於瑪里安迪尼人在赫拉克利亞實行的奴隸制，以及帖撒利的農奴地位問題，也有相類似的爭論，儘管不那麼尖銳。如果考慮到這些情況以及其他類似的情況，我們該如何確定對奴僕的所有權？我在論證過程中涉及的那個要點，也就是你很自然地問我在想什麼的地方，就是這個問題。當然了，我們全都明白，我們應該說一個人

E 要擁有最優秀的、最可信賴的奴隸。但是，奴隸經常證明在各方面比我們的兄弟或兒子要優秀得多，他們經常保護主人的生命、財產和家庭。你們無疑知道這些關於奴隸的看法是很普遍的。

麥吉盧 是的，確實如此。

777 **雅典人** 對奴隸的相反看法同樣也很普遍，比如說奴隸心靈腐敗，聰明人絕不能信賴所有奴隸。我們詩人中最偉大的天才在談到宙斯時作出了精湛的解釋：「使一個人陷入奴籍，便會使他失去一半良好的德性。[7]」所以一個人在爭論中可以持有一種觀點，也可以持有另一種觀點。有些人不信賴所有奴隸，在心中一遍又一遍地反覆鞭笞他們的奴隸，就好像他們在與許多野獸打交道，而另一些人則正好相反。

麥吉盧 非常正確。

B **克利尼亞** 那麼，先生，既然這個問題有那麼多分歧意見，在我們的國家裡該怎麼辦呢？我們該如何處理奴隸所有權，如何管教奴隸？

雅典人 呃，克利尼亞，人這種動物是變化無常的，所以很清楚，眞正的奴隸與眞正的自由人和主人之間，不像是存在著或將會產生一種經得起考驗的、必不可少的區別，所以如何對待
C 這種形式的財產給我們帶來了困難。在麥西尼亞普遍而又反覆產生的大量事實，還有擁有大量講一種方言的農奴的那些共同體的經驗，提供了大量的證據，表明這種制度是邪惡的，更不必提義大利的海盜船所進行的各種掠奪和冒險了。面對所有這些事實，我們確實會感到困惑，不知該如何處理整個問題。我明白，我們確實只有兩個對待奴隸的方法：一是不讓那些安分守己的、馴服的奴隸聚在一起，也盡可能不要讓他們全都講一種語言；二是恰當地對待他們，爲他
D 們多作些考慮，這樣做確實是爲了他們，但更多地仍會是爲了我們自己。對待處在這種地位上

的人不使用暴力是恰當的，在加害於他們時——如果這種事有可能——要比加害於和自己地位平
等的人更加躊躇再三。因爲正是這些很容易被傷害的事情，最能表現一個人對正義眞正、不僞
裝的敬畏和對錯誤的憎惡。因此一個人的性格和行爲不能在他與奴隸的關係中犯下錯誤和受到
E 邪惡的玷污，勝過他與其他人的關係，由此可爲善的豐收播下種子，對每一位主人、每一位獨
裁者、每一位有權對較弱的一方行使權力的人，我們都可以眞誠地說同樣的話。當然了，我們
這樣說並不是認爲當奴隸該受懲罰時也不懲罰他們，也不是認爲可以嬌縱他們，不需要用我們
778 對自由人使用的那種辦法來告誡他們。我們對奴僕使用的語言應當是簡潔的命令，而不應當是
男女之間使用的那些熟悉的開玩笑的話，然而有許多主人在對待他們的奴隸時使用這種方式，
表現得極爲愚蠢，因爲對奴隸的嬌寵會馬上使得雙方的關係變得很難受，對順從的奴隸來說是
這樣，對下命令的主人來說也是這樣。

克利尼亞 你說得很對。

雅典人 好吧，我們已經盡力爲公民提供了足夠數量而有能力幫助他做各種事情的奴僕，我
想，我們的下一步應當是規劃我們的建築。

克利尼亞 是的，當然是這樣的。

B **雅典人** 我們的城市實際上是新建的，原先沒有居民，所以我們必須關注它的建築及其所有
細節，也不要忘了神廟和城牆。克利尼亞，這個主題實際上應當在婚姻問題之前討論，但由於

我們整個建構都是在想像中進行的，所以要擱置這個十題現在是個極好的機會。等我們的規劃付諸實現時，如果情況允許，我們將首先處理城市建築，然後把制定婚姻法當作我們這類工作

C 的最終圓滿完成。而當前我們要做的無非是提出一個簡要的提綱。

克利尼亞 是這麼回事。

雅典人 那麼神廟應當建在市場周圍，實際上是圍繞整個城市，著眼於安全和清潔，要把神廟建在高地上。執政官的衙門和法庭應當建在神廟附近，在神聖的高地上接受訴訟和進行判

D 決，這樣做的原因部分在於法律事務本身是莊嚴的，部分在於這裡是可敬畏的神祇的住地，法庭在這裡審理那些謀殺案或其他要處以死刑的罪行是適當的。至於城牆，麥吉盧，我的想法和你們斯巴達人一樣，就讓它們安寧地睡在大地上，不要去吵醒它們。我之所以這樣說，理由如

E 下。經常被人引用的那位詩人幸福地提到過城牆，他說一座城市的城牆應當是銅的和鐵的，而不是石頭的，但若我們已經帶領年輕人在每年的巡查中挖戰壕、修堡壘，想要以此禦敵於國門之外，而在這樣做了以後我們還是把自己關在城牆之內，那就會貽笑大方。首先，城牆絕不會

779 帶來城市生活的健康，反而會普遍地使城裡人的靈魂變得軟弱無力。城牆誘使居民在城內尋找庇護所，而置進犯的敵人於不顧，城牆也誘惑居民放鬆日夜不停的警戒，使他們認爲自己找到了一種眞正安全的辦法，也就是把自己關在城牆內，躲在城牆垛子後面睡覺，就好像他們生來就是爲了躲避辛苦似的，他們不知道眞正的安寧必定來自辛勞，而不光榮的安寧和懶惰會帶來

B 更大的辛苦和麻煩。或者說，是我大錯特錯了。不，如果人們必須要有城牆，那麼他們應當從一開始就把他們的住處建成一道城牆，用整個城市的房屋連成一道連續不斷的城牆，在每一所房子裡都可以防守，每條街道四面都是統一的，有規則的。這樣的城市就像一所巨大的房屋，也不會很難看，它易於防守的特點給它帶來無限的好處，在安全方面勝過其他任何城市。維護

C 這些最初的建築首先應當是擁有者的責任，而市政官應當擔負起監督的責任，對維護不善者處以罰款。市政官的責任還包括維護城市清潔衛生，禁止私人亂建亂挖，以免影響市政規劃。他們也要負責市區雨水的排洩，還要爲城裡城外的住宅制定建築規則。我們的法律不可能處理

D 城市生活的所有方面，有許多細節只好省略，執法官可以按照他們的實際經驗發佈補充性的法規。現在，這些建築物和市場上的建築物，包括體育場、學校、劇場，都已建成，在等著人們的到來，學校等候學生，劇場等候觀眾，按照恰當的立法順序，我們現在可以開始爲婚姻以後的事情立法了。

克利尼亞 務必如此。

雅典人 很好，克利尼亞，讓我們假定婚禮已經結束。在嬰兒誕生之前，新婚夫妻有不少於

E 一年時間的間隙。新娘和新郎在一個高於一般水平的社會中該如何渡過他們的時光——這正是我說「按照恰當的順序」的意思——這個問題並不是最容易回答的。我們已經碰到過一些這樣難解的問題，但沒有一個會像這個問題令民眾大倒胃口。還有，克利尼亞，我認爲，對於我們確

實相信是正確的東西，必須不惜一切代價地把它說出來。

780 **克利尼亞** 當然，我們必須這樣做。

雅典人 如果有人建議給社會提供一套關於公共行爲和共同生活的法律，然而卻又在這些法
律對私人事務形成壓力時認爲這些法律是膚淺的，認爲想要規範一切是不恰當的，個人的私生
活應當享有自由，可以按照自己的意願爲所欲爲——如果他一方面認爲個人行爲不受法律控制，
而另一方面又驕傲地認爲他的公民準備依據法律來指導他們的相互關係和公共行爲——那麼他就
B 大錯特錯了。爲什麼我要這樣說？因爲我將要指出我們的新婚男子將頻繁地出現在公餐桌上，
不會多於也不會少於他結婚之前。我想，當公餐制一開始在你們國家出現時，這種制度曾引起
人們的驚訝，但在戰爭時期或其他某些同樣緊急的情況下，對於處在極度危險之中的某些小團
C 體來說，這種制度是必要的，當你們有了這種嘗試，並且普遍地適應了公餐制以後，你們認爲
這種做法對於國家的安全有很重要的作用。事實上，以這樣的方式，公餐製成了你們的習俗之
一。

克利尼亞 極爲可能。

雅典人 這就是我們要說的要點。儘管曾經有人認爲這種做法太奇特，強制推行這種制度
是危險的，但是希望推行這一制度的立法者會說現在不會有這樣的困難。然而，儘管採用這種
制度會取得各方面的成功，但會有一個天然的後果，而且當前也沒有其他什麼地方採用這種制

D 度，所有這些都會驅使立法者像諺語所說的那樣，「在火堆裡梳理羊毛」，在大量諸如此類的工
作中白白浪費他的精力，無論是提議還是實施這種制度，這個後果都不可低估。

克利尼亞 先生，你顯然是在猶豫不決，你想說明什麼問題？

雅典人 爲了避免對這個主題作冗長無用的討論，請你們精力集中一點。社會生活凡是有確
定的秩序和法律，其結果就是幸福，但是抗拒法律或制定錯誤的法律比正確立法出現得更加頻
E 繁。我們當前的論證就是在這個地方停了下來。事實上，我的朋友，你們的男子公餐制是一種
值得敬佩的制度，有著神奇的起源，如我所說，它確實出於一種眞正的、必然的天意，但你們
的法律沒有規定婦女的地位，在你們國家裡看不到任何婦女公餐制的遺跡，這是一個巨大的錯
781 誤。不，由於女性秘密和靈巧的特點，你們對女性這半個種族事先所作的安排已經留下了無序
的狀態，這是立法者的錯誤讓步造成的。由於對女性的疏忽，你們已經讓許多事情失控，而實
B 際上只要將它們置於法律之下是能夠做到井然有序的。未加任何約束的女性，並非如你所想像
的那樣，是問題的一半，不，她是問題的兩倍，甚至超過兩倍，因爲女性的天賦稟性比男性低
劣。因此，我們最好能從國家的善著眼，把這個問題提交修改和矯正，設計一套同時適用於兩
C 種性別的制度。事情就是這樣，人們在這樣的消費中是不會快樂的，在一個不知公餐制爲何物
的國家或社會裡，一個謹慎的人不會提出這樣的建議。所以，實際上該如何迫使婦女參加公餐
而又不被嗤笑呢？沒有別的什麼事比強迫已經習慣於在陰暗角落裡生活的女性出現在大庭廣眾

D 之下更難了，如果這樣做了的話，那麼女性表現出來的憤怒抵抗會比立法者強大得多。我曾經說過，在其他社會裡，女性可能不會因爲受到正確的統治而大喊大叫，而在我們自己的社會裡她們可能會這樣做。所以，如果你們希望我們關於整個體制的討論抵達終點——這在理論上是可能的——我打算捍衛我的建議，把公餐制當作健全的、可行的，只要你們倆都喜歡聽我的論證，否則我們可以放棄這個主題。

克利尼亞 先生，我向你保證，我們倆都喜歡聽你的論證。

雅典人 呃，那麼你們會聽到的。但若發現我走了很長一段路以後又回到了起點上來，那麼

E 你們一定不要感到奇怪。你們知道我們有足夠的時間，也沒有什麼急事，所以我們可以很從容地從各個方面考察我們的主題，這個主題就是法律。

克利尼亞 非常正確。

雅典人 好，現在讓我們回到開頭那個話題上來。任何人確實應當完全明白一件事。人類要

782 麼根本就沒有開端，也不會有終結，但總有過去和將來，否則的話從有人類起到現在爲止必定已經有無數個世代了。

克利尼亞 無疑如此。

雅典人 很好。那麼我們能不能假設，有無數各種各樣的國家在全世界興起和滅亡，也有各

B 種各樣合理的和不合理的制度，以及各種各樣的飲食習慣和氣候變化，在引起生命有機體的許

多變化？

克利尼亞 可以，當然可以。

雅典人 呃，我們相信曾經有過這樣一個時期，葡萄、橄欖樹、得墨忒耳[8]和她女兒珀耳塞福涅[9]饋贈的禮物、特里普托勒摩斯[10]饋贈的禮物，還有其他人的發明，這些東西不都是引起變化的工具嗎？所以，我們必須假定在這些事物出現之前，動物像今天一樣互相爲食，不是嗎？

克利尼亞 確定無疑。

C **雅典人** 此外，我們注意到現在仍舊有許多地方用人來獻祭，而另一方面有報導說，有些民族連牛肉都不吃，獻祭也不用動物作犧牲；他們用糕餅、蜂蜜浸泡的食物，還有其他「純潔」的供品，來榮耀他們的神祇。他們禁食肉類，認爲吃肉是有罪的，或者用血玷污諸神的祭壇是

D 有罪的。那個時代人類的生活完全遵守所謂的奧菲斯教義，普遍實行素食，完全禁止食用一切動物。

克利尼亞 這個傳說廣泛流傳，極爲可信。

雅典人 當然了，你們會問我，你現在提這些事情用意何在？

克利尼亞 先生，你說得一點沒錯。

雅典人 所以，克利尼亞，我要試著進行解釋，我的用意出於下述考慮。

克利尼亞 請你開始吧。

E **雅典人**　我注意到，人類普遍受到三種慾望的驅使，如果一個人受過良好的訓練，那麼會
產生美德，如果一個人受到不良的訓練，那麼會產生相反的結果。從人出生那一刻起，他們的
需要首先是食物和飲水。一切動物均有求食的本能，也有避免一切不適的本能，這方面的要求
若不能充分滿足，它們就會發出憤怒的嚎叫。我們第三種最緊迫的需要和最強烈的慾望產生較
783 遲，但卻最能使人瘋狂——我指的是那種不可壓抑的淫蕩性慾。我們必須把這三種不健康的慾望
從追求所謂的快樂轉向追求善，我們必須試著用三種最高的事物——畏懼心、法律、眞正的談
B 話——來檢查和制裁它們，在繆斯和體育諸神的幫助下，克制這些慾望的生長和盲動。

這樣，我們才能按照我們關於婚姻、撫養、教育子女的法規去生兒育女。我們的討論按照
這些線索展開，我們的幾項法律也有可能完成，就像我們前面提到的公餐制的例子一樣——至於
最終要不要讓婦女參加公餐，或者說只有男子才參加公餐，等我們弄清了相關問題後，我們也
許就能看得更加清楚了——我們將儘量減少這些必要的預備性的事情，因爲我們對這些用來規範
C 和保護我們自己的預備性的事情還沒有立法。這樣，如我所說，除了使我們的立法更加恰當、
更加合理外，我們將對這些預備性的事情本身有更加準確的認識。

克利尼亞　非常正確。

雅典人　那就牢記我們剛才提到過的要點，我們很有可能會再提到它們。

克利尼亞　你要我們牢記的要點到底是什麼呢？

D **雅典人** 就是我們用三個分句來表達的要點，你可能記得，我們首先提到食物，然後提到飲水，第三就是性的激動。

克利尼亞 呃，先生，我知道了，我們肯定能記住你現在強調的這些要點。

雅典人 很好。現在讓我們來爲結了婚的夫婦立法，目的是指導他們如何和以什麼方式對待生育，或者說，如果他們不服從，那麼就訴諸於法律處罰。

克利尼亞 以什麼方式？

雅典人 新娘和新郎都要以盡力爲城邦提供最優秀的後代爲目的。當你們與別人聯合做事的
E 時候，如果合作者都能用心理解自己在做什麼，事情就能做得很漂亮，但若當事人一點兒也不
用心，那麼結果就完全相反了。所以，讓新娘把心思放在她的新郎身上，和他同房，新郎這一
784 方也一樣，只要他們的孩子還沒有出生，他們就應當這樣做。將要做母親的人要接受我們已經
任命了的婦女監理的監督之下——由執政官來決定有多少人擔任這個職務，由執政官選擇一個適
當的時間進行婦女監理的選舉和任命——他們每天都要在伊利緒雅的神廟裡集合，時間不少於一
小時的三分之一。開會的時候，每個成員都要向這個委員會的所有成員，男的或女的，報告她
看到在這些生育者中間有誰注意了這些法規的細節，我們規定了婚姻的獻祭和儀式。如果一對
B 夫婦多產多育，那麼這個生育和監督生育的時期將延續十年，但不能再長；如果一對夫婦在這
個時期結束時仍無子嗣，那麼就要由這個管理婦女的委員會與夫婦雙方的親屬共同商議安排一

C 個兼顧雙方利益的分居。如果爲了雙方的某種利益而發生爭執不下的情況，那麼他們應當挑選十名執法官來仲裁，哪些執法官可以參加仲裁由他們決定的。女監理可以進入年輕夫婦的家，用警告和恐嚇制止他們有罪的愚蠢行爲，如果他們仍舊犯錯誤，那麼就向執法官報告，讓執法官來制止這種冒犯。如果他們採取的行動也證明是無效的，那麼這件事情就要公佈於眾，冒犯

D 者的名字下會有這樣一句話，「屢教不改者」。一名犯有這種錯誤的男子將被判定爲無能者，除非他能在法庭上成功地駁斥起訴者。他將被排除在婚宴和生日宴會之外，如果他出現在這些場

E 合，任何人只要願意都可以揍他而不受懲罰。同樣的法律也適用於女性冒犯者，如果她的名字被公佈於眾而又不能成功地爲自己辯護，那麼她將被排除在婦女遊行和其他高尚活動之外，禁止參加婚禮和兒童的生日宴會。當一對夫婦已經按照法律的要求生育了自己的子女，此時男方若是與一名不是他妻子的婦女苟合，或者女方與一個不是她丈夫的男子有苟合之事，而對方仍舊在生育者之列，那麼他們要交納由那些生育者規定數量的罰金。在此生育規定之外，那些節

785 慾的男女應當受到各種尊敬，而那些不節慾的人則會名聲掃地。當有較多的人在這些事情上表現出合理的節制時，法律應當對此保持沉默；但若有許多人不節制，那麼就要像前面說過的那樣制定法規來強制人們實行節制，要使他們的行爲與現在規定的法律相一致。

一個人的第一年是他整個生命的開始，應當在相關神廟中註冊爲「生命的開端」。對每個支族的男孩或女孩來說，還必須要有進一步的記錄，記在一堵刻有執政官年號的白牆上，我們

B

的紀年是用執政官的名字命名的。旁邊還必須要有這個支族的成員名單，死者的名字被刪去，由此可以看出每天有多少人活著。對女孩來說，結婚的年齡——要具體說明最長的年齡跨度——是從十六歲到二十歲，而男子的結婚年齡是從三十歲到三十五歲。擔任公職的最低年齡限制，婦女四十歲，男子三十歲。服兵役的年齡規定，男子是從二十歲到六十歲，對女子來說——無論何種適宜婦女擔任的軍事工作——是在生育子女之後，在需要並適宜的情況下服役，不超過五十歲。

注釋

【1】明那（minas），希臘貨幣名，約合銀四百三十六克。

【2】此處幾個軍職的希臘文是：主帥（hipparchs）、副帥（phylarchs）、統領（taxiarchs）。

【3】德拉克瑪（drachma），希臘貨幣名，約合銀四點四克。

【4】希臘各地曆法極不統一，雅典曆法一年的首月是卡通巴翁月，約相當於西曆的七—八月。參閱王曉朝：《希臘宗教概論》，上海人民出版社，一九九七年，第一三九頁。

【5】赫拉（Hera）是希臘神話中的天后，掌管婚姻與生育。

【6】希洛人（Helots）是被斯巴達人征服的麥西尼亞人，音譯「黑勞士」。他們是斯巴達的國有奴隸，不屬於奴隸主個人，而屬於奴隸主全體。他們平時被束縛在土地上從事農業勞動，戰時被征為輕鎧兵，擔任軍中雜役和運輸工作。

【7】荷馬：《奧德賽》，第十七卷，第三二三行。

【8】得墨忒耳（Demeter）是希臘神話中的穀物女神。

【9】珀耳塞福涅（Persephone）是穀物女神得墨忒耳之女，被冥王哈得斯搶走。

【10】特里普托勒摩斯（Triptolemus）是半神，在得墨忒耳指導下學會製造犁和種植小麥和大麥，並傳授給人們。

第七卷

788 **雅典人**　現在，我們的男孩、女孩都已經出生了，下一步我們當然就要考慮如何撫養和教育他們。這個主題可不能在沉默中放過，但我們的處理將戴上指導和告誡的假面具，而非以法律的形式出現。從一般的觀察來看，家庭生活的隱私表現爲許多小事，兒童的痛苦、快樂、慾望
B 都會輕易引發這些小事，而立法者不可能就這些小事逐一提出告誡，由此使我們公民的性格變成一堆大雜燴。這樣做對於整個公眾是一種惡，而在這些微不足道的小錯誤頻繁發生時，用法律來進行懲罰是不合適的，有損尊嚴的。這種法律，就像我們制定的法律一樣，確實包含著一
C 種危險，因爲犯罪的習慣就是來自重複這些微不足道的錯誤。因此，儘管我們無法針對這些小事立法，但要我們保持沉默也不可能。我必須試著想出一些所謂的例子來說明我的意思。而現在我的看法肯定顯得像是謎語。

克利尼亞　你說得沒錯。

雅典人　好吧，我想下面這句話可以被我們假定爲至理名言：正確的撫養制度必定最能使身體、靈魂完善和卓越。

克利尼亞　確實如此。

D **雅典人**　我想，使兒童身體完善的意思，用最簡單的方式來說，就是必須使他們從一開始就正直地成長。

克利尼亞　呃，當然了。

雅典人　進一步說，我們觀察到，一切生物的成長在其初始階段都是最快的、最明顯的。確實有許多人認爲，人在出生後的頭五年中生長最快，而其後二十年的生長還不到頭五年的兩倍，這難道不是事實嗎？

克利尼亞　當然是。

789 **雅典人**　那麼，當身體迅速生長，體重猛增的時候，如果不加以恰當的鍛鍊來達到平衡，那麼就會出現各種災難性的後果。我想，這也是一個眾所周知的事實。

克利尼亞　確實是。

雅典人　所以，身體接受撫養的這個主要生長期同時也是它需要最多鍛鍊的時期。

克利尼亞　你在說什麼，先生？我們真的要把最多的鍛鍊強加於那些小孩和新生的嬰兒嗎？

B **雅典人**　你說得不準確。還要更早些，當嬰兒還在母體中就應當鍛鍊。

克利尼亞　什麼，我的天哪！在胚胎中？你不會是這個意思吧？

雅典人　我確實是這個意思，儘管我對你不懂其中的奧妙並不感到驚訝。這種鍛鍊是奇妙的，但我希望能向你作解釋。

克利尼亞　務必。

雅典人　我自己的同胞可能比較容易理解這個觀點，因爲他們中有些人非常熱中於運動。事實上，在我們中間，兒童們，還有一些已經不再是兒童的年輕人，都有養鳥的習慣，爲的是鬥

C 鳥。不過現在他們養鳥已經不再是爲了能夠進行鬥鳥表演了。這些養鳥人都把鳥帶在身上，比
較小的拿在手裡，比較大的藏在長袍裡，放在肘部，走很遠的路，這樣做並非爲了他自己鍛鍊
D 身體，而是爲了他寵物的身體。這種做法至少表明，聰明人注意到搖晃和震動對所有身體都有
益，無論是它們自己運動，還是被船隻載著晃動，或者騎在馬上搖晃，或者其他種類的身體被
迫運動。就這樣，身體吸收了固體或液體的營養物，生長得健康而又美麗，更不必說強壯了。
注意到這些事實，我們該如何開始行動？要是我們指示懷孕的婦女要注意運動，等孩子出生後
要塑造嬰兒的身體，好比製作蠟像要乘蠟還柔軟的時候進行，頭兩年要用襁褓包裹嬰兒，那麼
你會嘲笑我們嗎？我們要不要強迫母親背著孩子不停地走動，去鄉間、去神廟、去親戚家，直
E 到孩子可以自己站立爲止，或者由於擔心過早行走會傷了孩子的肢體，所以要做母親的一直背
到第三年爲止，如果不這樣做就要用法律制裁她們？我們的褓姆又怎麼樣？要不要規定我們的
褓姆必須是身體最強健的，每個嬰兒要有不止一個褓姆，違反這些規定的人要受到處罰？肯定
790 不要。因爲這樣做的話，會使我們自己面臨更多我提到過的後果。

克利尼亞 什麼後果？

雅典人 我們爲什麼一定要去受人嘲笑呢？我們更無法保證我們的褓姆必定會有女人的心思，或者女僕的心思，我想沒有人會服從這樣的規定。

克利尼亞 那麼請你告訴我，既然如此，我們爲什麼還要認爲需要作出所有這些指示呢？

B **雅典人** 我會告訴你爲什麼。因爲在一個社會裡對家庭事務進行立法會受到忽視，在這種情況下要指望公共法律有穩固的基礎是愚蠢的，而我們的主人和自由公民的心靈可能會通過聆聽這些指示而承認眞理。明白這個道理的公民會把我們現在作出的指示當作法律，用來指導自己的行爲，只有這樣做了，他在管理自己的家庭和城邦時才能同樣幸福。

克利尼亞 我相信你說的這番話包含許多眞理。

雅典人 我們在開始談論嬰兒的身體時講過一些基本要點，因此在我們以此爲線索詳細解釋對嬰兒心靈進行的訓練之前，不能假定我們已經完成了這一類立法。

C **克利尼亞** 非常正確。

雅典人 我們提到的這兩個事例有一個基本的觀點，即人們認爲日夜不斷地對嬰兒的身體和心靈進行撫養，這樣做對嬰兒，尤其對初生嬰兒，是有益的。如果只有這樣做才有可能使我們對嬰兒的撫養接近理想狀態，那麼我們最好還是把他們都送到海上去。從下列事實中我們也能

D 得到一些教訓。兒童的褓姆通過自己的經驗知道我們提出來的這條原則的眞理性和有用性，女科里班忒[1]的做法也證明了這一原則。你知道，當母親們想要使煩躁的嬰兒入睡時，她們的辦

E 法不是讓他不要動，而是正好相反，讓他運動——她們通常抓住嬰兒的胳膊搖晃——不是讓他安靜，而是讓他聽某種音調。這也就是說，她們實際上對嬰兒發出咒語，就好像酒神女祭司做的事情一樣，載歌載舞地運動。

克利尼亞 請你告訴我，先生，我們該如何解釋這些事實？

雅典人 呃，要找到解釋並不難。

克利尼亞 這個解釋是什麼？

雅典人 上述兩種不安都是驚嚇的表現形式，驚嚇的原因可以歸結爲靈魂的某些病態。因
791 此，當靈魂的無序狀態碰上搖晃時，這種外部運動就支配著內部運動，也就控制住了驚嚇或瘋
狂的根源。通過這種控制，心靈產生一種精神上的安寧，從先前的煩躁和激動中解脫出來，於
是在這兩個例子中產生了預期的效果，在一個例子中使嬰兒入睡，在另一個例子中，酒神狂女
B 在向神祇獻祭時伴著笛聲狂舞，然後從暫時的瘋狂中擺脫出來，恢復清醒頭腦。我在這裡說的
儘管非常簡明扼要，但這個解釋卻很有道理。

克利尼亞 確實很有道理。

雅典人 能產生這些效果的辦法使我們承認，自幼經受這種驚嚇的心靈最有可能養成膽怯的習慣。現在我們每個人都會承認，這種辦法是在培養膽怯，而不是在培養勇敢。

克利尼亞 沒錯。

雅典人 因此，我們必須承認還有一個與此相反的過程，也就是在驚嚇和恐懼產生時對其進
C 行控制，這種對勇敢的培養需要終生進行。

克利尼亞 非常正確。

雅典人 呃，在此我們可以說，嬰兒在運動中接受訓練爲靈魂美德的養成貢獻了一個重要因素。

克利尼亞 是的，確實如此。

雅典人 進一步說，鼓勵兒童養成溫和的脾氣將會在道德品質的發展中起主導作用，而暴躁的脾氣則會促使邪惡的產生。

克利尼亞 無疑如此。

D **雅典人** 所以我們必須試著說明一種能引誘新生嬰兒快樂的方法，只要我們有能力使之產生這樣的效果。

克利尼亞 我們確實要這樣做。

雅典人 我要說一下我擁有的確定信念：嬌寵兒童會使他們的脾氣變得暴躁、乖戾，有一點兒小事就鬧彆扭，但若用相反的態度，非常嚴厲、非常霸道地對待他們，則會使他們無精打采、低三下四、悶悶不樂，使他們不適宜與他人交往，參與公共生活。

E **克利尼亞** 但是請你說說，當這些小生靈還不能聽懂人的語言，還完全不可能接受教育的時候，又如何能讓國家當局承擔起撫養他們的責任呢？

雅典人 呃，我相信是以這樣一種方式。新生的小生靈，尤其是新生的人，從一開始就會尖叫，尤其是嬰兒，不僅會尖叫，還會流眼淚。

克利尼亞 沒錯。

792 **雅典人** 所以褓姆要根據這些跡象來猜測應該向他們提供什麼；如果嬰兒在得到了褓姆提供的東西後就安靜了，褓姆就會認爲自己猜對了，但若嬰兒仍舊在哭喊，那麼就是猜錯了。因此，你瞧，嬰兒喜歡什麼不喜歡什麼是根據尖叫與眼淚這些明顯的徵兆來發現的，在不少於三年的時間裡，這樣說都是對的，而這頭三年過得好不好對人的一生來說並非無關緊要的。

克利尼亞 是這樣的。

B **雅典人** 脾氣乖戾、憂鬱的人總是自慚形穢，比善人更容易抱怨。我想你們倆都會承認這一點，是嗎？

克利尼亞 我肯定承認。

雅典人 好，如果我們雇傭所有聰明人撫養正在成長的孩子，讓他們在頭三年中全都避免這種困頓、驚懼的經驗，盡可能遠離痛苦本身，那麼在這段時間裡成長起來的靈魂一定會充滿快樂和仁慈。你們難道不這樣想？

C **克利尼亞** 我沒有疑議，先生，只要我們能提供充分的快樂。

雅典人 我親愛的先生！這正是克利尼亞和我將要產生分歧的地方。你向我們提出的建議是我們所能接受的最不幸的事情，因爲這種不幸從兒童開始生長的時候就已經系統地進入他們的生活。讓我們來看我說得對不對。

克利尼亞 請展開你的意思。

雅典人 呃，我的意思是你我之間的這個分歧點將會帶來嚴重的後果。所以，麥吉盧，你也必須動動腦筋，幫我們作出決斷。我自己的意向是，正確的生活道路既不是追求快樂，也不
D 是無限地避免痛苦，而是想要達到一種中間狀態，對此我剛才用了「仁慈」這個詞，我們全都有可能借助神諭的力量把這種狀態歸於神本身。我認爲，像神一樣的人必定會追求這種心靈習慣，他肯定不會不顧一切地追求快樂，也不會忘記自己要經歷一份痛苦，我們也一定不要讓他
E 承受他人的痛苦。男女老少，或是新生嬰兒，在其接觸的範圍之內，人的性格確實是在幼年由習慣造成的。呃，要不是我怕被你們誤解爲是在開玩笑，我會說得更徹底一些。我會下令派人專門監視那些生育期的婦女，要她們在懷孕期間不能有頻繁激烈的快樂或痛苦，以保證她們養成仁慈、明智、安詳的精神。

793 **克利尼亞** 先生，你不需要讓麥吉盧來判斷我們倆誰擁有的眞理更多。坦率地說，我承認我們全都必須避免一種無節制的痛苦或快樂的生活，在所有事情上走中庸之道。這是對你這番高尚言論的恰當回應。

雅典人 克利尼亞，你的回應確實令人敬佩。那麼就讓我們三個人進一步思考下一個要點。

克利尼亞 什麼要點？

雅典人 我們大家現在要討論的無非就是這些規定，而不是別的什麼東西，所有人都把這

B 些規定稱作「不成文法」，認爲是「祖宗之法」。還有，通過最近的談話，我們產生了一種信念，這種傳統既不是制定出來的法律，也不是毫無規範的東西。它是一種體制的榫眼，是連接各種已經成文的法規的通道，通過這些不成文法以及那些有待記載的規定，眞正源於祖先的傳統得以保存。

C 這些規定的制定是正確的，並在實踐中爲人們所遵循。它們可以起到一塊盾牌的作用，保護迄今爲止已經成文的所有法規，但若不成文法背離了正確的界限，那麼整個情況就好比撤去了支柱和挖去了基礎的房屋。任何令人敬佩的建築物一旦失去原來的支撐，一般的結果就會倒塌，一部分一部分地倒塌，或者是整個兒全部倒塌。克利尼亞，我們一定要記住這一點，要盡一切可能把你的城邦牢牢地鉚接在一起，儘管它才剛開始建設。

D 凡是可以稱作法律、風俗或習慣的事情，無論大小，都不可掉以輕心，因爲它們全都是社會的鉚釘，少了一樣東西，其他東西就不能永久長存。如果說宏大的立法要用無數瑣碎的傳統和風俗習慣來使之壯大，那麼我們對此一定不要感到奇怪。

克利尼亞 你肯定是對的，我們不會忘記你的提醒。

E **雅典人** 那麼，直到男女兒童長到三歲以前，要讓他們一絲不苟地服從指令，這樣做首先會給我們的撫養工作帶來好處。到了三歲，以及三歲以後，四歲、五歲、六歲，這些年齡的兒童玩耍是必要的，因此我們先前的悉心照料和嚴厲懲罰可以放鬆一些——儘管這樣做並不是退步——這就好比我們在講到對待奴隸時說過，既不要憤怒地用野蠻的刑罰來處置犯了罪的奴隸，

794 也不要嬌寵奴隸，對他們不加管束，對待自由民我們也一定要採取同樣的態度。至於兒童們玩的遊戲，自然本身在兒童的這個年齡就會告訴兒童有哪些遊戲可以玩，他們只要待在一起，就會自己發明遊戲。所有三歲到六歲的兒童，首先要在所在區域的聖地裡集合，就這樣把原先

B 分佈在各村的兒童集中在一起。還有，褓姆們要注意他們的行爲是否得體，至於褓姆本人和所有褓姆在這一年中，都必須接受我們已經提到過的由執法官任命的婦女總管控制。這些總管由負責監督婚姻事務的婦女選舉產生，每個部落一名，總管的年齡必須與監督婚姻的婦女相仿。接受任命的總管每天要去聖地一次，處罰任何冒犯者。如果冒犯者是奴隸或外邦人，那麼就由

C 某些公僕來執行，如果有公民對處罰的正當性提出爭議，那麼女主管就要把他帶到鄉村巡視員的法庭上去裁決；如果沒有爭議，那麼女主管可以行使自己的權威，甚至對公民實施處罰。男女兒童滿六歲以後就要分開，男孩與男孩在一起，女孩與女孩在一起，分別學習他們自己的課

D 程，男孩子要學習騎馬、射箭、投擲，女孩子如果高興的話也可以學，但最重要的是學習使用長槍和盾牌。當然了，關於這些事情的現有流行觀念全都基於一種普遍的誤解。

克利尼亞 什麼流行觀念？

雅典人 大家相信，人的兩隻手做各種事的能力存在著天然的差別，而兩隻腳或兩條腿有沒有這樣的差別人們就覺察不出來了；正是由於褓姆和母親們的愚蠢，所以我們全都是一隻手

E 殘廢的。實際上，自然把我們身體兩側的肢體造得一模一樣，只是由於我們不正確的習慣，

才使它們有了差別。無疑地，在那些不那麼重要的行爲中，用哪隻手無關緊要，例如，彈奏七弦琴，一般用左手扶琴，右手拿琴撥子，彈其他琴也一樣，但若要把這種做法當作慣例要其他所有人照辦，那就沒有必要了，而且這樣做也非常愚蠢。我們可以用西徐亞人的做法爲例，他們並不規定用左手拿弓，右手拉弦，而是不管哪隻手都可以。他們趕馬車以及做其他事情也是這樣，由此可以說明，想方設法使人的左手比右手弱有多麼不自然。我說過，如果事情僅僅涉及牛角做的琴撥子，或者某些類似的器具，那麼用哪隻手只是件小事，但若要用到鐵製的兵器、弓箭、標槍，等等，尤其是必須要用長槍和盾牌來對抗時，用哪隻手的差別也就出來了。

B 在這個世界上，學過某些課程的人與沒學過的人，接受過良好訓練的人與根本沒有接受過訓練的人，是有差別的。一個練習過摔跤和拳擊，技藝臻於完善的人，不會發現自己不能用左手搏鬥，如果他的對手迫使他改變位置，攻擊他左側，那麼他不會停止戰鬥或不用左手還擊。我想，使用刀劍，或使用其他武器的時候也應當這樣做，人生來就有兩副肢體進行防衛和進攻，

C 只要有可能，就絕不要留下其中的一半不接受訓練。呃，如果一個人生來就有革律翁[2]那樣的身體，或者願意的話，有布里亞柔斯[3]那樣的身體，那麼他一定要能夠用任何一隻手投標槍。男女官員必須注意這些問題，女官員要監督兒童的遊戲和飲食，男官員要負責教導他們，使我們所

D 有男孩和女孩順利地成長，既溫和又勇敢，善用左右手，他們的天賦也不會由於受到那些已有習慣的壓制而被扭曲。

出於實用的目的，對兒童的教導可以分成兩類：一類是身體方面的教養，與身體有關；另
E 一類是音樂，旨在心靈的卓越。身體的教養又可分爲兩個部門：跳舞和摔跤。一部分跳舞是爲
了表演詩人的靈性作品，同時要注意保持一定的尊嚴和體面；另一部分跳舞旨在身體的健美和
高貴，確保身體的柔韌和肢體的強健，使肢體能夠優雅地運動，優雅既伴隨著各種形式的舞蹈
796 而產生，又滲透在各種舞蹈中。至於摔跤，這種出自愚蠢、空洞的榮耀而發明的手段——摔跤由
安泰俄斯或凱居翁發明，拳擊由厄培烏斯或阿密科斯發明[4]——在野外遭遇中是無用的，用於慶
祝活動是粗鄙的。但是，不傷及脖子、胳膊、肋骨的所謂「站立式摔跤」對於增強體力和增進
B 健康是有用的，這種訓練在各種情況下都不能忽視。當我們進到我們法典的恰當位置時，我們
要把這一條作爲指令寫下來，既給我們這些學生，也給他們未來的教師，諸如此類的知識一方
要仁慈地傳授，另一方要感恩地接受。還有，我們也一定不要忽略適宜的舞蹈表演，穿戴盔甲
的運動在這個島上是獻給庫里特[5]的，在拉棲代蒙是獻給那對雙胞胎天神的[6]。我還可以指出，
這種舞蹈在我們國家獻給處女神[7]，她喜歡這種穿戴盔甲的娛樂。她認爲空著手娛樂沒意思，
C 全身戎裝的舞蹈才是正確的。我們的男孩子和女孩子應當模仿這些舞蹈，以搏得這位女神的青
睞，這樣做肯定是最合適的，既能培養戰爭技能，又可爲我們的節日增光添彩。還有，男孩子
從很小開始直到他們有能力上戰場爲止，有義務攜帶武器騎馬參加各種節日遊行，以此榮耀
D 神；他們向諸神以及諸神的兒子祈禱時總是伴隨著或快或慢的行進和舞蹈。此外，他們的比賽

和爲比賽而進行的練習必須擁有同樣的目的。這樣的比賽，事實上，在戰時或平時，既有利於國家又有利於家庭，而其他的身體鍛鍊，娛樂性的或嚴肅的，並非爲了自由民。現在，我已經很好地描述了身體訓練的過程，我一開始就說過，這是我們必須加以考察

E 的；現在，整個綱要已經擺在你們面前。如果你們有誰能提出一個更好的綱要，那麼就請擺出來吧。

克利尼亞 不，先生，如果我們拒絕了你的這些建議，那麼很難再提出一個更好的身體訓練和體育比賽的計畫。

雅典人 至於下一個自然而然的主題，阿波羅和繆斯們的饋贈，我想我們一開始就已經把要說的都說過了，只剩下身體訓練還沒有處理，但是現在我們顯然必須把兩樣事情都說給每個人聽，在談論別的事情以前應當先說這些事情。

797 **克利尼亞** 是的，肯定要說。

雅典人 那麼，我要請你們集中精力。這些事情我們確實已經講過一遍了，而且講的人和聽的人都表現出高度警惕，要處理好這些驚人的悖論，尤其是在當前這個事例中。在進到我下一步將要擺在你們面前的這個論題時，我感到有些悲哀，然而我又想鼓足勇氣，絕不在它面前退縮。

克利尼亞 先生，你的論題是什麼？

雅典人 呃，提到兒童們的遊戲，我認爲我們的共同體對此陷入了一種普遍的無知狀態，看不到它對我們已經制定的法律能否永久保存，起著決定性的影響。凡是對兒童的遊戲作出具
B 體規定的地方，就能保證兒童總是以相同的方式做相同的遊戲，從中得到快樂，而我們在一些更加嚴肅的事務上的立法也要像兒童做遊戲一樣不受干擾，但由於兒童的嗜好是無限多樣的，不斷波動的，因此兒童遊戲總是會有新的變化和新的花樣。如果不規定兒童的遊戲類型，不依
C 據遊戲的情況或所使用的玩具來確定判斷遊戲好壞的標準，那麼發明和引進新遊戲的人就會受到特別的尊敬，我們把這些人稱爲社會的害蟲絲毫也不爲過。這樣的人在你們背後不斷地改變著年輕人的性格，唆使他們藐視古老的習俗，崇拜新穎的東西。我要再說一遍，對一個社會來說，沒有比這種語言和觀念更危險的東西了。請你們允許我解釋一下這種罪惡有多麼嚴重。

D **克利尼亞** 你指的是對古老習俗公開表示不滿嗎？

雅典人 正是。

克利尼亞 呃，至少我們這些人會對這種呼籲置若罔聞。我們都會抱著最友善的精神聆聽你的解釋。

雅典人 那麼我可以先說了。

克利尼亞 請吧。

雅典人 在討論當前這個問題時，讓我們超越一下自己，不要再在我們中間區分聽眾和講話

E 者。我們將會發現，除了從壞變成好，變化總是高度危險的，比如季節的變化、風向的變化、
攝生法的變化、精神習慣的變化，總而言之，一切變化都是危險的，除了我剛才提到過的從壞
變成好。我們可以思考一下我們的身體，想一想它熟悉各種各樣的食物、飲料或身體鍛鍊方式
的過程。身體一開始可能並不喜歡這些東西，但是攝生法的有用性在引導身體接受它們，身體
798 與新的攝生法調和，對它們熟悉起來，從而使生活過得快樂與健康。但若一個人再次被迫發生
改變，要使用別的得到認可的攝生法，那麼他一開始會對新食譜造成的混亂感到惱火，然後再
經過一段時間的熟悉才再次變得熟悉起來。呃，我們可以假定，同樣的事情在人的理智和靈魂
B 中也會發生。人們生來就處於某種法律體系之下，而這種體系又在某種幸福的神旨保佑下長期
穩定不變，因此沒有人記得或曾經聽說過有某個時代的事情與他們自己所處的時代不一樣，他
們的整個靈魂充滿著敬畏，不敢對已有的東西作任何改革。所以，立法者必須發明諸如此類的
辦法來保障共同體的利益，下面就是我就這一發現提出的建議。就像我們說過的那樣，人們全
都以爲兒童玩耍中的新花樣只是一種遊戲罷了，而不把它看作一種最嚴重的、最可悲的罪惡源
C 泉，而實際上它確實是罪惡的源泉。於是，人們並不想設法去阻止這種改變，而是一邊抱怨一
邊聽之任之。他們從來沒有想到，這些玩新花樣的兒童將來一定不可避免地會成爲與從前時代
不同的人，兒童身上的變化會誘使他們去尋求一種不同的生活方式，追求一套不同的體制與法
D 律。沒有一個人想到由此帶來的顯著後果，因此我們剛才稱之爲共同體的最大不幸。其他方面

的變化若僅僅是外在的，那麼其後果當然不那麼嚴重，但若對道德準則進行頻繁的修正，則是一種最大的變化，需要我們認眞防範。

克利尼亞 是的，當然要。

雅典人 那麼好，我們以前說過節奏和音樂是一種再現，用來表達較好的和較差的人的氣質，對此我們現在是否仍舊這樣想？

E **克利尼亞** 我們對這一點的信念仍舊和原來一模一樣。

雅典人 那麼，我們必須使用各種手段來防止兒童在舞蹈和唱歌中創造不同模式的慾望，也要防範可能有人引誘兒童去尋求各種刺激，我們該不該這樣說？

克利尼亞 完全應該。

799 **雅典人** 我們中有誰能夠找到一種比在埃及使用的辦法更好的辦法？

克利尼亞 那是什麼辦法？

雅典人 呃，就是把一切舞蹈和音樂神聖化。首先，節日必須通過編制年曆固定下來，要規定慶祝哪些節日，在哪些天慶祝，分別榮耀什麼神祇、神祇的兒子，或精靈。其次，某些部門必須決定在慶祝某位神的節日裡要唱什麼樣的讚歌，在節日儀式中要跳什麼樣的舞。當這些
B 事情都已經決定了以後，所有公民都必須公開向命運之神和所有神祇獻祭，向個別的神分別唱頌歌，獻上莊嚴的奠酒。如果有人想要違反這些法典的規定，在崇拜神靈時引進新的頌歌或舞

蹈，那麼男女祭司將與執法官一道，以宗教和法律的名義，把他從節日慶典中驅逐出去，如果被驅逐者拒絕服從，那麼在這些負責宗教慶典的人眼中，他將被終生視爲不虔誠之人。

克利尼亞 這是對的。

C **雅典人** 關於這種辦法，我們在實施的時候必須十分小心。

克利尼亞 你擔心什麼？

雅典人 當一名年輕人——更不必說一名老人了——看到或聽到某些不尋常、不熟悉的事情時，他不太像是馬上就能解除困惑。他更有可能會停一下，就好比獨自旅行或與同伴一道旅行來到了十字路口，也沒有人確切地知道該往哪裡走，這時候他會停下來向自己提問，或者把自
D 己的疑問告訴同伴，在沒有形成一個這條道路到底通向哪裡的確定看法前，他會拒絕繼續前進。這也是我們當前的處境。現在產生的一個法理問題是很獨特的，對這個問題我們當然必須徹底考察，我們這把年紀的人一定不要隨意充滿自信地堅持說自己能夠輕而易舉地解決這個問題。

克利尼亞 你說得很對。

E **雅典人** 所以我們要暫時擱置這個問題，在進行一番其他的考察後再來作決定。更何況，我們不希望我們的整個立法被擱在我們面前的這個論題無謂地打斷，所以我們的立法工作仍舊要堅持到底。確實，由於上蒼的仁慈，當整個討論到達終點時，對我們當前這個問題的回答也許

就出來了。

克利尼亞 先生，你的建議很好。讓我們就這麼辦。

雅典人 我說，讓我們先把這個悖論當作一個前提接受下來。我們的歌曲已經成了「經
800 典」，以往時代的人也曾把某些弦琴的曲子稱作經典，由此可見，他們對所謂經典的意思並非完全陌生。有些人可能在夢中看到眞理，或者在醒著的時候看到異象。簡言之，讓我們假定有這樣一條法規，任何人都不得違反有關歌曲、祭儀、青年歌舞表演的公共標準，無論是唱歌還是跳舞，都不得超越我們法典的規定。遵循法律就能暢通無阻，違反法律就要受到懲罰，由執
B 法官和男女祭司執行，這是前面提到過的。現在我們可以把這一點確定下來嗎？

克利尼亞 可以。

雅典人 那麼在這些事情上，人們可以確定什麼樣的他自己不會違反的法律統治呢？這是需要考慮的另一個相關的要點。我們最安全的辦法是從設想一些典型案例開始，讓我先設定下面這個例子。假定獻祭已經進行完了，犧牲已經按照法律的要求焚燒，而就在這個時候有些崇拜者——兒子或兄弟——突然出現在祭壇前，又獻上一些祭品，這種做法完全是一種褻瀆。我們難
C 道不可以說，在這個時候他的父親或其他族人都會感到驚愕、沮喪、灰心、不祥，急於把心中的憤怒說出來？

克利尼亞 確實如此。

雅典人 確實，在我們這個世界上，幾乎所有社會都有這種情況發生。執政官剛以公眾的名義進行獻祭，而這時候就有一支歌舞隊，或者有許多歌舞隊，轉了過來，他們不是遠離祭壇，
D
而是經常來到祭壇旁，把莊嚴的儀式變成純粹的褻汙，用他們的語言、節奏和陰鬱的琴聲折磨聽眾的情感，而最成功地使這個剛獻祭過的城邦突然流淚的歌舞隊還將被判定爲勝利者。我們一定不能贊同這種做法。如果我們的公民確實需要在某個曆法規定的哀悼日聽這樣的哀樂，那
E
麼更恰當的做法是從國外雇一些人來表演，就好像在舉行葬禮時雇一些吟遊詩人來表演卡里亞音樂。我認爲，這樣的安排也可以用於我們討論的這種表演，我還可以說——我們還是儘快把這個論題打發了吧——在表演這些哀歌時的恰當打扮不是花冠和金色的服裝，而是正好相反。我想要再次問我們自己的唯一問題是，我們對這第一條有關頌歌所做的典型規定是否滿意，頌歌應當……

克利尼亞 應當什麼？

801
雅典人 應當用吉祥的語言。我們確實可以規定，我們的頌歌應當是完全吉祥的。或者說，我不需要重複這個問題，只要把這條規則定下來就行了。

克利尼亞 沒問題，你可以這樣做。對你的建議我們全都投贊成票。

雅典人 我們的第二條規定是什麼？獻祭完了以後必須向有關的神祈禱，是嗎？

克利尼亞 顯然是的。

B **雅典人**　我想，第三條規定是，我們的詩人必須明白祈禱是向一位神發出的請求，因此應當十分謹慎，千萬不要漫不經心，心裡明明想的是要祈福，但卻發出詛咒聲。你知道，對神作這樣的祈禱是十分可笑的。

克利尼亞　當然。

雅典人　我相信，前不久我們指出聖地或我們在城裡的居所都一定不要擁有金銀財寶，對此我們感到滿意。

克利尼亞　我們是說過這樣的話。

C **雅典人**　現在我們要問，這個論斷想要說明什麼原則？其中的涵義不就是詩人並不是判斷善惡的最能幹法官嗎？因此在這種時候用錯語言和曲調的詩人——他們會作出錯誤的祈求——當然會引導我們的公民違反我們制定的有關在這個神聖時刻進行祈禱的法規，儘管我們剛說過，很難再發現比這更嚴重的錯誤了。我們下面還要不要再添上另一條典型的有關音樂的法規，以產生這樣的效果？

克利尼亞　產生什麼樣的效果？你要是能說得更清楚些，那我們會很高興。

D **雅典人**　任何詩人不得創作違反法律規定而不符合公共標準的作品，這些標準就是正確、高尚、優良，也不得在將其作品送交負責審查的官員和執法官審查，並得到批准之前就隨意向他人表演。這些審查官實際上是我們在選舉負責音樂的官員和教育總監時任命的。把問題再重複一遍，我們要不要把這條規定當作我們立法工作的一條典型法規，或者你有什麼要說的嗎？

克利尼亞 呃，當然要作出這樣的規定。

E **雅典人** 一旦作出了這些規定，就可以恰當地向諸神敬獻頌歌，還有伴隨著琴聲的讚揚和祈禱。在諸神之後，精靈和英雄同樣也能得到恰當的祈禱和讚頌。

克利尼亞 確實如此。

雅典人 下一步，我們可以直接了當地制定下列法規，而不必再有所顧忌了。終生不懈地追求這些身體的或心靈的目標，並服從法律的公民將受到我們的讚揚。

克利尼亞 呃，當然了。

802 **雅典人** 至於那些還活著的人，在他們的整個生命尚無一個光榮的終點時就用頌歌獎勵他們
是冒險的。所有這些榮譽都應當同樣獎勵給有傑出善良表現的男女。有關歌舞的法規應以下列
方式決定。較早時代的音樂在古代詩歌中有非常豐富的內容，古代的形體舞蹈也有很豐富的內
B 容，從中我們可以非常自由地選擇與我們正在建構的這個社會相適應的東西。應當任命一些不
小於五十歲的人來進行選擇，由他們決定哪些令人滿意的古詩可以接受，而那些被認爲有缺陷
的或完全不適用的詩歌，有些可以完全排除，有些則可以按照詩歌和音樂專家們的建議作某些
修改。我們應當充分利用這些專家的詩歌才能，不過，除了少數情況外，我們不能相信他們的
C 嗜好或喜愛，而要抱著立法者的目的使我們自己成爲解釋者，制定舞蹈、歌曲、歌舞活動的整

個規劃，使之與我們的目的盡可能吻合。任何未經規範的音樂活動在這種制度下都會得到無限的改進，那怕沒有添加任何音樂的甜食，喜悅則是所有相同類型的音樂都能提供的。如果一個人自幼年起，直到有理智的責任年齡爲止，一直熟悉嚴肅的古代音樂，那麼他會排斥與之相反的音樂，斥之爲野蠻的聲音；但若他從小聽著流行音樂長大，亦即令人發膩的那種音樂，那麼
D 他會感到與之相反的音樂是僵硬的、令人不快的。因此，如我前述，這兩種類型的音樂從人們的喜歡與不喜歡的角度來看，無所謂有利與無利，我們額外需要考慮的就是一種音樂通常使人變成比較好的人，另一種音樂通常使人變成比較壞的人。

克利尼亞 完全正確。

E **雅典人** 我們還有必要進一步粗略劃分兩種類型的歌曲：適宜女性的歌曲和適宜男性的歌曲。我們也必須給這兩種歌曲提供恰當的音調與節奏。如果一首作品的整個音調或節奏不對頭，那麼確實是件可怕的事，就好像我們的各種歌曲在這些方面都沒有得到恰當之處似的。所以，我們必須進一步針對這些要點立法，以一般綱要的方式。現在我們完全有可能對兩種歌曲從這兩個方面進行規範，但是把什麼樣的歌曲指定給女性是由天然的性別之差來決定的，因此這種天然的差別應當成爲我們區分兩種歌曲的基礎。據此，我們要把雄偉莊嚴的歌曲歸於勇敢的男性，而我們的法律和理論傳統上把整齊和純潔專門歸於女性。這方面的立法就說到這裡。
803 下面，我們必須考慮音樂的教育與灌輸，比如各個音樂部門的教育如何進行，教給誰，在什麼

時候進行，等等。你知道，造船始於安置顯示了整艘船輪廓的龍骨，我感到自己現在做的工作與此相同，我嘗試著爲你們奉現一個人類生活的綱要，以此回答人爲什麼有不同的性格類型。B 通過具體考慮要憑藉什麼工具或生活方式來使我們在時間海洋中的航行達到最佳目的，我確實安置了龍骨。當然，人生這件事也許不配過分嚴肅地對待，但我們不得不認眞對待，否則就會有遺憾。還有，由於我們已經在這個世界上，變化無常的世事無疑都表明這種認眞的態度是恰當的。但在這個地方，我可能會碰到這樣一個非常恰當的問題：你這樣說到底是什麼意思？

克利尼亞 你確實會碰上這個問題。

雅典人 呃，我的意思是，我們應當對嚴肅的事情保持嚴肅的態度，而不要把我們的嚴肅浪費在一些微不足道的小事上。一切有益的、嚴肅的努力都以神爲眞正的目標，而人，如我們前面所說的那樣，只是被創造出來作爲神的玩偶，這實際上對人來說是最好的。所以，我們所有人，男人和女人，都必須發揮我們的作用，很好地生活，使我們的「遊戲」盡可能完善——這 C 個說法把流行的理論完全倒轉過來了。

克利尼亞 倒轉？以什麼方式倒轉？

雅典人 當前流行的說法是我們要嚴肅對待我們的遊戲，而戰爭雖然是一種嚴肅的工作，但 D 由於和平的緣故而必須予以排除。實際上，我們在戰爭中並沒有發現，也絕不可能發現任何眞正意義上的遊戲與教育，而遊戲與教育是我們這樣的生靈最嚴肅的工作。因此，我們應當在和

平中度過一生中的大部分時間，而且要過得幸福。那麼，我們的正確辦法是什麼呢？我們要在
E 玩遊戲中度過我們的一生——我指的是某些遊戲，亦即獻祭、唱歌、跳舞——由此獲得上蒼的恩
寵，並且在我們不得不與敵人戰鬥時，驅逐敵人和征服敵人。哪一種歌曲和舞蹈能同時獲得這
兩種效果，在前面的綱要中我們已經提到了一部分。也就是說，道路已經開闢，我們所需要做
804 的就是沿著這條道路前進，像那位詩人那樣深信不疑。他說：「你自己心裡仔細考慮，神明也會
給你啓示；我深信不疑，你出生和長大完全符合神明的意願。[8]」

我們撫養的這些嬰兒必定也在詩人的考慮之中。這些孩子肯定會相信我們已經說過的這些
B 話，這些話已經達到目的了。此外，他們會受到鼓勵，神明也會光顧他們，比如在他們獻祭和
跳舞的時候，或者在其他時間，受到榮耀的諸神會給他們啓示。他們通過玩他們的遊戲來贏得
上蒼的青睞，眞實地過完他們的一生——他們主要是玩偶，但也具有一些眞實的存在。

麥吉盧 先生，我必須說，你把我們人類說得太可憐了。

雅典人 不要大驚小怪，麥吉盧。你對我要寬容，我心靈的眼睛看到神就在我面前，感到自
C 己就像我說過的一樣。然而，如果你也有這種感覺，那麼人就不那麼微不足道，而是比較重要
的了。

再繼續說我們的主題。我們已經安排了三所公共學校，城裡有它們附屬的訓練場地，城
外也有三個訓練場地，還有寬大的練習騎馬的場地，適宜使用弓箭和其他遠距離武器，我們的

年輕人在這裡可以學習和練習；或者說如果這些場地都還沒有修建好，那麼就讓這些年輕人學
D 習我們的理論以及與此相應的法規。要給孩子們指派各個科目的教練和指揮員，這些人是雇來
的，拿薪水的，不是城邦的公民，來聽他們課的男孩子必須學習完整的戰爭技藝和音樂課程。
如果做父親的有這樣的願望，那麼他的孩子倒是可以豁免這種教育。我們說，教育對每個母親
E 的兒子都是強制性的，原因在於兒童比他們的父母更是國家的財富。你們要注意，我的法律
在各方面也適用於女孩，女孩也應當接受與男孩一樣的訓練。在講述我的理論時，我不想對騎
馬或體育訓練有什麼保留，視之爲適宜男子而不適宜女子。事實上，我完全相信那個古代的故
805 事，我確實也知道今天仍有成千上萬的婦女生活在黑海周圍，她們被稱作薩瑪提亞人，不僅精
通騎術，而且弓箭嫻熟，使用起各種武器來絕不亞於她們的丈夫，她們同樣是有教養的。如果
這樣的事情是眞的，那麼我要說在我們世界的這個部分當前的做法極爲愚蠢，因爲在這裡男人
和女人並不聯合起來以他們的全部精力從事相同的事業。事實上，在我們現有的各種城邦制度
B 中，幾乎每個城邦都可以發現自己只是半個城邦，而在探險和處理麻煩時它們要付出的代價是
相同的。這對立法者來說是一種多麼令人吃驚的景象啊！

克利尼亞 呃，先生，我們現在提出來的許多建議好像與我們的風俗習慣不一樣。然而，你
提出有權繼續論證你的建議，在它還沒有完成之前，不要由我們來作裁決。這個建議是非常恰
當的——鑑於這個原因，我對我當前的觀察感到自責。所以還是請你按照自己的想法繼續說下

去。

C **雅典人** 克利尼亞，我說過，我的想法是，如果事實不能充分地表明我們的建議是適用的，
那麼就有理由駁斥這種理論。因此，對拒絕我們建議的反對者來說，他必定會按照不同的思路
來看待我們的建議。這樣的策略並不會阻礙我們堅持我們的原則，在教育問題上和在別的事情
上一樣，女性一定要和男性完全結合在一起。事實上，我們還可以從別的角度來處理這個問
D 題。如果女性不和男性一道參與生活的各個層面，那麼我們必須爲女性提出某些不同的綱領，
難道不是嗎？

克利尼亞 確實如此。

雅典人 我們剛才提到的男女同伴關係在現有體制中有不同的表現，那麼我們應當喜歡哪
E 一種呢？是色雷斯人和其他許多民族遵循的體制嗎，婦女耕種土地，照看牛羊，做各種僕人做
的事，完全像奴隸一樣？或者說是在這個世界上我們這個部分普遍實行的做法？你們知道我們
在這方面的習俗。如諺語所說，我們把所有財產全都「收藏在一所房子裡」，讓我們的婦女管
806 理庫房，負責紡紗織布。或者說，我們也許應當走一條中間道路，通過投票來決定這件事，麥
吉盧，就像你們在拉科尼亞所做的那樣？你們的婦女從小就要接受體育和音樂的訓練。等到長
大了，你們並不讓紡織羊毛的工作佔據她們的所有時間，而是讓她們過一種複雜的生活，這種
生活需要訓練，而且遠不是下賤的或瑣屑的，她們要學一部分醫藥知識，要學會貯藏，要學會

養育兒童，但並不參與戰爭。不過，這樣做的實際結果是，如果環境一旦逼迫她們參加保衛城邦和兒童的戰鬥，那麼她們就不能像亞馬遜人那樣嫻熟地射箭或投標槍。她們甚至不能模仿我們的女神拿起長槍和盾牌，從容鎮定地而又勇猛地捍衛受到蹂躪的祖國，以她們武士的英勇形像令侵略者聞風喪膽，難道不是嗎？至於薩瑪提亞人，你們的婦女在生活中絕不會冒險模仿她們，與你們的婦女相比，她們做的工作應當由男子來做。這些男人倒像是會贊同你在這件事情上的立法。我只能把我想到的都說出來。立法者應當徹底，不能半心半意，他一定不能在爲男性立法之後，就把另一種性別的人當作放蕩的奢侈生活的工具和取樂的對象，這樣做的結果必然使整個社會的幸福生活只剩下一半。

麥吉盧 我們該怎麼辦，克利尼亞？聽到這位客人把我們斯巴達糟蹋成這個樣子，我們還必須忍受下去嗎？

克利尼亞 我們確實要忍受下去。我們允許他擁有言論自由，所以我們必須讓他說下去，直到我們對立法的考察圓滿結束。

麥吉盧 我承認，你說得對。

雅典人 那麼又該輪到我說話了。

克利尼亞 是的，沒錯。

雅典人 那麼，這些人的生活會是個什麼樣子？他們的生活必需品要得到恰當的配給，他們

E 的工作與技藝要由別人來掌握，他們的土地要由奴隸來耕種，奴隸們把土地的出產當作地租交
給這些有理智的人享用；還有，公共食堂建起來了，有些食堂是他們自己使用的，有些鄰近的
食堂供他們的家庭成員使用，包括他們的女兒和他們女兒的母親；男女公民都有自己的首領，
807 他們的法定職責是每天檢查和監督人們在食堂裡的行爲，然後宣佈就餐結束，這時候，公民首
領要率領衆人向該日的神明奠酒，然後就回住處上床睡覺。什麼時候能對他們作這樣的安排，
除非他們沒有必要的和恰當的工作要做？他們中的每個人都像關在廄裡的公牛一樣度日，把自
己養得胖胖的嗎？不，我要說，這樣做既不正確又無可能，過著這種生活的人必定會錯失他既
B 定的命運，成爲一隻愚蠢的、懶惰的、肥胖的野獸，這種野獸一般都是其他野獸捕食的獵物，
而那些費盡氣力、冒著危險去捕捉獵物的野獸是精瘦的。現在，我們若想繼續努力尋找完全實
現我們已經提出來的綱領辦法，那麼我認爲，只要還存在屬於個人的妻子兒女和房屋家產，我
們的綱領就絕不可能實現。還有，如果可以確信我們現在描述的這種狀況雖然不是最好的，但
C 卻是次好的，那麼我們確實已經可以結束了。
然而，我認爲有一項工作要留給那些領導這種生活的人去完成，這項工作絕非微不足道
的或最卑賤的，正義的法律已經任命他們從事這項最重要的工作。那些立志在奧林匹克賽會和
庇提亞賽會上取勝的人，他們的生活不會給其他任何工作留下閒暇，而在我們已經描述過的與
D 各種身體和心靈的德行有關的鍛鍊中有著雙倍的、或者更多的活動。附帶做其他事情是不允許

的，以免妨礙身體的必要鍛鍊和攝生，或心靈的必要學習和慣常的約束。那些以此爲唯一的事業，想要從中求得最圓滿的結局的人總是感到時間不夠用。由於這種狀況，所以每個自由的公民都需要有序地安排他的所有時間，必須每天從早晨開始，不間斷地一直執行到黃昏和日落。
E 當然了，如果立法者屈尊去對家務管理發佈大量瑣碎的指令，其中包括睡覺方面的限制，如何
始終保持警惕以保障城邦安全，等等，那麼立法者會顯得缺乏尊嚴。事實上，如果哪位公民整
808 夜睡大覺，不讓他的僕人們看到他始終醒著，或者知道他是整個家中最早起的人，那麼這種行
爲必須被一致認定爲是可恥的，是與自由民的高貴品質不相稱的，這種規定應當視爲法律，或
者視爲習俗。尤其是，家庭的女主人應當最早醒過來，她的貼身女僕在早晨把她叫醒，而她再
去叫醒整座房子裡的其他所有人，只有做到這一點，所有僕人，包括男女僕人和童奴才會感到
睡懶覺是可恥的。大部分公共和私人事務肯定應當在晚間到入睡前進行，官員們處理公務，男
B 女主人在家中處理私事。過多的睡眠確實對我們的身體和心靈不利，因爲要做的事情實在太多
了。事實上，睡著了的人只能算一具屍體。人應當用各種身體和心靈的活動來盡可能保持清
C 醒，只留下保持身體健康所必需的睡眠，如果有良好的習慣，這種必要的睡眠時間並不太多。
公共官員們在夜晚保持清醒可以使壞人感到害怕，無論是敵人還是公民。這種對公義和美德的
敬畏既給公民自己帶來好處，也給他們的整個國家帶來好處。

關於夜晚我們就談到這裡，除了已經說過的，我們還可以說，以這種方式過夜有助於培養

D 各式公民的勇敢精神。隨著白晝的返回，男孩子們可以去上學。正如羊群或其他畜群不可無人牧養，所以男孩子不可無人照料，奴隸不可沒有主人的看管。在一切年輕的生靈中，男孩子是最難對付的。這是因爲與其他生靈相比，他有一個還不能「清澈地流淌」的理智的源泉，他是
E 最狡猾的、最惹事生非、最不服管教的野獸。所以我們可以說，這種生靈要用不止一條馬勒子來約束，他一離開母親和褓姆的懷抱，就要有人照看，這個時候他是幼稚無助的，等他長大一些，就要有許多老師來教育他，使他成爲一個自由民。還有，如果有自由民發現他犯了過錯，那麼對他，以及對照料他的人和他的老師，都要給予處罰，就像處罰奴隸一樣。如果他逃避這
809 樣的矯正，那麼人們會認爲這首先是他自己的奇恥大辱。還有，男孩子若是犯了不需要強制性矯正的過錯，那麼負責管教男孩的執法官會召集在場的人來確認，這位執法官必須眼光敏銳，忠於職守，努力監督對男孩子的訓練，使他們的天然品性走上正道，使他們成爲善良、守法的公民。

至於這位執法官本人又如何充分接受法律指導的呢？儘管在與執法官有關的地方，法律一
B 定會出現，但到目前爲止，法律的聲音既不清楚，又不充分，而只是說出了一部分內容，法律要把所有的內容傳授給執法官，再由執法官向其他人作解釋，並加以執行。現在，我們已經處理了歌舞技藝，亦即唱歌和跳舞。我們已經說了應當選擇什麼類型的歌舞，並加以修改和神聖化，但我還沒有來得及告訴你們這些最高貴的教育指導者應該如何對待那些沒有音步的作品，

C 哪些應當由你們來管理，管到什麼程度。你們確實已經知道他們的軍事課程和訓練必須是什麼
樣的。但是他們必須首先知道字母，其次是知道七弦琴和音韻，我們說過，所有人都要掌握這
些戰爭、家庭事務、公共管理所需要的東西，以及關於天體——日月星辰——運行的知識，這種
D 知識對上述目的也有用，任何城邦都必須處理這些事務，對嗎？你們問是什麼事務？把日分成
月，把月分成年，使得季節、各季的獻祭與節慶，都能適合眞正的自然秩序，按時進行慶典，
使城邦保持活力和警醒，使諸神得享榮耀，使人在這些事務上的理智取得進步。我的朋友，這
些問題就是立法者還沒有給予充分回答的地方。我現在要說的事情，你們要更加注意。
E 我們已經說過，你們的指示有缺陷，首先是閱讀和書寫。那麼我們抱怨的這種缺陷是什麼
呢？這就是到現在爲止還沒有人知道，男孩子作一名體面的公民是否必須掌握閱讀和書寫，七
弦琴的問題也一樣。好吧，讓我們來告訴你們，這些學習一定不能放棄。從十歲開始，花三年
810 時間學習閱讀和書寫對男孩子來說是很適宜的，如果從十三歲開始學七弦琴，那麼再花三年時
間也就足夠了。無論男孩本人和他們的父母喜歡還是厭惡這些學習，都不能延長或縮短規定的
學習時間，延長或縮短這個學習期限是違法的，不服從這條法規就要被趕出學校，對此我們馬
上就會講到。在這三年中老師要教哪些具體內容，或者學生要學哪些具體內容呢？這就是你們
B 要從我們的回答中首先聽到的東西。他們當然必須學習字母，直到能夠閱讀和書寫，但是在已
經規定了的時間內，如果這種自然的進步比較慢，那麼在這種情況下也就不要堅持在這方面迅

C 速達到圓滿的地步。至於要不要學習那些沒有音樂伴奏的作品，無論是有音步的還是沒有節奏劃分的——這種作品實際上就是用簡單的話語寫成，而沒有節奏或音調方面的修飾——之所以提出這個難題，乃是因爲我們有許多這樣的作品，這些作品是由我們的許多作者留傳下來的。那麼，尊敬的執法官，你們會如何對待這些作品呢？或者說立法者會命令你們去處理，但如何處理才是正確的呢？我感到，這些作品給他造成的困惑非同小可。

克利尼亞 先生，請告訴我們難在哪裡？你顯然是在談論一種個人的難處。

雅典人 是的，克利尼亞，確實如此。你們說得對。你和你的朋友在這場立法討論中是我的同事，所以我必須坦率地告訴你們我在什麼地方有難處，什麼地方沒有。

D **克利尼亞** 好吧，但是你爲什麼要在這個時候提到這一點？是什麼在使你感到要這樣做？

雅典人 呃，問題是這樣的。要反對成千上萬的聲音絕非易事。

克利尼亞 神明保佑，你認爲我們已經談論過的立法只是在一些小事情上與流行的觀念有矛盾嗎？

雅典人 是的，確實如此。我認爲，你說過，儘管會有許多人反對我們的立法之路——認爲

E 這條道路很有吸引力的人也許很多，也許很少，但至少不會沒有——而你要我參加少數派，並勇敢堅定地沿著我們當前討論的道路前進，不要退縮。

克利尼亞 我確實這樣說過。

雅典人　那麼就不許退縮。請記住我的話。我們有大量詩人，有些寫六音步詩，有些寫抑
揚格三音步詩，總之，各種音步的都有，有些低沉，有些高昂。在他們這邊，有成千上萬個聲
音，而那些正在接受正確教育的年輕人都應當學習這些詩歌，要通過這種學習來提高，他們的
閱讀課必須使他們廣泛地熟悉這些詩人的作品，對這些詩歌作研究；所有詩人的作品都必須用
811 心背誦。還有一些人編輯詩人的文集，或者把所有詩歌彙編在一起，他們說，我們的年輕人必
須熟悉這些文獻，要勤奮學習，背誦和牢記這些詩歌，使自己成爲善良聰明的人。這些人一定
會要求我直接了當地告訴他們這樣做是對還是錯，而這也正是你們現在要我做的事。

克利尼亞　是的。

B **雅典人**　我怎麼可能用一句話來說清這個問題呢？情況很有可能是這樣的——我想每個人都
會同意這個說法。在每個詩人的作品中，都有一些很好的東西，也有一些不那麼好的東西。但
若是這樣的話，我必須告訴你們，這種廣泛的學習對我們的年輕人就包含著危險。

克利尼亞　那麼你對我們的執法官會如何提出建議呢？

雅典人　向他提建議？什麼方面的？

C **克利尼亞**　一個選擇的標準，使他可以依據這個標準允許所有年輕人學某個作品，或禁止他
們學習某個作品。把你的想法告訴我們吧，不要猶豫不決。

雅典人　我親愛的克利尼亞，我大膽地認爲自己走在一條幸運的道路上。

克利尼亞　你幸運在什麼地方？

雅典人　我幸運在沒有完全丟失標準。回顧你我從早晨一直進行到現在的這場討論，你我
D 眞的相信有神明在指導我們，不管是個什麼樣子，我感到我們的討論就像一首詩。我要大膽地說，回顧由我創作的這一宏偉篇章，如果我可以這樣說的話，那麼我有如此強烈的快樂感就絲毫也不奇怪。事實上，在我曾經閱讀或聆聽過的所有作品中，我發現它是最令人滿意的，也是最適宜年輕人聆聽的。所以我確實認爲，我不可能再向我們的執法官和教育官提出更好的標
E 準，或者在他指令學校的老師們把它教給學生以後，還要求他做得更好些，或者要求他從我們那些非韻文的文獻中去尋找與我們詩人創作的詩歌中相關的和相同的東西，乃至於從那些與我們當前討論相似的未成文的簡單討論中去尋找，不是放棄它們，而是使之成文。他應當首先強制性地要求那些教師本人學習我的作品，理解它。那些對這篇作品不滿意的教師，他一定不能雇來作爲他的同事；那些與他自己的理解相一致的教師應當雇傭，把指導和教育年輕人的事情
812 託付給他們。說完了這些，我關於閱讀和理解，以及關於教這些科目的教師可以告一段落了。

克利尼亞　先生，如果有人要對我們公開聲稱了的意向作判斷，那麼我相信，我們已經沿著最初確定的路線進行了討論。至於我們整個態度是對還是錯，那是很難判定的。

B **雅典人**　呃，克利尼亞，再重複一下我講過不止一次的話，一旦我們關於立法的考察抵達終點，這個問題自然而然也就比較清楚了。

克利尼亞 對。

雅典人 那麼我們能否撇下教字母的教師，把我們的討論轉向教弦琴的老師呢？

克利尼亞 務必如此。

雅典人 好吧，關於教這種樂器的老師，我想，如果我們回顧一下我們前面的論斷，我們可以恰當地把他們的功能確定爲指導員，或者更一般地稱他們爲這種教育的教練員。

克利尼亞 請你告訴我，我們在前面說過什麼？

雅典人 呃，我記得我們說過「狄奧尼修斯的歌舞隊」，其中那些六十到六十九歲的人需要
C 對節奏和音調的結構格外敏感，以保證他們有能力辨別靈魂在情感的壓迫下對音樂的模仿是好還是壞，也就是說要能區別善的靈魂的模仿和惡的靈魂的模仿，要拒斥第二種，公開地進行第一種靈魂對音樂的模仿，使這些頌歌能吸引年輕人的心靈，使他們都能通過這種方式的模仿追求美德。

克利尼亞 你說得確實很好。

D **雅典人** 那麼，這就是教師和學生都必須使用七弦琴音符的目的；他們必須這樣做，以便從它的琴弦提供的東西中獲益，因此也必須使琴弦發出的音調與那些歌聲的音調一致。至於各種各樣的複雜樂器——琴弦產生一種音調，歌曲的創作者發出另一種音調，八度音內的或八度音
E 外的，音程較長的或音程較短的，短音符或長音符，低音調與高音調，還有各種伴奏樂器的複

雜節奏——不能讓學生使用，因爲學生們想要在短短三年時間的音樂學習中獲益。使用如此複雜的樂器會使學習進展緩慢，讓我們的年輕人學習簡單課程是絕對必要的，我們已經給他們規定的強制性課程已經不少，而且也不容易，就好像我們的討論一樣，要在規定的時間內完成。所以，這些事情就讓我們的教育官員按照已經確定的路線去監督執行。至於具體的音調和歌詞就由我們合唱隊的教練去教，關於這些歌詞的性質，我們也已經充分討論過了。你可能記得，我們說這些歌詞必須神聖化，用於恰當的節慶，爲社會提供快樂，那才是眞正的幸運。

813

克利尼亞 你說的同樣很正確。

雅典人 是的，絕對正確。所以我們選擇的音樂教練會監管這件事，願命運之神給他賜福！

B

而我們還要做的事是把我們已經說過的跳舞和一般的身體鍛鍊進一步具體化。我們通過增添對教師的指導對我們處理音樂做了補充，關於身體方面的教養我們也要做同樣的事。當然了，男孩和女孩都必須參加跳舞和身體鍛鍊，是嗎？

克利尼亞 是的。

雅典人 所以男孩子跳舞要有男教師，女孩子跳舞要有女教師，這是一種很方便的安排。

克利尼亞 我沒有疑議。

C

雅典人 那我們要再次向我們工作最繁忙的教育官提出要求。他對音樂和身體訓練的監管會使他非常忙碌。

克利尼亞 隨著年紀增長，他還有可能管哪麼多事嗎？

雅典人 噢，他還很輕鬆。法律允許他選擇任何男女公民來與他一道完成這些工作，他實際
上也已經這樣做了。他知道什麼樣的人適宜做這樣的工作，不希望在這些事情上犯錯誤，他也
D 會忠於職守，明白這項工作的重要性。他一生堅信，只要年輕一代能夠不斷地健康成長，我們
的國家這艘大船就會順利地航行；如果不是這樣的話，那麼結果最好就不用提了，在我們建起
來的這個城邦裡，我們也一定要提防這些凶兆。關於一般的跳舞和身體訓練，這個主題我們自
E 己也已經說了許多。我們講到了體育和各種軍事訓練，練習射箭、投擲標槍、輕裝偵察、步兵
戰鬥、戰略戰術、野外行軍、安營紮寨，以及騎兵的各種訓練。事實上，所有這些學習都需要
有可以向國家領薪水的公共教師，他們不僅要教男孩子和男人，還要教女孩子和女人，婦女也
必須得到所有這些知識。女孩子從小就要充分練習舞蹈和戴盔甲的戰鬥，長大了要參加軍事指
814 揮、集體操練，還要使用各種武器。如果沒有別的原因的話，這樣做的理由只在於一旦形勢要
求我們全體公民參加城外作戰，那麼保衛整座城市的任務就會落到兒童身上，女孩子也要能擔
當起這個任務。另一方面，如果有大量希臘人或外邦人入侵——這種情況並非絕對不可能——那
B 麼必定會有保衛城邦的激烈戰鬥，如果城邦的婦女沒有訓練好，乃至於連母雞面對最危險的野
獸或其他任何危險冒死保護小雞那樣的勇氣都沒有，如果她們只是朝著神廟狂奔，坐在祭壇和
神龕前，那麼這種表現確實是城邦的奇恥大辱，是人類最卑賤的表現。

C **克利尼亞** 呃，先生，這種表現在任何城邦都不可能被視爲光榮的，更不要說它是極爲可悲
的了。

雅典人 那麼，我們可以針對這種情況制定一條法律，我們的婦女不能忽視戰爭的技藝，所
有公民無論男女都必須參加軍事訓練，是嗎？

克利尼亞 不管有多少人支持你的觀點，反正我是支持的。

雅典人 關於摔跤我們也已經談過了，儘管不用眞實的演示很難對摔跤作出解釋，但在我看
D 來它絕不是最重要的。所以我們把這個問題放一放，直到理論與實踐的結合使整個主題都已經
清楚地得到說明，到那個時候哪一種摔跤與軍事戰鬥有更加緊密的聯繫也就清楚了。要知道，
我們學習摔跤的目的是爲了軍事，而不是軍事以摔跤爲目的。

克利尼亞 最後一點說得很好。

雅典人 關於摔跤的價値我們就暫時說到這裡。至於別的全身運動——稱之爲舞蹈大體上是
E 恰當的——我們必須記在心裡。它有兩種：一種是莊嚴的，用適宜的形體動作來表達某種意思；
一種是荒唐的，用不適宜的形體動作來表現。進一步區分，喜劇和那些嚴肅戲劇中的舞蹈又可
分別分成兩種。在嚴肅的戲劇中，一種舞蹈用適宜的形體動作來表現戰爭，由勇敢、堅韌不拔
815 的靈魂來承擔；另一種舞蹈則表現繁榮昌盛的快樂，由有節制的靈魂來承擔，後者的恰當名稱
是「和平舞蹈」。戰爭舞蹈的性質與和平舞蹈不同，可以恰當地稱作「出征舞」。它刻劃了各

種躲避敵人的打擊和躲閃飛矢走石的姿勢，撲倒、躍起、下蹲，等等，也刻劃了與此相反的各
種進攻姿勢，再現射箭、投標槍、拳打、腳踢，等等。在這些舞蹈中，直立穩定的姿勢代表良
B 好的身體和心靈，四肢在這種姿勢中基本上是筆直的，我們稱之爲正確的姿勢；而那些與此相
反的姿勢則是錯誤的。在和平舞蹈中，表演者的成功與否這個問題取決於他的舞蹈方式是否優
雅，能否通過舞蹈使他成爲遵守法律的人。所以，我們首先要在有問題的舞蹈和沒問題的舞蹈
C 之間劃一條界線。因此，這個區別是什麼？這條界線應當劃在哪裡呢？

酒神信徒的舞蹈以及類似的舞蹈被稱作「笑劇」，由喝了酒的信徒表演，他們化裝成寧
婦、潘、西勒諾斯，或者薩堤羅斯[9]，作爲某些祭儀和入會儀式的一部分，很難說這些舞蹈的
D 風格屬於戰爭舞還是和平舞，也很難確定它有什麼目的。我想，最正確的辦法是把它與上述兩
種舞蹈區分開來，宣佈它不適合公民，把它擱在一邊，然後再回過頭來討論無疑與我們相關的
戰爭舞與和平舞。另一類舞蹈包括用非軍事的技藝來崇拜諸神及其後代，表達一種良好的意
E 願。這類舞蹈可以分成兩部分：一部分表達逃離艱難險阻以後獲得好運，其中洋溢著的快樂比
較強烈；另一部分表達保持和增加已經擁有的幸福的願望，其中包涵的快樂更加平穩。我們知
道，處在這種情況下的人身體都會運動，快樂愈強烈，動作愈激烈，快樂愈不強烈，動作愈不
816 激烈。還有，理智愈清醒，受過的艱苦訓練愈多，動作愈不激烈；愈是感到害怕，受過的艱苦
訓練愈少，動作就愈激烈。但是一般說來，凡是使用語言器官的人，無論是唱歌還是講話，都

不能保持身體的絕對靜止。因此，借助身體的姿態和姿勢可以表達意思，舞蹈藝術的本質就在
於此。在各種情況下，有些人的身體姿勢與他說話的時間和音調保持一致，另一些人則不能
B 保持一致。因此，我們實際上可以用許多傳統名稱來高度讚揚這些舞蹈的卓越表現，其中之一
就是表現繁榮昌盛的那種舞蹈，人們在快樂中仍舊能夠保持分寸。我們應當表揚這些名稱的發
明者，無論他是誰，他們道出了這些名稱的眞理和音樂味，哲學的洞見使他們把優秀的舞蹈總
C 體上定義爲和平的，然後開始區分兩種舞蹈，賦予它們恰當的名稱，一種是戰爭舞，或者稱作
「出征舞」，另一種是和平舞，或者稱作「祝捷舞」。立法者必須以提要的方式處理這些事務，
而執法官要使它們成爲人們學習的對象。他的考察應當帶來舞蹈與其他音樂形式相結合的結
果，給每一種獻祭慶典規定恰當的尺度，按既定過程把整個安排神聖化。因此，舞蹈和唱歌都
不需要任何新花樣。不，我們的公民和城邦必須通過享有同樣的快樂和過同樣的生活來保持同
D 一，他們全都要能說一樣的話，享受一樣的幸福和快樂。

這就是我們關於歌舞隊表演的結論，這種表演要有健美的身體和高尚的心靈。但我們無法
不注意到那些醜陋的身體和靈魂的表演，藝人在朗誦、唱歌、舞蹈中的荒唐、滑稽、粗俗的表
演所帶來的諷刺效果更是我們要加以檢查的。一個人要想形成判斷，如果不瞭解虛假就不能更
E 好地理解眞誠，二者是相反相成的；但另一方面，想要追求善的人，不可能同時產生虛假和眞
誠，而求善在任何時候絕非小事。人們必須瞭解這些事情的原因在於不能因爲無知而受騙，以

致於說出荒唐的話或做出荒唐的事來。我們要下令，這些表演應當留給奴隸或雇來的外國人，也不必當眞。任何自由人，無論男女，都不要去學習這種表演，而這種表演總是花樣百出。喜劇這個名稱一般指的是活動性的娛樂，我們可以按照法律對它作出規定，並伴以必要的解釋。

817 至於悲劇詩人和他們所謂的嚴肅作品，我們可以接受其中的一部分，但他們會向我們提出
這樣一些問題：先生，我們可以到你們的城邦和國土上來訪問嗎？我們可以把自己的作品帶來
嗎？或者說，你們在這方面有什麼規定？

面對這些天才人物提出的問題，什麼樣的回答才是正確的呢？

B 呃，我相信這才是正確的回答：尊敬的來訪者，我們自己就是悲劇作家，我們知道如何創
作最優秀的悲劇。事實上，我們整個政治制度就建得相當戲劇化，是一種高尚完美生活的戲劇
化，我們認爲這是所有悲劇中最眞實的一種。你們是詩人，而我們也是同樣類型的人，是參加
競賽的藝術家和演員，是一切戲劇中最優秀的戲劇的藝術家和演員，這種戲劇只有通過一部眞
C 正的法典才能產生，或者說，這至少是我們的信念。所以你們一定不要指望我們會輕易地允許
你們在我們的市場上表演，讓你們演員的聲音蓋過我們自己的聲音，讓你們在我們的男孩、婦
女、所有公眾面前公開發表激烈的演說。你們發表的看法所涉及的問題與我們相同，但效果不
一樣，而且大部分效果是相反的。呃，在城邦的執政官還沒有決定你們的作品是否適宜公演之
D 前，如果我們允許你們這樣做，那麼我們眞是瘋子，如果你們能找到一個人允許你們這樣做，

那麼整個城邦也是瘋子。所以，你們這些較爲弱小的繆斯神的子孫，先去執政官那裡，把你們的詩歌表演給他看，讓他拿來與我們的詩歌作比較。然後，如果證明你們的情感與我們相同，或者比我們更好，那麼我們會給你們配一個合唱隊，如果不是這樣，那麼，我的朋友，我恐怕我們絕不會這樣做。

E 現在請你們表態，這就是我們關於整個歌舞藝術及其實踐的立法，還有對奴隸和他們的主人分別作出的相關指示。

克利尼亞 好吧，我們當然同意，不管怎麼說，我們現在是同意的。

雅典人 那麼自由人還要繼續學習三門課。數字和算術算一門；測量、畫線，平面的和立
818 體的，總合起來算一門，這是第二門；第三門的內容是行星軌道及其相互之間的眞正關係。不可能對所有人詳盡地解釋這些課程的每一個細節，學習這些細節的只能是少數挑選過的人，至於如何對這些人進行教育，我們將在論證臨近結束時提到，那裡才是說明這一點的適當地方。對大眾來說，學習如此之多的必要課程是恰當的，我們確實可以說，一個普通人要是不知道這些內容是可恥的，儘管要學習這些課程非常艱難，或者說實際上不可能研究它的每一個細節。
B 我們所強調的只是不要否定它具有的「必然性」。有句格言說，「甚至連神也絕不能違抗必然性」，當格言的作者這樣說的時候，他心中想到的實際上也是必然性。無疑，他指的是神的必然性，那怕你僅從人的必然性出發理解這句話，就像人們對這句話的一般理解那樣，也可以明

白這句話絕非最愚蠢的話。

克利尼亞 是的，先生。但是另一種必然性，神的必然性，會出現在這些學習的什麼地方出現呢？

C **雅典人** 呃，我假定，有些人忽視或完全不知道，任何人都不可以對我們扮演神祇或精靈的角色，也不能扮演英雄的角色，英雄是人類最嚴重的迷信。如果受神激勵的人連三和二、奇數與偶數都分不清，也不會數數，甚至分不清晝夜，不知日月星辰的軌道，那麼這樣的人還能算是人嗎？所以，若有人以為這些知識對想要「知道」一切學問中最高尚的知識的人來說並非
D 不可或缺的，那麼這種想法極端愚蠢。要學習哪些知識部門，學到什麼程度，在什麼時間開始學，哪些學問要和其他學問一起學，哪些可以單獨學，如何使這些學問形成一個整體，這些問題是我們首先要加以確定的。然後我們才可以在這些學問的指導下研究其他學問。這是一種自
E 然的秩序，具有我們所說的必然性，沒有任何神會反對或將要反對這種必然性。

克利尼亞 是的，先生，你剛才表達的觀點非常正確，確實如你所說，這種秩序是自然的。

雅典人 沒錯，克利尼亞，儘管我們現在難以根據預見對這些問題立法。如果你們同意的話，我們可以延遲到其他場合再對更加具體的細節進行立法。

克利尼亞 先生，我們的同胞確實不熟悉這個問題，不過我想你對這一點也太在意了，你的
819 多慮其實是沒有必要的。請你盡力陳述你對這個問題的看法，不要有任何保留。

雅典人 我確實在意你提到的這種情況，但更加注意那些已經按照錯誤方式學習這些知識的學生。完全不熟悉某種學問絕不是一種危險，或者是不可克服的障礙，也不是最大的惡，更大的危害來自對一門學問有廣泛深入的學習，但同時經受一種壞的訓練。

克利尼亞 你看得很準。

B **雅典人** 那麼好，我認爲自由民應當學習各種課程，就好像在埃及一樣，那裡有許多孩子要學習字母。埃及人爲那些最特別的兒童設計了一些數學遊戲，一邊學一邊獲得許多樂趣，比如一開始讓他們分配固定數量的蘋果或花環，分給若干人；還有，讓他們按比賽要求給拳擊手和摔跤手分組，分成一系列的「對子」，看有沒有人剩下。此外，教師們還讓學生做一種遊戲，
C 把幾套金、銀、銅製的茶托混在一起，然後再來分配，有時候用其他金屬茶托，有時候全部用一種質料的茶托。以這樣的方式，如我所說，他們把數學的基本運用融入兒童遊戲，給學生們提供了一種有用的預備性練習，使他們能夠進一步學習軍事生活中的戰鬥部署、行進運動，以及進一步學習管理內部事務，使他們更加機敏，並且能夠以各種方式更好地從事這些工作。然
D 後，他們繼續練習測量長度、面積和體積，以此消除他們的天真無知，而整個人類要是對這些知識無知的話，那眞是荒謬的，可恥的。

克利尼亞 這種天眞無知是如何形成的？

雅典人 我親愛的克利尼亞，當很遲才有人向我指出這種狀況的時候，我像你一樣感到非常

震驚。這種無知在我看來更應當是像豬一樣愚蠢的畜牲，而不應當是人，我不僅是在爲我自己
E 感到臉紅，而且是在爲我們整個希臘世界感到臉紅。

克利尼亞 但是，你臉紅的原因是什麼？先生，讓我們聽聽你的解釋，好嗎？

雅典人 呃，我願意告訴你，或者說我寧可用提問的方式來作答。請你告訴我一件小事。你知道「線段」是什麼意思嗎？

克利尼亞 我知道。

雅典人 「平面」的意思呢？

克利尼亞 我當然知道。

雅典人 你知道線段和平面是兩種不同的東西，「立體」是另一種東西，是第三種，是嗎？

克利尼亞 是這樣的。

雅典人 現在，你是否認爲這三種東西相互之間都有公度性嗎？

克利尼亞 是的。

雅典人 也就是說，「線段」具有可用線段來度量的本性，「平面」具有可用平面來度量的
820 本性，「立體」具有可用立體來度量的本性，是嗎？

克利尼亞 確實如此。

雅典人 但若假定這種情況並非普遍的，而是對有些事例是確定的，對有些事例不那麼確

定，對有些事例來說是正確的，對有些事例來說是不正確的，而你卻相信它是普遍正確的。你認爲你在這件事情上的心靈狀態如何？

克利尼亞 確實無法令人滿意。

雅典人 線段、平面與立體有什麼樣的關係，或者線段和平面之間有什麼樣的關係？我們所有希臘人都認爲它們以這樣或那樣的方式具有公度性，這難道不是事實嗎？

B **克利尼亞** 呃，確實是事實。

雅典人 儘管我說了，我們希臘人全都想像這是可能的，但若這又是完全不可能的，那麼我們是否必須告訴他們，尊貴的希臘人，這就是我們所說的無知的一個事例，對這種必要的知識缺乏必要的造詣是可恥的，讓他們都感到臉紅？

克利尼亞 我們確實一定要這樣說。

C **雅典人** 此外，還有其他與此密切相關的一些地方，經常會產生與剛才提到的錯誤相類似的錯誤，是嗎？

克利尼亞 你可以舉個例子嗎？

雅典人 事物相互之間是否具有可公度性與不可公度性這種眞正的關係。一個人通過考察一定要能夠區分它們，否則就注定是個可憐蟲。我們相互之間應當經常提出這樣的問題——老年人用這種方法消磨時間比玩跳棋更加優雅——把我們的激情用於一種與我們相配的娛樂，在其中取勝。

D 克利尼亞 我要大膽地說，跳棋遊戲和這些學習畢竟沒有很大差別。

雅典人 克利尼亞，我也認爲這些是我們的年輕人必須學習的課程。學習這些課程確實並不危險，也不困難，如果他們通過娛樂的方式學習這些課程，那麼這樣做給我們的城邦不僅不會帶來傷害，反而會帶來好處。

克利尼亞 是這樣的。

雅典人 還有，如果我們能夠對此作出證明，那麼我們顯然必須把這些課程包括在我們的規劃中；但若我們無法對此作出證明，那麼我們同樣要加以排除。

克利尼亞 噢，這很清楚，顯然如此。

E 雅典人 那麼好，先生，現在我們暫時把這些遊戲列入必修的課程中，不要讓我們的法律體系留下一塊空白，但要把它們當作與我們的體制可分離的東西——就像許多可贖回的抵押品一樣——我們把它們抵押給你們，而你們接受它們，但它們也有可能是無法接受的。

克利尼亞 用建議這個詞也就夠了。

雅典人 接下去你必須考慮天文學。我們要不要把它推薦給年輕人學習呢？

克利尼亞 嗯，你說下去。

雅典人 請你注意，就在這個地方，我確實發現了一個奇怪的現象，一個完全不能容忍的悖論。

821 **克利尼亞** 什麼樣的悖論？

雅典人 流行的觀點確實認爲，對最高的神和整個宇宙進行研究，忙於解釋它們，這樣做不僅是錯誤的，而且褻瀆神明，然而我的看法與此正好相反。

克利尼亞 你在說什麼！

雅典人 我知道這樣說是令人吃驚的，也許會被誤認爲一個老糊塗說的話，但事實上，我明
B 白這種學習是細緻認眞的，對社會有益的，是神完全能夠接受的，根本不可能要求人們放棄對這門學問的關注。

克利尼亞 假定不能，但我們要找到什麼樣的天文學才能與你的描述相配呢？

雅典人 呃，我的朋友，我現在完全可以這樣說，我們整個希臘世界都習慣於對較高的諸神，太陽和月亮，作出錯誤的指責。

克利尼亞 這種錯誤的指責是什麼？

雅典人 我們說，太陽和月亮，以及某些與它們相關的天體，不能保持相同的運行路徑，這就是我們稱之爲行星的原因。

C **克利尼亞** 喔唷，先生，確實沒錯。呃，在我自己的一生中，我經常看到黎明和傍晚的晨星、晚星，以及其他星星，不是沿著同一軌道運行，而是朝著各個方向偏移。當然了，我看到

太陽和月亮的運行還是有規則的。

雅典人　那麼好，麥吉盧和克利尼亞，這就是我要堅持讓我們的公民和年輕人學習天文學的
D 原因，他們必須對天空中神明的所有事實有充分的瞭解，以免褻瀆它們，確保我們所有的獻祭和祈禱用語具有敬畏的虔誠。

克利尼亞　這樣說是對的，當然了，首先你說的這種知識要有可能。在此前提下，如果我們當前在談論這些事情時的用語有錯誤，那麼這種學習就可以起到糾正的作用，我也承認必須在一定範圍內傳授這種學問。現在請你盡力而爲吧，把你說的這些事實講給我們聽，我們會盡力跟上你的講解。

雅典人　呃，我心裡想到的這門天文課當然不是一門很輕鬆的課程，然而也不是極端困難
E 的，我可以用事實證明，學習這門課並不需要花費大量的時間。當我在聆聽這種眞理的時候，我當時還很年輕，而我直到現在仍舊可以清楚地告訴你們，並且不需要花許多時間。如果這個問題確實很複雜，那麼像我這把年紀的人絕對不可能向你們的人作解釋。

克利尼亞　完全正確。但是，請你告訴我們這種知識是什麼樣的——你說這種學說令人驚
822 訝，然而又適合年輕人學習——這樣我們就不會表示懷疑了，是嗎？你必須盡可能講得清楚些。

雅典人　我會盡力而爲的。我的朋友們，認爲太陽、月亮和其他天體是某種「漫遊者」，這種信念實際上是不正確的。與之相反的看法才是對的，每一天體總是沿著相同的軌道前進，而

不是有許多條軌道。還有，它們中運動最快捷的天體被人們錯誤地認爲運動得最緩慢，而最緩
B 慢的則被錯誤地認爲最快捷。現在假定這些都是確鑿無誤的事實，但我們對它們抱有一種不同
的看法。再假定我們對參加奧林匹克賽會的賽馬或長距離賽跑的選手也有這樣的看法，把跑得
最快的選手稱作最慢的，把跑得最慢的選手稱作最快的，對所謂的勝利者大唱讚歌，把失敗者
當作勝利者來祝賀，呃，那麼我們的讚美既不正確，也不會得到選手們的喜歡，因爲他們畢竟
C 只是凡人。但若我們今天確實對我們的神祇犯下相同的錯誤，那麼我們一定不要認爲這種錯誤
像我們在別的場合或賽馬場上犯下的錯誤一樣滑稽可笑，而應當看到，這種情況絕不是一件可
笑的事情，也不是一種虔誠的觀點，因爲它意謂著對神聖的存在反覆說謊，難道不是嗎？

克利尼亞 如果事情確實如你所說，那麼沒有任何更正確的說法了。

雅典人 如果我們可以證明這一點，那麼這些天文知識必須在我們建議過的範圍內加以學習；如果不能證明，那麼我們必須加以擱置。我們能否以此作爲我們到目前爲止一致表示同意的意見？

D **克利尼亞** 我完全同意。

雅典人 那麼我們可以說，我們要加以完成的教育立法包括我們對這種學習所作的規定。至於要不要把狩獵包括在學習內容中，我們應當再一次回想在其他同類事例中我們是怎麼處理的。看起來，立法者的任務不僅是制定法律，而且還會延伸到其他一些事情上，所以這個論題

E 可以取消。除了制定法律外，立法者還必須做別的事，這些事接近訓誡與立法，關於這一點，
我們的論證已經不止一次地引導我們注意到了。其中的一個事例就是我們對嬰兒撫養問題的處
理。我們說，對需要作出規範的事情，我們一定不要留下空白，然而在我們進行規範的時候，
要想把它們當作法律一樣確定下來是極爲愚蠢的。所以，等到法典與整個法律體系都已經具有
了書面形式，這個時候也還不適宜對擁有傑出美德的公民發出最後讚揚，說他是一位好公民，
823 說他已經表明自己是法律最好的僕人，完全服從法律；只有等到他終生以執行、批准或譴責的
方式，無條件地服從立法者寫下來的所有內容以後，才可以說他是最佳公民。這是可以送給公
民的最眞實的讚揚，一名眞正的立法者不會把自己限於制定法規，他會進一步把他的法律條文
與他對值得讚揚與不值得讚揚的事情所作的解釋結合起來，而擁有優秀品德的公民一定會感到
這些指示在約束自己，勝過法律的強制。

如果可以把我們當前的主題稱作一個標誌，也就是說它是顯而易見的，那麼我們可以把
B 我們的意思說得更加清楚一些。狩獵實際上是一種追捕，有各種不同的活動範圍，各種意義的
追捕實際上都可以置於狩獵這個整體名稱之下。捕捉水裡的動物有許多種方法，獵取野禽也有
許多種方法，捕捉陸上動物更有無數的器械。我指的不僅是追捕野獸，而且還指戰爭中對人員
的捕捉，以及用各種比較溫和的方式捕捉獵物，有些是值得讚揚的，有些是不值得讚揚的；匪
C 徒的綁架和在戰場上使用武力也是狩獵的形式。立法者在制定他的狩獵法時既無法省略這些解

釋，也不能制定一套適用於各種狩獵的法規，並威脅要對違反法規的行爲進行懲罰。那麼在這
種情況下他該怎麼辦呢？他必須——我指的是立法者必須——始終著眼於年輕人的訓練和運動，
推薦某些狩獵方式，譴責其他的狩獵方式，而比較年輕的人則必須接受這些建議。希望快樂或
害怕艱苦都不應該影響他們服從這些建議，他們不是出於害怕受到法律的懲罰才服從這些建
D 議，而是對這些建議有著比較深刻的敬意，當作一種義務來服從。

在做了這些預備性的解釋之後，法律當然可以對不同狩獵形式提出推薦和禁止，那些有助
於改善年輕人的靈魂的狩獵形式要給予推薦，那些起着相反作用的形式要加以禁止。所以，我
們現在不要再拖延了，要對年輕人說話，用虔誠、希望的語言表達我們的心意。

親愛的朋友，希望你們絕對不要沉迷於捕魚，熱中於海上捕撈，使用釣魚術或其他任何獵
E 取水中動物的技藝，或者使用那種懶漢用的漁具，無論醒著還是睡著都能釣到魚。希望你們千
萬不要有當海盜的念頭——在大海上捉人——成爲野蠻的、無法無天的獵人！至於在城內或國內
進行小規模的偷獵，你們心中絕不要冒出這種念頭來！願年輕人的靈魂不要被偷捕家禽的念頭
824 所誘惑，這種滋味絕不是自由人應該去嘗試的！這樣，我們留給我們的運動員進行的狩獵就只
剩下獵取陸上動物。有一種捕獵形式又和睡覺有關——被稱作夜獵——這是懶漢用的辦法，不值
得推薦；這種打獵的形式所花的時間與訓練時間一樣多，不是依靠充滿活力的靈魂去征服獵物
的體力和兇猛，而是依靠羅網和陷阱。因此，留下來適合所有人的唯一狩獵形式就是依靠獵人

的馬匹、獵犬和獵人自己的四肢追捕四足動物，在這種場合，是獵人——也就是那些已經訓練得像神一樣勇敢的人——自己在打獵，全憑賽跑、搏鬥和投擲標槍來取得成功。

B 我們剛才聽到的這番話可以作爲我們對狩獵事務的一般推薦和禁止。眞正的法律也可以達到這種效果。這樣的獵人才眞正是「神聖的」，只要他們樂意，沒有任何東西可以阻攔他們在狩獵中緊跟他們的獵犬。至於相信羅網和陷阱的那些夜間的獵人，沒有人會在任何時候允許他們去打獵。捕捉野禽的人可以在沒有耕種過的土地上或山裡面打獵，不受干涉，但若他們進入耕種或沒耕種過的聖地，一經發現，任何人都可以把他們趕走。除了海港、神聖的河流、沼澤、湖泊，漁民可以在任何地方捕魚，只要他不在水裡下毒汁。

C 到此爲止，我們可以說我們的教育立法終於完成了。

克利尼亞 完成得很好。

注釋

【1】科里班忒（Corybantes）是女神庫柏勒的祭司，他們在施行秘法時狂歌亂舞，並用長矛撞擊發

聲。

【2】革律翁（Geryon）是希臘神話中的巨人，有三頭六臂。

【3】布里亞柔斯（Briareus）是希臘神話中的巨人，有五十個頭，一百隻手。

【4】安泰俄斯（Antaeus）是希臘神話中的利比亞巨人，擅長格鬥；凱居翁（Cercyon）是希臘著名的摔跤手；厄培烏斯（Epeus）希臘傳說中拳擊的發明者；阿密科斯（Amycus）是希臘傳說中的珀布律喀亞王，兇殘好鬥，與每一位外來的客人進行拳擊。

【5】庫里特（Curetes）是神的侍者，這個詞的原意可能是「年輕人」，在克里特的狂歡祭儀中手持兵器跳舞，表演著宙斯出生的神話。參閱王曉朝：《希臘宗教概論》，第六十一頁。

【6】雙胞胎天神指太陽神阿波羅和狩獵女神阿耳忒彌斯。

【7】指雅典娜。

【8】荷馬：《奧德賽》，第三卷，第二十六行。

【9】在希臘神話中，寧婦（Nymph）是仙女，潘（Pan）是山林畜牧神，西勒諾斯（Sileni）是森林之神，薩堤羅斯（Satyrus）是半人半羊的神。在酒神節時，酒神信徒經常扮成它們的形象歌舞。

第八卷

828 **雅典人** 等待我們的下一個任務是：在德爾斐神諭的幫助下，制定有關節日的曆法，賦予它法律的權威，決定慶祝什麼節日和舉行什麼獻祭才是對國家「有益的，有利的」，決定這些祭祀應當獻給哪些神祇。在一定範圍內，獻祭的日期和數量也是我們要決定的問題之一。

克利尼亞 我們無疑要確定獻祭的次數。

B **雅典人** 那就讓我們先來處理次數問題。這個次數不得少於三六五，每次都至少要有一位執政官代表國家參加獻祭，確保從事祭祀工作的人和財物不受侵犯。由研究宗教法規的人、男女祭司、先知組成的委員會要與執法官見面，以明確立法者不可避免會有所省略的任何細節，該委員會也要進一步確定如何補充這種省略。實際上，眞實的法律條款將爲十二位神規定十二個
C 節日，我們的不同部落就是以這些神的名字命名的，向這些神中的每一位獻祭一個月，與此相關的還有舉行歌舞與競賽，有音樂方面的競賽，也有體育方面的競賽，這些活動要注意適合受祭神靈的特點和節日所處的季節，只允許婦女參加的慶祝活動與那些沒有必要做出這種規定的慶祝活動要區分開來。還有，對冥府諸神及其隨從的獻祭與對天神的獻祭一定不要混淆，我們
D 把神分別稱作天神與冥神。法律要對兩類神作出區別，對冥神的獻祭安排在獻給普路托[1]的那個月，即每年的第十二個月。眞正的勇士一定不要厭惡這位死亡之神，而要尊敬他，把他當作人類永恆的保惠師，我要極爲眞誠地向你們保證，對於靈魂與肉體的統一來說，沒有比死亡更好的方式了。

還有，有關當局要能作出令我們感到滿意的安排，必須擁有這樣堅定的信念：像我們這樣
的社會在全世界都找不到，我們有充分的閒暇，也有各種生活必需品的豐富供應，它要做的事
829 情，就像個人一樣，是生活得好，而幸福生活不可缺少的前提條件首先就是我們自己不犯罪，
同時也不因他人的錯誤行爲而受苦。要滿足第一個條件不難，但要同時有力量避免傷害卻非常
難，確實，只有一個辦法可以滿足這些前提條件，這就是變成全善。對社會來說也一樣，如果
這個社會變成善的，那麼它的生活就是一種和平；如果這個社會變成惡的，那麼就會有內外戰
B 爭。鑑於這種情況，因此社會的成員一定要參加訓練，準備戰爭，這種戰備不是在戰爭期間進
行的，而是在和平期間進行的。因此，聰明的國家每個月都要進行不少於一天的軍事訓練，到
底進行多少天則由執政官來確定，不管天氣如何，是冷還是熱。執政官下令以後，男女老幼都
會一齊參加集訓，而在別的時間則分開進行訓練。他們在舉行獻祭時也必須規定一系列高尚的
C 能夠眞實地再現戰爭的運動專案，爲慶祝節日提供競賽活動。在這些場合，總會有一種依照功
績進行的獎勵，公民們可以按照人們在這些競賽中和在自由的生活中的表現創作詩歌，對他們
進行頌揚和譴責，對已經證明了自己具有完善品德的人給予褒獎，對那些無法證明自己的人發
出譴責。

創作這樣的詩歌並非每個人都要承擔的任務。首先，作者必須不小於五十歲；其次，他一
定不能是那些已經在文學和音樂方面有充分才幹的人之一，而是一個尚未獲得高尚和傑出表現

D 的人。但是，那些人品高尚、擁有公眾榮譽的人創作的詩歌是可以歌唱的，哪怕這個作品並不
具有眞正音樂的性質。選擇詩歌作者的權力應當掌握在教育官及其同事執法官的手中，由他們
來把這種特權給予作者。他們的音樂，也只有他們的音樂，可以自由歌唱，不用進行檢查。但
是這種自由不能再賦予別人，其他公民也不能假定，未經執法官的批准就可以演唱那些未經批
E 准的歌曲，那怕這些歌曲的音調比薩彌拉斯本人[2]或奧菲斯本人的音樂還要令人陶醉。只有那些
完全獻給諸神的詩歌，以及由眞正高尚的人創作的詩歌，才可以恰當地用來表達讚揚或譴責。
上述要求既是一種對未經檢查的詩歌的控制，又賦予人們一種唱歌的自由，既適用於男性，也
適用於女性。立法者必須考慮到這些問題。現在要問的是，我們這個體制的整個訓練計畫要培
830 養什麼性格的人呢？他們難道不是參與各種重要比賽的競爭者，有許多對手嗎？「呃，當然如
此」，想必這就是現成的正確答案。

那麼好，假定我們要培養的是拳擊手，或者其他相類似的某些比賽的運動員。我們能夠直
接參賽，而無需任何事先的準備，平時就與對手搏擊嗎？如果我們是拳擊手，那麼我們在比賽
B 前的一段時間內就會聚集在一起學習如何搏擊，努力提高自己的水準。參加任何眞正的比賽，
我們都會在比賽前進行練習，而且在訓練中盡可能逼眞；在練習中，我們會像比賽一樣戴上拳
擊手套，確保訓練的最佳效果。要是我們專門尋找優秀的同伴一道練習，我們還會由於害怕愚
C 蠢的嘲笑而去面對無生命的假人進行練習嗎？要是沒有活的或死的對手，也沒有共同練習的同

件，那麼我們在練習拳擊中豈不是孑然一身，「與自己的影子」爲伍嗎？這種「徒手」訓練，你還能叫它什麼呢？

克利尼亞 呃，先生，除了你說的「徒手訓練」，我想不出別的名字來。

雅典人 很好。那麼，一旦我們自己、我們的子女和財產，乃至於整個國家的生存面臨問題
D 時，我們這個共同體的戰士會在比這些拳擊手更無準備的情況下，冒險參與各種重要比賽嗎？
如果我們相互之間進行的練習所引起的某些嘲笑就使立法者停止立法，那豈不是一種巨大的危
險嗎？如果可能，立法者要規定每天都要進行一次小規模操練，不涉及重武器的使用，分組進
行各種身體鍛鍊。他還要規定每月至少舉行一次或大或小的軍事演習，在演習中，全體公民都
要擔任某個軍事職位，在樹林裡埋伏，使用拳擊手套和各種非常逼真的武器進行戰爭演練，是
E 嗎？這些武器是有一定危險性的，這種運動不可能完全沒有缺陷，但這樣做能夠起到使國民警
831 醒的作用，也可以用這樣的方式區分勇士和懦夫，鑑別公民的可信程度。立法者以此訓練每個
公民，使他們終身都能參戰。如果演練中有了傷亡，那麼殺人者應當被視爲無意的，但需要按
照法律的規定參加滌罪儀，用純潔的犧牲之血使他潔淨。立法者在這個問題上的看法是，如果
少數人死去，那麼會有其他好人出生取代他們，但若擔心人員傷亡而停止演習，那麼，假如我
B 可以這樣說的話，就沒有辦法鑑別戰場上的勇士和懦夫，這對他的社會來說，是一種更大的不
幸。

克利尼亞 先生，我的朋友和我同意你的意見，這是法律應當規定的，也是整個國家應當執行的。

雅典人 我不很確定，是否我們大家都明白在現存的各種社會裡都找不到這樣的對抗性演習，但小規模的演習也許還是有的。對此，我們應當責備人類的普遍無知和他們的立法者嗎？

克利尼亞 好像是應該的。

C **雅典人** 不，我親愛的克利尼亞，一點也不應該！真正的原因其實有兩個，都很重要。

克利尼亞 什麼原因？

雅典人 一個原因在於人們追求財富的慾望，使人沒有片刻閒暇去參加任何與他個人的好運無關的事情。只要公民的整個靈魂都全神貫注於發財致富，那麼除了日常項事，他就不會再去想別的事情。於是，每個人都渴望能參加會產生這種效果的學習和從事這類工作，而其他的學習則受到嘲笑。

D 在此，我們可以說，就是由於這個原因，整個社會也會把這種事情當作最值得敬重的，而社會上的每個人都已經做好充分準備，他們渴望得到金銀財寶，爲此願意駐足於任何行業，做任何工作，無論這些工作是否高尚，只要能夠發財致富就行了；他們也做好了充分準備，像某些野獸一樣，只要一有可能就採取任何骯髒的、罪惡的、極端無恥的行動，大吃大喝，放縱性慾。

E **克利尼亞** 你說得太對了。

832 雅典人 那麼好，這就是第一個原因，它使得社會不能進行有效的軍事活動或其他高尚的活動；這樣一來，當然也就自然而然地使體面的人變成生意人、小販，或者僅僅是奴僕，也使更多的人變成冒險家、海盜、小偷、盜竊神廟的賊、流氓、暴徒，儘管這些人的不幸多於他們的邪惡。

克利尼亞 不幸？爲什麼？

雅典人 呃，這些人的靈魂在一生中都被無休止的饑餓所折磨，除了「最不幸」，我還能找到什麼詞來說明？

克利尼亞 好吧，先生，這就是你說的兩個原因之一，另一個原因是什麼呢？

雅典人 謝謝你的提醒。

B 克利尼亞 按照我對你的理解，一個原因是這種終生無休止的追求使我們所有人都沒有一個鐘頭的閒暇，使我們無法參加我們本應接受的軍事訓練。請你讓我們知道另一個原因是什麼。

雅典人 你以爲我遲遲不提第二個原因是因爲我說不出來。

克利尼亞 不是這麼回事，但我們可能會認爲你雖然討厭拖延，但你剛才提到的這種情況正在引導你進行與我們當前論證無關的抨擊。

雅典人 先生，我接受你的恰當批評。你好像希望我開始講第二個原因。

克利尼亞 你只能這樣做。

C 雅典人 我要說的這個原因可以在我們已經頻繁涉及到了的民主制、寡頭制、獨裁制中找到，這些制度實際上是「非政制」。它們中間沒有一個是眞正的政制，它們的恰當名稱是「黨派的支配地位」。在這些政制中，我們找不到統治者和被統治者都自願的政制，它們全都由自願的統治者使用某種暴力控制不自願的被統治者。而害怕臣民的君主絕不會允許他的臣民變成高尚的、富裕的、強大的、勇敢的，也不太會允許他們成爲一名好戰士。在這個地方我們找到了幾乎所有不幸的主要根源，它肯定也是我們現在涉及的這種不幸的主要原因。我們現在正在

D 規劃的政制要努力避免這些不幸。這種政制要比其他政制爲公民提供更加充分的閒暇，它的公民不存在相互支配的關係。我想，我們的法律不想使公民們變成貪婪地追求財富的人。因此，我們非常自然而又合理地相信，只有按照這樣的方法建立起來的體制和社會，才會實行上述勇士教育，而在我們的討論中也已經規定了這是公民的運動。

克利尼亞 非常正確。

E 雅典人 下面，我想我們可以對所有體育競賽作一個整體觀察。那些有益於打仗的體育競賽應當鼓勵，勝利者應當獎勵，而那些對打仗無用的體育競賽則可以取消。對於要保留的體育競賽專案最好從一開始就作出具體解釋，制定相應的法規。我想，我們就從規定跑步比賽的獎勵開始吧。

克利尼亞 應當如此。

833 **雅典人** 身手敏捷確實是戰士素質的第一要素，腳勁在打仗和追蹤中有用，堅韌是近身肉搏所需要的，搏鬥特別需要結實的身體。

克利尼亞 當然。

雅典人 還有，要是沒有武器，光有體力也不行。

克利尼亞 當然不行。

雅典人 所以我們的傳令官要遵循習俗，宣佈我們體育競賽中的第一項是一斯塔達[3]全副武
裝賽跑。賽手要穿戴盔甲，徒手參賽的選手不能獲獎。不，各項比賽的順序是這樣的：第一，
B 一斯塔達賽跑，全副武裝；第二，兩斯塔達賽跑；第三，戰車比賽；第四，長距離賽跑；第五
樣比賽非常迷人，一邊是被我們稱作重裝步兵的一名選手，攜帶全部沉重的裝備，一直要跑到
阿瑞斯神廟，然後折回，整個距離是六十斯塔達，另一邊是他比賽的對手，弓箭手，也是全副
C 裝備，他必須穿山越嶺，一直跑到阿波羅和阿耳忒彌的神廟，跑一百斯塔達。在比賽過程中，
我們將在那裡等候他們返回，獎品將授予各種比賽的勝利者。

克利尼亞 這種安排很好。

雅典人 現在讓我們把這些體育比賽分成三類，一類是男孩子的，另一類是青年男子的，還有一類是成年男子的。無論他們作爲重裝步兵還是作爲弓箭手參賽，青年的賽跑距離是全程的三分之二，男孩子的賽跑距離是全程的一半。至於女性，我們將安排一斯塔達和兩斯塔達賽

D 跑、賽車和長距離跑，參加比賽的婦女如果年齡還沒有到青春期，那麼必須完全裸體參賽，如
果已經過了十三歲，正在等著婚配——她們的結婚年齡最小是十八歲，最大二十歲——那麼就必
須穿上適當的衣服參賽。關於男女賽跑就說到這裡。
膂力方面的競賽，比如摔跤，以及類似的專案，這些運動當前非常流行，我們將舉行的專
E 案有穿盔甲格鬥、單人格鬥、雙人格鬥、集體格鬥，每邊人數最多可達十人。至於決定勝負的
標準，我們將遵循先前已有的由權威們制定的格鬥規則。以同樣的方式，我們將請專家手持武
器來協助糾正比賽中的犯規行爲，擊中對手必須記分，根據積分多少來決定勝負。這些規則同
834 樣也適用於那些不到結婚年齡的女性。我們將用一般的投擲比賽取代拳擊比賽，包括射箭、投
標槍、用手擲石塊、用投石器擲石塊，在這些比賽中，我們也必須制定規則，獎勵那些嚴格按
照我們的規則獲勝的人。
B 我們下一步當然要制定賽馬規則，但在克里特這種地方馬派不上什麼大用場，只有少數馬
在使用，因此人們當然就不太有興趣養馬或舉行賽馬比賽。至於戰車，這裡肯定沒有人會擁有
戰車，也不太可能有人朝著這方面想。因此，我們若是規定舉行與習俗不符的戰車比賽，那麼
C 人們就會把我們當作傻瓜，而事實上這樣做確實很傻。但若我們只是給騎馬比賽提供獎勵——或
者騎牛，或者騎其他牲畜——那麼我們就是在培育一種與我們的國土性質相一致的運動形式。所
以法律會給不同類別的人規定這些競爭性的比賽，而不會規定其他比賽，任命副帥和主帥擔任

D 比賽的裁判和領隊，參賽選手則必須穿戴盔甲。因此，就像體育運動一樣，如果舉行不穿戴盔
甲的比賽將是一個法律錯誤。還有，克里特人可以擔任騎射手或標槍手，所以我們要舉行相應
的比賽作爲娛樂。至於婦女，我們確實沒有必要浪費時間去制定法律，強迫她們參加競賽，但
若她們在幼年和少年時期的早期訓練已經使她們有了這種習慣和強壯的體力，並且不會帶來什
麼不良後果，那麼應當允許她們參賽，不得加以阻止。

E 體育比賽這個主題終於結束了，我們所講的體育，既包括競賽又包括日常鍛鍊。我們對
音樂的處理也基本上完成了。至於吟誦詩歌以及舉行其他類似活動要作哪些規定、節慶時要舉
行什麼樣的歌舞競賽，這些問題我們以後再說。現在我們可以考慮如何把年、月、日指定給諸
835 神及其他較小的崇拜對象，也就是說，讓我們來決定這些節日兩年舉行一次，還是四年舉行一
次，或間隔多久舉行一次。還有，我們一定希望在節日裡舉行各種音樂比賽，依次輪番舉行，
就像各種體育比賽由教育官擔任主席一樣，音樂比賽的主席是執法官，由執法官們組成一個專
門的委員會負責音樂比賽。他們必須制定相關的法律，確定舉行音樂比賽的時間、參賽的人與
團體。最初的立法者已經不止一次解釋了需要什麼樣的音樂作品，包括朗誦和歌曲，伴隨著混
B 合的音調、節奏和舞蹈。他的後繼者必須遵循這些規定，給不同的比賽指定適當的祭祀時間，
並爲來城邦參加慶典的客人提供節目。要發現如何使諸如此類的細節變成法規並不困難，也不
難看到若是對它們作出不同的安排將會給城邦帶來更多的好處或傷害。但有一件極爲重要的事

C 很難令人相信。假如眞能從神那裡得到命令的話，這件事確實是只有神本身才能決定的事情之一。也許需要有一個勇敢的人，他要能夠公開表明他的眞實信念，指出什麼是國家與公民的眞正利益，要能在一個普遍腐敗的時代，爲整個社會體系提供所需要的法規——他要能夠反對人們最強烈的慾望，忠於眞理，獨立自存，世上無人能夠與他比肩而立。

D **克利尼亞** 先生，我們的論證現在該進到哪一步了？我們到現在還看不出個端倪來？

雅典人 你說出這種話來我並不感到驚訝。你們注意聽，我一定要盡力說得更加清楚些。我們的談話使我們進到關於教育綱領的討論，這個時候在我眼前產生了一幅男女青年親密無間生活在一起的景象。你可以想像，當我問自己該如何管理這樣的社會時，我產生了一種不安的感覺——在這個社會裡，男女青年非常健康，無須做那些奴僕的苦活，而幹這些苦活比其他任何事
E 情都要容易抑制慾火，參加獻祭、節慶和歌舞隊的唱歌似乎就是他們的全部生活。智慧要我們克制情慾，努力奉公守法，那麼在這樣的社會裡應當如何使他們擺脫情慾？當然了，我們已經
836 制定了的法規能使大多數情慾得到克制，這並不奇怪。我們禁止過度富裕，使之變得節制，這樣做帶來的好處非同小可，我們的整個訓練過程也同樣置於健全的法規之下，也能有助於人們的節制。此外，執政官的眼睛被訓練得能夠專注於他想要實現的目標，而年輕一代也能專心致志，不敢有片刻的轉移，這樣一來，也就在人力所及的範圍內約束了大多數情慾。
B 但青年或成年男女的愛慾怎麼樣？我們知道它對個人和整個社會影響極大，但我們應當

採取什麼樣的預防措施呢？你能找到什麼具體辦法來保護所有人，使他們不受傷害呢？克利尼
亞，在這一點上我們確實有困難。實際上，整個克里特和拉棲代蒙對我們提出來的大部分立法
內容都會給予極大的、應有的支持，但在性的問題上他們一定會拼死反對我們——這話在我們中
C 間還是可以說的。如果一個人順其自然，採用拉伊俄斯[4]以前的古代法律——我的意思是男人如
果與青年男子發生與女性那樣的肉體關係是錯的——並且從動物的生活中尋找證據，指出男性不
能與男性有這樣的關係，因爲這種行爲違背自然，那麼他的意見肯定是強有力的，然而在你們
的社會中人們對這種事情的看法很不一致。還有，我們要求立法者始終予以關注的目的與你們
D 的實踐不吻合。你知道我們反覆提出來的問題是：什麼樣的法規可以培養善，什麼樣的法規不
能培養善。現在假定我們當前的法律宣佈這種行爲值得讚揚，而不是可恥的。那麼它是如何改
E 進善的呢？它會導致被誘姦者的靈魂增強勇敢的氣質嗎？或者導致誘姦者增強節制的氣質？確
實，任何人都不敢相信這一點。與此相反的看法才是眞的。每個人都必須譴責那些屈服於他人
淫慾的人，他們因爲太軟弱而不能進行抵抗；也要譴責另一種人，他們模仿女性，使自己的行
爲與女性相似。那麼，這個世上有誰將對這些行爲立法呢？我說，凡是懂得什麼是眞正的法律
837 的人，都不會對此進行立法。你問我如何證明自己的觀點？若要正確地思考這個問題，我們必
須考察情感的眞正性質以及與此相關的慾望和所謂的愛慾。事實上，在慾望這個名稱下覆蓋著
兩樣東西，還有作爲二者複合物的第三樣東西，由此引起了許多混淆和晦澀難解的地方。

克利尼亞 怎麼會這樣呢？

雅典人 呃，這你是知道的，我們曾經說過，在善性、地位、貧富程度相當的人之間會產生依戀，在完全相反的人之間也會產生依戀，在這兩種情況下當這種依戀感達到強烈的程度時，我們就稱之爲愛。

B **克利尼亞** 是的，我們說過。

雅典人 現在假定兩個完全相反的人之間產生了強烈的依戀，但我們從中並非總能看到互惠性，而那些建立在相同或相似基礎上的依戀卻是平等的，始終具有互惠性。在這兩種因素同時存在的地方，那麼一方面很難察覺這種「愛」的主體到底在尋求什麼；而另一方面這個主體
C 由於受到兩種相反力量的推動而感到困惑，無所適從，一種力量邀請他享受對象的美貌，另一種力量禁止他這樣做。熱愛肉慾和渴求美貌的人就像成熟的果實，他會告訴自己盡力去獲得滿足，而對自己心靈的奴僕狀態不予思考。但若他輕視肉慾，對情慾進行思考，那麼他希望得到的就確實是靈魂與靈魂的依戀，他會把肉體享受當作無恥的淫蕩。作爲一個注重貞潔、勇敢、
D 偉大、智慧的人，一個敬畏與崇拜神的人，他會追求一種在身體和靈魂兩方面都始終純潔的生活。我們已經把包含上述兩種因素的愛稱作第三種愛。由於愛有這麼多種，那麼是否要用法律來禁止這些愛，把它們從我們中間排除出去呢？我們希望我們的城邦以善爲它的目標，想要盡可能把城邦的年輕人造就爲善的，若能做到，我們就要盡可能禁止另外兩種愛，這一點不是很

清楚嗎?麥吉盧,我的朋友,你想要我們怎麼說?

E **麥吉盧** 先生,到目前爲止,這對這個問題的看法都非常好。

雅典人 朋友,我希望能夠看到你的意見和我一致,看起來我是對的。你們斯巴達人的法律對這些事情會怎麼看,這個問題我不需要提出,我只需要對你同意我們的學說表示歡迎。至於克利尼亞,我必須盡力吸引他接受我們晚些時候將提出來的看法。現在,你們共同的認可已經足夠了。我們務必返回我們的立法工作。

838 **麥吉盧** 這是個正確的提議。

雅典人 好吧,我們現在來談一下能使我們的法律保險地建立起來的方法,好嗎?我實際上已經有辦法了,這種辦法從一個角度講相當容易,從另一個角度講極爲困難。

麥吉盧 你繼續說吧。

雅典人 你要知道,大多數人都是無視法律的,甚至到了今天也一樣,他們對美貌的追求雖然受到阻礙,但他們不願違反自己的意願,而是竭力想使自己的願望得到完全滿足。

麥吉盧 你現在想到的是什麼事例?

B **雅典人** 我想到的是那些有漂亮的兄弟姐妹的人。同樣的法律,儘管沒有成文,也爲兒子或女兒提供了完全的保護——任何人都不得與自己的下一代有公開的或秘密的亂倫關係,或者對他們進行狎呢——讓每個人的心裡絕不要產生諸如此類的念頭。

麥吉盧 非常正確。

雅典人 那麼好，你知道有一句話能使所有這樣的淫慾熄滅。

麥吉盧 一句話？什麼話？

C **雅典人** 這句話說，神憎恨這種邪惡無恥的行爲。人們對這句話的解釋當然也不會有什麼不同。我們所有人從很小開始就不斷地從各方面聽到相同的說法，我們從演滑稽戲的小丑嘴裡聽到過這句話，當堤厄斯忒斯、伊底帕斯、瑪卡瑞烏[5]的形象出現在舞臺上時，我們也從所謂莊嚴的悲劇中明白了這句話的意思，這些角色都偷偷地把自己的姐妹當情婦，而這種罪惡一旦被發
D 現，他們就自殺了。

麥吉盧 你在這個問題上的看法完全正確。公共輿論確實有種神奇的力量，沒有一顆靈魂膽敢保持一種與已有習俗相反的想法。

雅典人 你這下子明白我剛才的想法有多麼正確了，我剛才說，只要立法者想要克服這種情慾，最嚴格地約束人性，他就能夠輕易地找到解決的辦法。他只需要得到公共輿論的批准就
E 行了——這種輿論是普遍的，包括奴隸和自由民、婦女和兒童的看法，以及社會其他部分的看法——他不用花費更大的氣力就能使他的法律得到最可靠的保證。

麥吉盧 無疑如此，但是爲什麼整個共同體在這一點上可以達到完全自願的一致看法，……

雅典人 你的回答很貼切。這確實是我的意思，剛才我說要用法律把性行爲限制在它的自然

839 功能上，要避免對同性產生愛戀，因爲這樣做實際上是在對這個種族進行謀殺，把生命的種子
播在砂石地裡白白浪費，在這樣的土壤中，生命的種子絕不會紮根，也不會長出自然的果實，
也要避免與任何女性發生並不希望有實際收穫的性行爲。一旦設定這種法律是永久的和有效
的——就算如此吧，因爲它必須如此，用它來反對其他錯誤的性行爲並不比用它來反對亂倫關係
的作用要小——就會產生很好的結果。從自然本身發出的聲音開始，這種命令就會引導人們克制
B 瘋狂的性行爲以及各種不合法的婚姻，也會使人克服各種過量的飲食，讓男子忠於自己已婚的
妻子。這種法律一旦建立，還會帶來其他許多好處。然而，當我們提出這種立法建議時，會有
一些性慾極爲旺盛的青年偷聽到我們的談話，他們很可能會把我們的立法斥責爲極端愚蠢的，
並且發出一片反對的喧囂。這種情況使我說出了剛才那些話，我所知道的這種建立永久性法律
C 的辦法，儘管從一個角度看是極爲容易的，從另一個角度看是最困難的。要看到這件事是能夠
做到，要看它這件事如何做到，這是非常容易的。如我所說，這條法律一旦得到恰當的批准，
那麼所有人的心靈都會受到制約，會對已經建立的法律產生普遍的畏懼，並遵守這些法律。但
是事實上，事情發展到今天的地步，甚至在我已經假定的事例中，也並沒有產生我們認爲可能
出現的這種結果。就像公餐制一樣，若要整個城邦在日常生活中採納這種法律，那麼人們就認
D 爲它超出了可能性的範圍。我們雖然證明這種制度已經是一個存在於你們自己社會中的一個事
實，然而人們認爲若將它的實施範圍擴展到婦女，那麼它也已經超越了人的本性的界限。在此

意義上，正是因爲看到這種懷疑的分量很重，所以我說要把它既當作一種實踐又當作一種永久的法律是極爲困難的。

麥吉盧　你說得沒錯。

雅典人　但是，你希望我能提出一個有力的論證，來表明這個建議非常靈活，並沒有超出人的可能性的範圍嗎？

克利尼亞　我當然希望你能這樣做。

雅典人　那麼請你告訴我，在什麼樣的情況下一名男子會認爲自己比較容易服從這方面的法
E 規，戒除性生活，作爲一個體面人，是在他的身體接受身體鍛鍊，處於良好狀態的時候呢，還
是在他的身體很不好的時候？

克利尼亞　當然是他正在鍛鍊身體的時候。絕對如此。

雅典人　我們全都聽說過在奧林比亞和其他地方揚名的那位塔壬同的伊克庫斯的故事，不
840 是嗎？他滿腔熱情地追求勝利，並爲這種神聖的感召而感到自豪，故事還說，他的性格是堅韌
不拔和自我節制的結合，他從來不近女色和孌童，把所有時間用於訓練。你知道，人們說克里
B 松、阿司堤路、狄奧波普也這樣做，其他還有爲數不少的人。然而，克利尼亞，你我提供的公
民心靈教養畢竟要比他們的心靈教養好得多，他們的身體更容易反叛。

克利尼亞　你說得完全正確，關於這些運動員的傳說特別強調了這確實是一個事實。

雅典人 呃，按照一般的解釋，爲了在運動場或賽馬場上贏得勝利，他們放棄了這片「溫柔鄉」【6】，但並不十分費力，而我們的學生想要取得的勝利更加高尚——我們通過講故事、談話、
C 唱歌把這種勝利的高尚性質從小灌輸給他們——但他們卻不能堅韌不拔，在這種情況下，我們還能指望他們被我們的符咒鎮住而產生禁慾的結果嗎？

克利尼亞 這是一種什麼樣的勝利？

雅典人 征服他們自己的慾望。如果他們做到了，那麼我們將對他們說，你們的生活會是幸福美滿的；但若他們失敗了，那麼結果正好相反。此外，對上面說的這種罪孽行爲表示畏懼的人完全沒有力量在其他人面前，在那些比他更差的人面前保持優勢，是這樣的嗎？

克利尼亞 我們很難作這樣的假定。

D **雅典人** 如果我們對法律就是這種看法——普遍的罪惡使我們停滯不前——那麼我要說法律最簡單的義務就是繼續前進，告訴我們的公民，他們的行爲不能比鳥類更糟，不能比那些大牲畜更糟。在生殖年齡到來之前，這些動物都過著節慾和貞潔的生活；等到了生育年齡，它們
E 就擇偶，成雙成對，公的與母的相配，母的與公的相配，從那以後生活在虔誠和正義之中，忠於它們最初的愛的契約。我們要對我們的公民說，你們肯定比動物強。然而，他們若是受到其他許多希臘和非希臘的壞榜樣的影響而變得非常腐敗，他們從自己的所見所聞中知道這種所謂自由的愛有多麼強大的影響力，因此不能贏得這場勝利，那麼我就要讓我們的執法官成爲立法

者，規定第二條法律來對付他們。

841 **克利尼亞** 如果我們現在建議的第一條法律從他們的指縫裡漏掉了，那麼你建議立法者制定一條什麼樣的法律呢？

雅典人 呃，克利尼亞，當然是次於第一條法律的最好的法律。

克利尼亞 什麼法律？

雅典人 有一種辦法可以有效地檢驗性的慾望發展到何等激烈的程度，以便用艱苦的工作
B 把這種性慾的激流導向其他渠道。如果性放縱能摻上一些羞恥感，那麼也有可能達到這樣的效果，羞恥感能使性放縱變得不那麼頻繁，而性放縱的減緩又有助於克制性慾。所以，習俗和不成文法會有這方面的規定，用一種隱秘的方法維護人們的榮譽，而不是公開揭露諸如此類的行爲，監察這種行爲也不是習俗的唯一任務。這種傳統的建立會給我們提供一種次一等的確定光
C 榮與可恥的標準，並有其自身次一等的正確性；而那些被我們說成是「自身之惡之奴僕」的人會受到矯正和約束，在三樣東西的影響下，他們會遵守法律。

克利尼亞 哪三樣東西？

雅典人 對神的敬畏、對榮譽的嚮往、對心靈美而非肉體美的渴求。我當前的這些建議至多只是爲了激發一種虔誠的想像，但我向你保證，任何社會都會看到這三者的實現也就是一種
D 最高的幸福。然而，在神的幫助下，對性愛作出一些強制性的規定並非不可能。一條規定是，

自由民出身的公民除了自己的合法妻子外不得與其他婦女有性關係，播下邪惡的雜種，也不得違反自然與男性有不結果實的肉體關係。如果這條規定不能做到，那麼我們仍舊要徹底阻止男子或女子之間的同性戀關係。除了由上蒼批准的神聖婚姻外，如果一名男子有了其他某種性關係——無論是用錢買來的，或是以其他任何形式——那麼他的行爲一旦被男女公民發現，我們就可以剝奪他作爲一名公民的榮譽，因爲他已經證明自己完全是個外鄉人。所以，無論這些規定是一條還是兩條，讓我們就把它當作我們在性和愛問題上的法律，當作我們確定在情慾的激發下產生的各種關係正確與否的標準。E

麥吉盧 先生，確實如此，我衷心歡迎這條法律。當然了，克利尼亞也必須表態。842

克利尼亞 麥吉盧，我會表態的，但我要挑個適當的時機。現在還是讓我們的朋友開始制定這方面的法律吧。

麥吉盧 那好吧。

雅典人 請注意聽。我們現在所取得的進展已經使我們可以制定公餐方面的法規了。我說過，要做這件事在其他任何地方都很困難，但是在克里特沒有人會提出異議。我認爲，這個國家的公餐制、拉棲代蒙的公餐制，或者說還有比它們更好的第三種類型的公餐制，要實施起來並不十分困難，但做到了這一點也不能承諾會帶來任何巨大的利益。事實上，我相信我們作出的安排已經非常充分了。B

C 按自然的順序，下一個要提出的問題是軍糧供應。這種供給的適當來源是什麼呢？當然
了，一般的社會所能得到供應的來源是多樣的，巨大的，至少要比那些對我們的公民們公開的
來源多兩倍，因爲作爲一個通例，希臘人既從陸上又從海上覓食，而我們國家的食物來源被限
制在陸上。但對立法者來說，他在這方面的工作反而比較輕鬆了。與此相關的必要法律不僅減
D 少了一半，而且還限制在一個較小的範圍內，這些仍舊必要的法規也更加適合自由民。我們城
邦法典的制定者可以不用去管商業方面的法規，無論是水上貿易還是陸上貿易，是批發還是零
售，還有捐稅和海關、採礦、利息的支付方式，用單利還是複利，以及其他成千上萬個細節。
他的法規是爲農人、牧人、養蜂人，看管諸如此類動物的人，以及與此相關的工具的使用者制
E 定的。通過制定婚姻、生育、撫養、教育、任命官員方面的法規，他的主要任務已經完成了。
現在，他把注意力轉向制定食物供應方面的法規，或者說他現在關心糧食的儲備問題。

現在，我們要開始提出一系列農業方面的法規。首要的一條涉及神聖的地界。條文是這樣
寫的：任何人不得私自移動鄰居的地界，無論他的鄰居是同城邦的公民，還是外國人，之所以
843 涉及外國人是考慮到如果某人的土地正好在邊境上，這種情況就會發生。私自移動地界這種行
爲實際上必須理解爲「移動了不可移動的東西」。每個人都必須寧可冒險去移動不作地界的沉
重礫石，也不願去移動被上蒼的誓言神聖化了而作爲地界的小石頭，無論這塊地是朋友的還是
敵人的。因爲，作爲各部落共有之神的宙斯見證著這些神聖不可侵犯的石頭，當人們的權力意

識甦醒，相互之間產生了巨大敵意時，宙斯會成爲陌生人的保護者。遵守法律的人不會受到什麼懲罰，而無視法律則是有罪的，將會受到來自不止一處的懲罰，首先最主要懲罰來自上蒼，
B 其次來自法律。我說，沒有任何人可以隨心所欲地移動鄰居的界石，如果有人這樣做了，一被發現就可以告上法庭。如果受到控告，這種行爲將會被視爲用隱秘的或暴力的手段謀求地產，法庭將確定給被告什麼樣的懲罰，而被告將接受懲罰或交納罰款。

進一步說，鄰居間的這種小磨擦次數一多就會成爲鄰居之間的沉重負擔，鄰居之間的關係
C 也會變得極爲難處。因此必須小心謹慎地對待鄰居，不要做任何出格的事情，尤其是不要蠶食鄰居的土地，因爲幫助鄰居並非絕對必要，而傷害鄰居卻是非常容易的，任何人都會做出這種
D 事情來。挪動界石、耕種鄰居的土地、打傷鄰居，這樣的人要對他的粗暴行爲負法律責任，他要賠償醫療費用，還要交納兩倍於受害人損失的罰款。這類案件的調查、取證、處罰都要由鄉村官員來進行——我們已經說過，重大案件將由該區的主體官員來會審，較輕的案件則由鄉民的指揮官來處理。如果有人在鄰居的土地上放牧，鄉村官員同樣也要前往調查，依據察看到的損
E 害來確定罰款。如果有人設法改變蜜蜂的嗜好，把別人的蜂群變成自己的，那麼他也要賠償別人的損失。如果有人在生篝火時沒有採取預防措施，把鄰居土地上的樹林燒毀了，他也要交納由執政官決定的罰金。同樣的事情還有在植樹時沒有給鄰居的土地留下足夠的空間。許多立法
844 者都有效地處理過這些事情，我們應當採用他們的法規，而不能指望有一位偉大的立法家爲我

們社會裡的每一件小事制定法規，因爲這些小事是任何立法者都能處理的。

舉例來說吧，關於農莊的供水有非常完善的古代法律保留至今。我們沒有必要在討論中對提取這些法規，任何想要引水到自己農莊的人都可以從公共水源中引水，只要他在引水過程中不堵塞屬於其他私人的泉眼。他若願意，也可以開挖溝渠引水，只要他避開房屋、神廟和墳墓，在開挖溝渠中不造成什麼損害。

B 如果某些地區雨量不足，天然乾旱，那麼業主可以在自己的土地上打井。如果他打不出水來，那麼他的鄰居應該爲他提供人和家畜的飲水，如果他的鄰居也缺水，那麼他應當報告鄉村官員，得到他的許可，從更遠的鄰居那裡得到供水。

C 下暴雨的時候，無論是在城裡還是在鄉下，居住在高處的人只有在取得城防官或鄉村官員許可的情況下才能謹慎地排水，以免給低窪地區的土地和房屋造成損害。要是他們不能履行應盡的義務，那麼住在城裡的受害者可以向城防官提出訴訟，住在鄉下的受害者可以向鄉村官員提出訴訟。

D 由於怨恨和不滿而無視法律，犯下這種過錯的人，在他的行爲得到確證以後，要賠償兩倍於受害者損失的賠款，因爲他拒絕執行執政官的指令。

關於豐收的果實，能達到這種效果的相關法規是必須接受的。豐收女神恩賜給我們的禮物有兩種：一種是「屬於狄奧尼修斯尚未貯入穀倉的東西」；另一種是適宜貯藏的東西。所以我們的法律應當制定下列法規。

E 如果有人在阿克圖魯[7]適時送來葡萄收穫季節之前，品嘗了某種普通的果子，無論是葡萄還是無花果，是在他自己的土地上還是在別人的土地上，那麼爲了狄

奧尼修斯的榮耀，我們要對他處以罰款，吃他自己地裡的果實要罰五十德拉克瑪，吃他鄰居地
裡的果實要罰一個明那，吃了從其他地方採來的果實要罰三分之二個明那[8]。至於被我們通常
稱作精選出來的葡萄或無花果，如果有人想要從他自己的樹上採摘，那麼只要願意，他可以這
樣做，不受什麼限制；但若未經別人同意就從他人樹上採摘，那麼他仍舊要受到懲罰，因爲這
845 樣的行爲正好是法律禁止他去做的事，「沒有耕種，不得收穫」。如果未經業主許可就這樣做的
人是一名奴隸，那麼他每摘一顆葡萄就要被鞭打一下，每摘一顆無花果就要被鞭打三下。居住
在這裡的外國人，如果他高興，那麼他可以購買精選出來的果實。在我們國家旅行的外國人在
路上如果想吃果子，那麼他，也許還有一名僕從，可以摘這種精選的果子，不必付錢，以此顯
B 示我們國家的好客，但法律必須禁止外國人糟蹋我們的果實。如果精選的果實被主人或奴隸拿
走，那麼這名奴隸要受鞭打，而對自由民要在警告後給予釋放，要告訴他們碰這樣的果實是不
C 合適的，把這些果實選出來是爲了製作葡萄乾、釀酒或製作無花果乾。至於偷竊梨、蘋果、石
榴，等等，不算重罪，但任何小於三十歲的人如果做這種事情，那麼就要受到挨打的懲罰，但
一定不能把他打得出血，挨了這種打的自由民在法律上是得不到補償的。有這種行爲的外國人
可以赦免，就像偷吃葡萄和無花果一樣。三十歲以上的公民偷吃這些水果也可以像外國人一樣
D 得到赦免，只要他光吃不帶，但若他的違法行爲引起法官的注意，那麼時間一長，人們會認爲
他的品質有問題，不適宜擔任公職。

水在園藝中格外重要，但也最容易污染。用摻和、改道、攔截這些方法都不容易使土地、
陽光、風力這些農產品生長的因素發生改變，而這些方法一旦用於水，就會帶來傷害，因此法
E 律就要制定相應的挽救辦法。我們要制定一些法律來處理這類事情。如果有人故意堵塞他人的
水源，無論是河水還是湖水，無論是放毒，挖溝，還是偷水，受到傷害的一方必須把損壞的情
況記下來，等城防官員來的時候提出訴訟。往水源中投毒的一方除了交納罰款外，還要負責清
潔那些受到污染的清泉或水庫，法律將對這些清潔行動進行監督。

846 至於把各季的野果收回家，每個人都可以按照自己的意願和通常的慣例去做，只要不給
其他人帶來傷害，或者他的收益不大於給他的鄰居帶來的傷害的三倍。審判這種案子的權力由
執政官掌握，與那些故意傷害罪相同，一方的人身、不動產或動產未經許可就受到第二方的侵
犯。有關情況要向執政官報告，賠償金額最高可達三明那；如果涉案金額巨大，受害人要向公
B 共法庭起訴，尋求賠償。如果執政官在決定賠償方面表現出不公正，那麼執政官要向受害的一
方支付雙倍的賠償；如果有任何不公正的裁決，原告與被告雙方都要被帶到公共法庭重審。任
C 何立法都不能缺少法律程序的無數細節——程序的制定、法庭的召集、證人的數量、如何根據需
要來確定兩名或兩名以上的證人——然而，一名年邁的立法者無法注意到全部細節。他的比較年
輕的模仿者應當按照他的先驅者和其他更加重要的法規的模式來作出規定。他們還應當在必要
之處試驗這些法規，直到滿意地擁有一套完整的、適當的法律彙編爲止。然後，等到這套法規

成形，而非在此之前，他們應當把這套法規視爲最終的，並按照這套法規生活。

D 至於技藝和手藝，我們應當這樣開始。首先，本國人，或本國人的奴僕，都不能把實踐
某種手藝作爲他的職業。因爲公民已經有了一種職業，從不斷進行的練習和與這種技藝有關的
廣泛學習來看，從保存和享受社會公共秩序來看，這種職業完全需要他——這項任務的重要性
E 絕不可視作第二位的。我們可以正確地說，人的能力絕不適宜同時從事兩種職業或手藝。我們
沒有一個人有這樣的才華，在自己從事一種手藝的同時還要去監管第二種手藝。因此，我們必
須從一開始就把這一點作爲我們社會的一條原則。沒有人可以同時既是鐵匠又是木匠，我們也
不能允許一名木匠去監管其他鐵匠的工作，從而荒廢了他自己的技藝，那怕他藉口作一名管事
可以掙到更多的錢，他手下那麼多雇工可以爲他的利益工作，他當然也會小心監管他們，這樣
847 一來，他掙的錢遠遠多於他憑自己的手藝掙到的錢。在這個社會裡，每一名藝人和工匠都只能
有一種技藝，他們必須依靠這種技藝謀生，而不能依靠其他技藝。城防官必須竭盡全力執行這
條法律。如果有本國人走上歧途，爲了追求錢財而從事別的行業或職業，那麼城防官要通過申
斥和降級的辦法來對他進行矯正，使他返回正道；如果一名外國人同時從事兩種手藝，那麼對
B 他進行矯正的方法有監禁、罰款和驅逐出境，這樣一來，他就只能起一種作用而不是起幾種作
用。關於工匠工資的爭議，或者他們拒絕工作，或者工匠們抱怨受到不公平的對待，或者工匠
們的其他事情，如果涉及的金額不多於五十德拉克瑪，那麼就由城防官來斷案，但若涉案金額

更大，就由公共法庭來依法處理。

C 在我們的城邦裡，進出口貨物都不用納稅。不能進口乳香或其他用於宗教儀式的外國香料，也不能進口本國不生產的紫色顏料或其他染料，更不能進口那些非必需的外國出產的原料。本國生產的生活必需品一定不能出口，必須留在國內。有關的法律事務和監督由十二名執法官負責，當五名元老缺席的時候，他們就是這個委員會的首領。

D 至於各種戰爭武器和軍事裝備，如果出於軍事目的需要進口某種植物、礦物、制作戰袍的衣料、動物，那麼應當由騎兵指揮官和將軍們來控制這樣的進出口，由國家來擔任賣方和買方，立法官要對此制定恰當而又充分的法規。在我們的國境內或在我們的公民間，不能零售這些東西，也不能爲了贏利而進行這些物資的買賣。

E 在供應和分配這些自然產品時，我們也許可以採用克里特遵循的一條規定。所有人都必須
848 把土地的總收成分爲十二份，實際上，也就是劃分消費品。例如，小麥、大麥以及其他各季的農產品。當然了，各地區可供出售的各種家畜也必須是同一法律規定的劃分對象。這些產品的每十二分之一還必須恰當地再分爲三份，一份歸自由民，另一份歸他們的奴僕，而第三份歸工匠和其他不是公民的人，無論是永久居民所需要的生活必需品，還是因公或因私來到我國的臨時訪問者所需要的生活必需品，第三份生活必需品是唯一要強制送往市場出售的產品，而其他
B 兩份產品則沒有這種強制性。現在我們要問的是，這種劃分的正確方式是什麼？因爲這種劃分

從一個角度看顯然是公平的，但從另一個角度看則不公平。

克利尼亞 請你解釋一下。

雅典人 呃，你知道，這些農產品肯定有些質量差，有些質量好。

克利尼亞 當然了。

雅典人 從這個角度看，三份農產品的獲得者，無論是主人、奴僕，還是外國人，都沒有什麼特別的好處，在分配時要確保各份農產品質量相當。每個公民將得到其產品的三分之二，
C 並負責將它們分配給家中的奴僕和自由民，只要他願意，他可以按照這樣的數量和質量進行分配。剩餘的農產品將按照下述方式分配，從計算家畜的數量開始，因爲這些家畜也要吃糧食。

下面，我們必須爲我們的人提供個人住宅，他們要恰當地組合在一起，下列安排對於實現這一目的是適當的。要建設十二個村莊，分別位於我們十二個區的中心位置。在每個村莊裡，
D 我們要做的第一件事情就是爲諸神和超人的神靈確定神廟的位置，附近還要有一個市場，這樣就可以使瑪格奈昔亞[9]的任何地方神祇，或者那些給人們留下深刻印象的神明聖地，得到照料，使它們得到與以往時代相同的榮耀。在這十二個區中的每一個，我們將爲赫斯提、宙斯、雅典娜建立神廟，還有這個區的保護神，無論他是誰。然後，我們開始在高地上建造住宅供衛士居
E 住，就在這些神廟附近，這些兵營也是我們最堅固的據點。工匠們分散居住在境內各地，被分成十三個部分。屬於京城的那部分工匠再分成十二個部分，就像京城本身也分成十二個城區一

849 樣，分別居住在郊外。同時我們還要從一些村莊召集一些有用的農夫。對這些人的監管由鄉村
官員負責，由他們決定每個區需要什麼樣的勞力，需要多少人手，這些農夫可以很舒服地居住
在郊區，並得到最大的好處。以同樣的方式，屬於京城的工匠由城防官們組成的委員會監管。
市場上的產品細節當然取決於市場專員。這些官員在勇敢地護衛了位於市場區的神廟，
使之不受任何暴力侵犯以後，他們第二位的職責就是管理交通。他們將詳細地記錄人們體面的
或不體面的行爲，在需要的時候處理各種衝突。他們首先要注意那些法律規定要出售給外國人
B 的生活必需品是否有貨可供。這些產品由公民們指定一些外邦人或奴隸生產，法律要求在開市
的第一個月就有足夠的供應，每個月提供穀物的十二分之一，一名外國人要能在開市後買到夠
C 吃一個月的糧食以及其他必需品。到了第十個月，買賣雙方要能分別提供和購買充足的飲料，
夠整個月飲用。在第二十個月，會有第三次集市進行畜產品買賣，要有充足的貨物滿足買賣雙
方的需要，農夫生產的其他用於出售的產品也在這時候出售，外國人只能通過購買來獲得這些
東西，例如皮革、紡織品、氈製品，等等。這些商品，例如小麥粉、大麥粉，或者其他任何糧
D 食，只零售給外國人、工匠及其僕人，儘管這種所謂的零售業可以推動酒類和穀物的買賣，但
絕對不能以這種方式出售給公民或他們的奴隸。屠夫也可以在市場上把肉賣給外國人、工匠及
其僕人。至於木柴，只要外國人願意，他每天都可以向所在區的生產者大批購買，也可以將其
零星轉售給其他外國人。

E 至於各種人需要的其他一些物品，都可以放到一個整體市場上來買賣，每種商品集中在一個恰當的地方，方便運輸，由市場官員和城防官員對其作適當的隔攔。這種貿易完全是眞正的
850 錢貨交易，以錢購貨和售貨換錢，買賣雙方都要有等價交換的憑據。一方以賒欠的方式購貨，無論他購買時有無討價還價，不算犯法。如果賣方的商品質量或數量有問題，其程度超過了法律的規定，那麼這樣的行爲就是違法的，要遭到禁止，這樣的事情還要馬上在執法官的法庭上記錄下來，或者取消買方的債務。同樣的法規也將適用於外國人的貨物。

外國人願意的話可以成爲這個國家的居民，只要他們能滿足某些特殊的條件。這條規定應
B 當理解爲，對那些願意並能夠與我們一道生活的外國人，我們要爲他們提供一個家，但他必須要有一門技藝。他的居住期從他登記那天算起最多不得超過二十年。作爲一名外國人他不必交納所得稅，他從事的生意也不必交稅，只要他品行端正。居住期一滿，他就應當帶上他的財產離開。他在居留期間若是爲這個國家提供了某些重要的服務而變得非常出名，那麼他可以提出
C 繼續居留的申請，並要能說服議事會和公民大會，如果他運氣好，甚至可以得到終生居留的許可。這種外國人的子女若是已經有了一門手藝並已達到十五歲也可以居留，但他們的居住期要從他們十五歲開始算起。他們的居住期若是滿了二十年還想繼續居留，那麼他們也一定要按照
D 我們講過的條件取得許可。一名外國人離開這個國家時，執政官那裡原先的登記要取消。

注釋

【1】普路托（Pluto）是希臘神話中的冥王。

【2】薩彌拉斯（Thamyras）是傳說中的色雷斯樂師。

【3】斯塔達（單數 stadion，複數 stadia）是希臘人的長度單位，意譯為「希臘里」，一斯塔達約合六百〇六點七五英尺，約合一百八十五公尺。英文有時譯成弗隆（furlong）。

【4】拉伊俄斯（Laius）是底比斯國王，由於神預言他的兒子將殺父娶母，便派人將他的兒子伊底帕斯（Oedipus）拋棄。伊底帕斯被人救走，長大了回來尋找父親，但在無意中殺死拉伊俄斯。

【5】堤厄斯忒斯（Thyestes）、伊底帕斯（Oedipus）、瑪卡瑞烏（Macareus）均為希臘傳說及戲劇故事中的人物，有亂倫行為。

【6】此處原文直譯為「幸福的天堂」。

【7】阿克圖魯（Arcturus）可能是某位希臘神的名字。

【8】德拉克瑪（drachma），希臘貨幣名，約合銀四點四克。明那（minas），希臘貨幣名，約合銀四百三十六克。

【9】瑪格奈昔亞（Magnesia）是柏拉圖在本篇中所建構的這個理想城邦的所在地。

第九卷

853 **雅典人**　我們下一步當然要以一種法律概要的形式，提到從我們至今爲止研究過的所有這
些活動中產生出來的法律程序。我們確實已經在一定範圍內對必須採取的法律行動做了解釋，
例如，在處理農莊事務以及與此相關的貿易問題，但我們還沒有把法律程序問題作爲主題提出
來。因此，處理這方面的細節，說明犯下一種過失必須接受什麼樣的懲罰，要在什麼樣的法庭
B 接受懲罰，就是我們下面要考慮的主題。

克利尼亞　這樣做沒錯。

雅典人　當然了，從一個角度講，制定這樣的法規是我們的恥辱，因爲我們心中想的是這樣
一個社會，我們希望這個社會擁有各種優點，能夠很好地實踐美德。呃，假定在這個社會中出
生的人會被其他城邦更大的腐敗所玷污，因此我們需要設置並執行這種威脅性的法規，對他們
C 進行警告，並懲罰那些有可能在我們中間出現的壞人，那麼我說了，這種可能性僅僅是一種想
像，在我們的社會裡出現這種人是我們的恥辱。然而，我們並非處於較早的立法者的位置，他
們的法典是在英雄時代制定的。假定流行的故事是可信的，他們是諸神之子，他們的法律是爲
那些同樣以天神爲祖先的人制定的，然而我們只是普通的凡人，我們制定法律只是爲了糾正凡
人的過失。所以我們可以對我們某些公民的天生愚拙表示遺憾，他們好像生來就長著某種「堅
D 硬的外殼」，不願接受軟化的方式，這樣的性格會抵抗我們法律所起的軟化作用，法律對他們
來說就像烈火碰上堅硬的豆子。由於他們具有這種粗野的性格，所以我要開始制定有關盜竊神

廟罪的法律，因爲他們有可能犯下這種滔天大罪。這當然不是我們所希望的，也很難想像任何
受過良好教養的人會做這種事，但是想做這種事的奴隸或外國人及其奴僕並不少。儘管這種情
854 況與我們普遍的人性弱點有關，但爲了他們的利益，我首先要對我所制定的反盜竊神廟的法律
作一些解釋，還有懲治其他鋌而走險者的亡命之徒的法律。但在此之前，我還必須按照我們已
經接受了的原則，對整個這一類法律作一個最簡單的開場白。

對那些在某種不幸的情慾之聲的驅使下日夜不安，進而在夜晚醒來，想要去搶劫神廟的
B 人，我們可以對他作出下列合理的勸告。我們要對他說：你這可憐的傢伙，現在邪惡地催促你
去搶劫神廟的動力既非來自人，又非來自神，而是來自你的內心，你很久以前犯下的罪惡在你
心中滋生出來的迷戀久久不能得到根除，因此要走完它的命定過程。你必須高度警惕，使自己
不受其害。那麼你該怎麼辦呢，我現在就來告訴你。當這樣的念頭在向你進攻時，你要趕緊去
參加能夠阻擋惡運的祭儀，要趕緊去那能夠把你從迷惑中解救出來的諸神祭壇，要趕緊去與那
C 些有美德名聲的人爲伴。你要聆聽他們的教誨，盡力在心中加以重溫，並在各種行爲中表現出
對善與眞理的敬畏。你要逃離邪惡，絕不要再回頭。如果這樣的行爲可以把你從疾病中解救出
來，那麼萬事大吉；如果這樣的行爲還不能使你得到拯救，那麼你要想一種比較好的死法，趁
早結束你的生命。

以這樣的口吻，我們這段開場白表明了我們的目的是消除這些在一個社會中尙未發生的、

該詛咒的行爲。那些聽從我們話語的人，眞正的法律用不著對他們說任何話，而那些不願聆聽
D 法律之聲的人必須聽從我們以正確的語調表達的開場白。如果奴隸或外國人在盜竊聖物時被抓
住，那麼要在他們的雙手和前額打上印記，要處以鞭笞，打多少下由法庭來判決，要剝去他們
的衣服，赤身裸體地扔到國境以外去。受到這樣的懲罰，他也許能變得好些。因爲法律的審判
是眞正的審判，它的目的絕不是傷害人。它產生的效果無非是下面兩種之一：一是使他變成較
E 好的人；二是即使不能變好，他也不會變得更壞。如果發現有公民犯了這種反抗諸神、父母
或社會的可怕重罪，那麼考慮到他從小接受的教育和撫養，考慮到他的可恥墮落的程度之深，
法官要把他的案子當作亡命之徒的案子來處理。如果判他死刑，那麼這對他來說是最輕的處
855 罰，因爲這樣一來他可以起到一個示範作用，使其他人不會學他的壞樣。他的屍體要埋到國境
之外，並且沒有人給他送葬。但他的孩子和家庭如果棄絕這位父親的道路，勇敢地棄惡從善，
那麼他們仍舊能夠得到榮譽和好名聲，就像其他行爲端正的人一樣。在一個財產必須世代承襲
和累積的社會裡，剝奪這種人的財產是不恰當的。當一個罪犯被判處罰款時，如果有祖傳的遺
B 產，那麼他可以恰當地交納，不管交納罰款後還能剩餘多少財產，但他不可能比所有遺產交得
更多。執法官應當根據登記的情況，按特定程序向法庭報告他們的財產，不能隱瞞任何財產。
如果一個人被判處的罰款比他的財產還要多，再加上沒有朋友可以代他支付，或願意免除他的
債務，那麼對他的懲罰將採取長期監禁、戴頸手枷[1]、降低公民等級這樣一些懲罰形式。

C 無論何種冒犯都是違法的，那怕逃到外國去。我們的懲罰將是死刑、監禁、鞭笞、不體面
姿勢的罰坐或罰站、捆綁在聖地前面示眾和罰款，罰款這種方式僅僅用於我們已經說過的那些
案子，是對某些人的恰當處罰。涉及生死的大案應當由執法官們會同法庭一起審判，這些執法
D 官由於上一年擔任執政官的功績而被選爲執法官。按照程序對罪犯提起訴訟，發出傳票，以及
完成其他一些類似的細節，是資歷較淺的執法官的事。我們作爲立法者必須規定投票方式。投
票應當公開進行，在舉行投票之前，法官們要按照他們的資歷依次出場就座，面對檢查官和被
告，有閒暇的所有公民都將出席並聆聽整個審判過程。

E 檢查官將陳述案情，被告要對指控作出回應，每人只有一次講話機會。陳述完畢後，資
格最老的法官將第一個說明他對案子的看法，詳細而又充分地討論檢查官與被告的陳述。他說
完以後，其他法官按次序發言，指出雙方發言中忽略的地方或錯誤的地方，如果有法官認爲自
己沒有什麼可補充的，那就讓下一名法官發言。與案子相關的所有發言都要記錄下來，所有法
856 官都將在記錄上蓋印，然後送往赫斯提的祭壇。第二天，法官們將在同一地方聚會繼續討論案
子，並再次在相關記錄上蓋印。當同樣的事做完第三遍以後，面對確鑿的證據和證人，法官們
將投下莊嚴的一票，並在祭壇邊發誓這是憑自己的能力所能做出的最佳審判，由此結束一樁案
子的審判工作。

B 宗教案的審判就說到這裡，我們現在轉向叛國案。無論誰試圖把法律和國家置於黨派控

制之下，使之服從個人的支配，並進一步爲了實現這些目的而用革命的暴力挑起劇烈的內戰，
那麼這種人一定要被當作整個國家不共戴天的敵人。擔任高級職位的公民，即使他本人沒有參
C 與這樣的叛亂，但若忽視爲他的國家向這種叛亂者復仇，無論他有沒有發現叛亂者，或是確實
發現了叛亂者，但由於怯懦而沒有採取堅決的措施，那麼其他公民一定會把這種人看作罪人，
只是比叛亂者的罪略輕一些罷了。任何高尚的人，無論其地位多麼卑微，都必須向執政官告發
叛亂，把叛亂者送上法庭，指控他們造反和使用不合法的暴力。審判這類案子的法官與審判宗
教案的法官相同，審判程序也相同，判處死刑要由法官投票決定。但是有一點必須說明，在任
D 何案件中，父親的恥辱或判刑不得株連子女，除非父親、祖父、曾祖父全都涉案。在這種情況
下，國家會把他們全部遞解出境，送他們回老家，讓他們帶上自己的全部財產，而他們繼承來
的遺產則除外。然後根據抽籤選出十個公民家庭，這些家庭要有一個超過十歲的兒子，再由這
E 些家庭的父親或祖父提名，最後選出一名青年做候選人，送往德爾斐。這名青年在得到這位神
的歡心以後將有權繼承那個犯罪家庭的房子。讓我們祈禱吧，他會有著更加光明的前景！

克利尼亞 這眞是一項令人欽佩的建議。

雅典人 我們還要用一條法律來規定這些法官還要審判第三類案件，這就是與敵人進行貿易
857 的案子。我們建議的法律會以同樣的方式保留他們子女的居住權，或者把祖孫三代全部驅逐出
境。這種處罰同時適用於三種人：交通敵國的罪犯、盜竊神廟的罪犯、用暴力推翻國家法律的

罪犯。還有，關於盜竊也要有一條法律，無論案情大小，規定一種適用於所有盜竊案的懲罰。首先，如果盜竊行爲得到確證，罪犯必須處於兩倍於涉案金額的罰款，只要他在祖產之外還有足夠的財產支付罰款。如果沒有，那麼他將被監禁，直到全部罰款付清，或被成功的原告赦免爲止。被確證盜竊公物的罪犯要被長期剝奪從國家獲得榮譽的權力，或者繳納兩倍於涉案金額的罰款。

B

克利尼亞 先生，請你回答我的問題。盜竊的東西有多有少，被盜物品的價值有大有小，有些盜自聖地，有些盜自其他地方，盜竊犯的處境也各有不同，我們怎麼能夠制定一條沒有什麼差別的法規來處理所有的盜竊案呢？

雅典人 你觀察得很準確，克利尼亞。你的衝擊使我清醒，但我擔心醒來以後會不知所向。你的話使我想起自己前不久說過的話，如果我不加思索地說話，那麼我們的立法事務就絕不可能完全按照正確路線前進。你會問，我這樣說是什麼意思？如果我們像一名奴隸醫生對待奴隸病人一樣對待現有的各種立法，那麼就會有愉快的微笑了。你可以肯定他是一名有實際治療經驗的人，儘管他對醫學理論一無所知，但卻可以像一名身爲自由民的醫生那樣對身爲自由民的病人談話。他講起話來就像一名哲學家，興高采烈，眉飛色舞，追溯疾病的根源，回顧人類醫學的整個歷史。他的話就像我們現在大部分被稱作醫生的人那樣，滔滔不絕地從嘴裡說出來。這其實不是在治療那個傻瓜病人，而是在教育他，就好像他的目的是要造就一名醫生，而非恢

C

D

E 復病人的健康，難道不是嗎？

克利尼亞 那麼他講得到底對不對呢？

雅典人 如果他認爲可以用我們當前所採用的方式對待法律，亦即目的在於教育同胞而非爲他們制定法律，那麼他講得也許對。這個看法和我們當前的論題也有關係，是嗎？

克利尼亞 也許是的。

雅典人 我們當前所處的位置是多麼幸運啊！

858 **克利尼亞** 爲什麼說是幸運的？

雅典人 因爲我們並非有制定法律的義不容辭的責任。我們可以對政治理論的各個要點進行自由的思考，去發現怎樣才能取得最佳效果，或者不可缺少的最低限度的法律是什麼。舉例來說，在當前的討論中，我們可以根據自己的意願自由地追問最理想的立法是什麼，或者最低限度的不可缺少的法律是什麼。所以，我們必須作出選擇。

克利尼亞 先生，你提出了兩種選擇，而我們應當站在一名政治家的立場上馬上制定法律，
B 就好像有某種緊迫的需要在推動他，拖到明天可能就太遲了。如果幸運的話，我們所做的工作
就像一名石匠或其他匠人剛剛開始的工作。對於擺在我們面前的大量材料，我們可以自由地選擇，把那些適用於我們建築的材料挑出來，這種選擇可以在閒暇時進行。所以我們可以設想自己正在建造一幢大廈，不是出於某種壓力，而是在利用我們的閒暇時間擺弄我們的材料，以便

C 在開始建造時把它們用上。這樣一來，我們就可以正確地認爲我們的法律是眞正制定的法律的一部分，是眞正立法的部分材料。

雅典人 不管怎麼說，克利尼亞，我們的立法綱要會更加科學。因爲，這裡有一個要點，我希望能夠與立法者聯繫起來考察。

克利尼亞 什麼要點？

雅典人 我們可以說，在我們的社會裡存在著大量的由各式各樣的作者寫出來的文獻，而立法者的文獻僅僅是其中的一部分。

克利尼亞 沒錯。

D **雅典人** 那麼好，我們認眞地注意過其他作家的作品，詩人和其他一些作者在他們的作品中用散文或韻文留下了他們對生活行爲的建議，但是立法家卻沒有，不是嗎？這些建議難道不應該最先引起我們的注意嗎？

克利尼亞 完全應該。

雅典人 我們可以假定在眾多作者中只有立法者才能就榮譽、善、正確向我們提出建議，告訴我們它們是什麼，爲什麼必須養成這些品質才能擁有幸福的生活，是嗎？

克利尼亞 立法者當然必須告訴我們。

E **雅典人** 如果荷馬、堤泰烏斯或其他詩人在他們的詩歌中，對生活行爲作出了一些壞的規定

是一件丟臉的事，那麼萊喀古斯、梭倫或其他任何立法家制定了壞的法規就不那麼丟臉嗎？當
我們打開一本某個社會的法律書時，它應當是正確的、合理的，要證明自己是所有文獻中最優
859 秀的；而其他人的作品應當與它相一致，如果表現出不一致，就會引起我們的輕蔑。我們應當
如何設定一部成文法在社會中的正確地位？它的法規應當消除那種聰明的和充滿親情的父母般
的特徵，還是應當帶上專制暴君的面貌——發佈一道嚴峻的命令，貼在城牆上，堅決執行？這就
B 立刻向我們提出了一個問題：我們應當嘗試著以這種方式道出我們的法律思想嗎，或者為了獲
得立法的成功，竭盡全力朝著這個方向前進？如果在這條道路上有危險，我們要去冒險嗎？但
這樣做也許萬事大吉，如果情況許可的話！

克利尼亞 你確實說得好。我們必須照你說的去做。

雅典人 那麼我們首先應當繼續已經開始了的考察。我們必須密切關注有關盜竊聖物和一般
盜竊的法律，還要關注有關傷害罪的法律。我們一定不要因為看到在我們尚未完成的立法過程
C 中，有些事情得到處理，有些事情還需要進一步思考就表示洩氣。在變成立法者的道路上，我
們仍舊在前進，但我們還沒有達到目的地，時候一到，我們也許就能到達終點。現在，如果你
同意，我們將討論我在建議中已經指出過的那些要點。

克利尼亞 我完全同意。

雅典人 這裡有一個問題我們必須在努力澄清所有關於善與公正的看法以後再來討論。在我

D 們中間，我們可以找到多大程度的一致和分歧——你知道，我們這些人至少要能夠擁有比普通人更大的抱負——還有，在整個人類中間，我們又能發現多大程度的一致和分歧？

克利尼亞 你認爲我們中間有什麼分歧？

雅典人 讓我試著解釋一下。當我們思考一般的公正，或思考公正的人、公正的行爲時，我們一般都會認爲它們是一樣的，都是美好的。然而，人們也應當堅持這樣一個看法，公正之人即使相貌醜陋，他們傑出的公正性格也仍舊是美好的，他的言語也絕不會出格。

E **克利尼亞** 當然了，確實不會。

雅典人 無疑如此。但我想要提請你的注意，即使所有被稱作公正的東西都是美好的，這裡講的「所有」必定包括「他人對我們的所做所爲」，這一方的行爲絕不亞於「我們自己的所做所爲」。

克利尼亞 那又怎樣？

雅典人 我們所做的公正的事情，正如它分有公正一樣，同樣也分有美好。

克利尼亞 當然了。

860 **雅典人** 那麼好，如果我們的語言仍舊要保持前後一致，那麼我們必定也要承認，只要分有公正，他人對我們的所做所爲也是美好的。

克利尼亞 完全正確。

雅典人 但若我們所承認，我們所遭遇的某些事情儘管是公正的，但卻是不恰當的，因此公正和美好之間有不一致的地方，那麼我們將會宣佈公正的事情是丟臉的。

克利尼亞 你這樣說是什麼意思？

雅典人 很簡單。我們剛才制定的法律看起來就像是與我們當前的理論直接對立的一篇宣言書。

克利尼亞 對立在什麼地方？

雅典人 呃，你知道，我們剛才制定了一條優秀的法律來懲治盜竊神廟的罪犯和挑起戰爭的人，把他們處死。我們還制定了一套嚴厲的懲罰措施，並且要執行這些法規，而這些處罰立刻就成爲既是最公正的又是最丟臉的。如此看來，我們似乎先肯定了公正和美好之間是絕對等同的，然後又持有一種完全相反的意見。

B

克利尼亞 這樣做看起來是危險的。

雅典人 這就是「美好」和「公正」這些流行術語給人們帶來不一致和令他們感到困惑的地方。

C

克利尼亞 好像是這樣的，先生。

雅典人 那麼好吧，克利尼亞，讓我們再回過頭來。在什麼範圍內，「我們」談論這些事情可以保持用語的前後一致呢？

克利尼亞 一致？與什麼一致？

雅典人 我想我已經指出過了，或者說如果我沒有，那麼你可以認爲我現在的意思是……

克利尼亞 是什麼？

D **雅典人** 壞人總是壞人，壞人的行爲總是與他們自己的意願相違背。根據這個前提，不可避免地會得出進一步的推論。

克利尼亞 什麼推論？

雅典人 呃，你會承認作惡者是一個壞人，而壞人做的事都是違背自己心願的。如果有人說有這麼一個自願者在做不自願的事，那純粹是胡說八道。因此，聲稱無意中做了一件錯事的人一定會把這個行爲說成是違背自己心願的，尤其是我，當前必須接受這種立場。我實際上承認，那些做了錯事的人總是在違背他們自己的心願。由於愛好爭論，或在爭論的慾望引導下，
E 有些人說存在著某些無意的作惡者，也存在著許多有意的作惡者，而在我看來，我會接受第一種說法，拒絕第二種說法。現在我來問你，我應該如何與自己的聲明相一致呢？假定你們，克利尼亞和麥吉盧，向我提出問題：先生，如果情況如你所說，那麼你會建議我們如何爲我們的瑪格奈昔亞國制定法典呢？我們要不要制定一部法典？我會回答說：你們必須制定一部法典。那麼這部法典要區分故意的犯罪與不故意的犯罪嗎？有意的過失或罪行要受到較重的懲罰，而
861 無意的過失或罪行所受的懲罰較輕，這樣做對嗎？如果說根本就沒有故意犯罪這種事，那麼我

們要對所有罪行一視同仁嗎？

克利尼亞 先生，你說得確實很對。我們該怎麼說呢？

雅典人 問得好。我們首先要做一件事。

克利尼亞 什麼事？

B **雅典人** 我們要提醒自己，我們剛才對引起困惑和矛盾的有關公正的看法是怎麼說的。記住了這一點，我們才可以繼續提出進一步的問題。我們從來沒能擺脫在這個問題上的困惑，從來沒有獲得過一條清楚的界線來劃分故意和無意這兩種類型的過錯，而二者之間的區別是在任何社會中存在過的每一位立法家都承認的，一切法律也都認爲二者有區別。但我們剛才像發佈神論一樣武斷地宣佈這件事已經了結了，不是嗎？因此可以說，我們是在用同一條法規處理不同

C 的過錯，沒有絲毫公正可言，對嗎？這樣做確實不公正。在立法前，我們必須說明這些案件之間是有區別的、不同的，而不是像我們設想的那樣是相同的，這樣我們才能針對兩種性質的過失制定相應的處罰，遵循我們的推論，每個人或多或少都能判斷這些處罰的適當程度。

克利尼亞 先生，我們願意作你的聽眾。我們只有兩種選擇，要麼否定一切錯誤的行爲都是

D 無意的這個命題，要麼就在我們肯定這個命題之前，通過一些辯析，使這個命題完善起來。

雅典人 你的兩種選擇之一，亦即否定這個命題，我必須加以堅決的拒絕。我堅信它是眞理，予以否定是不合法的，不虔誠的。但若兩種情況的差別不在於有意和無意，它們的區別又

在哪裡呢？我們當然要去尋找其他的區別原則。

克利尼亞 沒錯，先生，我們沒有別的辦法，只能這樣做。

E **雅典人** 呃，我們可以試試看。請你們這樣想，公民經常會破壞相互之間的各種聯繫或關
係，這種破壞經常是有意的，也經常是無意的。

克利尼亞 沒錯。

雅典人 我們不應當把所有這些引起破壞的情況當作「過錯」，並由此推論，在這樣的行為
中犯下的「過錯」可以有兩種，一種是有意的，一種是無意的，而無意的破壞作為破壞的一種
862 形式，與有意的破壞一樣普遍和嚴重。你現在必須考慮我下面說的話是否包含著一定的眞理，
或者說是完全錯誤的。克利尼亞和麥吉盧，我堅持的看法並不是認為，當一個人並不想傷害別
人，但卻在無意中對別人造成了傷害的時候，他雖然犯了過錯，但卻是一種無意的傷害，因此
我建議從法律上把這種行為當作無意的過錯，無論這種引起傷害的行為是嚴重的還是輕微的，
我根本不把它當作「過錯」。還有，如果人們接受我的看法，那麼那些福利的創造者要是沒能
B 公正地分配福利，他就會經常被說成是犯了「過錯」。我的朋友，整體說來，當一個人給了別
人某些東西，如果不作進一步的界定，我們就無法稱之為公正的行為，當一個人從別人那裡拿
了某些東西，如果不作進一步的界定，我們同樣無法視之為過錯。立法者必須向他自己提出的
一個問題是，有益的或有害的行為的行動者是否以一種公正的精神和公正的方式在行事。因此

C 他必須記住兩點，「過錯」已經犯下，「傷害」已經造成。他必須用他的法律盡力使破壞的得以恢復，使迷失的得以重現，使毀壞的得以重建，用健全的東西取代殘缺的或受傷的東西。他的目的必須是通過立法使各種形式傷害的行動者和受害者達到心靈上的和解，通過一種補償使他們之間的對立轉變成友好。

克利尼亞 到現在爲止，你的話還是挺令人敬佩的。

雅典人 至於錯誤的傷害或錯誤的獲益——所謂錯誤的獲益即通過一種錯誤的行爲使他人獲益——我們知道，這樣的事情是靈魂的悲哀，只要靈魂還有救，我們就要加以治療。我認爲，我們對過錯的治療必須遵循這樣的路線。

克利尼亞 什麼路線？

D **雅典人** 法律將遵循這條路線對過失者進行教育和約束，無論過錯大小，使他不再冒險重複這種錯誤行爲，或者少犯過錯，此外，他必須對傷害作出彌補。因此，我們要通過我們的行爲和言辭使人快樂或痛苦，給人榮譽或恥辱，使人達到痛恨不平等、熱愛公正，甚至默認公正的境界。總而言之，無論採用什麼方式，我們這樣做了，也只有這樣做，我們的法律才是一種有
E 效的、完善的法律。但若我們的立法者發現某人的疾病是用這樣的治療方法無法治癒的，那麼立法者或者法律該如何審判這種人呢？我認爲他會這樣審判：讓這樣的罪犯繼續活著對罪犯本
863 人來說並不是一種恩惠，但若處死他則會給他的鄰居帶來雙倍的幸福。他的鄰居會從中吸取教

訓，而整個社會也少了一個惡人。正是由於這些原因，立法者必須爲這些窮兇極惡的無賴制定死刑，而且也只對他們使用死刑。

克利尼亞 你說的都很好，非常有理。但有一個要點若能進一步清楚地得到解釋，我們會感謝不盡。在這些事例中，過失與傷害之間的差別爲什麼會和有意與無意之間的差別糾纏在一起？

B **雅典人** 呃，我必須盡力按你的要求作解釋。我敢肯定，當你們在一起討論靈魂的時候，發言者和聽眾都有一個相同的假定，認爲靈魂有一種天然的性格，或者，要是你喜歡的話，認爲靈魂的一個組成部分是慾望，這是一種經常固執地用暴力不斷引起毀滅的競爭性的或鬥爭性的成分。

克利尼亞 是的，當然了。

雅典人 你們必須進一步觀察我們在慾望和快樂之間所作的區分。我們說，快樂的王國建立在一個包含著對立成分的基礎上，實現快樂通常要通過誘惑與狡詐相結合的方法。

克利尼亞 確實如此。

C **雅典人** 如果我們把「無知」當作錯誤行爲的第三個源泉，那麼肯定沒錯。儘管你們會注意到立法者會很好地把它分成兩類，純粹的無知和單純，認爲它是一種可以得到寬恕的過失原因，然而人的愚蠢情況更加複雜，它意謂著愚蠢者不僅只受無知之苦，而且也受他本人的智慧

的欺騙，設定他自己知道所有他其實並不知道的事情。當這樣的無知伴隨著出眾的能力或權
D 力，立法者會視之爲一種滔天大罪源泉；但若這種無知伴隨著無能，是由於行爲者的幼稚或老年癡呆而犯下的過錯，那麼立法者會把它當作一種過失來處理，他會制定法規來處罰這種人，但相關條款是最溫和的，在整部法典中也是最寬容的。

克利尼亞 沒有比這更聰明、更合理的了。

雅典人 我們全都說，有的人是他自己的快樂或慾望的主人，有的人是他自己的快樂或慾望的奴隸，這種說法確實道出了眞相。

克利尼亞 確實如此。

雅典人 但我們從來沒有聽人這樣說過，某些人是他自己的無知的主人，有些人是他自己的無知的奴隸。

E **克利尼亞** 肯定沒有。

雅典人 然而我們說過三者[2]全都頻繁地朝著一個方向推動著人前進，而此時他自己的意願卻在敦促他朝著相反的方向前進。

克利尼亞 是的，我們說過不知多少次了。

雅典人 現在，我終於可以準確地解釋我說的正確與錯誤是什麼意思了，而不會再糾纏不清
864 了。所謂「錯誤」，我用這個名詞指稱受慾望、恐懼、快樂或痛苦、妒忌或愚蠢主宰的靈魂，

無論有無造成毀滅的結果。然而，在任何信奉至善的地方——無論社會或個人都可以依賴的至善——如果這種信念在靈魂中占上風，支配著一個人的行爲，即使有不幸的後果產生，但人們的一切作爲均依據和服從這樣的原則，那麼我們必須把這些行爲稱作正確的，認定這些行爲的目的是爲了獲得人生的最高的善，由此引起的傷害則通常被稱作非自願的過錯。我們當前的討論不是語詞之爭，而是首先想要更加準確地把握我們已經指出過的三類錯誤。你記得，我們認爲這三類錯誤中的某一類蘊涵著一個被我們稱作慾望和恐懼的主要源泉。

B

克利尼亞 是這樣的。

雅典人 第二類錯誤的根源在於快樂和愚蠢，第三類錯誤是很不同的，其根源在於對善缺乏健全的預見和信念。最後一類錯誤本身又可再分爲三類，這樣一來我們可以看到，錯誤的種類一共有五種，我們現在針對這五種錯誤制定法律，而相關的法律共有兩大類。

C

克利尼亞 哪兩大類？

雅典人 一類針對所有公開使用暴力的行爲；另一類針對那些隱蔽的、狡詐的爭鬥。也還有一些情況既包含公開的暴力又包含隱秘的爭鬥，當然了，如果法律有其恰當效力的話，對這種行爲的處罰是最嚴厲的。

克利尼亞 是的，肯定是這樣。

雅典人 現在，我們可以回到剛才開始說離題話的地方，繼續我們的立法。如果我沒弄錯

D 的話，我們已經針對那些社會公敵制定了有關盜竊和裡通外國罪的法律，也還制定了懲處用竄改法律的手段顛覆已有體制的法律。可以想像，某些人由於精神錯亂，乃至於完全瘋狂，或者由於疾病引起行爲失調，或者由於年邁或年幼，會有諸如此類的行爲。如果在選舉組織起來的
E 法庭受審時，他們的辯護人能夠作出令法官滿意的解釋，那麼對受到指控的被告會有這樣的處罰，在任何情況下他都要對受到傷害的一方作出完全的賠償，而其他處罰則可赦免，除非他的行爲已經奪走了他人的生命，或者說他已經殺了人。在這種情況下，他要被迫遷移到別國去居
865 住，流放一整年；如果流放期未滿他就回來了，或者說他踏上了祖國的任何土地，那麼執法官會把他關起來，監禁兩年。

我們已經進入了殺人這個主題，現在可以試著提出一條完整處理各種形式殺人罪的法規。首先要處理的是無意的暴力行爲。如果一個人無意中引起他朋友的死亡，在競賽中或在公共體育活動中，無論是當場死亡還是受傷以後過一段時間才死，或者是在戰爭中和軍事訓練中，無
B 論是不帶武器的還是戴盔甲的格鬥，殺人者都要在來自德爾斐法律的指引下完成滌罪儀式，才能被視爲無罪。在所有關於行醫的案子中，如果病人被醫生無意中治死了，法律將認爲醫生無罪。如果一個人的行爲在無意中使他人致死，無論他是空手的還是拿著武器或飛鏢，是在吃飯時還是在喝酒時，是由於太熱或是由於太冷，或是由於窒息，只用了他自己的體力或者還用
C 了他人的體力，在所有這些案子中，上述行爲都將被視爲他個人的行爲，殺人者要支付下述罰

款。

如果被殺的是奴隸，那麼殺人者應當視之爲就像自己損失了一名奴隸，所以要賠償死者主人的損失，或者假定殺人者要加倍賠償損失——這名奴隸值多少錢要由法庭來估價——也要參加滌罪儀式，而且比那些在體育運動中造成死亡者的滌罪儀式更加麻煩、更加煩瑣，由神論指定
D 的宗教法解釋者是具體說明這些法規的權威。如果被殺的是殺人者自己的奴隸，那麼他要履行法律規定的滌罪儀式來消除罪孽。如果有人在無意中殺死一名自由人，那麼與殺死奴隸一樣，殺人者也要履行滌罪儀式來消除罪孽，以便讓他吸取教訓，不再藐視那個古老原始的神
E 話。神話說，尊貴的自由民被殺人者用暴力殺死之後，他的靈魂馬上就會燃起復仇的怒火，而殺人者對自己的血腥命運在心中充滿恐怖和畏懼，他會看到自己非常熟悉的死者身影在跟蹤自己，會被嚇得手足無措，乃至精神錯亂。這是因爲死者的靈魂牢記兇手，想盡一切辦法使兇手心煩意亂，乃至瘋狂。因此，殺人兇手在殺人後的一年裡要迴避殺人的地點，要把他驅逐出境，不
866 能讓他在祖國的土地上留下足跡；如果死者是個外國人，那麼兇手在相同的時間內也不得進入死者的國家。如果兇手自覺自願地遵守這條法律，那麼死者的親屬要記下他對法律的服從，要寬恕他的行爲，除了與他保持和平外不能再對他做別的事。但若兇手不遵守這條法律，雙手沾
B 滿血跡地冒險進入聖地獻祭，或者拒絕在規定的時間裡離境，那麼死者的親屬可以對他的殺人罪行提起控訴，如果證據確鑿，那麼所有的懲罰都將加倍。如果死者的親屬沒有提起訴訟，儘

管他的門口就流著鮮血，就好像死者在提出償還血債的要求，那麼任何人都可以對兇手提起訴訟，法律將判他流放五年，把他驅逐出境。如果殺人者是一名外國人，而死者是一名居住在這
C 個國家的僑民，那麼只要有人願意，也可以按照同一法律對他提出控訴；如果被告是一位定居的僑民，那麼他要被流放一年。如果被告完全是個外國人，無論被殺者是外國人、僑民，還是本國公民，他都要在履行滌罪儀式以後，被驅逐出這些法律所適用的土地。如果他違反法律再次返回這塊土地，執法官將要處死他，並把他擁有的財物判給受害者的近親。如果他的回歸並
D 非出於自願，比如遇上海難而漂流到我們的海岸邊，那麼他可以在海邊逗留，等著有船來把他帶走；如果他被「不可抗拒的力量」劫持，從陸上被帶回來，那麼第一位抓住他的官員可以釋放他，讓他平安離境。

如果某人自己動手殺了一名自由人，而他的行爲是慾望推動的結果，那麼首先要區分兩
E 種不同情況。一種情況是行爲者一時衝動打了人，或突如其來地做出別的舉動，但事先沒有想要殺人的目的，而殺了人後隨即產生悔恨與自責。另一種情況也是慾望推動的結果，由於受到語言或污辱性的手勢的攻擊，他想要報復，最後把騷擾者給殺了，並且不感到悔恨。我想，我們不能把這些行爲當作兩種不同殺人的形式，但可以公正地說二者的動因都是慾望，兩種行
867 爲都是部分自願，部分不自願。這兩種情況與其他自願或不自願的殺人都有一些相同之處。控制自己的慾望，不馬上進行報復，而是後來才抱著既定目標作出報復，這樣做與那些蓄意謀殺

相同。不能控制自己的憤怒，馬上爆發出來，但沒有預謀，這就好像不是蓄意殺人；我們甚至
B 不能說他的行爲完全是無意的，儘管看上去有點像無意。因此，很難決定法律應當把這些慾望推動下的殺人當作蓄意殺人還是無意殺人。然而，我們最完善的辦法是按各種殺人的相似性歸類，以有沒有預謀爲界，對那些有預謀的、窮兇極惡的殺人犯給予最嚴厲的懲罰，對那些沒有
C 預謀的、因一時衝動而殺人的罪犯的處罰則比較溫和。重罪判重刑，輕罪判輕刑，這是一個通例。我們自己的法律當然會遵循這樣的原則。

克利尼亞 確實是的。

雅典人 讓我們回到我們的法典上來，繼續立法。如果某人動手殺死一名自由人，但他的行爲是在憤怒慾望的推動下做出的，沒有預謀，那麼對他的處罰在各方面都與處罰不在慾望推動下的殺人相同，要對他處以兩年流放，使他學會約束自己的脾氣。在慾望推動下殺人，並且有
D 預謀，對這種罪行的處罰在其他方面與前者相同，但流放時間不是兩年，而是三年，因爲他的慾望更加可悲，所以對他的處罰時間更長。通過懲罰來矯正這些罪犯的規則就是這樣，但要想精確地在法律中作出具體規定是困難的，因爲在這些案子中，法律認爲比較危險的罪犯結果卻是比較溫順的，而法律認爲比較溫順的罪犯反而是比較危險的，後者的行爲看起來確實比較野
E 蠻，而前者的行爲看起來比較人道。儘管我們作出的一般區分依然成立，但最後如何處理這些事情要由執法官來決定。

兩種罪犯的刑期滿後，執法官們要派他們中的十二人去邊境處理這些到期的犯人。這十二
人原來就主管流放事務和負責監視流放者，此時也就由他們來決定是否給予流放者恩惠，允許
他們回國——這是官方法令最後必須要有的內容。如果犯有這兩種罪行之一的某個犯人在期滿回
868 國後又悖然大怒，重犯以前的罪行，那麼他將被永遠放逐，再也不能回國；如果他再跑回來，
那麼他會被處死，就像被驅逐的外國人偷跑回來一樣。在盛怒下殺死自己奴隸的主人要洗滌他
的罪過，如果被殺的是別人的奴隸，那麼他要向奴隸的主人加倍賠償損失。任何種類的殺人犯
如果蔑視法律，在尚未洗滌罪行之前就出現在市場和體育競賽中，或者出現在其他公共集會
B 中，因而玷污了這些地方，那麼知情者可以舉報，起訴作爲滌罪儀式執行者的死者親屬和這名
殺人犯，迫使他們交納兩倍以上的罰款，法律將用他們交納的所有罰金獎勵舉報人。如果奴隸
C 在憤怒中殺了他的主人，死者的親屬可以根據自己的意願處置殺人犯，不算有罪——只有在這種
情況下他們絕不能寬恕那個奴隸，讓他繼續活命。如果自由人被其他人的奴隸所殺，這名奴隸
的主人要把肇事的奴隸送交死者親屬，他們必須殺死這名奴隸，方式由他們自選。有一種情況
確實不常見，但確實會發生，如果父母在盛怒下用鞭笞或其他方式殺死了兒子或女兒，那麼他
D 們的滌罪儀式與其他殺人案件相同，流放期則爲整整三年。等殺人者歸國後，殺人者的妻子或
丈夫要離婚，他們之間的生育必須停止；家庭中一定不能再有這樣一個成員，更不能崇敬他，
因爲他殺死了家中的兒子或兄弟。拒絕執行這條法令的人是不虔誠的，只要願意，任何人都可

E 以起訴他。如果有人在盛怒中殺死了他的妻子，或者一名婦女對她的丈夫做了同樣的事情，那麼也要有同樣的滌罪儀式，判處三年流放。罪犯回國後，永遠不能再與他的子女一道崇拜神靈，或與他們同桌吃飯。如果父親或子女蔑視這條法律，那麼一旦被發現，任何人都可以指控他們犯了褻瀆罪。如果兄弟姐妹在憤怒中發生了兇殺，他們的滌罪儀式和流放與前面對父母子女之間的兇殺的處罰相同——無人可以再與他同桌共餐，共同崇拜諸神，因爲他從這個家庭中

869 剝奪了一個兄弟或子女——如果違反這條法令，那麼違反者將受到前面說過的那條懲治不虔誠罪的法律的公正懲罰。但若某個本應約束自己慾望的人沒有這樣做，而是在憤怒中瘋狂地殺害了生他養他的父母，如果死者在臨終前自願寬恕了這名罪人，那麼只要他履行了與無意殺人罪相同的滌罪儀式以及其他處罰以後，他的罪行就潔淨了。但若沒有得到這樣的寬恕，那麼這樣

B 的罪犯就要接受多條法律的處罰。對他的處罰是使用暴力、不虔誠、瀆聖一類罪行中最重的，因爲他的所作所爲褻瀆了父母靈魂的神廟，如果一個人可以死好幾次，那麼把這些殺父母的忤逆者判處無數次死刑是完全公正的。一個人的生命有時會受到來自父母的威脅，但沒有法律會

C 允許在這種獨特的情況下殺人，即殺死生育他的父母，那怕是自衛也不行。法律給他的指令是必須忍受最壞的待遇，而不是去殺死父母。那麼法律給這種罪犯什麼樣的懲處才是合適的呢？我們認爲，法律給這些在慾望推動下殺死父母的人規定的懲罰是死刑。兄弟之間爭吵鬧出了人命，或者在類似的情況下，如果動手殺人是爲了自衛，而死者是挑釁者，那麼殺人者無罪，死

D 者就好比是手持武器的敵人；公民之間或外國人之間發生爭執也照樣處理。如果公民在自衛中殺了其他公民，那麼殺人者無罪；如果奴隸在自衛中殺了其他奴隸，那麼殺人者也無罪。但若奴隸在自衛中殺死了自由人，那麼他犯了和殺父母一樣的罪行。我們前面說過，父親可以寬恕兒子殺害自己的罪行，而這也同樣適用於其他各種罪行的寬恕；如果受害者自願寬恕殺人者的
E 罪行，視之爲無意的，那麼法律將判處這些罪犯履行殺父母罪的滌罪儀式以及一年的流放。怎樣合理處置激烈的、無意的、突發的兇殺，我們在上面已經做了充分的說明。下面我們要處理的是蓄意殺人，這種行爲的發生是有預謀的、精心策劃的、極端邪惡的，是靈魂在快樂、愚蠢和妒忌的支配下發生的。

克利尼亞 非常正確。

870 **雅典人** 那就讓我們再一次列舉它們的根源。首要的一點是慾念主宰了靈魂，驅使靈魂尋求慾望的滿足而變得兇狠殘酷。我們在大多數人的期盼中可以看到這個特點非常持久和鮮明，財富的力量，再加上天然的偏見和有害的錯誤教育，在靈魂中培育出無限的渴望和佔有慾。這種錯誤教育的根源在於相信了希臘人和非希臘人對財富的錯誤讚揚。他們把財富提升爲諸善之
B 首，而實際上它只佔據第三的位置。這樣一來，他們不僅在剝奪他們自己，而且在剝奪他們的子孫。富裕確實是一切社會最眞實的善和榮耀，但財富是爲身體服務的，就好像身體本身是爲靈魂服務的一樣。由於財富對實現這些善來說只是一種手段，因此它必定在身體之善和靈魂之

C 善的後面佔據第三的位置。從這個學說中我們應當明白，人應當以幸福生活爲目的，而不應以獲得財富爲目的，但以正確的方式獲得財富並將財富置於自己的控制之下則是允許的。明白了這一點，社會就不會希望看到用進一步的殺人來作爲兇殺的抵償，而當前，我們一開始就說過，這種對財富的貪婪是兇殺的一個主要根源，大多數故意殺人都是由於這個原因。第二個根源是與妒忌相伴的競爭精神，這對於妒忌者來說是最危險的，其次對他最優秀的同胞來說也是

D 非常危險的。許多殺人案的第三個原因可以在怯懦和罪惡感的恐怖中找到。一個人希望別人的行爲都公開，而他自己現在或過去的行爲都處於祕密狀態，在這種情況下，如果其他方法都失敗了，那麼只有用謀殺才能消除告密者。

所有這些內容都將在我們的開場白中加以處理。它們也道出了一個爲許多人堅信的眞理，

E 而這個眞理是從那些醉心於秘儀的人那裡學來的。他們說，對這些犯罪進行復仇是罪人進入墳墓以後的事，當罪人再一次返回我們這個世界，他一定會絲毫不差地受到上蒼的處罰——前世犯下的罪惡到今世來償還——遭受同樣的暴力，死在別人的拳打腳踢之下。對那些服從審判，對審判抱有恰當恐懼心的人來說，我們的開場白不需要變成正式的法令，而對那些不服從審判的人

871 來說，我們就應當讓它成爲書面法。如果一個人錯誤地、有預謀地殺死了同胞，那麼首先要把他從各種合法集會中驅逐出去，禁止他玷污神廟、市場、港口，或其他任何公共場所，無論有沒有給殺人兇犯出一個公共告示，法律本身已經代表整個國家發出了這個告示，任何時間都有

效。

B 如果死者的父母兩系在叔侄堂兄範圍以內的近親放棄了監督兇手的義務，或者宣佈了驅逐
兇手，那麼首先，殺人罪孽帶來的污染和上蒼的憤怒會落在他自己頭上，因爲法律的驅逐也會
C 帶來凶兆。其次，任何想爲死者復仇的人都會起訴他。他們都會監視殺人者，要他按神諭的規
定洗滌罪行並遵守其他規定，他們也會正式對他宣佈放逐，然後開始強迫殺人犯執行法律的規
定。這個過程還應伴有祈禱和向諸神獻祭，諸神的功能之一就是使社會能在兇殺中保存下來，
而立法者本人也可免去麻煩。接受這種獻祭的諸神應當有哪些，這樣的審判應當以什麼樣的方
D 式進行才最適合宗教，這些問題要有執法官來決定。他們在規定審判方式前，要聽從宗教法規
專家、預言家和神諭的意見。這種案子的法庭組成與我們所說的審判盜竊神廟案的法庭相同。
證據確鑿的罪犯要處死，屍體也不能埋在他殺人的那個國家，如果這樣做的話，又會增添不虔
誠的罪過。如果殺人犯逃跑了，拒絕接受審判，對他的懲罰將一直延續下去。流放的罪犯若是
E 踏上死者的國土，第一個碰到他的死者親屬或同胞可以殺死罪犯，這是法律允許的，或者把他
捆綁起來，送交相關法庭的官員。被起訴的疑犯可以請求擔保，擔保人的資格由法官決定，三
位主要的擔保人要作出承諾，開庭時被告一定會到場接受審判。如果拒絕承諾或找不到這樣的
擔保，法庭要逮捕疑犯，將他關在監獄裡候審。

872 如果一個人不是眞正動手殺人的兇犯，但卻有預謀地用詭計使其他人死亡，而他自己帶

著一顆由於殺人而玷污了的靈魂繼續居住在這個國家裡，對這種人的審判與審判殺人罪相同，只是不需要考慮安全方面的問題，這種罪犯也能夠在他的祖國找到葬身之處；而其他方面的處置則與眞正的殺人兇手完全相同。兇殺案的雙方都是外國人，或者一方是本國公民，一方是外國人，或者雙方都是奴隸，或者是有預謀的殺人，在上述各種情況下審判兇殺案的程序都是相
B 同的，只有在安全方面的考慮不同；而在安全方面，控方在提出指控時也同時要求被告作出擔保，這和我們已經說過的對殺人犯的擔保完全一樣。如果奴隸故意殺死自由人，無論他是眞正動手殺人，還是用計謀殺人，行刑者都將把他帶到死者的葬身之處，在可以看見死者墳墓的地
C 方給予鞭笞，行刑者願意打多少下就打多少下，如果打完後殺人的奴隸仍舊還活著的話，那麼就處死他。如果有人殺了一名並沒有犯罪的奴隸，他的殺人動機只是由於擔心那名奴隸會揭發自己的可恥醜行，或出於其他類似的動機，那麼這個人要被當作殺人犯受審，就好像死者是公民一樣。

還會出現一些可怕的案子，甚至在立法中提到都會令人感到厭惡，但我們不可予以漠視，
D 我指的是那些同胞之間的故意的、邪惡的兇殺，不管是直接動手殺人，還是用詭計。這種情況在那些生活方式或訓練體制腐敗了的國家中最常發現。這種事情甚至在我們認爲最不會發生的地方也會出現。呃，我們只能重複一下我們剛才講過的那個學說，使聽眾能夠作好準備，以便
E 在面對這種最可惡的兇殺時謹慎地作出自己的自由選擇。這個故事或學說，你可以隨意怎麼叫

它，是從古代祭司那裡傳下來的，它清楚地告訴我們有一種正義在監視著血親仇殺，我們剛才講過的內容無非就是要遵循這種公正的法律，它規定犯有這種罪行的人一定會受到同等的對待。如果有人殺害了他的父親，那麼終有一天他自己也會受到同樣對待，在他的子女手中喪命；如果有人殺害了他的母親，那麼他在經歷了死後的審判以後會在來世變成一名女子，會被他所生的子女殺死。如果這種罪孽已經滲入共同的血緣關係，那麼沒有其他辦法可以滌清這種
873 罪孽，只有用那顆罪惡的靈魂以命抵命、血債血償，否則被玷污的痕跡是不會褪色的，只有這樣的贖罪祭才能使整個世系的怒火平息。

這樣一來，由於恐懼這種來自上蒼的復仇，人們就不會動手殺人，但總有一些可悲的惡人
B 會殘忍地蓄意殺害父母、兄弟或子女，我們凡間的立法者要針對這種情況制定法規。這些法規包括針對上述情況公佈放逐名單和採取安全措施。如果發現有人犯了這種殺人罪，也就是說殺害了我們前面說過的這些人，法官和執政官將一道判處他死刑，把他的屍體剝去衣服，扔到城外的三叉路口。在那裡，所有執政官將以國家的名義拿一塊石頭扔在屍體的頭上，象徵兇手已
C 經對國家抵償的罪行。然後按照法律的審判，兇手的屍體將被運到邊境上拋棄，沒有墳墓。

人們常說生命是最親近的東西，但對於那些奪走自己生命的人又該如何處置？我指的是那些用自殺來強烈地抗拒命運，使既定命運落空的人，儘管國家並沒有對他進行審判，也沒有殘忍的、不可避免的災難在驅使他作出這種舉動，他並沒有陷入令人絕望的、無法忍受的恥辱，

D 僅僅由於缺乏男子漢氣概的怯懦和膽小，他才對自己採取了不公正的審判。好吧，在這種情況
下，只有上蒼才知道人們在滌罪和葬儀方面必須遵守什麼樣的規定，他的近親應當向官方的宗
教法規專家以及這方面的法律專家諮詢，按他們的指示去做。但這種人的墳墓首先必須建在偏
遠的地方，墳墓中也沒有任何東西陪伴他的屍體。此外，這種人必須沒沒無聞地被埋在十二個
E 區交界的荒郊野地裡，他們的墳墓沒有墓石，也不能留名。

除非在鬥獸場或公共體育活動中，如果有馱畜或其他動物使人致死，那麼死者的親屬可以
制定處理這種殺人罪的規矩。死者的親屬可以請若干名鄉村官員來斷案，如果得到確證，那麼
殺了人的牲畜將被處死，扔到國境外去。如果無生命的東西造成人的非命——這方面的例外有閃
874 電或其他神靈的臨在——東西掉下來砸死人，或者人摔倒時撞在東西上，都要由死者的近鄰來審
判，在死者近親的邀請下，這位鄰居將對死者的整個家庭履行這種義務，在確證了某樣東西有
罪後，要把這樣東西扔到國境以外去，就像馱畜殺人一樣。

如果有人死了，並且顯然是謀殺，但兇手是誰又不知道，或者在仔細偵察後仍舊無法發
現，那麼應當像其他案子一樣發出追查的告示，負責追查的人要像對著「殺人犯」說話那樣宣
B 讀通告，以便確立自己追查此案的權力，他要在市場上發出警告，要「殺人犯」不得踏入聖地
或死者所屬國家的任何土地，在這樣的嚇唬下，如果殺人犯現身或被認了出來，那麼要把他判
處死刑，拋屍境外，不得安葬。上述有關殺人罪的法規構成我們整部法律的一章。

這些問題就談到這裡。在殺人案中，殺人者將被正確地判定爲無罪的情況如下：夜間殺
C 死有意入室偷盜的竊賊無罪；在自衛中殺死徒步的攔路盜賊無罪；任何人均可殺死對自由民的婦女或兒童施暴的人，不論殺人者是被姦污者還是她的父親、兄弟或兒子；如果有人用暴力逼迫他人的妻子就範，那麼做丈夫的可以殺死他而被法律視爲無罪；如果有人爲了保護父親的生命，而此時他的父親並沒有從事犯罪活動，或者爲了保護孩子、兄弟，或者爲了保護他的子女
D 的母親而殺人，在這些情況下，殺人者完全無罪。

關於我們這種生靈的撫養和教育，以及暴力復仇的法律，我們談了許多，如果要生活，就要遵守這些法律，沒有這些法律，人就不能生活。關於撫養和訓練身體的法律我們已經說過了，下面我想談一個與此相關的問題，我們要盡最大努力來劃分和列舉人與人之間的各種有
E 意、無意的暴力侵犯，對各種暴力行爲作出相應的處罰規定。

參與立法的人應當把傷害和殘廢置於殺人之後。與殺人一樣，傷害也必須分成無意的傷害，即在憤怒的推動下作出的傷害，和有意的或故意的傷害，即在恐懼的推動下作出的傷害。因此，在處理所有這些類別的傷害之前，我們先要做一個導言性的說明。人類要麼制定一部法
875 律並依照法律規範自己的生活，要麼過一種最野蠻的野獸般的生活，其理由如下。沒有一個人的天賦能夠確保他既能察覺到對人類社會的構成有益的事情，又能在察覺到這種善以後能夠並願意在實踐中實行這種善。首先，一門眞正的社會科學必定以社會共同體爲對象，而非以個

人爲對象，要明白這一點非常困難，共同的利益使社會組合在一起，而個人則是社會的破壞因
B 素，因此，公共的幸福生活應當優先於私人的幸福生活加以考慮，這樣想既有益於共同體又有
益於個人。還有，即使有人對這個原則有了清楚的認識，視之爲科學理論的基本要點，但若他
處於不負責任的獨裁君主的地位，那麼他絕不會忠於他的信念，或竭盡全力終生改善國家的公
共利益，他不會以此爲首要目的，將個人利益放在第一位。他那意志薄弱的人性總是在引誘他
擴大自己的權力，尋求自己的利益，他必然會盡力避苦求樂，把這些東西作爲目標置於公正和
C 善良之前，這種源於他自身的盲目必將使他沉淪，使他的國家也和他一道墮落在毀滅的深淵
中。我向你們保證，如果有人在神的憐憫下生來就有能力獲得這種認識，那麼他並不需要法律
來統治自己。沒有任何法律或法規有權統治眞正的知識。讓理智成爲任何生靈的附屬物或僕人
D 是一種罪惡，它的地位是一切事物的統治者，只要理智確實是眞正的、自由的，它也必須是眞
正的和自由的。然而，除了某些已經衰退了的遺跡，這種洞見在任何地方都找不到，因此我們
只好退而求其次，訴諸於法規和法律。人們現在可以考慮他們碰到的大部分案子了，但不是全
部案子，這就是我要說這麼一番開場白的原因。你我現在就來確定對這些傷害罪的處罰。當然
E 了，人們此時會問：「傷害罪？噢，沒錯，但是傷害誰，在什麼地點、什麼時間、怎樣傷害？」
案子多得不計其數，它們的情況是很不一樣的。把一切都留給法庭酌情處理或完全不由法庭來
處理，這兩種辦法同樣是不可能的。在所有案子中，有一件事我們確實無法由法庭決定，這就

是案子的發生或不發生。而立法者如果不讓法庭酌情決定傷害罪的罰款數額或相應的懲罰，而
876 是由他自己來依照法規處理大大小小的案件，這也是不可能的。

克利尼亞 那麼我們該怎麼辦呢？

雅典人 呃，這樣吧。有些事情必須留給法庭去酌情處理，但不是一切；有些事情必須用法律本身來加以規範。

克利尼亞 哪些問題要由法律來規範，哪些問題要由法庭來酌情處理？

B **雅典人** 如果我們邁出的下一步要適當，那麼就要指出，倘若在一個國家裡，法庭精神低靡、斷案不清，其成員信奉用秘密投票的方式作判決，最糟糕的是，他們甚至不願聽取案子的審理，只根據聽眾對法庭發言的掌聲或贊同來斷案，就像在劇場裡一樣，那麼這個國家會發現自己處在一個艱難的地步。如果法庭的構成是這個樣子的，那麼立法者的手肯定會被一種不幸
C 的但卻又非常眞實的必然性所逼迫；如果一位立法家不幸地成爲這個國家的立法者，那麼他就要被迫在大部分案子中限制法庭酌情決定懲罰的權力，他要通過制定詳盡的法規來做到這一點。但是在一個法庭組織健全、法官們接受過許多考試、訓練有素的國家裡，允許法庭酌情決
D 定大量案子中的處罰完全是適宜的，正確的。所以，我們當前完全有理由不去制定大量的法規和無數重要的規則，而是讓法官依據他們的明智對那些傷害罪進行審理，決定相應具體的處罰。就像我們相信法官們能夠按照我們爲之制定的法律審理案件一樣，我們確實也要相信他們

中的大多數人能夠酌情決定案件的處罰問題。否則我們反覆陳述並在我們自己立法的前言部分
E 加以貫徹的那個學說就不是完全正確的了。我們要把一部附有某些懲罰實例的法律綱擺在法官
面前，使他們有據可循，使他們不至於逾越正確的尺度。事實上，我在當前討論的這類案子中
應當繼續這樣做，這就使我再一次回到立法工作上來。

877 有關傷害罪的條款如下：如果有人蓄意殺害朋友，但沒有殺死，而是使他的朋友受了傷，
而這位朋友當時並沒有違反法律手持兇器，那麼這種謀殺不能得到寬恕，要毫不猶豫地以謀殺
罪起訴兇手，讓他接受審判，就好像他把人殺死了一樣。但法律也要對謀殺者不太妙的運氣和
監護權表現出一定的尊重，既憐憫傷人者又憐憫被傷者，因爲一方避免了死於非命的厄運，另
一方避免了一種詛咒和一場災難；法律對這種神奇的力量要表示感恩和順從，免去兇手的死
B 罪，判他終身放逐，讓他在最近的鄰國度過餘生。他必須賠償受害者遭受的一切損失，數額由
審理案子的法庭決定，這種法庭的組成與審理殺人致死罪的法庭相同。

如果做兒子的謀殺父母，或者做奴隸的謀殺他的主人，使他們受了傷，那麼要判處謀殺者
C 死刑；兄弟姐妹之間的傷害也一樣，如果是謀殺未遂而致傷，相應的處罰也是死刑。夫妻之間
的傷害，如果是謀殺未遂而致傷，相應的處罰是永遠放逐。至於他們的財產，如果有子女尚未
成年，那麼應當把財產交給監護人，由監護人負責照料他們未成年的子女；如果家庭成員均已
成年，那麼財產就歸他們，但他們並沒有義務供養流放者。如果造成這場災難的罪犯無子女，

D 那麼父母兩系侄子一輩的流放者的親屬將聚在一起，指定一人繼承罪犯的房屋，亦即繼承國家
房產的五千零四十分之一，他們做了決定以後還要徵求執法官和祭司的意見。這份房產從所有
E 權上來說並非眞正屬於它的居住者及其家庭。因此，實際上是國家要使這些房屋保持潔淨和交
好運。如果一所房子發生了這樣的罪惡和不幸，而屋主由於沒有結婚或婚後沒有生育，因此沒
有兒子可以繼承房產，或者說一所房子裡發生了故意殺人罪，以及其他違背天意或違抗人類社
會的罪行，因此屋主被永久流放，但沒有兒子可以繼承房產，那麼這所房子本身首先要按照法
878 律的指示加以清潔和祓除。其次，所有親屬將與執法官會面，甚至就像現在通行的那樣，在一
起考慮整個國家哪個家庭的名聲最好，最受好運的青睞，同時又有不止一個兒子。他們要從這
樣的家庭中過繼一個兒子和繼承人，以延續死者的香火，用這個家庭的這位父親的名字給他改
名，並同聲祈禱，以表示他們這樣做是爲了幫這個家庭找一個眞正的繼承者，他可以比他的繼
B 父更好地處理世俗事務和神聖事務。然後，他們會確定這位過繼的兒子爲財產的合法繼承人，
而那名罪犯在這樣的災難發生在他身上時將離開這個家，沒有名字，沒有子女，沒有遺產。

在我看來，一條邊界並非在所有情況下馬上與另一條邊界相連，有時候會有一個邊緣地
帶連接兩個區域，並成爲這兩個區域的共同基礎。尤其是對我們已經說過的在慾望推動下發生
的行爲來說，有意識的與無意識的行爲之間有這樣一個邊緣地帶。因此針對那些在憤怒中造成
C 的傷害罪，我們應當制定如下法規：我們確信，如果證明傷害是可治癒的，那麼傷害者應當雙

倍賠償受害人的損失；如果證明傷害是不可治癒的，那麼傷害者應當賠償受害人損失的四倍。
如果傷害雖然可以治癒，但卻使受害人重大殘廢，那麼傷害者應當賠償受害人損失的三倍。在
有些情況下，傷害者不僅對受害人造成傷害，而且對國家也造成傷害，使受害人不能擔負保衛
國家的任務，因此在這種情況下，傷害者還要接受其他各種懲罰，以補償國家的損失。也就是
D 說，除了傷害者本人應服的兵役外，他還要代受害人服兵役，如果他做不到這一點，就要受到
法律的追究，任何人只要願意都可以用逃避兵役的罪名起訴他。只要證據確鑿，賠償的數額，
無論是兩倍還是三倍，甚至是四倍，都將由法庭來決定。如果是親屬之間以前面說過的方式相
E 殘，那麼雙方的父母和侄子一輩的親屬要聚集在一起，商議並對雙方的父母執行一項處罰。如
果對傷害的評估有問題，那麼男性家長有權作出決定；如果雙方不能達成一致意見，那麼他們
可以要求執法官的裁決。父母受到子女傷害的案子需要有法官審理，這樣的法官年紀要在六十
歲以上，還要有子女，並且要是親生子女，而不能是過繼來的。對傷害者處以死刑還是給予其
879 他處罰，是重一些還是輕一些，我們確信這樣的事情要由法庭來決定。罪犯的親屬不可充任法
庭的成員，那怕他達到了法律規定的年齡。如果奴隸在憤怒時打傷了自由民，那麼這名奴隸的
主人要將他交給受傷者隨意處置，如果不交，那麼就由主人自己來賠償受害者的損失。如果爲
被告辯護的人發誓，這個發生在奴隸和受傷者之間的案子是一個陰謀，那麼他必須堅持自己的
B 看法。如果他打輸了官司，那麼他將賠償損失的三倍；如果他打贏了官司，那麼他可以採取行

動對付使用奴隸進行謀反的那些人。無意中傷害了別人，肇事者要賠償損失，但沒有一名立法者能夠對這種事情做出具體規定。處理這種案子的法官與處理子女傷害父母案的法官是相同的，要由他們來確定賠償的數額。

C 各種形式的打架和鬥毆也是一種暴力侵犯，對這種行爲我們已經處理過了。任何人，男人、婦女、兒童，都絕不要忘了尊重長者，諸神和想要永久幸福的人都應當這樣想。因此，年輕人公開毆打長者是一種可恥的行爲，是上蒼討厭看到的景象。如果年輕人被年長者毆打，那麼年輕人的合理態度應當是克制憤怒，保持溫和，這樣一來，這位年輕人自己到了老的時候也不會毆打年輕人。因此我們在這方面的規定如下：所有人都應當在言語和行動中對長者表示尊重。任何人面對一位比自己年長二十歲的人，無論是男是女，必須住手，就像面對自己的父母

D 一樣；他必須寬待一切年紀足以生下他來的人，這是對生育女神的一項義務。他同樣也不能動手毆打外國人，無論是長期居住於此地的僑民還是新近才來的；既不要主動侵犯外國人，也不要在自衛中動手毆打外國人。如果被外國人打了，而這些外國人的行爲需要矯正，那麼他可以抓住外國人，把他們送交由市政官組成的法庭，而不是自己動手打回來，這樣做可以讓這些外

E 國人明白不可以隨意毆打本國人。市政官必須審理這種案件，但一定要尊重監護外國人的神的意願。如果判定那名外國人錯誤地毆打了本國居民，那麼要對他處以鞭笞，他動手打了本國居民幾下，就鞭打這名外國人幾下，因爲他濫用自己的地位；如果外國人並沒有做錯什麼事，那

880 麼法官可以給予警告並批評揭發者，然後把雙方解散。如果某人被他的同齡人打了，或者一名
無子女的長者被年輕人打了，當事人無論年老還是年輕，都要赤手空拳地自衛。如果四十歲以
上的人參加鬥毆，無論是他動手打別人，還是別人動手打他，由此得到了一個壞名聲，被當作
B 流氓無賴，那麼他是罪有應得。我們不難看到，他有義務接受這種勸告；對我們的開場白不予
理睬的頑固分子將會看到一條適用於他們這種情況的法律。如果有人動手毆打一位比他大二十
歲以上的長者，那麼首先，任何與兇手同齡或比他年輕的目擊者應當指責兇手爲懦夫；如果目
擊者與兇手同齡或比兇手年輕，那麼他要保護被毆打的人，就好像被毆打的是他自己的兄弟、
父親，或更加年長的親屬。還有，我們已經說過，毆打長者的人要受審判，如果他的罪行得到
C 確證，那麼他至少要在監獄裡待一整年，如果法庭對他的判決時間更長，那麼這個決定必須執
行。如果一名外國人或僑民毆打一位比他年長二十歲以上的人，目擊者可以提供同樣的法律援
助，譴責鬥毆者，如果肇事者是外國人和非公民，那麼要判處兩年監禁方能使他們滌清罪惡；
D 如果肇事者是本國居民，那麼他要被監禁三年，因爲他違反了我們的法律，除非法庭判處一個
更長的刑期。還有，如果目擊者沒有提供法律所要求的援手，那麼要對他處以罰款，第一財產
等級的要罰一個明那，第二等級的要罰五十個德拉克瑪，第三等級的罰三十個德拉克瑪，第四
等級的罰二十個德拉克瑪。審理這種案子的法庭由將軍、步兵指揮官、副帥、主帥組成。

E 我們可以說，法律有一部分是爲有美德的人制定的，如果他們願意和平善良地生活，那麼

法律可以教會他們在與他人的交往中所要遵循的準則；法律也有一部分是爲那些不接受教誨的
人制定的，這些人頑固不化，沒有任何辦法能使他們擺脫罪惡。我現在要說的話實際上是針對
他們說的，面對這些人，立法家被迫執行一些法律，而就其本意而言，他希望這些法律根本就
沒有制定的必要。假定有人自認爲有知識而實際上一無所知，竟然忘記了上蒼的憤怒和人們所
881 說的來世報應，嘲笑這些値得敬佩的、普遍流傳的說法，乃至於在實際行動中違反這種告誡，
對父母和其他長輩動粗，那麼就需要對這種人進行威懾和制止。這種最後的懲罰不是死刑，因
爲死刑儘管比其他任何刑罰更加具有威懾力，但它對這個世界上的罪犯所造成的痛苦並不能在
他們的靈魂上產生威懾效果；否則的話，我們就不會聽到虐待母親、毆打長輩一類的事情了。
B 因此，如果能夠做到的話，要在今生懲罰這樣的罪犯，不亞於來世對他們的懲罰。

我們進一步的規定宣告如下：如果精神正常的人動手毆打父母，那麼目擊者首先要制止這
種行爲，就像在我們已經解釋過的例子中一樣。我們要給制止了這種行爲的外國僑民提供一個
觀看體育運動的前排席位；而沒有履行這一義務的外國僑民，我們要把他們永遠驅逐出我們的
C 國土。一位非永久居留的外國人提供了這樣的幫助，將受到公眾的讚揚，沒有這樣做的外國人
則要受到批評。這樣做了的奴隸將獲得自由，不這樣做的奴隸將被鞭笞一百下，如果這種毆打
父母的行爲是在市場上發生的，那麼對這種奴隸的懲罰要由市場官來執行；如果這種行爲發生
在市場以外的其他地方，那麼這種矯正行爲就要由事件發生地的市政官來執行；如果這種行爲

D 發生在鄉下，那麼就由鄉村官員來執行。每一位目擊這種毆打父母行爲的本國人，無論男女老
幼，都要參加救援，制止這種行爲，要像驅逐魔鬼野獸一樣對打人者大聲怒吼，不參加救援的
人將受到法律的處罰和家族神的詛咒。如果有人被確證冒犯了父母，那麼首先要把他永遠逐出
京城，遷居到鄉下去，並且禁止他去任何聖地。如果他不服從放逐，那麼鄉村官員要用鞭打或
E 其他方法對他進行矯正；如果他私自返回原住地，那麼他將被判處死刑。如果有自由人與罪犯
一起吃喝玩樂，或一起做事，或有任何往來，比如與他握手相會，那麼自由人在沒有履行滌罪
儀式之前既不能進入崇拜地和市場，又不能去城市的任何地方，就好像他被可怕的瘟疫傳染了
一樣，如果他違反禁令，污染了聖地和城市，那麼任何執政官在得知事件之後要立刻對他進行
882 審判。如果一名奴隸打了自由人，無論他是外國人還是本地公民，目擊者都要加以制止，否則
就要受到罰款的處罰，罰款的數額按其地位不同而有所差別；目擊者要協助被打的一方把這名
B 奴隸捆綁起來，由被打的一方處置，他們會用腳鐐把奴隸捆綁起來，用皮鞭抽打他，願意打幾
下就打幾下，只要不損害奴隸主的利益，然後把他交給他的合法主人。這一法律條款應當這樣
寫：奴隸打了自由民，除非有執政官的命令，這名奴隸的主人要從被打的人那裡接受被捆綁的
C 奴隸，在被打的一方沒有感到滿意之前，不能釋放他。這些法規也適用於雙方都是婦女或有一
方是婦女的情況。

注釋

【1】古代用以將罪犯示衆的刑具。

【2】指上面提到的快樂、慾望、無知。

第十卷

884 **雅典人**　有關傷害問題已經講完了，現在我們可以清晰地闡述一條關於暴力案件的法律原則：無人可以拿走他人的物品和家畜，也不能未經業主許可擅自動用鄰居的財產，這種行爲是上述一切傷害的開端，過去、現在和將來的傷害都是此類行爲的結果。年輕人的放蕩與蠻橫逞兇是最重要的傷害案件，如果被當眾冒犯的對象是神聖的，那麼這種傷害就是最大的，如果被
885 冒犯的對象不僅是神聖的，而且對某個部落或某些相同的群體來說是公共的，或部分公共的，那麼這種傷害就尤其巨大。按秩序和程度來說次一等的傷害是冒犯私人的神龕和墳墓；列在第三位的傷害是已經說過的那些罪行以外的對父母不孝。傷害的第四種形式是偷竊他人財物和家畜，未經別人許可就動用別人的東西，以此表現出對執政官的蔑視；第五部分傷害則是需要作出法律賠償的那些侵犯公民權力的行爲。因此，我們必須提供一部同時適用於各種傷害形式的
B 法律。關於公開或秘密地使用暴力搶劫神廟，我們已經作出了具體的規定。我們現在要決定對用言語或行動侮辱神靈的人應當給予什麼樣的懲罰。但首先我們的立法者必須向他們提出如下忠告：凡是服從法律而相信神的人，絕不會故意作出瀆神的行爲或發表不法的言論。凡是有這種行爲發生，必定出於下列原因之一：要麼他們不相信神存在；要麼他們相信神存在，但認爲神不關心人類的事務；要麼他們認爲即使這些神關心人事，人們也很容易用犧牲和祈禱來哄騙他們。

C **克利尼亞**　我們該如何對待這種人，或者說我們對他們該說些什麼？

雅典人 哎，我親愛的先生，讓我們先來聽聽他們是怎樣嘲笑我們的。

克利尼亞 他們會怎樣嘲笑我們？

雅典人 呃，他們會這樣說：來自雅典、拉棲代蒙和克諾索斯的先生們，你們說得對。實際上，我們中有些人認為任何神靈都不存在，還有一些人對諸神的看法就像你們所說的一樣。所以我們對你們的要求也像你們對法律的要求一樣。在你們亮出嚴厲的恐嚇之前，最好先試著說服我們。請你們提供充分的證據，說明諸神確實是存在的，諸神也不會受到祭禮的誘惑，乃至於違反正義之路，讓我們信服。我們確實已經從那些享有崇高名聲的第一流詩人、演說家、先知、祭司，以及其他成千上萬的人那裡聽到了許多教誨，但正因為如此，我們中的大多數人遵循的道路不是拒絕作惡，而是努力去作惡並且試圖掩蓋惡行。所以我們期待著你們馬上能夠說服我們，作為立法者，你們具有一種職業的仁慈而非嚴峻。你們認為諸神是存在的，但這種看法並不比另一種說法好到哪裡去，你們如果能夠告訴我們只有你們的看法才是真理，那麼也許能夠令我們信服。所以，如果你們認為我們的挑戰是公平的，那麼你們必須試著給予回答。

D

E

克利尼亞 呃，先生，要說明諸神的存在似乎很容易。

雅典人 為什麼？

886

克利尼亞 呃，只要想想大地，想想太陽、星辰和一切事物就可以了！還有奇妙的季節更替和年月！此外，全人類，希臘人和非希臘人，事實上全都相信諸神是存在的。

雅典人 我親愛的朋友，我有點害怕這些惡人，但我不想稱之爲恐懼，我擔心他們會蔑視我
們。你，以及我們的朋友，事實上並不明白他們與我們的分歧在哪裡。你們認爲沉迷於快樂與
B 慾望使他們的靈魂不虔誠，其他就沒有別的原因了。

克利尼亞 呃，先生，其他還有什麼原因？

雅典人 你和你的朋友們都不可能知道這個原因。之所以如此，乃是因爲這個原因與你們的生活無關。

克利尼亞 我不知道你又能想出什麼名堂來。

雅典人 呃，愚蠢的傻瓜也可以認爲自己擁有最高的智慧。

克利尼亞 你這樣說是什麼意思？

雅典人 有人告訴我，你們優越的國家制度在妨礙著你們認識諸神的形像，而我們國家的文
C 獻中講述過諸神的故事，這些文獻有些是用韻文寫的，有些則用散文。這些文獻中最古老的故
事說，天是最原始的眞正的存在，等等。以此爲起點，這個故事稍後講到了諸神的誕生，以及
他們相互之間的品行。由於這些故事非常古老，我們現在很難決定這些故事對於聽眾來說到底
是好還是不好，有沒有其他方面的作用，至於這些故事能否在聽眾中培養出尊敬父母的品格，
D 我敢肯定人們絕不會把這些故事讚揚爲有益於身心健康的，也不會說這些故事是眞實的。我們
可以不再談論這些古老的故事，而其他人願意談則隨他們的便。但我們必須用現代人的理論來

解釋由諸神造成的不幸。這兩方面一結合就產生了這樣一種效果。當你我提出關於諸神存在的
E 證據，並且確信日月星辰是神或具有神性時，反對這些故事的人就會提出反駁說，無論你們如
何雄辯地使用那些空洞的言辭，它們都只不過是土石罷了，不可能關心人事。

克利尼亞　先生，你提到的這種理論眞可怕，那怕只有這一種。如果這種理論盛行，那麼在
我們這些老年人看來就更可怕了。

雅典人　那麼我們該如何答覆？我們該怎麼辦呢？也就是說，我們是否必須面對這種無神
887 的觀點，從根本上反駁那種認爲你們無權設定諸神存在的指責，從而保護我們那些與此相關的
法律呢？或者說，我們是否必須擱置這個主題，回到立法上來，因爲我們擔心要是不這樣做的
話，關於這個主題的討論會比相關的立法更冗長。如果我們首先針對他們要我們必須回答的問
題提供大量充分的證據，使我們的對手感到害怕，在實際上表達了對這種無神觀點的厭惡後再
來制定相關的法律，那麼我們的討論一定會非常漫長。

B **克利尼亞**　先生，從我們聚在一起討論問題開始，我們有好幾次機會看到我們沒有理由對簡
潔明瞭的偏愛勝過冗長，諺語中所說的「追蹤者」並非與我們同道，所以我們若是選擇了一條
比較短的道路，而不是選擇一條最佳道路，那麼我們只能表示遺憾，並認爲這樣的選擇是荒謬
的。堅持諸神存在，堅持諸神是善良的，盡力說服人們相信和敬重諸神，這是我們頭等重要的
C 大事。事實上，以此爲我們的開場白是對我們整個立法的最高尚、最優秀的辯護。我們既不要

猶豫不決，又不要顯露出不耐心，而要無保留地使用我們擁有的說服的才能，竭盡全力去完成這個任務。

雅典人　我感到你的這番祈求充滿懇切與熱情，使我無法再作推諉。那麼好吧，我們又該如
何平心靜氣地爲諸神的存在辯護呢？當然了，像過去一樣，無人能夠抑制對那些派別的不滿和
D 厭惡，他們相信這些故事，但卻把論證的重擔強加於我們。他們從小就開始聽這些故事，還在
母親或褓姆懷抱中的時候他們就不斷地在聽——你可以說，這些故事就像催眠曲，就像遊戲和娛
樂中的咒語——以後又在獻祭時的祈禱中聽，再往後戲劇又使兒童們的眼睛和耳朵受到強烈刺
激，就像在獻祭中一樣。我們的父母對著他們的神靈說話，堅定地相信諸神的存在，爲他們自
E 己和子女虔誠地祈禱和求援。還有，當太陽、月亮升起和降落時，他們已經聽到或看到人類普
世的崇拜和虔誠，無論是希臘人還是非希臘人，在所有各種充滿好運和惡運的環境中，他們崇
888 拜的諸神不是虛構的，絕非遙遠的影子，而是最確定的眞實的實在。那些強迫我們進行當前這
些論證的人用輕浮的態度處理這些證據，而當我們看到這些證據時，任何一個有理智的人都會
加以承認，但卻沒有完善的理由。我要問的是，一個人該如何找到溫和的語言能夠把責備與有
關諸神的眞相結合起來，以此說明有關諸神存在的眞相？還有，我們面臨著這樣一個任務。我
們絕不允許我們中的一個派別從追求快樂轉變爲瘋狂，而其他人則從出於對他們的憤怒而同樣
變得瘋狂。所以我們對心靈的平心靜氣的預備性的告誡應當達到這樣的效果——我們要克制我們

的激情，使用溫和的語言。請你們想像我們自己現在就在對這種類型的某個人講話。

B 我的孩子，你還年輕，隨著時間的推移，歲月就會引導你完全扭轉當前的許多信念。所以，在對最高事物進行判斷之前，你要等待未來的降臨，其中最重大的事情就是正確地思考諸神，良好地生活，或者正好相反，儘管你現在會把這件事情看得微不足道。我要向你提出重大告誡，你會看到這個告誡是完全正確的。你自己和你的朋友並非第一個，亦非唯一的一個接受這種看法的人，以此作爲你們關於諸神的學說，不，在每個時代，或多或少都有一些人受到這
C 種疾病的危害。因此，作爲一個過來人，我要向你保證，沒有一個人在早年採用了這種諸神不存在學說而到了老年仍舊堅持這種信念，儘管有些人——不是很多，但確實有一些——堅持我們說過的另外兩種態度，相信諸神存在，但諸神對人類的行爲無動於衷，或者說諸神儘管關心人事，但很容易被獻祭和祈禱所安撫。如果你接受我的指導，那麼你應當等待一個有關這些事情
D 的完全清晰而充滿可信度的判斷，你要問自己眞理究竟在哪一方，要向各種人尋求指導，尤其是向立法者請教。同時，你要警惕各種對諸神不虔誠的行爲。爲你們制定法律的人必定會以此爲自己的事務，從今以後會把這件事的眞相告訴你們。

克利尼亞 先生，到此爲止你說得好極了。

雅典人 不過如此，麥吉盧和克利尼亞，但我們已經在無意中捲入了與一種自命不凡理論的爭論。

克利尼亞 這是一種什麼理論？

E **雅典人** 一種被人們廣泛地當作終極眞理的理論。

克利尼亞 你必須說得更加清楚一些。

雅典人 你知道，有人告訴我們，一切有生成的事物都會變成或將要變成某種產物，要麼是自然的產物，要麼是技藝的產物，要麼是命運的產物。

克利尼亞 這樣說有什麼不對嗎？

889 **雅典人** 呃，當然了，這位哲人告訴我們這個假設是對的。但假定我們追隨他們的蹤跡，問一問我們自己這一派發言人的眞實含義是什麼。

克利尼亞 我完全贊同。

雅典人 所以他們說，一切偉大而又美好的事物顯然都是自然和命運的產物，只有技藝的產物是微不足道的。技藝從自然的手中取來已經創造出來的偉大原始作品，然後對之進行一些微不足道的塑造，就是由於這個原因，我們稱這些作品爲人造的。

克利尼亞 這樣說有什麼意義？

B **雅典人** 讓我說得更加清楚些。他們說，火、水、土、氣的存在全都可以歸結爲自然和命運，而沒有一樣可以歸結爲技藝；它們反過來又成爲動因，一種絕對的、無靈魂的動因，再進一步產生出下一層次的物體，亦即大地、太陽、月亮、星星。它們各自本著它們自身的若干傾

C 向任意漂流。它們以某種適宜和方便的配置在一起——熱與冷、乾與濕、軟與硬，以及從對立面
的混合中產生的各種不可避免的偶然結合——以這種方式，整個天宇以及其中的一切都產生了，
一切動植物也按特定的過程產生出來，一年四季的產生也出於相同的原因。他們說，這些東西
的誕生不是由於心靈的作用，也不是由於神的作用，更不是由於技藝的作用，而是由於自然和
D 命運。技藝本身也是這些動因的後續的、晚近的產物，像它的創造者一樣是可滅的。技藝的開
端始於用一些眞實的物體來製造某些玩具，技藝的產物就像技藝本身一樣是一些幻影，這就是
繪畫、音樂以及其他一些類似技藝的作品。如果說有某些技藝能產生眞正有價值的作品，那麼
這就是那些對自然起著輔助作用的技藝，比如醫療、農業、體育。尤其是政治家的技藝，他們
E 說，與自然沒有什麼共同之處，這種技藝是一種純粹的技藝；同樣，立法完全是一件非自然的
事情，是技藝，它的地位是不眞實的。

克利尼亞 不眞實，爲什麼會這樣？

雅典人 呃，我親愛的先生，讓我這樣說吧，這一派斷言諸神並無眞正的、自然的存在，而
只有人造的存在，他們稱之爲一種合法的發明，因此不同的地方有不同的神，人們在立法的時
候，每個不同的群體發明與自己的習俗相吻合的神。然後他們宣佈，眞實的和天然可敬的事物
是一回事，按習俗可敬的事物是另一回事，至於正義，根本不存在絕對眞實和自然的正義，人
890 類不斷地就正義問題進行爭論，並且改變著對正義的看法，儘管這種存在是人造的和立法的，

而非你們所說的那種自然的存在，但每當人們對正義的看法作出了某種改變，那麼從那一刻起它就是有效的。我的朋友，所有這些觀點都來自那些給年輕人留下了深刻印象的聰明人，散文作家和詩人，他們承認不可取消的正義也就是人們高舉雙手表示贊同的東西。因此，我們的年輕人中間流行著不虔誠的時尚——儘管法律要求我們相信的這種神並不存在——那些派別也依據這樣的理由產生出來，試圖吸引人們追求一種「眞正的、自然的、公正的生活」，正義在他們看來就是一種對他人的眞正支配，而非按照習俗對他人進行一種侍奉。

B **克利尼亞** 先生，你描述的這個誡條太可怕了！城邦與家庭中的青年已經敗壞到了何等地步！

雅典人 克利尼亞，你說得太對了！但在一個長期處於這種狀況的地方，你想要立法者如何立法呢？他要對公眾保持高度警惕，要嚇唬他們，直到他們全都承認諸神的存在，在內心認可立法者的法律所規定的信念，使他們的行動全都與法律條文所規定的信念一致，就像對待那
C 些所謂可尊敬的東西、正義的東西、一切最高尚的東西、一切能造就美德或邪惡的東西一樣，是嗎？我要說的是，他要嚇唬那些不願聽從法律的人，對其中的某些人要處以死刑、禁閉、鞭笞、剝奪公民權和財產，對他的民眾也不加以說服，並用法律來使他們變得馴服嗎？

D **克利尼亞** 先生，遠非如此，遠非如此！如果在這種事情上也要有說服，無論多麼微弱，那麼沒有一位值得我們敬佩的立法家會作出這種軟弱的表示。按他們的說法，立法家應當一心一

意地支持古老的傳統信仰，相信諸神的存在以及你剛才提到的那些東西。他尤其要堅持法律本
身和技藝是自然的，並不比自然的東西不眞實，因爲它們都是心靈的產物，之所以這樣說乃是
因爲我有一個健全的論證，我同意這個論證，也要你作出解釋。

E **雅典人** 呃，克利尼亞，你的確充滿熱情！但請你回答，我認爲面對公衆作出的論斷很難用
論證來加以支持，因爲他們不會有耐心面對一個漫無止境的論證，對嗎？

克利尼亞 呃，先生，那又怎樣？我們生來就在宴飲和音樂中聽過那些漫長的談話，難道現
在提起諸神和相關的論題就會顯得缺乏耐心嗎？你要注意，這樣的論證對理智的立法來說是一
891 種最有價值的幫助，因爲在立法中，一旦成文，法律就要保留在記錄中，當然，各種挑戰性的
問題也會隨著時間的推移而出現。因此，如果在第一次聽到法律時感到困難，那麼我們不需要
沮喪，因爲即使連最愚蠢的學生也可以借助這些討論對法律進行反覆的考察。只要討論是有益
的，那麼談話的長短不會使它變得不合理，至少在我看來是這樣的，只有不虔誠才會使人拒絕
這樣的討論。

麥吉盧 先生，我完全支持克利尼亞的意見。

B **雅典人** 麥吉盧，我也支持他的意見，我們必須按他的要求去做。當然了，我們可以公正地
說，如果這樣的學說沒有廣泛流傳，沒有弄得全人類都知道，那麼用論證來捍衛諸神的存在就
沒有必要；但由於這些觀點已經廣泛流傳，那麼就顯得有必要了。當最高的法律在惡人手中面

臨危險的時候，除了立法者自己，又能由誰來拯救法律呢？

C **麥吉盧** 呃，沒有別的人了。

雅典人 那麼好吧，克利尼亞，讓我再來聽一聽「你的」意見，因爲在論證中你必須成爲我的合夥人。假定有人在進行推論，把火、水、土、氣看成一切事物的根源，「自然」只是他給這些東西的名稱，而靈魂也是後來才從這些東西中派生出來的。或者更有可能，這種說法不是一個假設，而就是他們實實在在地講出來的。

克利尼亞 的確如此。

D **雅典人** 呃，以神的名義起誓，我們不是已經對所有忙於研究自然的人提出來的這些不合理的錯誤看法做了追溯，找到了可以稱作錯誤根源的東西了嗎？請你仔細考慮一下他們的各種立場，如果我們能夠說明這些人不僅接受這種不虔誠的學說，而且還把那些追隨他們的人引向謬誤，那麼你的看法就會有很大不同。

克利尼亞 你說得很好，但你必須解釋一下他們錯在哪裡。

E **雅典人** 我擔心自己不得不談論一些不熟悉的事情。

克利尼亞 先生，不要再猶豫了。我知道你擔心討論這些事情會使你超越立法的範圍。但若這是一種唯一與諸神眞相相符合的方式，就像在我們的法律中所說的那樣，呃，那麼我的好先生，我們必須這樣論證。

雅典人 既然如此，我好像必須解釋這些我不太熟悉的觀點。這種學說認爲不虔誠者的靈魂是一種產物，使一切事物產生和消滅的最初原因不是最初的，而是第二位的，而那第二位的原
892 因反倒是最初的。於是他們就在諸神的眞正存在這個問題上陷入了謬誤。

克利尼亞 我還是兩眼一抹黑。

雅典人 靈魂，我的朋友，靈魂是一切事物的本性和力量，但大多數人對此一無所知；在這種普遍無知中，他們尤其不知道靈魂的起源，不知道靈魂在那些最初的事物中是頭生的，先於
B 一切形體和使形體發生變化和變異的最初根源。假如確實是這種情況，那麼一切與靈魂同類的東西豈不是也必定先於形體一類的東西，因爲靈魂本身先於身體，是嗎？

克利尼亞 呃，必定如此。

雅典人 所以判斷和預見、智慧、技藝和法律，一定先於硬和軟、重與輕。是的，可以證明那些偉大的最初作品是技藝的產物，有理由被稱作原初的作品；而那些自然的產物，還有自然本身——這樣的稱呼實際上是錯的——是第二位的，是從技藝和心靈中產生出來的。

C **克利尼亞** 錯誤的稱呼？錯在哪裡？

雅典人 呃，「自然」這個詞的意思是位於開端的東西，但若我們可以說明靈魂先於自然出現，靈魂既不是火也不是氣，而是位於開端的東西，那麼我們完全可以正確地說，靈魂的存在是最「自然的」。

克利尼亞 這樣說確實有理。

雅典人 那麼我們下一步必定要爲這個觀點提供證據。

D **克利尼亞** 沒錯，當然應該這樣做。

雅典人 好。現在讓我們提高警惕，小心提防這個極端精細的論證。我們已經年邁，而這個論證就像一個精力充沛的小夥子，可以使障眼法從我們的指縫中溜過去，如果是這樣的話，我們就會落下笑柄，人們會把我們對這一宏偉目標的熱忱追求視爲一大失敗。所以，我們要仔細想一想。假定我們三人要渡過一條水流湍急的河，三人中我最年輕，又有著豐富的渡河經驗。
E 我說，我必須獨自先游過河去，再來看你們這兩位年長者能否承受激流。如果我成功地過了河，我會回過頭來召喚你們，用我的經驗幫助你們過河；但若證明你們這樣歲數的人無法渡過這道激流，那麼所有危險都由我一人來承擔。你們會認爲這是一個合理的建議。好吧，我們現在也好像面對著論證的激流，水流湍急，憑你們的能力可能游不過去。所以，爲了不讓你們在
893 一大堆不熟悉的問題面前目瞪口呆，不知所措，陷入窘迫的境地，自尊心受到損害，我建議就讓我用現在的方式來進行討論。我首先對自己提出某些問題，而你們就安全地注意聽，然後由我自己來回答。這種方式要貫穿整個論證，直到我們關於靈魂的討論結束，它對身體的優先性得到證明。

克利尼亞 先生，這是一項令人敬佩的建議，就按你說的辦吧。

B **雅典人** 行，我們開始。如果說我們一直在請求神的幫助，那麼但願神現在就顯靈。當然了，我們可以認爲神已經按照我們的請求，在熱情地幫助我們證明他們的存在，在我們潛入面前的論證激流時，我們的祈禱可以成爲一根能夠安全地把我們引向彼岸的繩索。要想對這樣一個主題提出論證，我認爲，最安全的辦法是先作出下列問答：

有人說，先生，一切事物都是靜止的，無物運動，是嗎？或者說相反的說法才是正確的？
C 或者說有些事物運動，有些事物靜止，是嗎？

我回答說，當然是有些事物運動，有些事物靜止。

處於運動中的動者和處於靜止中的靜者一樣，都位於某一空間嗎？

當然。

有些事物在一個位置上運動，有些事物在不止一個位置上運動，你承認嗎？

我答道，當你講到在一個位置上運動時，你指的是那些中心不動而運動著的事物，就好比陀螺的旋轉。

是的。

D 我們看到，在這種旋轉中，運動的物體會同時呈現出最大的圓圈和最小的圓圈，把它自身合乎比例地劃分，呈現出較大的和較小的部分。實際上，這就是各種奇蹟產生的根源，因爲它用較高或較低的速率回應著同時產生的大大小小的圓圈。這種結果可以被人們想像爲不可能的。

是這樣的。

在幾個位置上運動的事物，我想你指的是位移，物體每一刻都在改變位置，有些時候運動
E 中的物體有一個支撐點，有些時候，在滾動的情況下，有不止一個支撐點。在運動中物體會相互發生碰撞，靜止物體受到運動物體的撞擊，形成新的結合，那些最初的成分之間也就是這樣形成複合物的，是嗎？

是的，我承認你說的是事實。

還有，結合使複合物增大，而分離則使複合物變小，除非原先的物體仍舊保持著它的構成。如果物體不能保持它的構成，那麼結合與分離都會引起化解。

普遍發生的生成現象又是在什麼情況下產生的，什麼是生成？

894 生成顯然是從某個起點開始獲得增長，然後進入第二步，然後又進入下一步，通過這三步生成就可以被感知者察覺了。事物的生成靠的就是這樣的運動變化和變形，只要這種情況在持續，它就擁有眞實的存在。當事物的構成發生了改變，變得和原來不一樣了，那麼原來那個事
B 物也就完全毀滅了。我的朋友，我們也許已經區分和列舉了所有的運動類型，如果運動只有這兩種類型的話。

克利尼亞 哪兩類？

雅典人 呃，兩種類型，我的好先生，看起來我們的整個討論正在取得進展。

克利尼亞 我必須要求你說得更清楚些。

雅典人 我們的討論始於一種關於靈魂的觀點，不是嗎？

克利尼亞 當然是的。

雅典人 那麼讓我們先來看第一種運動形式，這種形式通常使別的事物運動，但它自身並不運動。作爲一般運動的第二種形式，我們說這種形式通常使自己運動也使其他事物運動，就像
C 結合與分離的過程中發生的運動一樣，這樣的運動通過增長及其對立面，亦即減少，或者通過生成或滅亡來進行，滅亡亦即失去存在。

克利尼亞 我們可以這樣說。

雅典人 然後，我們可以把通常既能使其他物體運動，而它本身也被其他物體推動的這種運動形式列爲我們運動形式中的第九種。還有的物體自身運動，也使其他物體運動——在一切物體主動和被動的運動形式中都可以看到這種運動，稱之爲一切存在的變化與運動是正確的——這種形式可以列爲第十種。

克利尼亞 對，確實如此。

D **雅典人** 現在，我們完全可以正確地宣佈，這十種運動是一切事物中最強大的，最有功效的，可以這樣說嗎？

克利尼亞 呃，當然可以，我們必須說可以使自身運動的東西是最有功效的，其他東西地位都要比它低。

雅典人 好極了。那麼我們也許能夠在已經說過的話中間找到一兩處錯誤。

克利尼亞 有什麼錯？

雅典人 我想，我們在使用「第十」這個詞時犯了錯誤。

克利尼亞 爲什麼錯了？

雅典人 我們剛才按照秩序有力地證明了第一種運動形式，接下去要證明的是「第二種」運
E 動形式，然而我們卻奇怪地稱之爲第九種運動形式。

克利尼亞 我該如何理解你的意思？

雅典人 呃，要這樣理解。當我們說一個事物改變爲第二個事物，第二個事物又改變爲第三
個事物，等等，在這樣的系列中，會有一個變化的最初源泉嗎？呃，一個被除了它自身之外的
其他事物推動的事物如何能夠成爲這種變化的最初原因？這種事是不可能的。當某樣能使自身
運動的事物取代了第二樣事物時，這個第二樣事物仍舊是第三者，這樣的運動可以傳遞給成千
895 上萬的事物，那麼，除了由最初的動者所引起的變化外，還會有一切運動的最初起點嗎？

克利尼亞 你說得非常好，這個觀點必須承認。

雅典人 此外，讓我們用另一種方式來表述這個觀點，再一次回答我們自己的問題。假定一

B 切事物都聚集在一起，保持靜止，就像這個派別中的大多數人所堅決主張的那樣。我們具體指出過的這些運動形式中的哪一種會在事物中最先產生呢？呃，當然了，能夠自己運動的事物最先開始運動，此外不可能有其他變化的源泉，因爲按照這個設定的前提，變化不可能預先存在於這個系統中。進一步推論，無論什麼東西作爲一切運動的源泉，乃是在一切靜止和運動的東西中最初出現的東西，我們要宣佈這種自動是一切變化中最先的和最有力的，而被其他事物替代或在別的事物推動下發生的運動乃是第二等的。

克利尼亞 無疑如此。

C **雅典人** 我們的討論已經進到這一步，現在可以回答下一個問題了。

克利尼亞 什麼問題？

雅典人 當我們看到這種運動在一個由土、水，或者火組成的事物中——分離的或結合的——顯示自身時，我們該如何描述居於這種事物中的性質？

克利尼亞 你問的是，當某個事物自己運動時，我們是否稱之爲「活的」，我猜得對嗎？

雅典人 沒錯。

克利尼亞 活的？噢，它當然是活的。

雅典人 很好，我們來看某個事物中的靈魂，情況也是一樣的，不是嗎？我們必須說這個事物是活的。

克利尼亞　完全正確。

D 雅典人　那麼，我以上蒼的名義起誓，你聽著。我猜想你會承認對任何事物都有三點值得注意的地方。

克利尼亞　你的意思是……？

雅典人　我的意思是：第一，事物的眞實存在；第二，對這個眞實存在的「定義」；第三，它的「名稱」。這樣說你就明白了，我們對任何存在的事物都可以問兩個問題。

克利尼亞　哪兩個？

雅典人　一個人有時候只提出名稱，要求別人提供定義；有時候只提出定義，要求別人提供相應的名稱。換言之，我們指的是要能達到這種效果，不是嗎？

克利尼亞　達到什麼效果？

E 雅典人　你知道，數字也像其他事物一樣有類別。以數爲例，這個事物的名稱是「偶數」，它的定義是「能夠被二整除的數」。

克利尼亞　沒錯。

雅典人　我心裡想的就是這種情況。無論我們問的是定義，答的是名稱，還是問的是名稱，答的是定義，在兩種情況下我們指的都是同一事物，難道不是嗎？無論是用「偶數」這個名稱，還是用「能夠被二整除的數」這個定義，我們描述的都是同一事物，沒有差別，對嗎？

896 **克利尼亞** 完全相同。

雅典人 那麼，以「靈魂」為名稱的這個事物的定義是什麼呢？除了我們剛才用過的「能使之自動」這個短語，我們還能找到其他定義嗎？

克利尼亞 你的意思是，這個自身同一的眞實存在，在我們所有人的辭彙中有一個「靈魂」的名稱，以「自動」作爲它的定義？

雅典人 我是這個意思。但若確實是這種情況，那麼除了進一步證明靈魂就是過去、現在和將來的一切存在的最初變化與運動及其對立面，因爲它已經顯示自己是一切變化與運動最普遍的原因，我們還能希望得到別的什麼東西來作爲運動與變化的根本原因嗎？

B **克利尼亞** 不能，確實不能。我們發現靈魂是運動的源泉，是一切事物中最先出現的，我們的證明是絕對完善的。

雅典人 那麼與自動無關，由某些其他事物引起的運動無論在什麼地方產生，都屬於第二等的，或者你願意把它放在什麼低級的位置上就怎麼放，實際上，這就是那些無靈魂的物體的變化，是嗎？

C **克利尼亞** 你論證得對。

雅典人 因此我們可以得出一個正確的、決定性的、眞實的、最終的論斷，靈魂先於物體，物體是第二位的，是派生出來的，靈魂支配著事物的眞正秩序，物體則服從這種統治。

克利尼亞 確實如此。

雅典人 但是我想，我們並沒有忘記我們前面達成的一致意見，如果能夠證明靈魂先於物體，那麼靈魂的性質必定也先於物體的性質。

克利尼亞 沒錯。

D **雅典人** 所以心靈的氣質和習慣、希望、計算、眞正的判斷、目的、記憶，全都先於物體的長、寬、高，因爲靈魂本身先於物體。

克利尼亞 無疑如此。

雅典人 因此我們被迫同意一個推論：要是我們想把靈魂說成是一個普遍的原因，那麼靈魂就是善與惡、聰明和愚蠢、正確與錯誤，乃至於所有對立面的原因，不是嗎？

克利尼亞 確實如此。

E **雅典人** 那麼好，如果內在的靈魂就這樣控制著在宇宙中運動著的一切事物，那麼我們也一定要說靈魂控制著宇宙本身，是嗎？

克利尼亞 是的，當然。

雅典人 有一個靈魂在控制，還是不止一個靈魂在控制？讓我來代你們倆回答。不止一個靈魂。我們必須假設至少不少於兩個靈魂，一個靈魂起著有益的作用，另一個能夠起相反的作用。

克利尼亞 你無疑是正確的。

897 **雅典人** 到目前爲止，一切順利。那麼靈魂靠著它自身的運動推動著天空、大地、海洋中的一切事物——它這些運動的名稱是希望、思考、預見、建議、判斷、眞或假、快樂、痛苦、希望、恐懼、仇恨、熱愛——我說的是，靈魂用這些運動以及與此相類似的或原初的運動推動著一切事物。接下去，它們又帶來了第二類運動，即物體的運動，以及與這些物體相伴隨的性質，

B 熱與冷、重與輕、硬與軟、白與黑、乾與濕，等等，以此指引著一切事物的增加和減少，分離與結合。智慧是靈魂的助手，藉助這些工具和它的所有工具，靈魂使一切事物達到正確與快樂的境地，但若愚蠢成爲靈魂的伴侶，那麼結果就完全相反了。我們是相信這種情況的發生呢，還是懷疑可能還有其他情況？

克利尼亞 情況就是這樣，沒什麼可懷疑的。

C **雅典人** 那麼我們必須說靈魂的哪一種性質在控制著天穹、大地，以及它們的運行呢？是深謀遠慮和充滿善良的性質，還是不具有這兩種美德的性質？如果你願意的話，我們要回答這個問題嗎？

克利尼亞 怎麼回答？

雅典人 呃，我的朋友，如果整個天穹的路徑和運動，以及其中的所有天體，也像智慧一樣具有運動、旋轉、計算的性質，並且是在靈魂之後開始運動的，那麼我們顯然可以說，爲宇宙

作預見並指導著宇宙沿著這條道路運動的是至善的靈魂。

克利尼亞 對。

D

雅典人 但若這個運行過程狂亂無序，那麼指導著宇宙前進的是邪惡的靈魂。

克利尼亞 這樣說也對。

雅典人 那麼請告訴我，智慧的運動具有什麼本性？我的朋友，在這裡我們碰到了一個用理智很難回答的問題。所以讓我在你回答時幫你一把，這樣做也挺公平。

克利尼亞 這個建議值得歡迎。

雅典人 讓我們小心，別因爲在中午凝視某個對象而弄得兩眼漆黑，也就是說，我們回答這個問題就好像用眼睛直視太陽，儘管我們可以用肉眼獲得適宜的視覺和智慧的知覺。如果把視線轉向我們正在尋求的這個對象的影像，那我們就安全了。

E

克利尼亞 你的意思是……？

雅典人 讓我們把前面列爲第十種的運動形式當作影像，智慧的運動與這種運動形式相似。等我們一道回答問題時，我們再來回憶它。

克利尼亞 這個建議非常好。

雅典人 我們還能記得起我們說過的話嗎，我們確定有些事物運動，有些事物靜止？

克利尼亞 我們記得。

898

雅典人 有些事物在一處運動，有些事物在不止一處運動？

克利尼亞 當然。

雅典人 在這兩種運動類型中，限制在一處運動的類型必定在各種情況下都圍繞一個中心，就像一個運轉良好的車輪，這種運動必定與理智的旋轉最接近，最相似。

克利尼亞 你的意思是……？

B

雅典人 呃，當然了，如果我們說理智和在一處進行的運動都像一個造得很好的球那樣旋轉，圍繞一個中心在一個範圍內有序一致地運動，在某種意義上也就是按照一個單一的法則和計畫運動，那麼我們就不需要擔心自己是在像一個笨拙的藝術家那樣想像了。

克利尼亞 非常正確。

雅典人 還有，不規則或不一致的運動、不限制在某個範圍內的運動、沒有同一中心的運動、不在一處進行的運動、沒有秩序和計畫的運動，這些運動與各種愚蠢相似。

克利尼亞 確實如此。

C

雅典人 現在要提出肯定性的論斷我們已經沒有什麼障礙了，因為我們發現靈魂在指引一切事物旋轉，我們也一定要說使宇宙得以有預見地、有序地運行的靈魂要麼是至善，要麼是至善的對立面……

克利尼亞 不對，先生，如果前面已經說過的話是正確的，那麼只能把宇宙的運行歸於一個靈魂或幾個至善的靈魂，把它歸於其他事物是一種褻瀆。

D **雅典人** 克利尼亞，你確實滿懷善意緊隨論證，但我要使你更進一步。

克利尼亞 怎麼個進法？

雅典人 進到太陽、月亮和其他天體。

克利尼亞 呃，當然了。

雅典人 我們可以把某個具體的天體作爲論證的主題，所得出的結論對其他天體都適用。

克利尼亞 我們應該以哪個天體爲主題呢？

雅典人 太陽，任何人都能看到太陽的身體，但沒有人能夠看到太陽的靈魂，而其他任何生
E 靈的身體都可以被看見，在它活著的時候，或者在它死的時候。我們有各種理由相信，用身體
的各種感官都無法感知靈魂，只有依靠理智才能察覺。因此，我們有一番相關的考慮，對此必
須依靠純粹的理智和思想來領悟。

克利尼亞 什麼考慮？

雅典人 由於靈魂指引著太陽的運動，因此我們說靈魂必定以下列三種方式之一行事，這樣說不會有錯。

克利尼亞 哪三種方式？

雅典人 靈魂要麼居住在這個可見的圓的物體中，如同帶著我們到處運動的靈魂一樣帶著太

899 陽運動；要麼像有些人認爲的那樣，這個靈魂自己有一個身體，由火或氣組成，靈魂用自己的身體猛烈推動那個物體[1]；要麼這個靈魂是赤裸裸的，是沒有身體包裹的，它用其他某種神奇的力量做著這項工作。

克利尼亞 是的，靈魂的確只能以這三種方式之一行事。這一點可以肯定。

雅典人 這個靈魂，不管它是以太陽爲車，坐在車上趕著車前進，給世界帶來光明，還是從外部作用於太陽，或者是以別的什麼方式運作，我們每個人都應當把它當作神來敬重，是嗎？

B **克利尼亞** 是的，如果他還沒有墜落在愚蠢的深淵中。

雅典人 關於星辰、月亮、年月、季節，我們還需要一一講述嗎？它們全都一樣，因爲我們已經證明靈魂，或靈魂們，和那些至善的好靈魂，是一切事物的原因，我們把這些靈魂當作神，無論它們居住在身體中指引宇宙，使它像一個有生命的物體一樣，還是以其他方式行事。任何擁有信念的人聽了這些話，還會說一切事物不「充滿神」嗎[2]？

C **克利尼亞** 先生，沒有人會說這種胡話。

雅典人 我親愛的麥吉盧和克利尼亞，現在可以把我們的看法告訴那個迄今爲止拒絕承認諸神存在的人，讓他去選擇吧！

克利尼亞 什麼看法？

雅典人 他要麼必須向我們指出，相信靈魂是一切事物的最初源泉以及由此推出的進一步的

D 結論是錯誤的，要麼如果他不能說出什麼更好的理由來，那就必須向我們屈服，從今以後相信諸神存在。現在讓我們考慮一下，我們反對那些不信神的人，爲諸神的存在所作的辯護是完成了還是仍有缺陷。

克利尼亞 還有什麼缺陷，先生？該說的都說了。

雅典人 那麼，關於這個不信神的派別我們就談到這裡。現在，讓我們來告誡那些雖然承認諸神存在，但卻否認諸神干預人間事務的人。我們會對他說，先生，你相信諸神的存在，這也許是因爲某些與神相關的事情在吸引著你和你們的家庭崇拜諸神，因此承認諸神的存在。另一 E 方面，私人事務和公共事務中都有惡運和惡人，而幸運卻降臨到這些惡人頭上，使他們享有崇高的名望，當你聽到詩歌和各種文學作品這樣講以後，就被引導著走向不虔誠。或者你注意到有些不敬神的人得享高壽，子孫滿堂，高官厚祿，他們的昌盛使你的信仰發生動搖，因爲你曾 900 經知道或親眼看到許多駭人聽聞的不敬神的事，並且看到許多人用這種犯罪行爲作手段，從低下的地位爬上高位，乃至登上王座。這些事情都歷歷在目，而你對諸神的信仰卻阻礙著你去指 B 責神，於是，錯誤的推理與無法責備神的心情結合在一起，使你達到現在這個地步，你相信諸神儘管存在，但卻認爲它們漠視和不關心人事。爲了使你們這種有害的看法不至於滋長到更大的不敬神的地步，在這種邪惡還沒有表現出來以前就盡可能用論證把它袪除掉，我們一定要把還沒有說的話與前面對那些對徹底的無神論者說的話聯繫起來，從中獲益。

C 你，克利尼亞，還有你，麥吉盧，必須像從前一樣扮演年輕人的角色，對我的話作出反應。如果這個論證不小心流產了，我會再一次解除你們的職責，讓你們自己去過河。

克利尼亞 這個建議很好。就這麼辦，我們也會盡力。

D **雅典人** 要想說明這一點也許並不難，無論事情大小，諸神都是關心的。你知道，我們要告訴參加討論的人，神是善的，擁有完整的善性，我們要把關心一切事物視爲它們恰當的和特有的功能。

克利尼亞 肯定有人會對他們這樣說。

雅典人 然後，讓他們和我們一起來問自己，我們說諸神是善的，那麼這個善是什麼意思呢？我們可不可以說審愼和理智就屬於善，而它們的對立面屬於惡？

克利尼亞 可以。

E **雅典人** 還有，勇敢是善的一部分，而怯懦是惡的一部分，是嗎？

克利尼亞 肯定是。

雅典人 我們把後一種性質稱作可恥的，把前一種性質稱作高尙的，是嗎？

克利尼亞 我們無疑必須這樣說。

雅典人 我們要說，如果一切卑賤的性質都有所屬，那麼這些性質屬於我們自己，而諸神在這些性質上是沒份的，無論份額大小。

克利尼亞 這一點也是人們普遍承認的。

雅典人 那麼我們能夠設想疏忽、懶惰、奢侈這些性質是靈魂之善嗎？你怎麼看？

克利尼亞 不，我們不能這樣想。

雅典人 那麼這些性質是靈魂之善的對立面嗎？

克利尼亞 是的。

雅典人 這些性質的對立面才和靈魂之善有關，是嗎？

克利尼亞 是的。

雅典人 很好，那麼我們必須像詩人那樣，宣佈任何人的奢侈、疏忽、懶惰的性格都是「無刺的雄蜂」[3]。

克利尼亞 這是一個很好的比喻。

901

雅典人 因此我們絕不能說神具有這樣的性質，神本身也厭惡這種性質，如果有人膽敢這樣說，那麼我們一定要加以禁止。

克利尼亞 我們確實應當這樣做。我們怎麼會不加以禁止呢？

B

雅典人 如果一個人有某種職責，他的心靈儘管考慮大事，但卻忽略了小事，那麼我們該如何找到正確讚美他的理由呢？我們可以這樣看，無論是神還是人，凡有這種情況的都會採取下列兩種形式之一，是嗎？

C **克利尼亞** 哪兩種形式？

雅典人 要麼認爲忽略小事對於整個結果來說無關緊要；要麼認爲被忽略的事情對整個結果有影響，但仍舊表現出疏忽與懶惰。除此之外，我們還能把他的忽略歸結爲其他原因嗎？當然了，在與整個結果有關的地方不可能有什麼對大事或小事的忽略，無論是諸神還是凡人，都不可能在力不能及的時候做什麼預備工作，而忽略這些對整個結果有影響的事正是他不可能做的事。

克利尼亞 當然不能。

D **雅典人** 很好。現在來回答向我們三個人提出的問題，這些問題來自另外兩個人，他們倆都承認諸神存在，但一個認爲諸神是可以收買的，另一個認爲諸神忽略小事。我要對他們說：你們倆在開始的時候都承認諸神全察、全視、全聽，感覺或知識範圍內的東西沒有一樣能夠逃出它們的認知，這就是你們的立場，是嗎？

克利尼亞 是的。

雅典人 進一步說，凡人或不朽者可以做到一切能夠做的事，對嗎？

克利尼亞 呃，當然了，他們也會承認這一點。

E **雅典人** 另外，我們五個人全都已經同意，諸神是善的，是至善。

克利尼亞 無疑如此。

雅典人 那麼只要承認它們具有這樣的性質，我們就一定不能承認諸神的行爲會有任何疏忽和懶惰。要知道，在我們人中間，缺乏勇敢會產生懶惰，而懶惰和疏忽則產生忽略。

克利尼亞 確實如此。

雅典人 那麼神不會由於懶惰而產生疏忽，因爲我們可以假定神不缺乏勇敢。

克利尼亞 你的論證確實是正確的。

902 **雅典人** 如果它們確實忽略了一些微不足道的小事和宇宙中的一些細節，那麼我們必須得出結論，要麼它們知道沒有必要事無具細都加以關心，要麼……，噢，對了，除了知道的反面，還有什麼其他可能嗎？

克利尼亞 沒有了。

雅典人 那麼我的好先生，我們要你接受哪一種觀點好呢？在必須加以關注的地方，諸神由於無知而盲目行事或由於無知而產生忽略；或者說它們知道哪些事需要關注，然而在行動中卻
B 還是像那些最可悲的人一樣行事——這些人的認知總是好於他們的實際行動，遇到某些低等的快樂或痛苦，他們就把知識置之腦後了。

克利尼亞 這兩種觀點都不可能。

雅典人 人的生命是有生命的自然的一部分，人本身在一切生靈中最敬畏神，是嗎？

克利尼亞 呃，是的，看起來是這樣的。

雅典人 我們確實認爲一切生靈是諸神的牲畜，而整個宇宙也是屬於神的，是嗎？

C **克利尼亞** 是的。

雅典人 既然如此，那麼不管人們認爲這些事情對神來說是大事還是小事，我們知天命的、全善的主人都不會忽略這些事情。此外，還有一個要點應當加以考慮。

克利尼亞 哪一點？

雅典人 感覺和力量，就其難易程度來說，二者成反比關係。

克利尼亞 以什麼樣的方式成反比？

雅典人 呃，我的意思是，看見或聽見較小的東西比看見或聽見較大的東西更加困難，但是誰都知道，推動、控制和管理較小的和較不重要的東西卻比推動、控制和管理較大的和較爲重要的東西更加容易。

D **克利尼亞** 顯然如此。

雅典人 假定一名醫生負有醫治整個身體的任務，願意並且能夠把注意力放在大的方面而忽略較小的方面、肢體或部分，那麼他能把整個人治好嗎？

克利尼亞 不可能。

雅典人 舵手、將軍、管家，還有政治家，以及其他諸如此類負有責任的人，如果他們只注意大事而忽略小事，他們的結果也不會好到哪裡去。呃，甚至連建築師也會告訴你，沒有小石

E 頭，大石頭就不能安穩地躺在那裡。

克利尼亞 當然不能。

903 **雅典人** 既然如此，我們一定不要把神想像得連匠人都不如。無論任務大小，使用同一種技藝，工作越努力，他們的任務就越能很好地完成。我們一定不要把最有智慧而且願意和能夠關心人事的神看成一個懶惰不中用的人，說它不考慮小事和容易的事，只考慮大事，或者說它像懦夫一樣躲避工作。

克利尼亞 對，先生，我們絕不要有這種想法，這種想法是不虔誠的，完全錯誤的。

雅典人 現在我想，我們已經與這個輕率地指責諸神忽略小事的人進行了相當充分的爭論。

克利尼亞 是的。

B **雅典人** 我的意思是，我們已經運用論證的力量迫使他承認錯誤。我相信，我們還要用某種在他看來比較迷人的方式說一些話。

克利尼亞 我的朋友，你還有什麼話要說？

雅典人 呃，我們的談話必須要說服青年，使他們明白這個世界的創造者也安排了世上的一切，把它作爲一個整體來保存，使之完善，而每一事物也會在力所能及的情況下行事，並承受與其相遇的事物對它的所作所爲。在各種情況下，這個世界的主宰已經給每一事物指定了它要做的所有事情和要承受的所有事情，確定了每個細節，這個世界上的每個局部細節都是完善

C 的。你自己的存在也一樣，每個人都是這個世界的某個局部，一切微不足道的事物也一樣，它們的全部努力就是趨向於這個整體。但你可能忘了我們已經說過的話，一切事物行事的目的就是爲了獲得整體的幸福生活，這個整體不是爲你而造的，而是你爲這個整體而造。任何醫生或各種匠人的所有工作都是爲了某種整體的原因，他們創造出來的部分也是爲了這個整體，要對
D 這個普遍的善作出貢獻，而非整體爲了部分而存在。然而，你會喃喃自語，因爲你看到對自己最好的東西並不一定也是對整體最好的東西，儘管個別與整體有著共同的起源。靈魂首先與一個身體結合，然後又與另一個身體結合，通過這個靈魂自身的運動或其他靈魂的運動產生一連串的變化。被推動的事物並不費力，但它們的性質發生變化，好的變得更好，壞的變得更壞，
E 各自遵循某種定規，最後走向終結。

克利尼亞 你說到事物的性質變化，怎麼個變法？

雅典人 呃，我想我們可以告訴你掌管宇宙萬物對諸神來說是一件易事。實際上，神始終關注著整體，就像一名工匠通過新的變形——比如說，把熾熱的火變成冰冷的水——塑造萬物，從
904 一中產生多，從多中產生一，隨著時間的步伐，從第一代到第二代、第三代，各種變化形式不計其數。就這樣，這位關注宇宙的神所承擔的任務既是可敬的，又是輕鬆的。

克利尼亞 請再說一遍，你的意思是……？

雅典人 我的意思是這樣的。由於我們的君王[4]明白我們的一切行爲都是靈魂在起作用，靈

魂既包含許多美德，又包含許多邪惡。一旦與身體相結合，靈魂儘管不是永恆的，但卻像法律
B 認可的諸神那樣是不滅的，因爲靈魂與身體的結合並不像動物那樣生育出有死的新的後代。我
們的君王知道擁有善性的靈魂產生幸福，擁有惡性的靈魂產生傷害，我的意思是，他預見到一
切，因此他制定了一些最根本的辦法，使美德在整體中獲得勝利，使邪惡在整體中遭到失敗。
爲了實現這一宇宙目的，他創造了某個場所或區域接受各種各樣的靈魂，讓靈魂成爲這個區域
C 的居民，而想要成爲何種類型的靈魂他卻任由我們個人按自己的意願進行選擇。正是由於這種
意願，正是由於靈魂在我們身上的作用，我們每個人才成爲現在這個樣子。

克利尼亞 這是一個很好的假設。

雅典人 就這樣，一切有靈魂的事物都在發生變化，變化的原因就在於它們自身中，它們在
變化中按照命運的法則運動著。如果它們性質變化是不重要的，微小的，那麼它們只是在大地
D 的表面行走，如果它們朝著罪大惡極的方向發生變化，那麼它們就會墜入深淵或所謂的地獄，
人們把這個地下世界稱作哈得斯或其他類似的名稱，那裡充滿著我們在做惡夢時可以見到的可
怕景象。如果某個靈魂出於自願或者受到其他靈魂的潛在影響而接受了更多的美德或邪惡，神
E 聖的善使它本身變得更加像神，那麼它一定會去一個完全神聖的地方，那是另一個更好的世
界，或者相反，去一個完全相反的世界。我的孩子，我的年輕人，你好像已經忘了「這就是居
住在奧林帕斯的眾神掌管的事」[5]。成長得較好的靈魂會走一條較好的道路，成長得較差的靈魂

會走一條較差的道路，靈魂在這樣的生活中做它要做的事，經過一系列的死亡承受它要承受的
905 事。上蒼規定的這種命運是你無法逃避的，任何走上邪路的人也無法躲避厄運。創造主在創造
其他一切事物之前已經對命運做了安排，我們應當抱著敬畏之心躲避厄運。你可千萬別忘了，
儘管你不能使自己變得極為渺小，墜入大地的深淵，也不能使自己變得極為高尚，抵達天庭，
但你要向諸神交付罰金，無論是當你還在這個世界上與我們在一起的時候，還是已經離開這個
B 世界去了哈得斯的時候，或者，你也許會去某個更加可怖的地方。你必須知道，有些人藉助獻
祭或類似的行為從卑微變得偉大，從不幸轉為幸福，以他們的命運為鏡，知道了他們如何在一
個整體中發揮作用，你還會認為諸神完全忽略人事嗎？然而，你這個最頑固的人又怎麼會懷疑
C 自己也需要這種知識呢？一個人如果沒有這種知識，他就絕不會得到這種真理的痕跡，也無法
談論生活的幸福或災難。如果我們的朋友克利尼亞和其他老人聚集在這裡能夠令你信服，那麼
你就會說自己不知道這些神了。呃，這完全是由於神的恩典！但若你還要求有進一步的論證，
D 那麼你就聽著，就好像你是有理智的，而我們在與我們的第三位反對者爭論。我要堅持說，我
們已經用不可輕視的證據證明了諸神存在，它們也關心人類。至於說諸神可以被惡人的禮物所
收買，這種說法也要堅決予以否認，要盡力加以駁斥。

克利尼亞 說得好。讓我們就這麼辦。

E **雅典人** 呃，以諸神的名義起誓，我來問你，如果諸神確實可以被收買，那麼會以什麼樣的

方式?它們又會是一種什麼樣的存在?如果說它們能夠有效地控制整個宇宙，那麼我們必須把諸神視爲統治者。

克利尼亞 沒錯。

雅典人 但它們是什麼樣的統治者呢?用什麼樣的比喻可以正確地說明它們的性質呢?駕馭拉同一輛車的所有馬匹的馭手，或者指揮所有水手的船長，是一個恰當的比喻嗎?或者說我
906 們也許可以把諸神比作戰場上的軍隊指揮官，或者說它們像給身體治病的醫生，或者說它們像關心著季節變化會給農作物帶來危害的農夫，或者說它們像看管畜群的牧人。我們已經取得過一致意見，這個宇宙充滿著好事物，但也不缺乏它們的對立面，而位於善惡之間的事物更是多得不計其數。我們要堅持說，我們心中想到的鬥爭是不會止息的，需要有一種神奇的力量來監
B 管，諸神和精靈在這場戰爭中是我們的同盟者，而我們又是這些神靈的財產。謬誤、固執、愚蠢是我們的禍根，公義、節制、智慧是我們得到拯救的保證，這些東西的根源存在於諸神的活生生力量之中，儘管在我們中間也可以看到一些褪色的遺跡。然而，似乎也有一些被玷污的靈魂居住在我們的大地上，在作爲我們守護者的靈魂面前，它們無疑會卑躬曲膝地匍匐，而我們
C 的守護者也可以稱作看管我們的牧人、牧犬和萬物之主。這些惡靈會被求援者的奉承和咒語說服，它們對人類的侵犯在它們看來也是合法的，不會帶來可悲的後果，這些故事實際上是惡人說出來的。而我們的論點是，剛才被我們稱作侵犯的這種惡，發生在有血有肉的身體中就是所

謂的「疾病」，發生在季節和年份中就是「瘟疫」，而發生在社會和政治中它的名稱變了，叫做「不公正」。

克利尼亞 沒錯。

D **雅典人** 有些人老是說諸神縱容不義之人和作惡者，分享惡人的掠奪物，如此說來，諸神就像豺狼一樣，把獵物丟一部分給牧羊犬，而牧羊犬在接受賄賂之後，就容忍豺狼把羊吃掉。這就是認為諸神可以被收買的人的看法，難道不是嗎？

克利尼亞 沒錯。

雅典人 一個人怎樣才能正確無誤地把諸神比作上面所列舉的監護者呢？可以把它們比作嗅到「奠酒、犧牲的香氣」[6]就轉變航向，以致於弄得船翻人亡的水手嗎？

E **克利尼亞** 絕對不能這樣說。

雅典人 我們肯定也不能把諸神比作受了賄賂而在賽車比賽中把勝利拱手讓給其他對手的馭手，對嗎？

克利尼亞 如果你用這樣的比喻，那可真是駭人聽聞。

雅典人 我們也一定不能把諸神比作將軍、醫生、農夫，也不能把它們比作牧人或牧羊犬，一聽到豺狼的咒語就不出聲了，是嗎？

907 **克利尼亞** 這樣說完全是對諸神的褻瀆！絕對不能這樣說！

雅典人 眾神，某一位或全體，是我們最主要的監護者，保護著我們的主要利益，是嗎？

克利尼亞 是的，沒錯。

雅典人 我們能說那些有著最高技藝、保護最高事物的保護者比牧羊犬和擁有中等德性的人還要低劣嗎？因爲連這樣的人也不會接受賄賂而放棄公義。

克利尼亞 肯定不能，這種念頭絕對不能讓它出現。凡是爲這種想法辯護的人都可以視爲一切瀆神者中最壞的大不敬之人，要給予嚴厲的譴責。

B **雅典人** 現在我可以假定三個命題已經得到充分的證明：諸神是存在的；諸神關心我們人類；諸神絕對不會聽從人的慫恿而偏離正道。

克利尼亞 你可以這樣說，我的朋友，我完全同意你的論證。

C **雅典人** 我們還要在取得勝利之後，熱情地把這些命題告訴那些壞人。但是這種熱情的根源，我的朋友，在於認識到我們的論證雖然勝利了，但那些惡人還會自行其事，因爲他們對諸神有著許多千奇百怪的念頭。這種認識推動著我更加勇敢地說話。即使我無法促使這些人變得自責或改變自己的性格類型，變成好人，但仍舊可以說明我們這篇反對不虔敬的法律序言是抱著善意說出來的[7]。

D **克利尼亞** 但願如此，即使不行，至少也不會有損立法者的信譽。

雅典人 所以在講完序言以後，我們還要作出告誡，我們的法律希望這些不敬神的人改變他

們的道路，與敬神的人走到一起來。對於那些不服從告誡的人，我們要制定下列有關不敬神的
E 法律：凡有人說了不虔敬的話或做了不虔敬的事，任何在場的人都可以向執政官告發，接到告發的第一位執政官要向法庭起訴，由法庭依法審理。接到告發後沒有及時採取行動的官員本人也犯了不虔敬罪，人們只要願意就可以起訴他。在案情得到確證以後，法庭要確定對各種不虔
908 敬罪的處罰。除了其他懲罰外，監禁在所有案子中都是不可少的。國家要建立三座監獄。一座建在市場附近，稱作「普遍監獄」，普通的案犯關在這裡。第二座監獄建在午夜法庭旁邊[8]，稱作「感化所」。第三座監獄要建在國土中心區某個偏僻荒涼的地方，要用某個表示「懲罰」的
B 名字來稱呼它。我們已經具體指出不虔敬的原因有三種，而每一種原因都會產生兩種類型的冒犯，這樣加在一起共有六種反宗教的冒犯者要予以嚴懲，處理方式各有不同。因爲，一個人儘管可以完全不相信諸神的存在，但若他仍舊具有天生公義的氣質，那麼他會憎恨惡人，這種憎
C 恨使他拒絕做錯事，會躲避不義而走向正義。但是那些深信這個世界沒有諸神的人，再加上不能節制快樂與痛苦，而又擁有活生生的記憶和敏銳的理智，分享著其他各種無神論的瘋狂，那麼這樣的人對同胞的毒害更甚，而前一類人的危害要小得多。第一個人也許會不受約束地談論
D 諸神、獻祭、誓言，但若他沒有受到懲罰，那麼他的批評也許會使其他人的信仰發生轉變。而擁有相同觀點的第二個人通常被稱作「狡詐之徒」，一個極爲精明而又詭計多端的傢伙，就是這種類型爲我們提供了眾多的占卜者和熱中於使用各種詭計的術士，在某些時候，它也會產生

E 獨裁者、巫師、將軍、秘儀的發明者，以及所謂智者的技藝和詭計。因此，無神論者有無數的類型，但有兩種無神論者是立法必須加以考慮的：一種是僞君子，他們的罪行應當處以死刑，乃至於處死兩次；而另一種無神論者應當給予告誡和一定的處罰。同樣，相信諸神漠不關心人事的觀點會產生兩種類型的無神論者；而相信諸神懶惰的觀點又會產生另外兩種類型的無神論者。

909 一旦承認上述區別，法律將指導法官把那些僅僅由於愚蠢而不信神的人與那些品性邪惡的無神論者區分開來，把他們送到感化所去，判處不少於五年的徒刑。在監禁期內，除了午夜法庭的成員，他們不能與任何公民交談，而這些法庭成員探視他們著眼於對他們進行告誡，使他們的靈魂得到拯救。監禁期滿後，如果他們的思想已經回到正確的觀念上來，那麼他們可以恢

B 復正常生活，但若仍舊不思悔改，那麼就要再次被定罪，處以死刑。那些像野獸一樣兇殘的無神論者，還有那些相信神不關心人事的人或相信神懶惰的人，他們輕視人類的靈魂，假裝能夠驅使死人，處心積慮地用犧牲、祈禱、符咒來誘惑諸神，爲了謀求金錢而竭力毀滅個人，破壞

C 家庭，乃至於顛覆國家。法律要求法庭把這種人監禁在國土中心區的監獄裡，任何自由人都不能與他接觸，僅由監獄看守給他一分法官規定的口糧。他死了以後，要把他的屍體扔到國境以外去，不予掩埋。如果有公民掩埋它，只要有人告發，就應當治以不敬神之罪。但若這名罪犯

D 留下的子女仍舊符合公民的條件，那麼這些子女的監護人要從他入獄時開始負責供養他們，不

得虐待。

我們還必須制定一條適用於所有罪犯的法律，通過禁止不合法的儀式來減少那些反宗教的
言行，更不必說那些由於愚蠢而犯下的這種罪行了。事實上，下列這條法律應當無一例外地在
E 所有案件中執行。無人可以在自己家中設置神龕，當人們想要獻祭時，應當去公共廟宇，把供
品交給男女祭司，他們的職責是把供品獻給神。在祈禱時，獻祭者可以與其他希望與他在一起
的人一道祈禱。採用這條規則的理由如下：聖地或祭儀的建立不是一件易事，要廢除它們需要
910 慎重考慮。獻祭是一種普遍的行爲，尤其是婦女、病人、處於困頓或危難中的人，還有那些交
了好運的人，都希望把一些物品獻給諸神、精靈和神的兒子，白天遇到的不吉祥之兆或晚上作
夢得到的徵兆都會推動他們這樣做。還有，無數的異象或某種特殊要求都會驅使他們在家庭或
村莊的潔淨之處建起神龕，豎起祭壇，或者建在他們認爲應當建的地方。由於這些原因，我們
現在制定的法律是適宜的，可以起到一種預防的作用。它禁止人們利用這種事進行欺詐，禁止
B 人們在自己家中設置神龕和祭壇，以免造成假象，使他人以爲他們能夠用獻祭和祈禱贏得上蒼
的歡心。否則的話，他們的罪惡會越來越大，直接呈現在神面前，而好人卻又在寬容他們的行
爲，直到整個國家品嘗他們的不虔誠帶來的惡果，而這在某種意義上又是國家應得的報應。

在任何情況下，我們的立法者在神面前是潔淨的，因爲他制定了這樣的法規：沒有任何公
民可以在他的私人住宅中擁有神龕；除了公共神廟以外，如果還有其他神廟和崇拜活動，那麼

C 當事人無論男女都犯了嚴重的不虔敬之罪；發現了這種事情的人要向執法官告發，執法官在得到報告以後要指揮人們把私人神龕遷往公共神廟；如果有人不服從命令，那就要對他們採取懲罰措施，直到搬遷生效爲止。不虔敬是一種成年人的罪行，而非兒童的微小過失，任何人犯了

D 這種罪行，無論是在家中建神龕，還是在公共場合把不潔的東西獻給神靈，都要處以死刑。這樣的行爲是否由於無知和幼稚要由執法官來決定，他們要在法庭上審問冒犯者，並給予相應的處罰。

注釋

【1】即太陽。

【2】希臘早期哲學家泰勒斯語，見亞里斯多德：《論靈魂》411a7。

【3】赫西奧德：《工作與時日》，第三〇三行。

【4】指神。

【5】荷馬：《奧德賽》，第十九卷，第四十三行。

【6】荷馬：《伊利亞特》第九卷，第五〇〇行。

【7】柏拉圖把對各種無神論的駁斥視為序言，而把制定懲治這些人的法律當作主題。

【8】古希臘的午夜法庭是一種維護治安的機構，每天在黎明之前開庭。

第十一卷

913 **雅典人**　下面，我們要爲人們相互之間的商貿關係制定專門法範。一條最普遍的規則可以這
樣表述：未經我的許可，無人可以動用我的財產或把它分給別人；如果我是通情達理的，那麼
我也要用同樣的方式對待別人的財產[1]。埋在地下的寶藏可以拿來作爲第一個實例，某人的祖先
把爲自己和後代積聚的財寶埋入地下，但我一定不能祈求神靈讓我找到這些財寶。如果碰巧發
B 現了財寶，我一定不能動用，也不能把這件事告訴占卜者，因爲他們一定會建議我去動用這些
埋藏在地下的財寶。如果動用了，那麼我得到的好處肯定會與我的德性增長形成更加尖銳的對
立，而不去動用那些寶藏才是對的。如果我選擇了保持靈魂公正而非增加口袋中的財富，要是
這也算是一種交易的話，那麼我在討價還價中做了較好的選擇。「移動了不可移動的東西」這句
C 格言有廣泛的適用性，我們現在說的就是一個適用的例子。此外，人們應當相信流行的傳說，
這樣的財寶並不能給子孫後代帶來幸福。如果不關心後代，不願聆聽立法者的聲音，未經埋藏
者的許可就私自動用了既非屬於他自己又非屬於他自己祖先埋在地下的財寶，那就違反了我們
最重要的法律之一，而某個著名人物的說法是「沒有耕耘，不得收穫」——我再重複一遍，這樣
D 的人既藐視立法者，又拿走了不是他自己埋藏的東西，不是一點點，而是一筆巨大的財富——這
種人會有什麼樣的後果呢？

當然了，上蒼會怎樣對待他是神要關注的事，但第一個發現這一事實的人要告發他，如果
事情發生在京城，就向市政官告發，如果發生在市場區，就向市場官員告發，如果發生在京城

914 之外，就向鄉村專員和他們的首領報告。接到告發以後，國家要派一個代表團去德爾斐。神[2]會
對這筆財富和挖到財富的人發出神諭，國家將執行神諭中的指令。如果告發者是一名自由人，
那麼他的德行將受到讚揚，如果知情不報，就要受到譴責。如果告發者是一名奴隸，那麼將由
國家向他的主人支付身價，使他獲得自由，這是國家對他的優待，是他用自己的行動掙來的；
B 但若他知情不報，那麼將被處死。事情無論大小，我們都要遵循這個原則。如果有人把自己的
物品留在路邊某個地方，無論他是有意的還是無意的，見到這樣物品的人都不能動它；要把這
樣的物品當作有野外精靈保護的東西，在法律中，這樣的物品被視爲神聖不可侵犯的。任何人
動用這樣的物品，把它拿回家，他就違反了法律。如果動用這種物品的人是一名奴隸，而物品
C 又不值錢，那麼任何不小於三十歲的人看見了，都可以狠狠地打他一頓。如果動用這種物品的
是一名自由人，那麼要指責他是不遵守法律的財迷，還要他向物品所有者支付十倍於物品價錢
的罰金。如果有人指控別人動用了他的財產，無論大小，而被指控者承認這是事實，但對財產
的所有權有爭議，在這種情況下，如果這樣財產在執政官那裡有記錄，被告就要召集一些人去
D 見執政官，把動用的物品呈給執政官。如果發現這樣物品確有記錄，並屬於某位當事人，那麼
執政官就要把物品判給物主，然後讓他們解散。如果發現這樣物品屬於不在法庭上的第三者，
那麼訴訟雙方在支付了足夠的保證金之後，法庭可以代表不在場的物主沒收這樣東西，然後送
還給他。如果有爭議的物品沒有記錄，那麼在訴訟期間物品要由三位執政官保管，直到作出裁

E 決。如果受監管的物品是一頭家畜，那麼敗訴者要向法庭支付相關的飼養費用。執政官要在三天內對這種案子作出裁決。

任何人，只要心智健全，都有權以自己喜歡的合法方式對自己的奴隸動武，同樣也有權抓獲任何同胞或朋友的逃亡奴隸，爲的是保障他的財產安全。如果某個人被當作奴隸抓了起來，而那人進行抵抗，聲稱自己是自由人，或有人聲稱他是自由人，那麼捕捉者應當釋放他，如果他自己沒有聲稱他是自由人，而有人說他是自由人，要求釋放他，那麼這些人要爲被扣留的人提供三份基本的保證金，滿足了這些條件，就可以釋放他。如果捕捉不是在上述情況下發
915 生的，又有攻擊行爲發生，那麼一旦確證，那麼敗訴者要支付兩倍於物品價值的罰金，物品的價值按登記的情況爲準。人們也有權捕捉那些已經獲得自由但對給予他們自由的主人不忠誠或不夠忠誠的奴隸。忠誠的意思在這裡可以這樣看，獲得自由的奴隸要在灶神月三次爲給予他自由的主人修補爐灶，並盡力爲他原來的主人盡可能提供這樣的服務，甚至在他結婚的時候也要得到他原先主人的批准。自由民擁有的財富多於他原先的主人是不合法的，超出的部分要歸於
B 這位原先的主人。獲得自由的奴隸不應期望能在這裡居住二十年以上，而應當像其他外國人一樣，帶著他的財產離開這個國家，除非能夠獲得執政官和原先給予他自由的主人許可。如果自由民或其他外國人的財產超過了第三等級的標準，那麼他要在超過那日起的三十天內帶著他的
C 財產離開這個國家，在這種情況下，當局沒有權利延長他的居住期。受到指控的人罪行一旦確

證，如果他不服從法律的判決，那麼要處死他，他的財產將被沒收充公。如果由鄰居或由訴訟
雙方自己指定的法官無法處理這樣的案子，那麼就由部落法庭來審判。

D 如果有人宣稱某人得到的家畜或財物是自己的，那麼要是原物主是公民或外國僑民，物
主應當在三十天內把東西交還給原物主，這樣東西也許是賣給他的，也許是送給他的，或者以
某種方式給他的，要是原物主是外國人，那麼應當在五個月內歸還，從夏至開始算起。在所
E 有買賣中，各種不同的商品要送到市場上的指定攤位去出售，根據不同時間定價；禁止在其
他地方進行交易，不許賒購賒銷。如果有公民在其他地點以其他方式做買賣，因爲相信與他交
易的人，那麼他必須明白，除了法律規定的交易地點和方式外，其他任何買賣都是法律所不允
許的。至於訂購，任何人願意這樣做都可以把它當作朋友間的行爲，但若由此引起糾紛，那麼
916 當事人必須明白法律並不保護這樣的行爲。如果某批貨物的賣主得到五十德拉克瑪或更高的報
價，他必須把貨物保留在境內十天以上，買主在此期間有權得知貨物的存放地點，也可以像通
常那樣對貨物質量提出疑問，直到對相關的賠償規則滿意爲止。這方面的具體法律如下：一名
購買來的奴隸如果生了肺結核、膽結石、尿急痛，或者得了所謂「神聖的瘋狂」，或得了其
他身體和心靈的疾病，但卻不易從外表看出來，或者無法治癒，在這種情況下，如果這名奴隸
B 是用來當醫生或教練的，那麼買主無權將他退還給賣主；如果賣主在出售時已經把奴隸的病情
做了清楚說明，那麼買主也不能退還已經購買的奴隸。但若某位專業人士把這樣的奴隸賣給非

專業人士，那麼買主有權在六個月之內退貨，如果這名奴隸得了「神聖的瘋狂」，那麼退貨期
限是一年。在退貨時要根據當事雙方的一致意見，指定或選擇醫生來檢查病情，如果病情得到
C 確證，那麼賣主要賠償雙倍售價給買主。如果雙方都不是專業人士，那麼退貨的權利和案子的
審理就像前一類案子一樣，不過確證以後賣方只需退賠原價即可。如果有人出售的奴隸是殺人
犯，而買賣雙方對這個事實是清楚的，那麼買方無權退還。如果買方不清楚，那麼買方在知情
以後有權退還，而對此案件的審理要由五名低級執法官來進行。被證實故意出售這種奴隸的賣
D 主必須按宗教法規專家的要求為買主住宅舉行滌罪儀式，還要賠償三倍於原價的損失。

法律要求兌換銀錢的人或用銀錢交換其他物品的人，無論是活物還是死物，在各種情況
下都要使用足價的銀錢，成色要一致。我們還要在這部法典的其他地方留下一些篇幅制定對該
E 類欺詐行為的制裁方法。每個人都要明白，以次充好，欺騙對方，全都屬於同一類，總是一件
不好的事，但在流行說法中人們卻認為欺詐「如果用在恰當的地方」，就是一件大好事。而
什麼時候或什麼地方才是恰當的，人們的說法卻模糊不清，不確定。因此這句格言對相信它的
人和社會上其他人所起的作用是不可忽視的。立法者不能允許這種不確定的觀點流傳。他需要
劃出或寬或窄的確定界線，就像我們現在要做的一樣。任何人都不能把神的名字掛在嘴上騙人
917 或進行欺詐活動，但仍有人會違抗神的告誡，比如有人撒謊、假誓、藐視上蒼，還有程度較輕
的對優位者撒謊。好人是壞人的優位者，一般說來年長者是年輕人的優位者，還有，父母是子

女的優位者，丈夫是妻子和孩子的優位者，執政官是其下屬的優位者。一般的尊敬無非就是對
所有處於權威地位的人所盡的義務，尤其是對國家的權威，我們現在討論的就是國家的權威。
B 在市場上實施欺詐的人撒謊、欺騙、當著法律和市場官員的面要上蒼爲他的誓言作證，這樣的
人既不尊敬他人，也不敬畏神。絕不能以神的名義發空誓，這無疑應成爲人們的一種習慣，我
們之中大部分人在參加滌罪和潔淨的崇拜儀式時通常也要對神的名字表示尊敬，但若還有人違
反，那麼我們的法律就要起作用了。在市場上無論出售什麼貨物，不能給同一樣東西制定兩種
C 價格。賣方可以出一個價，如果買方不願意買，賣方就應把貨物取回，並且不能在同一天以更
高或更低的價格出售這樣貨物。還有，賣方不能爲了促銷而贈送，也不能用誓言來保證貨物的
質量。違反這條法規，任何不小於三十歲的在場公民都可以法律的名義痛打發誓的人，對這種
D 事情置之不理的人要被當作叛徒受到法律的譴責。對於那些不能被我們當前的討論所說服，繼
續出售假貨的人，任何有辨別眞假商品知識的人一旦發現，就要向當局告發，賣假貨的人如果
是奴隸或外國僑民，那麼假貨就歸告發者所有；如果知情者是公民，但沒有告發這種欺詐行
爲，那麼就要宣佈他犯了欺騙上蒼之罪；如果告發了，那麼他可以公開地把這樣貨物獻給市場
E 之神。要沒收出售假貨者的貨物，在市場上鞭打他，他的貨物定價是多少德拉克瑪，就鞭打幾
下，還要一邊打一邊宣佈他的罪行。爲了制止商家的欺詐行爲，市場官員和執法官要向不同行
業的專家諮詢，制定具體規則，告訴商人哪些事能做，哪些事不能做；要把這些規則刻在柱石

918 上，豎在市場官的衙門前面，使在市場上做生意的人更加有據可循。市政委員會的功能我們已
經作過充分描述。如果要作進一步的規定，市政官員們應當與執法官會商，起草和通過必要的
補充條例，這些先後作出的規定都要公佈在市政委員會衙門前的石柱上。
　　考察商業欺詐行爲會直接把我們引向對零售問題的思考。首先讓我們從整體上考慮這個主
B 題，提出合理的建議，然後作出具體的法規。當我們考慮到零售的基本功能時，國內的零售不
是一件壞事，而是有益的。如果有人能使原先天然分佈不平衡、不合比例的各種物品平衡而又
合乎比例地分佈到各處，供人們使用，那他豈不是大恩人嗎？我們應當提醒自己，借助於貨幣
可以達到這種結果，我們應當承認，這就是商人的功能。同樣，掙工錢的人、開小旅館的人，
C 還有從事其他各種名聲的職業的人，全都具有相同的功能，這就是適合人們的各種需要，使商
品分佈得更加平衡。那麼，爲什麼這些職業沒有很好的信譽或名聲呢？爲什麼人們一般總是對
他們頗有微詞呢？若要借助立法提出一個部分的治療方法——完全的治療會超越我們的能力——
那麼我們必須對這些問題進行考察。

克利尼亞 怎麼會這樣呢？

D **雅典人** 呃，克利尼亞，我的朋友，全人類只有一小部分人受過圓滿的訓練，能約束自己
的天然傾向，當他們發現自己處在需求和慾望的洪流中時，只有這些人才能下定決心節制自
己。在我們有機會發財的時候，我們中能保持清醒頭腦的人並不多，或者說寧願節制富裕的人

並不多。大多數人的性情完全相反，在追求慾望的滿足時，他們完全超過了一切限度。一有機
會贏利，他們就會設法謀取暴利。這就是各種商人和小販名聲不好，被社會輕視的原因。我們
現在只能假定在命運的驅使下，會有某些人從事這種職業，去儲存和出售貨物。我知道這種假
E 設是非常荒唐可笑的，但我知道，若是假定最優秀的人也會受到誘惑而這樣做，那就更加不可
能了，所以我必須這樣說。我們應當發現這些職業都是對人有益的。如果能夠按照嚴格的原則
辦事，那麼我們應當敬重這些職業，因爲它們起到類似母親和褓姆的作用。但是看看實際生活
919 中的事吧！出於商業的目的，有人在遙遠的偏僻之處設立旅舍，款待饑餓的旅行者，給他們提
供擋風避寒的住所。但接下去又怎麼樣呢？在那裡，店主本來可以像對待朋友一樣設宴招待客
人，但實際上他的態度就像對待戰敗了的敵俘，要客人付出最苛刻的、最不公平的、最難以忍
B 受的代價。這樣的不法行爲在各種行當中都能看到，所以這些人儘管爲陷入困頓者提供了幫
助，但得到惡名也理所當然。這就是他們的問題所在，而法律必須針對這種情況制定具體的法
規。有句古諺說得好，「不能同時與兩個敵人作戰」，尤其是在腹背受敵的情況下。在醫學中
和在其他地方，我們都看到這句話的眞理性。在我們打擊這些行業的罪惡時，我們面對兩個敵
C 人：貧困與富足。富足使靈魂在奢侈中腐敗，貧困使靈魂陷入困頓，使它們變得不知羞恥。那
麼在一個理智的社會中，有什麼辦法治療這些疾病呢？第一個治療方法是，從事商業的人要盡
可能少；第二，讓那些即使腐敗也不會給社會造成大害的人去從事這些工作；第三，必須制定

某些具體措施來防止從事這些工作的人把邪惡傳給別人。
D 所以我們的開場白馬上引出一條具體的法律，這眞是上蒼的賜福！在上蒼使之復興的瑪格
奈昔亞[3]城邦裡，五千零四十個家庭的家長都不得從事商業，無論是自願的還是被迫的，甚至不
E 能與商業活動有關聯；他不能受人雇傭去做奴僕的事，因爲那名雇主並不爲他做事，爲父母、
祖父母或其他長者做的事則除外，爲他們做事不會有損高貴的血統。法律難以精確地說明可以
對自己的長輩做哪些侍奉性的工作，具體可由那些已經能夠明確區分邪惡與高尚的人來確定。
如果有公民在任何情況下從事卑賤的商業，那麼他要爲玷污高貴的血統而受到審判，任何人發
920 現了都可以去法官那裡告發；如果發現被告的行爲已經玷污了祖宗的灶神，那麼要判處他一年
監禁，使他接受教訓不再重犯；如果再犯，就要判處兩年監禁。總而言之，每次重犯都要加倍
懲罰。第二條法律是，讓外國僑民或外國人經商。此外還要有第三條法律來保證商業道德，盡
可能減少商業中的惡行。在這個社會裡，出身高貴、受過良好的教育和訓練的人構成了一個階
B 層，但執法官一定不能僅僅起到保護這個階層，使之不陷入罪惡或邪惡的作用。他還要細心
保護那些並不擁有這些有利條件而又從事了這種極易犯罪的行業的人。零售商業有許多部門，
包括許多低賤的雇傭關係在內。我認爲應當允許這些行業在我們的社會中存在，因爲我們發現
它們是社會生活不可缺少的。在這種情況下，執法官需要向這個行業中各個部門的專家學習，
C 像其他行業一樣，防止各種欺騙行爲。通過學習，他們要懂得從事某種行業的成本是多少，有

多少贏利才是合理的，這種贏利標準應當公佈，由市場官員和城鄉官員在他們的轄地內強制執行。有了這樣的規定，我們可以期望我們的商業給全社會各階層帶來利益，而對從事商業的這個階層帶來的傷害則是最小的。

D 違反合約或不履行契約的情況應當由部落法庭審判，除非能在由鄰居組成的法庭中得到調
解，或者說這份合約或契約是法律或公民大會的規定禁止的，或者說是出於強迫或不知情的情
況下締結的。工匠階層用他們的技藝滿足我們的日常生活需要，他們受到赫淮斯托斯和雅典娜
E 的保佑，衛士階層用另一種技藝爲我們提供安全，他們受到阿瑞斯和雅典娜的保佑。我們有很
好的理由說明第二種情況下神的保佑與第一種情況是一樣的。他們都在爲國家和民衆連續提供
服務，後一種人的服務形式是打仗，前一種人的服務形式是生產各種工具和生活用品供人們使
921 用。對保護神的敬畏使他們不會違反合約。但若一名工匠由於疏忽而沒有在預定時間內完成任
務，忘記了敬畏使他得以爲生的神，並愚蠢地把神想像爲一名會允許他這樣做的夥伴，那麼他
首先要面對神的責問，其次要有法律來對他進行制裁。如果有人沒有遵守與雇主商定的合約，
在規定時間內完成某項工作，那麼他就欠下雇主一筆等於這項工作價錢的債務，要從頭開始在
B 商定的時間內重新做這項工作。法律對訂合約的人提出的建議與對賣方提出的建議一樣。法律
建議賣方不能索取很高的價錢，而要根據貨物的眞實價值定價；法律也要向訂合約的人提出同
樣的建議，作爲一名工匠，他當然知道自己工作的眞實價值。在一個自由民的城邦裡，工匠絕

不能利用他的專業知識欺騙那些不懂專門知識的人，從他們那裡撈取好處，儘管知識本身應當
C 說是一件誠實、公義的東西，受到這種傷害的人必須得到法律的補償。另一方面，與工匠訂立
合約的人如果沒有嚴格按照具有法律效力的合約支付工匠工資，那麼也要有相應的法律來制裁
這種違法行爲，因爲這是對宙斯，我們國家的保護神，還有對雅典娜的羞辱，兩位神在我們社
會中是合夥人，這是一種爲了蠅頭小利而破壞社會最高聯繫的行爲。如果工匠按照合約完成了
規定的工作，但雇主沒有在約定的時間內支付工錢，那麼雇主要支付雙倍的工錢。如果雇主在
D 一年內都沒有支付工錢，那麼他除了支付工錢外還要支付利息，而我們說過其他貸款都是沒有
利息的，對於拖欠的工錢，每個德拉克瑪每月要支付一個小銀幣的利息，這樣的懲罰要由部落
法庭來審理。

由於我們已經提出了有關工匠的主題，所以我們只需簡略提到從事戰爭的工匠，包括將
軍和其他軍事專家。他們在一定意義上也是工匠，儘管是不同類別的工匠。如果他們中有人爲
E 公家從事某項工作，無論是作爲自願者還是根據命令，並且完成得很好，那麼法律會高度讚揚
那些向他支付士兵工資的公民，亦即給他榮譽，但若公民們一方面接受了他完成得很好的工
作，另一方面卻又拒絕給他榮譽，那麼法律要對這樣的公民進行申斥。我們對這些英雄要進行
922 讚揚，與此相配我們還要執行下述法律，不過這些法律更具有建議性質而非強制性的。用他的
勇敢行爲或軍事技藝爲保衛我們整個城邦作出貢獻的勇士應當得到第二等級的榮譽。而我們的

最高榮譽則必須授予那些擁有最優秀品德的人，那些完全遵守我們的優秀立法者制定的法律的人。

現在可以說，我們已經完成了對人與人之間商業關係的更加重要的立法，只有監護人對
B 孤兒的供養和監管問題還沒有涉及。這是我們下一步要盡力加以規範的領域。提出這個問題的依據在於人們不知如何處置死者的財產，在有些情況下，死者並沒有作過這樣的安排。克利尼亞，我爲什麼要說「盡力加以規範」呢？因爲這個問題太複雜，牽涉到許多方面。這種事情我
C 們肯定要制定法規。人們在生命將要終結時立下遺囑，但有些遺囑與法律有抵觸，也有人會立下前後不一致的遺囑，要麼與親屬的意願不符，要麼與他自己較早的遺囑不符。你要知道，我們中的大多數人在瀕臨死亡時已經神智不清了，我想我可以這樣說。

克利尼亞 是的，先生，那又怎樣？

雅典人 克利尼亞，垂死之人很難對付，他的想法會給立法者帶來很大的困惑。

克利尼亞 怎麼會這樣呢？請你解釋一下。

D **雅典人** 他想要自行其事，所以他的語言充滿情感色彩。

克利尼亞 語言，什麼語言？

雅典人 他會說，天哪！如果我不能完全自由地把我的財產留給某人，或者隨自己的意願，根據我生病、年邁和其他各種生活狀況給這個人較多財產，給那個人較少財產，那麼眞是一種

恥辱。

克利尼亞 他說得很對呀，先生，難道你不這樣想？

E **雅典人** 呃，克利尼亞，我認爲我們的立法者過去太軟弱了，他們的法典立足於對生活的當前看法，而他們對人生的理解則是不完善的。

克利尼亞 爲什麼不完善？

雅典人 呃，我親愛的先生，他們害怕受到抱怨，這就是他們允許立遺囑者可以隨意處理財產的原因。你我必須以一種更加合適的方法對這個社會中的老人作出回答。

923 假定這些人事實上只有一天好活了，那麼我們要對他們說：朋友們，從當前的情況來看，
你們很難明白什麼是你自己的財產，更難像德爾斐神廟的銘文說的那樣，「認識你自己」。所
以，作爲一名立法者，我要向你們宣佈，你們的人和你們的財產都不是你們自己的，而是屬於
B 你的整個世系，過去的和未來的，再進一步說，世系和財產屬於國家。正因爲如此，所以我不
能允許你在年邁體衰、神智不清時聽了那些阿諛奉承的話就錯誤地安排遺產。我的法律著眼於
整個社會和你整個家族的最大利益，而具體某個人或某個人的事務，則是不重要的。安寧地離
開我們吧，祝你一路上交好運，這是所有人都要經歷的事情。你留下的東西應當由我們來考
C 慮，我們一定會本著公心，細心地加以安排。

諸如此類對將死之人的勸告構成了我們的序言，克利尼亞。而我們的法規是：凡有人立下

D 書面遺囑，那麼首先應當以他的兒子作爲他遺產的合法繼承人。如果他有另外一個兒子，但已
被其他公民收養，那麼這個兒子的名字也應該寫上。但若他還有一個兒子，沒有被其他家庭收
養，而是按照法律的規定要去海外定居，那麼他有權按自己的意願把他認爲適當的財產留給這
樣的兒子，家庭房產及其所有設備除外。如果這樣的兒子不止一個，那麼這位父親可以把他的
財產分給他們，家庭房產除外，怎麼分配由他自己定。但若有一個兒子已經擁有一所房屋，那
就不應再把浮財分給他。如果有女兒，也要按照相同的情況處理，沒有訂婚的女兒可以得到一
E 份遺產，但若已經訂婚就不能再得遺產。如果後來發現有這樣的兒子或女兒根據死者遺願得到
了一份土地，那麼應當把這份土地交到繼承人手中。如果立遺囑者的遺屬都是女的，那麼他應
當按自己的意願選擇一個已經結婚生子的女兒，以她的丈夫爲財產繼承人。如果某人的兒子，
924 不管是自己生的還是過繼的，在未成年之前就已經死去，那麼立遺囑者應當再過繼一名兒童，
以圖吉祥。如果立遺囑人完全沒有子女，那麼他可以把自己全部財產的十分之一留給任何人，
其餘部分則要留給過繼來的繼承人，這樣的事要經過法律的批准，一方要情願，另一方要感
謝。當這樣的兒童需要監護人時，如果死者表達過自己的意願，說過要有幾個監護人，或者說
B 過他們是誰，那麼被提名的監護人就要執行死者的意願，以這種方式得到提名的監護人是不可
改變的。如果某人完全沒有留下遺囑或指定監護人，那麼他的父母兩系的親屬將是合法的監護
人，兩位來自父系，兩位來自母系，再加上一名死者的朋友，由執法官指定他們擔任死者過繼

C 兒子的監護人。負責監護收養事務的機構要由十五名執法官領導，他們是執法官中老資格的成
員，通常分成三組，按照年資，每個組負責一年，直到五年任期滿了爲止，這樣的輪換秩序不
能打亂。

如果死者沒有留下遺囑，而他的兒女需要有監護人的照料，那麼相關的法律也適用於他
D 們。公民如果考慮到自己會因某種無法預料的事情而喪生，留下女兒沒人照顧，那麼他必須按
照立法者的建議，爲女兒指定兩名近親做監護人。第三位監護人，這是做父親的人需要注意
的，實際上是從全體公民中選擇一名品性最適宜做他的兒子，並且可以做他女兒新郎的人，但
E 這件事立法者可以忽略，因爲這幾乎是不可能的。對這種情況我們可以制定的最好法律是：如
果無遺囑的人留下了女兒，死者父系方面的一名沒有繼承遺產的兄弟或母系方面的一名沒有繼
承遺產的兄弟應該得到死者的女兒，繼承死者的遺產。如果不是兄弟而是兄弟的兒子，只要年
齡適當，這條法律也適用。如果都沒有，那麼死者姐妹的兒子也適用。父親的兄弟將是第四繼
承人，父親兄弟的兒子是第五繼承人，父親姐妹的兒子是第六繼承人。在各種情況下，女性都
不能作爲繼承人，家庭中的繼承要按照這樣的順序通過兄弟姐妹及其後代來盡可能保持血緣關
係，在同輩人中，男性對女性具有優先權。這樣的婚配是否適宜要在適當的時候進行檢查，檢
查者要親眼看到男子全裸，女子裸到肚臍。如果這個家庭的近親到了兄弟的孫子一輩，乃至於
925 曾孫一輩都沒有了，那麼這位姑娘就自由了，經監護人的同意，她可以在公民中選擇自己的配

B 偶，如果對方同意，那麼這位公民就可以成爲死者的繼承人，成爲死者女兒的丈夫。還有，生
活中充滿各種偶發事件，儘管我們想得很周到，但仍舊會有某些時候在整個國家裡都找不到繼
承人。如果某位姑娘找不到丈夫，但卻在某個殖民地有她的意中人，想要他成爲自己父親的繼
承人，如果這位意中人是她的親屬，那麼這位被派往殖民地的親屬可以在法律的允許下前來繼
C 承財產，如果這位意中人不是親屬，那麼只有在國內沒有親屬的情況下，並在死者的女兒及其
監護人同意的情況下，才能允許他回國結婚，繼承遺產。

如果某個人沒有子女，死去時也沒有留下遺囑，那麼上述法律仍適用於這種情況，但如我
們所說，要從他的家族中選出一男一女，結成配偶，讓他們去接續死者的香火，死者的遺產也
D 就合法地歸他們所有。繼承的順序是：死者的姐妹、死者兄弟的女兒、死者姐妹的女兒、死者
父親兄弟的女兒、死者父親姐妹的女兒。這種安排的依據是上述法律的要求，是爲了保持宗教
所要求的親緣關係。當然了，我們一定不要忘了這樣的法律可以是一種沉重負擔，有時候很難
要求一名和死者有血緣關係的人與他的女親屬結婚，還有，有些人患有身體和精神上的疾病，
E 要服從法律的要求與這樣的人結婚也有許多障礙。因此人們會認爲立法者對此無動於衷，但這
是一種誤解。所以你必須把我的這些看法當作以立法者的名義對那些不留遺囑的人提出來的，
926 立法者關心的是公共利益，很難花同樣的力氣去控制私人的命運，因此不能將這樣的法律視作
對不留遺囑者和接受法律者的寬容，只是有時候他們會發現自己無法漠視事實而執行這些法

令。

克利尼亞 那麼讓我來問你，先生，處理這種情況的最好方法是什麼？

雅典人 在這樣的情況下，克利尼亞，我們必須在法律和民眾之間指定一名仲裁者。

克利尼亞 請你解釋一下。

B **雅典人** 有時候，富裕的父親很難讓自己兒子去與他貧窮的表姐妹結婚，因爲他還有更高的
期望，想要有一門更好的親事。有時候，一個人不得不違抗法律的旨意，因爲立法者要他做的
事情是災難性的，比如法律要他去入贅的那個家庭有瘋子，或正受著身體和精神方面的折磨，
從而使得他在那個家庭中的生活變得無法忍受。所以，關於這個問題我還要加上一些法規。如
C 果有人抱怨現行的法律，遺產法或其他法，尤其是婚姻法，並且當眾發誓不能按立法者的要求
去做，不能與對方結婚，而當事人及其親屬或監護人的意見又和他相左，那麼立法者會要求
D 十五名執法官作爲仲裁者來處理這個案子。他們將召集當事人以及相關人員，聽取他們的爭
辯，作出最後的裁決。如果有人認爲賦予執法官們的這種權力太大了，那麼他可以要求由其他
法庭來審判。如果他輸掉了官司，那麼立法者給他的申斥、羞辱和懲罰要遠遠大於由執法官們
組成的法庭。

E 這樣一來，我們的孤兒就好像經歷了一番重生。他們第一次出生後該如何撫養和訓練我
們已經說過了。而在這番無父無母的重生中，我們必須要做的事情就是制定一個計畫，使他們

能夠克服各種不幸和困頓。首先，關於他們的行爲我們要制定法律，要指定最好的執法官做他
們的父母，就像他們的親生父母一樣；其次，我們每年都要專門指定三位執法官來照料這些
927 孤兒，對待他們就像對待自己的親生兒女一樣，我們一致同意讓這些官員來負責撫養孤兒的
事務，就像所有監護人一樣。事實上，我確實相信在這些事情中有某種眞正的機遇，人死後離
去的靈魂還會重新擁有人的生命。表達這一寓意的故事可以很長，但它們是眞的，考慮到關於
這一主題的傳說內容有多麼豐富，有多麼値得敬畏時，我們必須相信這些傳說，尤其是立法者
必須相信，因爲他們已經批准了這種信仰，除非我們把立法者當作毫無理智的人。如果這些都
B 是眞的，那麼首先就要對眾天神表示敬畏，它們從天上關注著這些孤兒；其次是要敬畏那些亡
靈，天性使它們特別關注自己的遺孤，敬重它們就是向它們示好，而輕視它們則是向它們示
惡；第三，要敬畏那些仍舊還活著的人的靈魂，尤其是那些年邁的和德高望重的人。一個擁有
良好法律的國家會得到神明的保佑，兒童們會對這樣的人表示熱情，信任照顧他們的人。他們
C 對這種事情的視覺和聽覺是敏銳的。對在他們中間公義地行事的人，他們抱有善意，對踐踏無
依無靠的孤兒的人，他們滿懷仇恨。監護人和執政官如果有理智，無論如何怠慢，也應當敬畏
神靈，關心孤兒的撫養與教育，盡力爲他們做好事，就像對待自己和自己的兒子一樣。所以，
D 聆聽我們的這些序言，不傷害這些孤兒的人不會惹來立法者的憤怒，而那些不願聆聽我們的教
訓，傷害無父母的孤兒的人將會受到懲罰，他們對這種傷害要作出的賠償是對那些父母健在的

兒童造成同等傷害作出的賠償的兩倍。

我們在上面只是一般地談論了孤兒的監護人，或者負責監護事務的執政官，但他們還沒
有現成的如何撫養孤兒和管理遺產的模式，或者說還沒有一條具體的法規告訴他們如何處理這
些事務，在孤兒的監護方面也還沒有具體的監護法，而現有的各種具體法規會使孤兒的生活與
E 其他孩子有明顯差別。情況就是這樣，在我們的社會裡有關孤兒的撫養與其他在親生父母照料
下成長的孩子應該沒有很大的差別，儘管兩類孩子的公共地位和所受到的照料有所不同。正是
928 因爲存在著差別，因此我們的法律非常熱忱地提出告誡，並制定有關孤兒的各種法規。我們還
可以進一步提出最合理的處理方法。由執法官指派的男女嬰兒的監護人，對待自己的孩子不得
優於對待這些喪失了親人的孤兒，要像對待自己的財產一樣對待由他管理的遺產，甚至比對待
B 自己的財產更加精心。應當把這一條定爲法律，而且是唯一的法律，依此執行對孤兒的監護。
監護人若違反這條法律，就要受到執政官的處罰；執政官若違反這條法律，監護人也可以把他
告上法庭，讓他受到雙倍的處罰。如果有家庭或公民指控監護人對孤兒漠不關心或不誠心，那
C 麼這樣的案子也要在相同的法庭審理，違法事件一經證實，賠償金高達遺產的四倍，一半歸孤
兒，一半歸原告。如果孤兒使多數人相信他的監護人有違法行爲，那麼任何時候都可以解除監
護人原有長達五年的監護權。如果發現監護人有罪，將由法庭來決定給予什麼樣的懲罰或罰
D 款；如果發現執政官疏於職守，也要由法庭來決定他應當交納多少罰款。如果發現執法官有營

私舞弊的行爲，那麼他不僅要繳納罰款，還要被撤職，由新的執法官來取代他的職位。

父子之間有時會出現很大的糾紛，比人們通常想像的還要大。做父親的老是認爲立法者
應當授權給自己，如果自己認爲適當，就可以公開宣佈與兒子脫離父子關係，並具有法律效
E 力，而做兒子的總是期待當局能啓動法律程序來反對因年邁或疾病而變得瘋狂暴虐的父親。這
種糾紛的根源一般可以在當事人邪惡的品性中找到，在有些情況下只有一方是邪惡的，比如說
兒子是邪惡的，而父親不是，或者正好相反，這樣的不和一般說來不會帶來災難性的後果。在
任何社會中，我們的社會除外，沒有繼承權的兒子不一定失去公民權，但在實施我們這些法律
929 的社會裡，被父親拋棄的人只能移居遠方，因爲我們允諾不增加我們的居民總數，即五千零
四十個家庭。因此，從法律上說，這個兒子不僅被他的父親所拋棄，而且被所有親屬拋棄。因
此，我們的法律還要提供一些具體規定來處理這種情況。無論有沒有正當的理由，當一個人想
B 要驅逐他的親生兒子時，必須履行相應的法律程序，不能自行其事。他首先要召集他和他妻子
的親屬，到侄兒一輩，當著他們的面宣佈他的決定，取得他們的諒解，並且保證給這個兒子與
其他兒子相同的動產。如果他能夠取得半數以上親屬的同意——這裡講的過半數包括當事人，
C 當事人的父母，以及其他男女親屬，甚至也包括那些尚未成年的人——那麼這位父親就可以驅
逐兒子了，當然了，他要遵守已經講過的這些條件。如果有公民想要過繼這位被驅逐的兒子，
那麼從法律上來說沒有什麼障礙，生活通常會使年輕人的脾氣發生改變；但若在十年內都沒有

D 公民想要過繼他，那麼就要由那些負責處理多餘人口的官員來處理這件事，這些多餘的兒童命中注定要移居到外國去，但要保證他們能找到定居的地方。如果疾病、年紀、怪僻，或者這些原因加在一起，使某人的心靈變得極爲暴虐，而這一事實除了與他每日生活在一起的人沒有別人知道，儘管他是一家之主，但實際上卻在浪費家庭的財產，而他的兒子又不知如何改變這種

E 狀況，想要把他告上法庭，在這種情況下，法律要求這個兒子首先去見最年長的執法官，向他們報告父親的情況。執法官們會進行詳細的調查，然後再來與他商量要不要起訴。如果他們的建議是起訴，那麼就可進入法律程序，發出抱怨的兒子既是證人又是原告。打輸了這場官司的父親從今以後失去處置他財產的權力，那怕是最小的物品，他的餘生都要被當作一名兒童來對待。

930 如果丈夫和妻子之間由於壞脾氣而想要離婚，這樣的案子在各種情況下都要由十名年齡不同的男執法官和十名負責監護事務的婦女來處理。如果他們能夠成功地使夫妻復和，那麼萬事大吉；如果無法調解衝突，反而使夫妻之間的對立更加劇烈，那麼就要由他們來爲當事的雙方尋找最佳配偶。想要離婚的人脾氣都不會好到哪裡去，因此我們要盡可能尋找好脾氣的人來做

B 他們的新配偶。如果離婚者沒有子女，或子女很少，那麼在給他們尋找新配偶時還要考慮到生育問題。如果他們已經有了足夠的子女，那麼在判決他們離婚和給他們重新尋找配偶時，主要的考慮就應是年紀和相互照顧的問題。如果一名婦女去世時留下了男孩或女孩，那麼我們的法

律要建議，但不是強迫，由她的丈夫撫養孩子，不能再給他們找一個後母；如果沒有子女，那
C 麼鰥夫可以再娶，直到他有了自己的孩子，而對家庭和國家來說，他的子女的數量又足夠多為
止。如果做丈夫的死了，留下了足夠多的孩子，那麼做妻子的應當留在家庭中撫養他們長大。
但若她還太年輕，沒有男人對她的健康不利，那麼她的親屬可以與負責監護的人聯繫，做出妥
D 善的安排。如果她缺少子女，那麼這個因素也要加以考慮，從法律上講，擁有足夠的子女意謂
著至少有一兒一女。

父母關係一旦確定，下一步就要決定所生育的子女的地位問題。如果一名女奴與奴隸、自
由民或獲得自由的奴隸生育，那麼所生的後代全部屬於女奴的主人；如果身為自由民的婦女與
男奴隸生育，那麼所生的後代屬於男奴隸的主人；如果男奴隸主與他自己的女奴生育，或者女
奴隸主與她的男奴隸生育，這種事情當然是臭名昭著的，那麼女奴隸主的孩子要與他的父親一
E 道，男奴隸主的孩子要與他的母親一道被遣送到外國去，前者由管理婦女的官員來執行，後者
由執法官來執行。

神靈或理智健全的人都不會對忤逆父母的問題提什麼建議。聰明人應當明白我們現在所說
的有關崇拜神明的法律序言也都適用於對父母尊敬與否的問題。全世界關於崇拜的原始規則都
有兩重性。我們崇拜的諸神中有些顯然是可見的，還有一些神是不可見的，因此我們建立了它
931 們的偶像，相信當我們崇拜這些無生命的偶像時，我們就能贏得它們所代表的活神的充分青睞

和恩典。所以當人們有年老體弱、生命將要終結的父母在家時，應當記住有這樣的人在家裡會使家中的爐灶變得神聖，如果能夠正確地崇拜它，沒有任何偶像能比它起到更好的作用。

B **克利尼亞** 你說的這種正確崇拜是什麼意思？

雅典人 呃，我會告訴你的。我的朋友，這確實是一個值得我們注意的主題。

克利尼亞 你繼續說吧。

雅典人 我們常說，伊底帕斯的兒子對他不尊重，於是他就詛咒他們，這是一個人們熟悉的故事，你知道上蒼最後如何滿足了他的祈求。還有，福尼克斯受到他的父親阿彌托耳的憤怒的詛咒，希波呂特被他的父親忒修斯詛咒，以及其他一些相似的故事，它們都起著同樣的效

C 果，清楚地證明了上蒼會應父母的祈求而懲罰子女。父母祈求上蒼懲罰子女比其他的祈求更有效，而且只有這樣做才是對的。如果說，當子女忤逆父母時神明會應父母的祈求而對子女作出懲罰，這才符合事物的秩序，那麼應當明白，當子女孝敬父母時，他們會非常快樂，轉而熱切

D 地爲子女祈福，而我們也必須這樣想，上蒼會聆聽這一類祈求，並不亞於聆聽另一類祈求，給子女降福。如果情況不是這樣的話，那麼神的賜福就不公平了，而這種念頭我們連想都不應該想。

克利尼亞 這種念頭確實不對。

雅典人 所以，如我剛才所說，我們必須相信，在上蒼眼中，沒有比一位年邁的父親或祖

父，或者年邁的母親或祖母更寶貴的形象了。如果人們崇拜他們，尊敬他們，那麼連上蒼也會感到快樂，或者說上蒼就不會聽到他們的祈求了。實際上，作爲祖先的人是神的影像，他們勝
E 過任何無生命的雕像。當我們崇拜這些活的影像時，他們總是我們的第二個祈禱者[4]，如果我們對他們不孝，那麼他們就會作出相反的祈禱，而做子女的既不能進行這樣的祈禱，也不能進行相反的祈禱。所以，對父親、祖父和其他祖先盡孝的找不到其他更加有效的影像可以保證爲他得到上蒼的青睞。

克利尼亞 你說得好極了！

雅典人 一切理智正常的人都會敬畏父母的祈禱，他們知道這些訴求會在什麼時候起作用。
932 這是一種符合自然的安排，好人看到自己年邁的長者吐出生命的最後一絲氣息，長者的死對年輕人來說是一種最沉重的打擊，而對壞人來說，長者的死對他們是一種最眞實的、最深刻的警告。因此，我希望所有人都能聽從我們當前的勸告，孝敬父母。如果還有人對此置若罔聞，那
B 麼下述法規就是針對他們的。在我們的國家裡，如果有人怠慢他的父母，沒有精心滿足父母的願望，而對自己的子女和對自己的照顧超過對父母的照料，那麼知情者都可以到三位年長的執法官和三位負責贍養事務的婦女那裡去告發他，他們可以親自去告發，或者讓別人代表自己去。這些官員將審理案件，如果不孝者是男的，還很年輕，不足三十歲，那麼要用鞭笞和監
C 禁來處罰他；如果不孝者是女的，那麼要把她當作四十歲的婦女來處罰。如果有人過了這個年

齡仍舊不孝順父母，或者虐待父母，那麼要由一個由一百零一名最年長的公民組成的法庭來審
判。如果罪行得到確認，那麼法庭要決定給予罰款或其他懲罰，不得赦免。如果有人受到虐待
D 而又不能上訴，那麼知情者可以向當局告發，知情不報都會被視爲懦夫，也要受到懲罰。如果
告發者是一名奴隸，那麼他可以因此而獲得自由。如果他的主人就是那個虐待父母的人，那麼
執政官會宣佈他獲得自由；如果他的主人是另一位公民，那麼他的身價由公家支付。當局還有
義務保障他的安全，以免他因告發而受到報復。

E 現在來談談投毒造成傷害的問題，我們已經整個地處理了傷害致死的問題，但還沒有涉及
那些故意地，有目的地使用食物、飲料、油膏造成傷害的案子。使我們在此處停頓的原因是人
933 類以兩種不同方式使用毒物。我們剛才已經指出的這種形式是通過他人的行爲以普通辦法對人
體造成傷害。還有一種形式是通過技藝、巫術、符咒、咒語起作用，施行這些技藝的人使人們
相信他們擁有這種爲害的能力，而那些受害者則相信施行這些技藝的人能使自己著魔。這些事
情的眞相很難弄清，要是這些技藝很容易學，那麼令他人信服倒是一件易事了。要想在心中清
除各種疑點，比如弄清他們是否能在門口、十字路口、墳墓邊看到蠟製的小人，那確實是在白
B 費氣力，對這些問題不可能有什麼確定的答案。因此，我們將按照使用毒物的方式把關於毒物
的法律分成兩章。但首先我們要聲明，我們不希望、不要求、不建議使用毒物，我們不能在人
C 類中製造恐怖，因爲大部分人都像嬰兒一樣容易受到驚嚇，也不能要求立法者或法官找到治療

這些恐怖的方法。我們要說，投毒的人首先不知道自己在做什麼，除非他是醫學專家或健身專
D 家，或者是懂巫術的預言家或先知。所以，關於毒物的法律應當這樣寫：任何人投毒，或利用
別人投毒，沒有造成人員死亡，但對牲畜和蜂群造成了死亡，那麼在罪行得到確證以後，如果
投毒者是一名醫生，就要判死刑，如果投毒者不是毒物專家，那麼就要判處罰款，金額由法庭
E 決定。任何人涉嫌利用巫術、咒語或其他妖術造成傷害，罪行得到確證以後，如果他是先知或
占卜師，那麼就要判處死刑，如果他不是巫師，那麼就按照前面的情況來處理，由法庭來決定
對他的處罰或罰款。

在各種盜竊和搶劫中使用暴力而造成傷害的案子，罪犯要按照傷害程度向受害者作出相
934 應的賠償，在每個案子中賠償都要充分。除了賠償之外，罪犯還要繳納罰款，以起到矯正的目
的。如果罪犯是在別人的唆使下而走上邪路的，而當別人引誘他時，他進行過反抗，那麼在這
樣的情況下對罪犯的處罰要輕一些；如果犯罪的原因是由於他自己的愚蠢，是因爲他自己不能
抗拒快樂或痛苦，或者迫於情慾、妒忌、憤怒的壓力，那麼對罪犯的處罰要重一些。懲罰的目
B 的不是爲了取消罪惡——已經做過的事情是不可能消除的——而是爲了使罪犯以及所有看到他受
懲罰的人在將來可以不再犯罪，或者至少使大部分人不再陷入如此可怕的狀況。出於上述理由
和目的，法律必須小心行事以實現自己的目的，對具體的罪行要精確量刑，賠償的金額也要準
確計量。法官也有同樣的任務，他要爲法律服務，法律把矯正罪犯的工作留給法官，由法官來

C 確定罰款或處罰，在這種情況下，立法者就好像一名設計師，把與整部法典相應的一些藍圖設計出來。事實上，麥吉盧和克利尼亞，這就是你們和我現在正在盡全力做的事，我們必須在諸神及諸神之子允許我們立法的範圍內，具體規定對各種偷竊和搶劫的處罰。

這個國家不允許精神病人自由活動，病人的親屬要把他們平安地關在家裡，無論用什麼辦
D 法都行，違者罰款。對不能管好精神病人的人，無論是奴隸還是自由民，屬於最高財產等級的人罰款一明那，屬於第二財產等級的人罰款一明那的五分之四，屬於第三財產等級的人罰款一明那的五分之三，屬於第四財產等級的人罰款一明那的五分之二。有許多人是瘋子，但他們的瘋狂採取不同的形式。我們剛才提到的這種瘋狂的根源是生病，但還有另一種瘋子發瘋的根源在於有一種不良的憤怒天性，再加上錯誤的訓練而使這種天性得到加強。這種人稍微遇到一點
E 不順心的小事就要悖然大怒，辱罵別人，這樣的行爲在一個秩序井然的社會裡是完全出格的。因此我們要制定一條關於罵人的法律來處理這些人，條文如下：無人可以謾罵他人。參加辯論的任何人都應當聽取對方的意見，也應該當著對方的面提出自己的看法，但不能謾罵對方。當
935 爭論者像饒舌的潑婦一樣開始用粗俗難聽的話語辱罵對方的時候，這樣的話語產生的最初結果就是播下仇恨的種子，儘管這些話語本身就像空氣一樣輕薄。激情是一種有著邪惡傾向的東西，說話人的憤怒毒害著他的激情，使他原來所受合乎人性的教育和教養又一次轉變爲獸性，
B 心中壓抑著的積怨使他成爲一頭野獸，這就是他追求的激情回歸給他帶來的悲哀。此外，這樣

的爭論經常轉變爲嘲笑對方，而這樣做對自己絕無幫助，因爲在嘲笑對手的時候他自己尊嚴中
最重要的性質也失去了。由於這些原因，人們在任何神廟或公共獻祭中都不能使用嘲笑的語
言，在公共體育活動、市場、法庭，或其他公共場所都不能用。違反這條禁令要受到官方的制
C 裁，有這種行爲的人不能擔任各種公職，因爲這樣的人不尊敬法律，不按立法者的吩咐辦事。
如果有人喜歡罵人，那麼任何旁觀的老人都可以爲了維護法律的尊嚴而動手打他，使他的壞脾
氣變好。現在請你們注意聽我的想法。當人們在相互挖苦對方的時候，有些人會黔驢技窮，在
D 種情況下，悖然大怒也就勢在必行了，而這種憤怒的激情正是我所要譴責的。但是接下去又會
怎麼樣呢？喜劇家們爲了實現他們的目的，譏笑他們的同胞，但不發火，我們難道也要像他們
一樣努力去嘲笑人類嗎？我們要不要在玩笑和眞實之間劃一條界線，允許人們可以相互開玩
E 笑，但不要生氣，但要絕對禁止我們已經說過的這種嘲笑，亦即憤怒地謾罵對方？這種限制性
的條款一定不能取消，但法律一定要具體明確什麼人可以這樣做，什麼人不能這樣做。使公民
發笑的喜劇作家、諷刺詩或抒情詩都要禁止，不管是借助語詞還是借助姿勢，也不管是帶著激
情還是不帶激情；在節慶中如果有人不服從慶典主持人的規定，那麼主持人有權把他從這個國
936 家趕出去，在一段時間內不得返回，或者處以三明那的罰款，獻給這個慶典所榮耀的神。那些
早先已經得到許可創作針對個人的諷刺作品的人可以相互諷刺，但不得認眞，不能發火。這條
界線實際上該怎麼劃，應當由主管兒童教育的官員來決定。如果得到他的批准，那麼這樣作品

B 就可以公開演出；如果沒有得到他的批准，那麼創作者既不能上訴，也不能訓練任何人，奴隸或自由民，上演他的作品，違反者就是一個壞公民和違法者。

C 眞正値得遺憾的對象不是饑餓或有其他類似緊迫需要的人，而是那些有著清醒靈魂的人，或擁有其他美德的人，或分有這些美德的人，遇上了不幸。甚至在一個體制和公民都處於中等狀態的國家裡，要找到完全被遺棄乃至於要成爲乞丐的人，奴隸或自由民，也是很奇怪的現象。如果立法者制定下述法律，那麼這些人不會有危險。我們的國家不能有乞丐。如果有人想當乞丐，以乞討爲生，那麼市場官員要把他趕出市場，市政官員要把他趕出城市，鄉村官員要把他趕出國境，這樣一來我們的國土上就不會有這樣的人了。

D 如果一個人的財產被別人的男女奴隸侵犯，而他自己又不是因爲膽小而不保護自己的財產或管理不善，那麼造成財產損失的這些奴隸的主人要全額賠償，還要交出罪犯。如果這位主人聲稱這種傷害是由雙方衝突而引起的，而那個奴隸只是在制止衝突中造成了不幸，說這些話的目的在於包庇他的奴隸，那麼這位主人可以向法庭起訴。如果官司打贏了，他可以獲得由法庭確定的這名奴隸雙倍價錢的賠款，但若官司打輸了，那麼他仍舊要賠償損失並交出這名奴隸。同樣，如果鄰居家的財產被馬、狗或其他家畜損害，那麼這些家畜的主人要賠償損失。

E 如果有人在接到傳票時拒絕出庭作證，那麼他要因此而受到審判。如果他知道事情眞相並打算作證，那麼他可以在法庭上作證；如果他說自己對事實眞相一無所知，那麼他要以三位

937 神的名義起誓，宙斯、阿波羅、塞米司，然後方可離開法庭。任何接到傳訊但拒絕提供證據的
人都要負法律責任。法官審理案件需要證據時可以要求人們提供證據，採取這樣的行動並不需
要投票。身爲自由民的婦女如果年滿四十，那麼她有權提供證據；如果她沒有丈夫，那麼她還
有權充當原告，但若她的丈夫還活著，那麼她只能當證人。男女奴隸和小孩也可以當證人，但
B 只適用於殺人案，法庭要爲他們提供充分的安全措施。但若有人提出抗辯，證明他們的證詞虛
假，那麼宣誓作證的證人就要等候對他的審判。發僞誓的原告或辯護人可以在判決之前聽取有
疑議者對證詞的全部或部分抗辯，有疑議者的抗辯要得到雙方的同意，由官員記錄在案，以便
C 最後確定有無作僞證。兩次作僞證的人今後不再負有出庭作證的法律義務，三次作僞證的人就
更加沒有資格作證人了。執政官要逮捕那些三次做僞證的人，送交某個法庭，罪行確證以後判
處死刑。無論什麼時候要是發現某個訴訟當事人贏得官司所依靠的證據是虛假的，如果虛假的
D 證據超過所有證據的半數或半數以上，原來的判決就要廢除，案件要重新進行調查，確定原判
是否主要依據這些虛假的證據，根據調查的結果最後確定原判是否成立。

生活中充滿著美好的事物，但是大部分美好的事物都受到那些骯髒的寄生蟲的玷污。比
E 如說，正義對人類來說是一種不可否認的恩惠，它使得整個人類的生活得以可能。但若說正義
是這樣一種幸福，那麼爲什麼還會有對非正義的擁護呢？我們看到，邪惡把自己包裹在某種專
門技藝中，以這種技藝的名字出現，從而給幸福帶來惡名。它一開始承認有某種管理人的法律

事務的方法——實際上它本身就是人管理自己這方面事務的方法和幫助別人管理這類事務的方
938 法——說這種方法可以保證人們在法律訴訟中獲勝，無論當事人的行爲是否正確。它還說這種
技藝本身和它教導的雄辯術是一種禮物，任何人都可以用它來掙錢。現在，要是能做到的話，
我們一定不能讓這種方法，無論它是技藝還是無技藝的經驗性技巧，在我們的社會中紮根。立
法者要號召人們服從正義，對於服從正義的人法律並沒有什麼要說，而對那些不服從正義的
B 人，法律將說出這樣一番話來：任何人被懷疑試圖歪曲和改變法官心中的正義標準，錯誤地擴
大法律訴訟的數量，或錯誤地增加訴訟，都要受到法律的制裁，他們的罪名在不同情況下是歪
曲正義，或是煽動這樣的歪曲。這種罪行要由挑選出來的法官組成的法庭審理，如果罪行得到
確證，那麼法庭將在審理中確定當事人的這種行爲是出於政治上的野心，還是出於對金錢的貪
婪。如果原因是前者，那麼法庭將規定一個期限，在此期間這名罪人無權上法庭控告任何人，
C 也不能幫助任何人打官司。如果這樣做的原因是對錢財的貪婪，那麼罪犯如果是外國人，就要
把他驅逐出境，如果私自返回就要處死，如果罪犯是公民，那麼就要判處他死刑，因爲他無止
境地愛慕金錢。還有，出於政治野心而歪曲正義的人如果重犯，也要判處死刑。

注釋

【1】這個表述包含著倫理學的「黃金規則」。

【2】指預言神阿波羅。

【3】瑪格奈昔亞（Magnesia）是柏拉圖在本篇中構思的理想國家名稱。

【4】指父母為子女祈禱。

第十二卷

941 **雅典人**　如果一名派駐外國的大使或公使對國家不忠誠，無論誤傳信件，還是歪曲資訊，出
於善意或敵意，這樣的人作爲大使或公使，都要受到瀆神罪的指控，因爲他們的行爲違抗了赫
B 耳墨斯和宙斯的派遣和旨意，要在罪行得到確證以後，再來決定給他們什麼樣的懲罰或罰款。
偷竊是一種骯髒的行爲，公開搶劫更是罪大惡極。宙斯的兒子既不會偷，也不會搶，更
不會對同類實施欺騙和暴力。我們中間如果有人犯下這樣的罪行，那麼他受到懲罰是應該的，
因爲他竟然相信詩人和寓言家的謊言，以爲偷竊與搶劫不是一種可恥的行爲，諸神自己也這樣
C 做。這種故事絕不是眞理，也不像眞理，犯有這種過失的既不是神，也不是任何神的兒子。在
這些事情上，立法家比詩人知道得更多。所以，如果有人接受我們的建議，那麼對他們來說是
件好事，而且是一件大好事！但若不服從，呃，那麼他們將面臨法律的制裁。盜竊公物者，無
論物品大小，都同樣要受到審判。因爲偷小東西的人不是因爲他偷竊的慾望較小，而是因爲他
D 的手沒什麼力氣，而那些偷大東西的罪犯，只要偷了也就是在犯罪。由於這些原因，法律對盜
竊和搶劫這兩種罪犯的處罰有輕有重，但這樣做的原因不是因爲被偷或被搶的物品有大小，而
是因爲一種罪犯也許還能挽救，而另一種罪犯已經不可救藥了。因此，在審理外國人或奴隸的
那種法庭上，如果發現盜竊犯還可挽救，那麼法庭就要判決怎樣處罰他或要他繳納多少罰款。
如果發現某一位公民，或被當作公民受過訓練的人，犯有暴力搶劫罪，無論有沒有殺人，都要
把他當作不可救藥之人處以死刑。

942 關於我們的軍隊組織需要按照它的本性提出許多建議，制定許多規則，但整體原則是：男
女武士都不能沒有上級的監管，任何武士無論在遊戲中還是在正式場合都不能按自己的意願自
B 行其事，他們無論在戰時還是平時都要與長官住在一起，接受他的領導，立定、前進、操練、
C 洗澡、吃飯、站崗、巡邏、放哨，一舉一動都要按長官的命令辦事，在長官的指揮下戰鬥、追
擊、撤退，總而言之一句話，要使全體武士習慣共同生活，共同戰鬥，成爲一個堅不可摧的團
體。人們既沒有也不可能發現比這更好的規則和保證軍隊取勝的軍事技藝了。在和平時期，我
們從小開始就要接受這種訓練，掌握這種指揮和被指揮的技藝。無政府主義——缺乏指揮員——
D 應當從人類生活中根除，而一切獸類處在人的支配之下。尤其是，我們的民眾在合唱隊的舞
蹈中已經學會了怎樣勇敢地表現自己，接受其他一切訓練也有著同樣的目的，爲的是使他們能
夠身手敏捷，忍饑耐渴，餐風露宿，不怕酷暑嚴寒。最重要的是，出於同樣的目的，他們一定
E 不要用人造的衣物鞋帽把頭和腳嚴嚴實實地包裹起來，削弱這些機體的能力，白白糟蹋大自然
爲頭和腳提供的防護設備。頭和腳是人體的兩端，照顧好頭和腳對整個身體都好，忽略對頭和
943 腳的照顧對整個身體都不好；腳是整個身體的僕人，頭是身體的主人，生來就包含所有感覺器
官。

關於武士的生活我們已經做了許多讚揚，就好像有年輕人在聆聽，現在我們就來講一講相
關的法律。已經應徵或已被指派到某個軍種的人都要按時服役。如果一名軍人在沒有得到指揮

官同意的情況下，由於膽小而擅自逃避參戰，那麼當軍隊從戰場上返回時，就要對這些人進行
起訴，由他原來所屬的那個兵種的軍官來審判——步兵、騎兵，或其他兵種——按不同的審判程
B 序進行。就這樣，步兵歸步兵審判，騎兵歸騎兵審判，其他兵種也一樣，逃避參戰者都要在他
的戰友面前受審。罪行得到確證以後，首先，這樣的逃兵要被剝奪今後參加各種可以出人頭地
的比賽資格，他也無權指控其他人是逃兵，或在該類案子中擔任原告，然後法庭還要決定給他
什麼樣的懲罰或罰款。其次，對這種逃兵的判決要通報全軍，等大家都知道以後，指揮官要考
C 察所有戰士的表現，宣佈對有傑出表現者的獎勵，得獎的依據就是戰士們在剛剛結束的那場戰
役中的表現，而不是以前的戰役。每個單位頒發的獎品是一個橄欖枝編的花環，獲獎者要把花
D 環獻給他所喜歡的那位戰神，作爲今後獲得一、二、三等終生成就獎的依據。沒有得到指揮官
的撤退命令就逃跑的士兵也要受到和逃避參戰同樣的指控，相應的懲罰也和逃避兵役者相同。

E 當然了，指控某人逃避參戰或在戰場上逃跑要小心區分有意和無意，不要造成怨案。正
義，確實如人們所說的那樣，是良心的貞潔女兒，良心和正義都十分痛恨誤判。我要說，人們
必須避免誣告和其他對正義的冒犯，尤其要小心對待在戰場上丟失武器的案子，不要冤枉人，
不要把被迫失去武器當作可恥地拋棄武器來加以譴責。要在兩類情況中劃一條界線很難，但法
944 律應當作明確的區分。有一介傳說可能有助於我們的理解。詩人說，帕特洛克勒被抬回帳篷，
但他的武器丟了，他身上原來穿戴著武士的盔甲，按詩人的說法這副盔甲是諸神送給珀琉斯和

忒提斯的結婚禮物，落到了赫克托耳的手裡——我們知道這類事情頻繁地發生——因此人們就嘲笑墨諾提俄斯這個勇敢的兒子把武器丟了[1]。丟失武器的情況是多種多樣的，比如從高處墜下、
B 在海中、由於天氣的原因突然滑倒，或者由於水流的漩渦。總而言之，有無數的原因可以解釋這種不幸，也可以用它們做藉口來掩飾故意丟失武器。所以我們要盡力加以區分。在提出這類譴責的時候，用語要正確。在各種情況下，把丟了盾牌的人當作丟失武器來譴責是不公平的，
C 儘管確實可以說他「丟失」了武器。在強力作用下丟了盾牌的人和自己把盾牌丟掉的人不能相提並論。談論這些情況要有不同的用語。所以我們的法律要這樣說：如果某人被敵人圍困，而當時他有武器在手，在這種情況下他不去努力抗敵，而是有意放下武器，或扔掉武器，用這種
D 可恥的行爲來換取活命，而不是勇敢地光榮犧牲，對這種人，可以說他丟棄武器，而對上面提到的另一類例子，法官要做仔細調查。矯正要總是針對惡人，使他們變好，而不要針對不幸的人，這樣做是浪費時間。

對那種丟棄武器，不做抵抗的膽小鬼，適當的懲罰是什麼呢？人間的法官確實沒法把男人變成女人，據說帖撒利的凱涅烏斯以前是個女人，後來神把他變成了男人。如果能倒過來，以
E 某種方式把男人變成女人，那麼這就是對那些扔掉武器的膽小鬼最恰當的懲罰。與此最相近的處置膽小鬼的辦法是，讓他沒有生命危險地度過餘生，但使他終生打上可恥的烙印，處理這類案子的法律是這樣的：如果通過調查證明有人可恥地拋棄了他的戰鬥武器，那麼今後不得再使

945 用這樣的人當兵，不能讓他擔任將軍或其他任何軍職。無視這條禁令雇傭了膽小鬼的官員一旦
被監察官發現，就要處以罰款，如果他屬於最富裕的那個財產等級，罰款一千德拉克瑪，如果
屬於第二等級，罰款五明那，如果屬於第三等級，罰款三明那，如果屬於第四等級，罰款一明
那。那個受到雇傭的膽小鬼要被驅逐出去，使他得不到機會通過服危險的兵役變成眞正的人，
B 他也要繳納罰款，屬於最富裕等級的罰款一千德拉克瑪，屬於第二等級的罰款五明那，屬於第
三等級的罰款三明那，屬於第四等級的罰款一明那，這些處罰與前面雇傭他的官員是一樣的。

監察官由執政官任命，有些任期一年，用抽籤的方法決定，有些任期幾年，用選舉的方
法選出。我們該如何恰當安排監察官呢？如果某個監察官自己都不能公正地行事，有損這個職
位的尊嚴，那麼又有誰能去矯正他呢？要找到一位擁有傑出才能的官員去監督我們的官員確實
C 不是一件易事，但我們還是要努力尋找某些具有超過常人能力的監察官。這個問題實際上是這
麼一回事。一種政制就像一條船或一個有機體，使其機體產生瓦解的實際上是某種有著多種表
現形式的性格，這種性格在不同情況下有不同的名稱，就好比支撐著有機體的肌、腱、韌帶，
D 我們現在要考慮的就是在政制中起著這樣一種關鍵作用的東西，關係到它的保存和瓦解。如
果我們的監察官比我們的行政官更優秀，能夠公正完善地完成他們的工作，那麼我們整個民族
和國家都會繁榮昌盛，會享有眞正的幸福；但若我們的行政監察也有問題，那麼聯繫在一起的
E 我們這個社會有機體的每個部分都會削弱，每一種職能都會被另一種職能削弱，各個部門無法

通力協作，整個國家將不再是一個國家，而是多個國家，內部充滿爭鬥，最後導致滅亡。所以
我們必須看到，行政監察是至關重要的，擔任監察官的人必須在各方面都出類拔萃。因此選拔
監察官要有某種新方式。全體公民每年在夏至後的那一天，要在祭拜太陽神和阿波羅神的聖地
946 裡集會，當著這位神的面選舉三名監察官，每個公民要提名一個在他看來各方面都是最優秀的
人，他的年齡要超過五十歲，不能提名自己。根據這些提名進行第一輪選舉，如果被提名的人
數是偶數，那麼得票多的那一半當選，如果被提名的人數是奇數，那麼還要略去得票最少的那
一位。如果有幾個人得到相同的票數，使得當選者超過半數，那麼就把最年輕的當選者去掉。
B 以後再以相同的方式多次投票，最後只剩下得票最多的三個人。如果這三人得票相同，或其中
兩人得票相同，那麼就要根據天意用抽籤的辦法來決定排名秩序。人們要把象徵勝利的橄欖枝
獻給第一名、第二名、第三名，然後公開宣佈選舉結果：奉天承運，瑪格奈昔亞國現在昭告天
C 下，向太陽神獻上三名最高貴的公民，用古代的話來說，把他們作爲精選的第一批果實獻給阿
波羅神和太陽神，他們將就任監察官之職。

在第一年裡要用這樣的方法產生十二位監察官，任職期到七十五歲爲止，然後每年產生三
位新的監察官。他們要把所有行政官員分成十二組，分別對他們進行監督。鑑於他們的工作職
D 責，監察官的衙門就設在阿波羅神和太陽神的聖地裡，也就是選舉監察官的地方。監察官將獨
立調查有出格行爲的政府官員，有些案子也可由幾位監察官共同負責，對官員的處罰要成文，

公佈在市場邊上的那個廣場上，這些處罰要經過監察委員會的審查和批准。任何官員聲稱對他
的處罰不公平，都可以向某個由若干法官組成的上訴法庭申訴，如果申訴成功，那麼只要這位
E 官員願意，可以給那位監察官相同的處罰；如果申訴失敗，監察官原來判處他的死刑就要維持
原判，因爲沒有更重的處罰了，如果監察官原先給予他其他處罰，那麼只要能加倍的都要加倍
處罰。

下面我要告訴你該如何任命一名監察官來監督監察官本身，如何實施這種監督。當監察官
947 們還活著的時候，由於整個國家已經宣佈他們是最優秀、最高尚的人，因此在各種慶典中都應
當讓他們居於首位，還要讓他們擔任各種派往希臘各地參加獻祭、宗教集會和各種國際活動代
表團的領隊。只有他們才能佩戴月桂花冠。他們還將擔任阿波羅神和太陽神的祭司，當年的首
B 席監察官擔任祭司長，該年的名稱要以他的名字命名，作爲我們這個國家紀年的方式。他們逝
世以後要隆重安葬，他們的墳墓要造的比其他公民好。葬禮中所用的布料都應是白色的，不要
有輓歌，也不要有哭嚎，但在他的棺材周圍要有十五名青年女子和十五名青年男子組成的合唱
C 隊爲他唱頌歌，就像祭司們所唱的讚美詩一樣，這種頌歌要唱一整天。第二天黃昏的時候，棺
木下葬，送葬的行列包括由死者親屬從體育場上選來的一百名青年。走在送葬隊伍最前面的是
未婚青年，全部身著戎裝，騎兵手持馬鞭，步兵手持兵器，其他人也一樣。棺木由男青年們抬
D 著前進，邊走邊唱國家的聖歌，女青年緊隨其後，再後面是那些已經過了生育期的已婚婦女。

男女祭司走在送葬隊伍的最後，儘管他們不能參加其他葬禮，但若庇提亞的女祭司批准我們的建議，那麼他們可以參加這種葬禮而不會受到玷污。墓室應當開挖成橢圓形，上面覆蓋岩石的拱頂，這是一種最堅固的建築形式，用大石塊砌成。柩木放入墓室以後，送葬者要用泥土掩埋墓室，並在周圍植樹，但要留下一個出口，作為以後舉行祭祀的地方。安葬完畢之後，要舉行音樂、體育、賽馬的年度競賽以榮耀死者。然後由死去的監察官的親屬向那些參加葬禮的人致謝。但若有監察官在任職期間太軟弱或有腐敗行為，那麼任何人都可以彈劾他。審理這種案子的法庭組成如下：執法官、仍舊活著的監察委員會的成員、上訴法庭的成員。彈劾的書面形式應當是，某某人在任職期間有與其崇高名聲不符的行為。如果罪名得到確證，那麼被彈劾者將被剝奪職位，以及原來他可以享有的公葬和其他榮譽。但若彈劾者未能得到五分之一的贊同票，那麼他要受到罰款的處罰，屬於最富裕等級的罰十二個明那，第二等級的罰八明那，第三等級的罰六明那，第四等級的罰二明那。

E

948

B

故事中所描述的拉達曼堤斯[2]的斷案方式令我們敬佩。按照故事中的說法，他那個時代的人堅信諸神的存在，因為包括拉達曼堤斯在內那個時代的大多數人都相信他們父母所相信的神。拉達曼堤斯顯然認為法官的工作不應當託付給任何凡人，而只能相信諸神，這就是他為什麼能夠簡潔迅速地斷案的原因。他要那些原告對神發誓，所以他能很快地斷案。而在我們這個時代，我們說過，有些人根本不相信諸神存在，有些人認為它們根本不關心我們，最糟糕的是，

C

大多數人相信只要在獻祭中給諸神一些好處，奉承它們，諸神就會幫助他們作惡，使他們免遭
D 各種天譴，當然了，在當今時代，拉達曼堤斯的斷案方法已不復存在。人們關於諸神的信仰改
變了，所以法律也必須改變。精明的立法者取消了訴訟雙方在審理中的發誓。原告要把他的控
告寫成狀紙，但卻不必發誓說自己說的都是眞的；同樣，被告也要把他對罪狀的否認寫成書面
E 的東西呈給官員，但卻不用發誓。在一個城邦裡訴訟盛行，一半或接近一半的公民發僞誓，但
卻沒有諸如公餐制一類的公共或私人之間的聯繫，那麼這種情況實在太可怕了。

所以，我們的法律將要求原告在法官面前宣誓，任何有投票權的公民在涉及各種案子或選
949 舉時都要宣誓。同樣，合唱比賽和其他音樂表演、體育和馬術競賽的主席和裁判，以及處在類
似地位的人也要發誓，在這些場合人們一般認爲發假誓並不能給人帶來什麼好處。但在明顯具
有重大好處的地方，人們會違反事實眞相，發僞誓，在各種場合對競爭雙方作出錯誤的裁決，
B 由此必然引發不要求發誓的法律訴訟。更加一般地說來，法庭的當值法官既不要求原告在法庭
上當眾宣誓他的指控是眞實的，又不要求原告發誓，如果撒謊就遭天譴，當然也不會出於憐憫
而縱容罪犯。法官們只要求他完全依據自己擁有的權力，用體面的、莊重的語言說清他的意
思，同時也認眞聽取被告的辯解。如果有人違反了這一規則，當值的法官會認爲他出格，要求
C 他只談有關的事情。然而，如果一樁官司發生在兩個外國人之間，法官應當允許一方向另一方
發誓，或接受對方的發誓，他們的意願應當得到遵重。要記住，按照規定他們不會在我們中間

一直住到老，也不會使他們自己的家變成一個巢穴，其他那些像他們一樣的人在他們家中會歸化我們的國家。我們要決定該如何讓這樣的人按相同的原則進行有關個人事務的訴訟。

至於自由公民違反國家法律的案子——我指的是那些還夠不上處以鞭笞、監禁、死刑的案子——比如說沒有出席合唱隊的集會，沒有參加遊行等國家舉行的公共儀式，在和平時期沒有獻
D 祭，在戰爭時期沒有交納特別稅，等等，我的意思就是說，在所有這些事情中，最重要的是國家利益，違反法律的人要向由國家法律賦予權力的官員作出保證和抵押。如果在做了保證並進行財產抵押以後仍舊繼續違反法律，那麼抵押的物品將被出售，收入歸國家所有。而且還要有
E 進一步的懲罰，受權處理這種事務的官員會在法庭上宣佈他們的錯誤，直到他們同意服從法令爲止。

除了那些從自己的土地上派生出來的稅收外，一個沒有關稅、沒有商業的國家必須決定如何處理它的公民去外國旅行以及接受外國人到它自己的領土上來的問題。所以立法者必須考慮這個問題，並對公民提出這方面的建議。不同國家之間不能有自由往來，因爲這樣做會產生
950 各種混合性格，就像由於互相訪問而造成疥瘡的傳染一樣。對一個公共生活健全，受到正確法律控制的社會來說，這樣的自由往來會產生有害的後果，然而大部分國家的法律都還沒有制定相應的措施，沒有說明本國居民要不要歡迎外國人來訪，並與他們混居在一起，或者當本國的老老少少產生旅行念頭時要不要批准他們出國旅行。另一方面，拒絕一切外國人入境和不允許

B 任何本國居民去外國旅行，並非總是可能的，如果這樣做的話，也許會使其他國家認爲我們這個國家是野蠻的、缺乏人情味的；我們的公民也會被認爲採取了錯誤的拒斥外國人的政策，具有不相容和不易接近的性格。但是，一個國家在外部世界的名聲，無論是好名聲還是壞名聲，絕不能忽視。整個人類遠非擁有完善的美德，但絕不能說他們在判斷其他人的美德或惡行的能

C 力上也同樣缺乏。在惡人中間有一種神奇的洞察力，藉助這種洞察力，最惡的人常常能夠以他們自己的思想和語言鑑別好人與壞人。因此如果有人提出建議，要一個國家在世界上取得好名聲，那麼這個建議是合理的。實際上，有一條絕對正確的最高規則是：首先成爲好的，然後尋求好的名聲，而不僅僅是爲了好名聲而去尋求好名聲，如果我們的好意謂著完善的話。所以，

D 我們在克里特建立的這個國家要像其他國家一樣從它鄰居那裡贏得美德方面的最崇高、最傑出的好名聲，這樣做是非常合適的，我們完全有理由希望我們的計畫能夠順利執行，我們的國家將成爲世上少有的幾個統治良好的國家之一，享受著太陽神和其他諸神的光芒。

因此，我們國家關於出境旅行和接受外國人入境的法律是這樣的：首先，任何四十歲以下的人在任何情況下不得邀請和允許外國人來訪；第二，這樣的旅行不能出於私人目的，而只能

E 是公務旅行，包括派遣大使、公使、參加各種宗教儀式的代表團，等等。逃避兵役者或戰場上的逃兵不能參加這樣的活動。派遣代表去朝覲庇提亞的阿波羅、奧林比亞的宙斯、以及奈米安和伊斯彌亞的諸神，參加在那裡舉行的獻祭和榮耀諸神的賽會，這是我們的責任。我們一定要

盡力派遣較多的人去參加，要選拔優秀、高尚、傑出的人當代表。他們一定要在宗教與和平的
951 集會中爲我們的城邦增添光彩，使我們的國家揚名世界，在勝利回國時他們要向年輕人解釋，
與我們的國家相比，其他國家在哪些方面不如我們。
還有其他一些使者應當派往國外，由執法官批准。如果我們的公民有充分的閒暇研究其
B 他民族的事情，那麼沒有法律會阻礙他們成行。一個對其他國家的民眾不熟悉的國家，無論這
些國家是好是壞，在孤立之中絕不會達到適當的文明水準，也不會成熟，如果它的法律僅僅依
靠習慣而不依據理智，那麼它也不可能成功地永久保存它自己的法律，事實上，在大量的民眾
中，總有某些人，儘管很少，擁有超出常人的品質。在法律有缺陷的國家裡找到這種人不比法
C 律良好的國家少，而這樣的社會則是無價的。生活在統治良好國家裡的居民本身性格就是一個
明證，他們走到哪裡，他們的性格都可以用來反對各種腐敗，都可以證明他自己的國家是健全
的，可以用來彌補各種缺陷。確實，沒有這種觀察，沒有這種調查研究，或者說調查研究得不
夠，沒有一種政治體制會完全穩固。

克利尼亞 那麼你如何才能保證取得這兩方面的結果呢？

雅典人 呃，這樣吧。首先，從事這些觀察的人年齡應在五十歲或五十歲以上。其次，如
D 果我們的執法官允許某人去國外考察，那麼他必須是在軍事或其他方面具有很高聲望的人，他
在國外考察的時間不得延長到六十歲以外。他可以利用這十年左右的時間進行考察，回國以

後，他要在法律的監督下向議事會報告。這個議事會的成員有比較年輕的，也有比較年長的，
報告時間長達一天，從天明破曉到黃昏日落。這個議事會的成員包括：第一，最高級的祭司；
952E 第二，十名現任執法官；第三，最新選出來的教育長和其他曾經執掌這個部門的負責官員。這
些人不僅本人參加，還要帶上他認爲最優秀的、年紀在三十到四十之間的年輕人。報告會上討
論的問題是我們自己國家的法律，但他們也可以提出一些有可能從其他地方得到的相關建議，
尤其是他們認爲比較先進的各種學問和研究成果，藉助於這些學習和研究可以有助於法律的執
行，如果忽視這些學習，那麼法律將會處於黑暗和困惑之中。議事會的年輕成員要勤奮地學習
經過這些長輩們批准了的知識，如果有某些知識被他們鑑定爲低劣的，那麼整個議事將會譴責
B 把這種知識帶回來的人。享有良好聲望的人可以派往國外進行考察，他們會得到特別的照顧和
尊重，如果立下汗馬功勞，他們會得到格外的榮譽，如果行跡低劣，他們會得到特別的羞辱。
這些觀察員在周遊列國之後要立刻向這個議事會報告。如果他能遇上立法、教育、兒童管理方
面的專家，得到這些方面的經驗，或者有了自己的想法，那也是常有的事，他需要把這些成果
C 向整個議事會報告。如果議事會判斷這些成果沒有什麼用處，他仍舊會得到表揚，因爲他辛苦
了。如果他的研究成果被證明是非常有用的，如果他還活著，他會受到更加熱烈的讚揚，如果
他已經死了，這個議事會也會給予他很大的榮耀。但若他在旅行回國後已經腐敗，也沒有帶回
來什麼智慧供年輕人或老年人參考，那麼他應當服從法令，從今以後閉門不出，如果他不服從

D 法令，那麼他將被處死——我的意思是，法庭會判定他犯有擾亂立法或教育事務的罪行。如果執政官沒有把這樣的人送交法庭審判，理由我們前面已經說過了，那麼這件事將記錄在案，表明執政官在選拔傑出人士方面有缺陷。

關於公民出國旅行和相關的條件就說到這裡，下面要說的是應該如何歡迎國外來訪的客人。必須接待的外國人有四種：第一種是那些經常來訪的外國人，他們大部分在夏季來，就像
E 候鳥一樣，他們實際上就是長翅膀的候鳥，在適當的季節從海外飛來，從事有利可圖的商業。考慮到他們的利益，我們處理這類事務的官員要接受他們，讓他們進入市場、港口，以及某些建在城牆外鄰近城市的公共建築。這些官員要注意防止這些人把一些新奇的東西帶到我們國家
953 來，既要對他們公正，又要保證他們交易的貨品嚴格限制在生活必需品的範圍之內。第二種人是字面意義上的觀光者，他們到這裡來是爲了使他們的眼睛能看到美妙的景象，耳朵能聽到美妙的音樂。要在神廟中爲所有這樣的觀光客提供住宿，款待他們，我們的祭司和神廟看管者要負責關心照顧他們。他們可以在那裡居住一段合理的時間，但等他們想看的和想聽的都已經滿
B 足以後，就應該離開。他們既不要傷害別人，也不要受到別人的傷害。如果他們做了錯事或別人對他們做了錯事，如果案值不超過五十德拉克瑪，就由祭司們審理；如果案值更高，就由市場官審理。第三種人必須當作國家的客人來接待，他們是來處理國事的。要由將軍、騎兵統
C 帥、步兵統帥接待這種客人，其他人不能擅自接待，具體落實到某位指揮官，他的家中要有客

房，由一位輪值官具體負責。第四種人不常見，但確實是我們要接待的，他們來我們國家考
察。這種人至少要有五十歲或五十歲以上，他的公開目的是來學習我們的長處，把我們的優點
告訴他們自己國家的人。對這樣的訪問者不要禁止他們進入我們「富裕和智慧」的人家，因
D 爲他自己就具有相同的品質。我的意思是，他可以去負責教育事務的官員家中，因爲他自信適
宜拜訪這樣的主人，或者去其他一些擁有美德聲譽的人家。他可以在這樣的人家住一段時間，
與他們討論學問，等他要離開的時候他們已經成了朋友，主人會用適當的禮物給他送行。我要
說，這些就是我們的法律，我們的公民應當依此處理所有外國來客的接待工作，無論是男是
E 女，還有本國公民去國外旅行的問題。他們應當敬畏宙斯，旅行者的保護神，不要把肉食和獻
祭當作驅逐外國人的手段，或者用野蠻的法令驅逐他們，就像我們今天所見到的那樣[3]。

押送銀錢應當格外小心，押運者要寫下法律文書，如果總值超過一千德拉克瑪，至少要有
954 三名證人在場，如果總值更高，至少要五名證人在場。貿易中的代理商對那些不能及時供貨或
送貨的商人起著一種保險的作用，但對代理商也要像對商人一樣制定必要的法律。

要求在他人家中搜查被盜物品的人應當脫去上衣，坦露肚腹，並以諸神的名義起誓，這是
法律的要求，以表明他誠實地希望找到他的東西。被搜查的人家應當接受搜查，搜查的範圍可
B 以有所不同，包括貼了封條和沒貼封條的地方。如果一方要求搜查，而另一方拒絕搜查，那麼
要求搜查的人可以具體開列被盜物品的數量和價值，拒絕搜查的人要支付雙倍的賠償。如果屋

主不在家，那麼家裡的其他人應當允許搜查那些沒貼封條的地方，而貼了封條的地方可以在搜
查者的看守下留待主人歸來再查。如果五天以後主人還沒有回來，搜查者可以請市政官到場，
C 開封搜查，但搜查完以後仍舊要在有家人和官員在場的時候重新像原來那樣封好。

處理有爭議的物品要遵循下列時限，超過時限有爭議的東西就不能再算是有爭議的了。在
這個克里特城邦裡，地產和房產都不會成爲有爭議的東西。至於人們可以佔有的其他財產已經
被佔有者在市鎮、市場、神廟公開使用，而在一段時間內並沒有人聲稱自己是物主的時候，或
D 者說佔有者顯然並沒有隱藏這樣物品，而物主在一年中又在不斷地尋找這樣東西，那麼期限到
後，物主將失去取回物品的權力。如果某樣物品在鄉村中使用，而不是在城鎮或市場上使用，
五年內都沒有人來找，那麼不再有人可以索回這樣物品。如果某樣物品在城市裡使用，並且在
E 室內使用，那麼期限是三年；如果某樣物品被祕密地佔有在鄉間，那麼期限是十年。如果某樣
物品被弄到別的國家去了，那麼無論什麼時間發現，物主都有權索回，沒有時間限制。

如果有人用暴力妨礙原告及其證人出庭，如果被妨礙者是一名奴隸，是原告自己的奴隸或
955 者是他人的奴隸，那麼這場審判將宣佈無效，如果被妨礙者是自由民，冒犯者還將被處以一年
監禁，罪名是綁架。如果有人用暴力妨礙其他競爭者出席體育、音樂競賽，或者其他類型的競
賽，任何人只要願意都可以向競賽主席告發，並幫助受妨礙的競賽者參加比賽。在不可能做到
這一點的情況下，如果被妨礙的參賽者顯然是競賽的勝利者，競賽主席可以把獎勵授給受到妨

B　礙的參賽者，把他的名字當作勝利者銘刻在神廟裡，妨礙他人參賽的人要被記錄在案，並負法律責任，無論他在實際比賽中是勝利者還是失敗者。
如果有人明知故犯，接受被盜物品，那麼他要受到與竊賊相同的處罰。對接待流放犯的人的懲罰是死刑。

C　全體公民都要把國家的朋友或敵人當作自己個人的朋友和敵人。任何公民如果獨自與他國的任何人媾和或作戰，都要處以死刑。如果國家的某個部分出於自身的考慮與他國媾和或作戰，那麼將由將軍們把這一事件的主謀告上法庭，罪行確證後處以死刑。

D　國家公僕在履行公務時不能接受賄賂，他們既不能掩飾這種行爲，也不能接受「無功不受祿，有功可受禮」的原則。公僕們要形成清醒的判斷並遵守這條法律並非易事，但是「不要爲了禮物才提供服務」，這是法律的要求，公僕們必須服從。違反這條法律的公僕，罪行一旦得到證實，就要被取消死後的葬禮。

E　關於向國庫交稅的問題，每人都要給自己的財產估價，這樣做理由很多，而每個部落的成員也要向鄉村官員提交每年出產物品的書面記錄，由國庫官員來選定繳稅辦法，可供選擇的兩種辦法是：按照年產物品的總値抽取一定比例的稅收；或者按照年總收入確定一定比例的稅收，公餐的開支除外。
有節制地向諸神奉獻禮物的人本身也應當有節制。在我們的普遍信仰中，土地和家中的

爐石對存在的諸神來說是神聖的。沒有人可以把已經奉獻了的東西再神聖化。你們在其他社會
956 中可以在神廟和私人家中看到金銀，但是擁有金銀會使擁有者犯病。象牙不是一種清潔的奉獻
物，而是一種被靈魂遺棄的物體；銅和鐵是製造武器用的。但任何人只要樂意，都可以在我們
的公共神廟裡奉獻一尊木雕的神像，或石雕的神像，或者奉獻一件紡織品，但這件紡織品耗費
的人工不要超過一名婦女一個月的勞動。對諸神最適宜的顏色是白色，可以用在掛毯或其他地
B 方；除了軍用品，不要使用染料。我們能獻給諸神最虔誠的禮物是鳥類，也可以獻鳥的圖畫，
我們的藝術家用一天時間就能畫完；我們奉獻的其他物品都要這樣做。

我們現在來談談整個城邦必須分成哪些部分，它們的數量和性質，並爲它們主要的商業
C 和貿易制定法律。不過，我們的司法機構還有待建立。第一種法庭由若干名法官組成，稱他們
爲仲裁也許更加合適，由原告和被告共同選擇。第二種法庭由若干村民和同部落的人組成，每
個部落要再分爲十二個部分。如果第一階段不能解決問題，那麼當事人還將繼續在這些法官面
前解決他們的爭執，但是利害關係也會加大；被告如果在第二階段的訴訟中輸了，那麼除了第
一階段裁決要他作出的賠償外，還要再加五分之一。如果對裁絕不服，想要進行第三階段的上
訴，那麼他應當在這些法官面前申訴，如果又輸了，那麼除了原先裁決他要作出的賠償外，還
D 要再加一半。不願承認初審失敗的原告可以第二次起訴，如果官司打贏了，那麼他可以多得五
分之一；如果官司打輸了，他就要額外交納罰金。如果當事人不服從原判，上訴到第三法庭，

E 如果被告再次打輸官司，那麼他要多付一半的賠償，如果是原告輸了，那麼他只要繳納一半的罰款。

關於選舉法官、填補空缺、爲不同法庭提供辦事員、確定各次審判的間隙、確定選舉方式、法庭的休庭，以及其他一些涉及法庭管理事務的必要細節，比如關於審案程序的確定、被告在法庭上必須回答提問的規則，等等，這些事情我們雖然我們已經處理過了，但是整個再說
957 一遍，甚至再說第三遍都沒有什麼不可以。總而言之一句話，我們年長的立法者可以把所有這
些法律程序的細節都留給他年輕的繼承人去填補。所以，我們已經有了一個組織法庭處理私人
爭執的公平模式。由於處理普通和公共事務的裁判所和法庭在履行它們的功能時都從屬於執政
官，許多社團已經擁有各種正常的機構，所以我們的執法官必須使之適應正在誕生的體制。他
B 們會運用自己的個人經驗對這些機構進行比較和修補，直到他們認爲這些機構完善了爲止；然
後他們會邁出最後一步，認定它們是行之有效的，並使之一直運作下去。法官們在法庭上會看
到冷靜而得體的語言，或看到與此相反的現象，在不同社會中，人們對正義、善良、榮耀的看
C 法大相逕庭，這方面我們已經說過一些，但我們還要再說一下。法官們要想作出公正的審判，
必須設法弄到相關的書籍，努力學習。如果法律確實是法律，能使較好的人成爲法律的學生，
那麼實際上沒有任何一種學習能像學習法律一樣有用，否則的話，激起我們崇拜和驚訝並與理
D 智同源的法律就沒有什麼用了。進一步說，考慮到所有其他類型的談話，包括頌歌和諷刺詩在

內的詩歌，或各種散文，無論文學作品還是日常生活談話，都會有不同意見和爭執，也會出現
許多含義不清的地方。立法家的文本可以用來作爲試金石檢驗一切。優秀的法官要把法律書緊
緊地抱在胸前作爲解毒藥，對付其他談話，這樣做他才能成爲國家的保存者，也能使他自己得
E 到保存。他將使好人得到保障，正氣上升，他也要盡可能使那些仍舊有藥可救的惡人得到矯
正，擺脫愚昧、放蕩、怯懦，總而言之，擺脫一切形式的惡。至於那些完全追隨邪惡原則的惡
958 人，如果法官和他們的長者已經採用死刑作爲治療這種靈魂狀態的辦法，那麼就像我們不止一
次說過的那樣，這些法官的行爲值得受到國家的讚揚。

訴訟一結束，法律判決就要執行，這方面的法律如下：首先，除了必須延遲執行的案子
外，執政官要當著法官的面佈置執行判決的工作，並將執行通知送交訴訟的雙方，到達後立即
B 執行。案子審完以後一個月，如果勝訴者還沒有得到賠償，那麼就要由行政官員強制執行，使
他得到賠償。如果敗訴者的財產不足以充分賠償，差額達一德拉克瑪或一德拉克瑪以上，那麼
C 敗訴者打官司的權力就要被剝奪，直到他付清賠償爲止，而其他人則持有起訴他的權力。任何
對法庭執法設置障礙的人都將受到譴責，將由執政官對這種人進行起訴，由執法官組成的法庭
審判，這種行爲一旦得到確證，就要被處以死刑，因爲他的行爲是對整個社會和法律的顚覆。

再說另一個問題，一個人生到這個世界上來，長大成人，再生育他自己的子女，撫養他
D 們長大。他在經商的時候對被他傷害的人作出賠償，也接受他人對自己的賠償，到了受法律尊

重的老年無疾而終。對於死者，無論男女，我們的政府要指定一個部門專門處理死者安葬的問
題，要敬畏地下世界的神靈和生活在我們這個世界上的神靈，這方面的職責屬於宗教法律的解
E 釋者。但是在適宜耕種的地方，一定不能建造墳墓，無論大小。墳墓只能建造在一些只適宜埋
葬屍體的地方，不要給活人帶來不便。大地是我們的眞正母親，她在意我們的生計，對此任何
人都不能加以損害，活人也好，死人也罷。墳地裡的墓丘不能堆得過高，不能超過五個人五天
959 的工夫，墓碑也不能太大，習慣上能刻上四句六韻步詩紀念死者的生平也就行了。關於在家中
停屍的問題，首先，停屍的時間只限於能夠區別假死和眞死；這方面的一般規矩是人死後第三
天方可安葬。我們要相信立法者在這方面的看法，他告訴過我們，靈魂絕對優於身體，賦予我
們存在的是靈魂而不是其他什麼東西，而身體只不過是伴隨我們的影子。所以有人在談論死亡
B 時說得好，屍體只是一個鬼，而眞正的人——它的不死的成分叫做靈魂——會去另一個世界向諸
神報到，甚至我們祖先的故事也是這樣講的，好人面臨死亡並不悲傷，而惡人則充滿沮喪。所
以，立法者還會說，對於死者我們幾乎無能爲力。對死者幫助應該是在他還活著的時候由他周
圍所有與他有聯繫的人進行，幫助他正義、純潔地生活，以免犯下大罪而在那個將要去的世界
C 裡受到報復。事實眞相就是這樣，所以我們絕不要浪費氣力去想像將要被埋入墳墓的這堆肉就
是與我們有許多聯繫的那個人，我們想像自己正在埋葬的人是我們的子女、兄弟或其他親屬，
然而這個離開我們的並非眞正的人，眞正的人仍在繼續應驗他的命運。我們必須這樣想，我們

D 的責任倒不如說就是盡力安葬死者，但要有節制，要明白死者的祭壇上並沒有精靈在盤旋，有
一條神諭可以很好地向人們宣佈：節制是立法家的聲音。因此，我們這方面的法律是：安葬死
者要有節制，整個葬禮的開銷，屬於最富裕等級的每位死者不超過五明那，第二等級的不超過
三明那，第三等級的不超過二明那，第四等級的不超過一明那。

E 這樣說絕不意謂著執法官眾多不可推卸的責任是最輕的，他們要負責監護兒童、成年人、
各種年紀的人。尤其是，當人死了以後，死者親屬要向執法官報告，執法官要親臨死者家中對
葬禮進行具體指導，保證葬禮既得體，又節儉，凡有不得體的地方都要給予指正。習俗規定了
停屍一類的事情，但在我現在具體指出的這些事情上，習俗必須向法律低頭。下令在出殯的時
960 候不准流淚看起來做不到，但要禁止對死者唱輓歌，死者家中的嚎哭聲也不能傳到室外。我們
還要禁止出殯的隊伍哭喊著穿越大街，送葬的隊伍在天亮前就要離開城裡。這方面的規定就是
這些。遵守這些規定就不會受到任何處罰，違反了就要受到由執法官委員會決定的某種處罰，
B 由一名執法官負責執行。進一步還有安葬的儀式，這方面也和某些法律條文有一定關連，比如
殺人犯、盜賊聖物犯，以及其他一些罪犯不得安葬，這些都是需要立法的問題，但同樣我們也
可以說我們的整部法典基本完成了。但是，僅靠執行法令、審理案件或爲城邦建立基礎，不可
能使某項事業達到終點，在我們能爲保存我們的工作提供一個完整的、永久的保證之前，我們
C 絕不要親自去做所有的事情。即使到了那個時候，我們仍舊要把我們的整個成就視爲尚未完成

的。

克利尼亞 先生，你說得很對。但我還是希望你能進一步解釋你最後那個看法。

雅典人 呃，克利尼亞，你瞧你，我們有許多古老的諺語，其中有些講到人的命運掌握在命運女神手中。

克利尼亞 是嗎？

D **雅典人** 人們說，第一位命運女神叫拉刻西斯，第二位是克羅托，第三位實際上使結果來得更快，叫阿特洛波斯，暗指……使紡錘不可逆轉[4]。所以，需要國家或政制並不僅僅是爲了身體的健康和存活，而且是爲了在靈魂中向法律表示忠誠，或者寧可說是爲了恪守靈魂的法律。我相信，這顯然是我們自己的法律仍舊缺少的一樣東西，亦即確保法律得以實施的措施，就我們的能力來說，這種情況又是無法避免的。

克利尼亞 如果確實無法做到這一點，那麼這是一個嚴重的缺陷。

E **雅典人** 不，做到這一點還是有可能的，我現在看得很清楚。

克利尼亞 那麼在沒有給我們提出的法典提供相應保障措施的時候，我們絕不能放棄，你知道，浪費時間去打造一個不穩固的基礎總是荒唐可笑的。

雅典人 你提醒得對。在這一點上我完全同意你的意見。

克利尼亞 你能這樣說我很高興。那麼好吧，讓我來問你，我們的體制和法律的保障是什

961 麼?你認爲它會如何起作用?

雅典人　呃，我們不是已經說過了嗎，我們的國家要有一個按照下述方法構成的議事會?十名老資格的執法官和其他所有擁有最高名望的人在議事會裡集中開會，聽取從國外考察回來的人的報告。他們可以提出一些如何保全法律方面的建議，經過這個議事會討論批准，然後再公佈實施，這是一種很好的聯繫方式。還有，每個議事會成員都可以帶一名年齡不低於三十歲
B 的、比較年輕的人出席會議，把他介紹給其他正式成員，但在這個時期他們不能發表意見，而只是旁聽，直到整個議事會都認可他的高貴品質和良好教育爲止。如果得到整個議事會的同意，那麼他可以成爲正式成員；如果不同意，那麼對他的提名要保守秘密，尤其不要讓他本人知道。議事會在拂曉前開會，因爲這個時間是人們最空的時候，沒有其他公事或私事的打擾。
C 我想，這就是我們已經說過的這件事情的本質。

克利尼亞　你說得對，是這樣的。

雅典人　所以我要再次回到議事會這個問題上來，並加以確認。也就是說，如果把議事會當作一個國家的備用大錨，給它裝上所有合適的附屬配件，然後拋擲出去，那麼它就能夠爲我們的所有希望提供保障。

克利尼亞　怎麼會呢?

雅典人　啊，這是一個關鍵問題，你我都必須盡力提出正確的建議。

克利尼亞 說得倒不錯，但還是請你說說怎麼執行吧。

D **雅典人** 是的，克利尼亞，我們必須去發現某樣事物在它的所有活動中如何能有一個適當的保障者。舉例來說，能對一個生命有機體起保障作用的是靈魂和頭腦，它們被設計出來就是要起這種保障作用的。

克利尼亞 再問一次，怎麼會這樣呢？

雅典人 呃，你要知道，完善的靈魂和頭腦就是整個有機體得以生存的保障。

克利尼亞 怎麼會這樣？

雅典人 這裡靠的是理智在靈魂中的發展，視覺和聽覺在頭腦中的發展，要知道，理智是靈魂的最高能力，視力和聽力是頭腦的最高能力。我們可以正確地說，當理智與這些最高尚的感覺合成一個整體的時候，它就可以使生靈得到拯救。

克利尼亞 這樣說肯定是眞理。

E **雅典人** 確實是。混合在一起的理智和感覺是一艘船在暴風雨中獲得拯救的保障，那麼由這種合在一起的理智和感覺所設計的特殊目的又是什麼呢？在這艘船的例子中，船長和其他水手的敏銳感覺和船長的理智混合在一起，使這艘船和船上的人得以保全，難道不是嗎？

克利尼亞 沒錯。

雅典人 要說明這一點其實並不需要太多的例子。以軍事遠征爲例，我們必須問自己，這支

962 軍隊的指揮員確定的目標是什麼，或者再以醫療爲例，如果醫療以「拯救」爲目標，那麼醫療活動的目標實際上也必須是治病救人。我認爲，第一個例子中的目標是取得勝利和征服敵人，而在醫生和他們的助手的例子中，他們的目標是爲了保全身體健康，不是嗎？

克利尼亞 呃，當然是。

雅典人 好，但若一名醫生對身體健康的性質一無所知，或者一名指揮官對勝利和我們提到的其他結果的性質一無所知，那麼他們顯然對他的目標缺乏理解。

克利尼亞 呃，是的。

B **雅典人** 好吧，再來看國家的例子，如果某人對政治家必須確定的目標一無所知，那麼他還有什麼權力去談論執政官的風格，或者說他還有什麼能力保全他對其一無所知的東西嗎？

克利尼亞 絕無可能。

雅典人 呃，請注意我下面的推論。如果我們已經完成了對這個國家的安排，那麼就要爲它提供某些內行的人。首先，他們要懂得這種政治目標的性質，其次他們要知道用什麼方法可以實現這些目標，還要能夠爲它提供某些建議，這些建議主要來自法律本身，其餘來自個人，無論他們贊成這個國家還是反對這個國家。如果一個國家不給這樣的人留下位置，那麼我們看
C 到在這樣的國家裡會有諸多不明智的舉動，人們會在一個仁慈的環境中隨波逐流，也就不奇怪了。

克利尼亞　是這樣的。

雅典人　那麼在我們的社會中，在我們已經作過具體規定的各個部分或部門，我們已經爲它們提供適當的保障了嗎？這方面能具體化嗎？

克利尼亞　沒有，先生，我們確實還沒有提出什麼確定的保障。但我要是可以猜測一下的話，你的看法似乎是讓那個你剛才提到的那個委員會經常碰頭。

D **雅典人**　克利尼亞，你完全理解我的意思了。這個組織，作爲我們當前考察的預想對象，確實需要具備各種美德。它的首要美德就是不要動搖不定，不要轉移目標，它必須確定一個單一的目標，以此爲一切行動的指南。

克利尼亞　確實如此，它必須這樣做。

雅典人　我們現在已經進到這一步，我們明白各種社會的法律多如牛毛，諸多立法者的目標是相互衝突的，這一事實並不奇怪。一般說來，某些人的正義標準是對某些群體權力的約束，
E 而無論在實際中這些群體比其他群體好或差，某些人的正義標準是獲得財富，而無論是否要以奴役爲代價，還有一些人則以「自由」爲他們的努力目標，對此我們一定不要感到驚訝。還有，一些人在立法中把自由和征服其他社會這兩個目標結合在一起，關注二者的實現，還有人同時追求所有這些目標，他們以爲這樣做是最聰明的，而不去確定某個適當的、具體的、可以爲之獻身的、可以作爲其他一切追求目標的目標。

963 **克利尼亞** 確實如此，先生，我們很久以前採取的立場是健全的。我們說過，在我們的一切法律中有一個目標，我相信，我們同意作爲這個目標的這樣東西的名稱是「美德」。

雅典人 我們是這樣說過。

克利尼亞 我記得，我們說過美德有四部分。

雅典人 沒錯。

克利尼亞 但四種美德中最主要的是理智，它應當成爲其他三部分美德的目標，以及其他一切事物的目標。

B **雅典人** 克利尼亞，你完全跟上了我的論證，請跟我繼續進到下一步。關於這個單一目標的問題，我們已經具體指出水手、醫生、軍隊指揮官應當關注的理智目標，現在來考察政治家要關注的理智目標。如果我們喜歡把他的智慧人格化，那麼我們可以對它這樣說：以一切神聖的名字起誓，你怎麼想？你的單一目標是什麼？醫生的智慧可以給我們確定的回答。而你，一切聰明人中最聰明的人，按你自己的說法，難道回答不了嗎？

麥吉盧和克利尼亞，你們可以作它的代言人，在你們之間進行問答嗎？你們能夠給出一個政治家的目標的定義，就像我通常作爲其他人的代言人所給出的定義一樣嗎？

C **克利尼亞** 不行，先生，我們感到有點困惑。

雅典人 我們急於發現的到底是什麼，是這樣東西本身，還是它的各種顯現？

克利尼亞 你說的顯現是什麼意思，舉些例子好嗎？

雅典人 以我們的語言爲例來說。如果美德有四種類型，那麼我們顯然要承認每一類型本身都是一。

克利尼亞 顯然如此。

雅典人 然而我們把四種類型全都稱作美德。事實上，我們把勇敢稱作美德，把智慧也稱
D 作美德，同樣也把另外兩種類型稱作美德，這就表明它們實際上並非幾樣東西，而只是一樣東西——美德。

克利尼亞 沒錯。

雅典人 要指出這兩種美德或另外兩種美德在什麼地方不同，爲什麼要有兩個不同的名字是很容易的，但要說明我們爲什麼給這兩種美德或另外兩種美德一個共同的名稱——美德——就不容易了。

克利尼亞 你的看法是什麼？

雅典人 我已經有了一個解釋。假定我們之間分成提問者和回答者。

克利尼亞 再說一遍，我要聽你的看法。

E **雅典人** 你向我提問，爲什麼我們要用「美德」這一個名字稱呼兩樣東西，然後又把它們
分別稱作「勇敢」和「智慧」。讓我來把理由告訴你。這兩樣東西之一，勇敢，與害怕有關，

在野獸和嬰兒那裡都能看到這種情況。事實上，靈魂無需理智的推論而無需天性就可以獲得勇敢，但若無這樣的推論，靈魂就不會有理智或智慧，這兩種情況是完全不同的。

克利尼亞 你說得非常對。

964 **雅典人** 很好。我的看法已經告訴你這些東西在什麼地方不同，爲什麼它們是兩樣東西，現在輪到你告訴我它們在什麼方面是一，是相同的。記住，你也要向我解釋，四樣東西以什麼方式可以是一，你在作出了你的解釋以後可以再次問我以什麼方式它們是四。還有一個要點也要考察。如果對任何一樣事物擁有足夠的知識意謂著不僅知道它的名字，而且知道它的定義，那麼一個人只知道它的名字而不明白它的定義就夠了嗎？如果我們講的這樣東西極爲重要和尊
B 嚴，而某人卻對它如此無知，那不是很丟臉嗎？

克利尼亞 是很丟臉。

雅典人 在一位法律的制定者或監護者的眼中，一個相信自己擁有最傑出的美德、並且具有我們正在談論的這些品質的人，能比勇敢、純潔、正義、智慧這些品質本身更加重要嗎？

克利尼亞 肯定不能。

雅典人 那麼這個問題的癥結在哪裡呢？我們要對我們的解釋者、教師、立法家表示信任
C 嗎？這些人支配著我們，我想要說的是，當有人需要學習知識，有缺點需要接受矯正和申斥時，能指望這些自身並不擁有這些傑出品質的人作爲教師去教導他們嗎？我們能假定某些到我

們城邦裡來的詩人或所謂的「青年導師」得到那個標誌著全善的最高聲譽的棕櫚枝嗎？在這樣
D 的國家裡，儘管監護人完全熟悉美德，但他們卻不能採取有力的行動。我問你，如果一個沒有什麼保障的國家像我們的國家一樣非常幸運，你會感到驚訝嗎？

克利尼亞 呃，不會，我認爲不值得驚訝。

雅典人 接下去該怎麼辦呢？像我們現在假定的那樣，我們該怎麼辦？要不要使我們的衛士比他們的鄰居更好地掌握美德的理論和實踐？此外還有什麼辦法使我們自己的城邦更像一個有理智的人的頭腦，有著各種感官，能夠保護自己？

克利尼亞 先生，請你告訴我該如何理解你的這個比較？它們有什麼相同之處？

E **雅典人** 呃，整個城邦顯然像一個有機體的軀幹。比較年輕的衛士——我們選這部分人作爲比較優秀的部分，因爲他們的各種官能都比較敏捷——可以說是位於它的頂端，他們的視野遍及整個國家，能記住他們所看到的事情，並且作爲各個事務部門的守望員侍奉他們的長者。這些
965 長者——我們可以把他們比作理智，在許多重要事務上他們的特殊智慧在起作用——坐在議事會裡，在那裡接受年輕人的侍奉，並提出各種建議，就這樣，依靠他們之間的聯合行動，這就是能使整個國家獲得拯救的眞正保障。這就是我們的設計，或者說我們還要尋找其他安排？我們要使所有公民接受同一水準的訓練和教育，而不需要他們中間有一個階層孜孜不倦地接受訓練嗎？

克利尼亞　我親愛的先生，我們不可能接受這樣的訓練？

雅典人　那麼我們必須開始一種比我們至今思考過的教育更加準確的教育。

B 克利尼亞　我大膽地說，我們要這樣做。

雅典人　我們剛才涉及到的那種教育也許正是我們所需要的？

克利尼亞　確實有可能。

雅典人　我相信我們說過，一名完善的匠人或衛士在許多方面不僅需要具備在多種事物中確定他目標的能力，而且還要進一步達到對多中之一的認識，並用這種認識統攝其他一切細節，是嗎？

克利尼亞　是的，這是一條眞理。

C 雅典人　他能從不同的雜多中看到一，那麼還有誰的印象或看法比他更眞切？

克利尼亞　你也許是對的。

雅典人　你不應該說「也許」，而應當說神保佑你！對人來說，沒有比這更加確定的途徑了，不會有了。

克利尼亞　行，先生，我接受你的保證。所以，我們可以把論證朝著這個方面進行下去。

雅典人　那麼，儘管我們神授體制的衛士們也必須受到約束，但首先最重要的是準確地看到
D 滲透在四者之間的同一之處，我們認爲，在勇敢、純潔、正義、智慧中都能找到這種統一性，

E

並用一個名字來稱呼它們——這就是美德。我的朋友們，如果你們願意的話，這就是我們現在必須緊緊加以把握的內容，直到我們對眞正的目標作出滿意的解釋爲止，這個目標是我們要加以凝視的，無論最後證明它是一還是全，或者既是一又是全，或者是用你所喜歡的說法。如果我們讓這一點從我們的手指縫中滑過去，那麼我們還能設定自己被一種美德所武裝而這種美德我們無法說出它到底是多種東西，還是四種東西，或一種東西？不，如果我們要堅持自己的建議，必須在我們的社會中尋找某些其他能確保這種結果的方式。當然，我們也可以考慮是否我們的整個主題就到此結束。

克利尼亞 不，先生，以旅行者保護神的名義起誓，你不能扔下如此重要的事情，我們發現你的觀點充滿眞理。但如何才能使這件事情圓滿呢？

966

雅典人 啊，這個問題問得還不是時候。我們首先必須決定做這件事有無必要。

克利尼亞 只要能做到，絕對有必要。

雅典人 那麼你對這個問題怎麼看？當我們講到「優秀的東西」或「好東西」的時候，我們是否也要這樣想？我們的衛士只需知道它們各自是多就行了，或者說他們也必須進一步知道它們各自以什麼方式是一，爲什麼？

B

克利尼亞 呃，我們好像必須說，衛士們確實也要理解它們的統一性。

雅典人 假定他們能夠察覺這一點，但不能提出任何理由來證明它，那又該怎麼辦呢？

克利尼亞 這樣說毫無道理！只有奴隸才會這樣！

雅典人 好吧，還有，我們對各種事物都要這樣說嗎？法律的真正衛士需要關於它們的真正知識，一定要能夠用語言說明這種知識，並在實踐中加以運用，把握善與惡的內在界線嗎？

克利尼亞 必須如此。

C **雅典人** 在這些極爲重要的事情中間，我們曾經熱烈討論過的神性問題難道不是最突出的嗎？我們要讓所有人都明確知道諸神的存在以及它們的表現，這對我們來說極爲重要，不是嗎？在我們的民眾中間，我們只好容忍與包含在法律中的傳統相一致的人，但我們要盡力拒絕讓這種傳統接近我們的衛士群體，接近任何沒有嚴肅地掌握諸神存在的各種證明的人。所謂拒
D 絕接近，我的意思是任何人都擁有神授的天資，或者說不具有神性的人就不會被選爲執法官，也不會成爲具有傑出美德的人。

克利尼亞 如你所說，在這些事務上懶惰或無能的人沒有希望獲得高位，這樣做是唯一正確的。

雅典人 那麼我們可以說，我們知道人們相信神有兩種動機，這些問題我們已經講過了，是嗎？

克利尼亞 哪兩種動機？

E **雅典人** 有一種動機源於我們的靈魂理論，我們說過，運動一旦有了一個起點，那麼任何

事物都從這種運動中獲得它們持久的存在，我們還說，行星和其他天體在心靈的推動下有序地
運動，心靈對事物做了安排，確立了整個框架。曾經仔細關注過這幅景象的人都不會在內心褻
967 瀆神靈，也不會擁有現在流行的那種與此相反的看法。這是那些整天忙於自身事務的人依據他
們的天文學以及其他姐妹學科得出來的一般信仰，認爲這個世界上的事件發生依據嚴格的必然
性，而非出於一種趨向於善的意願和目的。

克利尼亞 事實眞相又如何呢？

B **雅典人** 讓我來告訴過你，自從那些觀察者認爲天體沒有靈魂，他們的看法就確實被顚倒
了。甚至在這種時候，天體的神奇仍在一些研究天體的學者胸中產生疑惑，然後相信一種已有
的學說，認爲如果天體沒有靈魂，因此也沒有理智，那麼它們絕不可能如此精確地運動，即使
在那些日子裡，也有人大膽地猜測天體的眞實情況，斷言使整個宇宙有序排列的是心靈。但這
C 此些思想家在靈魂問題上誤入了歧途，他們認爲身體在靈魂之先，而非靈魂在身體之先，我可以
說他們的錯誤就在於把整幅圖景弄顚倒了，或者說得更準確些，把他們自己弄翻了。因爲，用
一種近視的眼光看，所有運動著的天體好像都是石頭、土塊和其他無靈魂的物體，儘管它們是
宇宙秩序的源泉！正因如此，那個時代的思想家受到過許多指責，說他們不信仰宗教，他們的
D 看法也不爲民眾所知，以後那些天才的詩人們譴責哲學家，把他們比作狂犬吠月，胡言亂語，
但是我說了，今天的情況已經顚倒過來了。

克利尼亞 怎麼個顛倒法？

雅典人 沒有任何一個凡人的兒子能平息對神的恐懼，除非他已經掌握了我們現在肯定的兩
E 條眞理：靈魂無限地先於一切有生成的事物，靈魂不朽並支配著這個物體的世界；還有，我們
已經講過多次的心靈支配著一切天體。他也還要擁有預備性的科學知識，以音樂爲橋樑連結這
些科學知識，並且把他的知識運用到他的道德和法律行爲中去；他也還要能對自己接受的觀點
968 作出合理的解釋。不具備這些才能，只擁有通常的美德，就絕不可能成爲一個國家合格的執政
官，而只能成爲執政官的走卒。現在是時候了，麥吉盧和克利尼亞，我們必須問自己要不要在
迄今爲止已經立下的法律上再加一條：要建立一個在夜間開會的執政官議事會，這些執政官全
B 都受過我們已經講過的這些教育，以此作爲國家的監護人和保存者。你認爲我們該怎麼辦？

克利尼亞 我親愛的朋友，如果我們有能力，無論多麼低，除了添加這條法律，我們還能做什麼呢？

雅典人 那就讓我們把力量用於這個高尚的舉動。依據我對這類事務的豐富經驗和思考，它至少是我竭力想要提供幫助的一件事，我也有可能找到其他合作者。

C **克利尼亞** 完全沒有問題，先生，我們必須沿著神本身清楚地指引的道路前進。但我們從哪裡出發呢？這是我們當前討論所要發現的。

雅典人 麥吉盧和克利尼亞，在整個制度還沒有規劃出來之前，不可能確定所有的法律，等

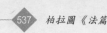

到這個國家建起來了會有時間再作補充。當前我們所能做的就是通過反覆的討論，正確地塑造
這個國家的形體。

克利尼亞 怎麼會這樣呢？你這樣說是什麼意思？

D **雅典人** 嗯，我們顯然一開始就要編制一個適宜擔任衛士之職的人的名單，要考慮到他們
的年紀、理智能力、性格和習慣。下一步我們要考慮他們該學習哪些科目，這可不是一件易
事，我們也不能憑空捏造，更不能向那些憑空捏造的人學習。再說，花大量時間考慮學什麼科
E 目或按什麼順序學，制定這方面的規定是無益的，在這些科目的科學知識在學生的靈魂中安身
之前，學生本人也不會發現哪一個科目才是相關的。因此你要明白，認爲這些不同的科目不能
「描述」是錯誤的，認爲它們不能「規定」才是正確的，因爲規定不會影響它們的內容。

克利尼亞 呃，先生，如果情況是這樣的話，那麼我問你，我們該怎麼辦？

雅典人 我的朋友，像人們常說的那樣，我們已經有了公平的比賽條件，如果確實如此，
969 那麼我們已經準備好把我們整個政制的未來都寄託在擲骰子上，我們，我是其中之一，必須準
備分擔風險。我要做的是說明和解釋我自己對整個教育和訓練大綱的看法，這樣我們的談話又
進入了新的一輪。但我要提醒你們，我們遇到的困惑可不小，可以與此相比的更大的困惑也
不多。克利尼亞，我尤其要向你建議，把這個疑惑深深地埋藏在心中吧。對你來說還有另一種
選擇，這就是按照正確的路線去建設瑪格奈昔亞國——或者不管什麼神以後會用來稱呼它的名

B 字——使你自己得到榮耀，或者享有後世無法與之相比的永久名聲。但若我們馬上能夠把這個值得敬重的議事會建立起來，那麼，我的好朋友，好同事，我們必須保存這個國家，現代的立法家也幾乎不會與我們有不同看法。在我們的談話中，剛才我們在談到心靈和頭腦的合作關係時

C 涉及過這個夢想，僅當我們審愼地選擇了我們的人，對他們進行了徹底的教育，讓他們居住在這個國家的中心城堡裡，讓他們擔任國家的衛士，成爲我們從來沒有見過的完人，這個時候我們的理想才能眞正實現。

麥吉盧　我親愛的克利尼亞，聽了你的這番話，我們要麼放棄建設你的城邦，要麼對我們這

D 位朋友的解釋裝聾作啞，竭盡全力懇求和吸引他與我們合作，建設這個城邦。

克利尼亞　很對，麥吉盧，我會照你說的去做，你一定要幫助我。

麥吉盧　相信我吧。

注釋

【1】此處提到的幾個名字都是荷馬史詩中的人物，帕特洛克勒（Patrocles）是希臘聯軍的勇士、阿基里斯（Achilles）的朋友，他身穿阿基里斯的盔甲衝到特洛伊城下，被特洛伊勇士赫克托耳（Hector）殺死。阿基里斯的父母是英雄珀琉斯（Peleus）和海洋女神忒提斯（Thetis）。墨諾提俄斯是（Menoetius）是帕特洛克勒之父。

【2】拉達曼提斯（Rhadamanthus）是希臘神話中的冥府三判官之一。

【3】此處原文引用了一個典故，「尼魯斯的憂鬱母雞」，指不歡迎客人來訪。

【4】此處原文有缺失。按一般的說法，希臘人的命運女神有三位，拉刻西斯（Lachesis）手執生死簿和紡錘，決定生命之線的長短，人壽盡時，紡線就斷了；克羅托（Clotho）是三位中最年輕的，負責紡織生命線；阿特洛波斯（Atropos）手執無情剪刀，負責切斷生命之線。

柏拉圖年表

＊本年表根據范明生先生《柏拉圖哲學述評》（上海人民出版社，一九八四年，五一五—五二二頁）所附年表改編，譯者對人名、地名等專有名詞的譯名做了統一，部分內容做了修改與補充。年表中的年代除特別標明外全部指西元前，有關柏拉圖著作的撰寫年代僅供參考。

6100年　西亞移民定居克里特島。

3000年　克里特島進入青銅時代。

2000-1500年　克里特文明（彌諾斯文化）。

1600-1380年克里特文明三次被毀。

2000年　歐洲地區部落大遷徙，阿該亞人進入希臘半島。

1600-1500年　邁錫尼文明創建，希臘語的線形文字B代替以前的線形文字A，向奴隸制過渡。

1500年　阿該亞人進入克里特島，取代原有居民，在克里特的主要城市建立統治。

12世紀初　邁錫尼的阿伽門農（Agamemnon）統帥希臘半島境內的聯軍，遠征小亞細亞西岸的特洛伊。

1125年左右　巴爾幹地區部落大遷徙，多立斯人摧毀邁錫尼，邁錫尼文明告終。

1000年左右　愛琴海地區進入鐵器時代。

900-800年　具有固定地區和共同方言的埃俄利亞人、伊奧尼亞人、多立斯人形成。傳說中的荷馬（Homer）、赫西奧德（Hesiod）時代。開始在南義大利（大希臘）殖民。

776年　第一次奧林匹克賽會（競技會、運動會）舉行。

804年　傳說中的萊喀古斯（Lycurgus）爲斯巴達立法。

660年　札琉庫斯（Zaleucus）爲南義大利希臘殖民城邦洛克里制定已知希臘最早法律。

640年　卡隆達斯（Charondas）爲西西里希臘殖民城邦卡塔那制定法律。

624?-547?年　米利都學派哲學家泰勒斯（Thales）。

620年　雅典執政官德拉科（Dracos）並頒佈法律。

610?-546?年　米利都學派哲學家阿那克西曼德（Anaximander）。

6世紀初　奧菲斯（Orpheus）教興起。

594-593年　梭倫（Solon）改革，頒佈解負令，廢除債務奴隸制，創立四百人議事會。

588?-525?年　米利都學派哲學家阿那克西美尼（Anaximenes）。

580?-500?年　畢達哥拉學派創始人畢達哥拉（Pythagoras）。

565?-473?年　愛利亞學派先驅者塞諾芬尼（Xenophanes）。

560-527 年　庇西特拉圖（Pisistratus）成爲雅典僭主。
546-545 年　波斯征服小亞細亞沿海希臘殖民城邦。
544-541 年　米利都哀歌體詩人福庫利德（Phocylides）鼎盛年。
540 年　麥加拉哀歌體詩人塞奧格尼（Theognis）鼎盛年。
540-480 年　愛菲索哲學家赫拉克利特（Heraclitus）。
540 年　波呂克利圖（Polyclitus）成爲薩摩斯僭主。畢達哥拉移居南義大利克羅頓，義大利學派興起。
525-456 年　悲劇詩人埃斯庫羅斯（Aeschylus）。
518-438 年　抒情詩人品達（Pindar）。
約 6-5 世紀　愛利亞學派哲學家巴門尼德（Parmenides）。
510 年　庇西特拉圖建立的僭主政體告終。
509 年　政治家克利斯提尼（Cleisthenes）在雅典確立民主政體，積極推行改革。
500?-440? 年　原子論哲學家留基伯（Leucippus）。
500?-428? 年　多元論哲學家阿那克薩哥拉（Anaxagoras）。
499 年　小亞細亞伊奧尼亞城邦起義反對波斯的統治。
496?-406 年　悲劇詩人索福克勒斯（Sophocles）。
492-449 年　希波戰爭。
490 年　馬拉松之役。希臘雕刻家斐狄亞斯（Phidias）出生於雅典。愛利亞學派哲學家芝諾（Zeno）出生於愛利亞。
487 年　雅典創立貝殼驅逐法以防止僭主政體。
485?-406 年　悲劇詩人歐里庇得斯（Euripides）。
484? 年　歷史學家希羅多德（Herodotus）出生。
483?-375? 年　智者高爾吉亞（Gorgias）。
483-482 年　雅典發現新銀礦，國庫增加收入。
481?-411? 年　智者普羅泰戈拉（Protagoras）。
479 年　伊奧尼亞諸希臘城邦爭取獨立，試圖擺脫波斯統治。
478 年　以雅典爲首建立提洛同盟。
472 年　埃斯庫羅斯的悲劇《波斯人》參加演出得頭獎。
469-399 年　哲學家蘇格拉底（Socrates）。
465 年　埃斯庫羅斯的悲劇《普羅米修斯》演出。
464 年　斯巴達地震，國有奴隸希洛人起義。
462 年　政治家伯里克利（Pericles）開始在雅典發生影響。
460 年　雅典推行陪審員薪給制。
460?-400? 年　歷史學家修昔底德（Thucydides）。
460?-370? 年　醫學家希波克拉底（Hippocrates）。
460?-370? 年　原子論哲學家德謨克利特（Democritus）。
458 年　索福克勒斯的悲劇《阿伽門農》演出得頭獎。
457 年　雅典人和斯巴達人戰於塔那格拉，雅典戰敗。
454-453 年　提洛同盟金庫從提洛移到雅典，標誌著雅典海上帝國的建立。
451 年　雅典修改公民資格法律，限制公民人數。雅典進入全盛時代。
450-385? 年　喜劇詩人阿里斯托芬（Aristophanes）。
447 年　雅典的帕德嫩（Parthenon）神廟開始興建。
436-338 年　雅典辯論家伊索克拉底（Isocrates）。
435?-370? 年　犬儒學派創始人安提司泰尼（Antisehenes）。

435?-360?年 昔勒尼學派創始人阿里斯提波（Aristippus）。

431-404年 伯羅奔尼撒戰爭。

431年 索福克勒斯的《伊底帕斯王》和歐里庇得斯的《美狄亞》相繼上演。

430年 希羅多德撰寫《歷史》告一段落。

430-355年 歷史學家色諾芬（Xenophon）。

430?-424?年 歐里庇得斯的悲劇《赫庫巴》演出。

430年 雅典發生瘟疫。伯里克利受審和被罰。

429年 伯里克利卒。雅典開始向公民徵收財產稅。

427年 柏拉圖出生於雅典附近的埃癸那島。

427年 雅典第二次發生瘟疫。阿里斯托芬的第一部喜劇《宴會》選在雅典的酒神節演出。

425年 斯巴達的國有奴隸希洛人逃亡。阿里斯托芬的喜劇《阿卡納人》演出。

424年 歷史學家修昔底德遭到驅逐。雅典人在得琉漠被斯巴達人打敗，從此雅典在戰爭中逐漸失利（蘇格拉底和阿爾基比亞德參加過這次戰役）。阿里斯托芬的喜劇《騎士》演出得頭獎。

423年 雅典人和斯巴達人訂立一年休戰和約。阿里斯托芬的喜劇《雲》演出，劇中諷刺蘇格拉底。

422年 阿謨菲坡里戰役（蘇格拉底參加這次戰役）。阿里斯托芬的喜劇《馬蜂》演出。

421年 雅典和斯巴達再次訂立同盟條約，為期五十年。阿里斯托芬的喜劇《和平》演出。柏拉圖假託的《國家篇》、《蒂邁歐篇》、《克里底亞篇》中的談話進行的時期。歐里庇得斯的悲劇《請願的婦女》演出。

420?年 在伯羅克尼撒的巴塞建造阿波羅神廟。

419年 尼昔亞斯（Nicias）和阿爾基比亞德（Alcibiades）當選為雅典的將軍。

418年 原和雅典結盟的阿耳戈斯敗於斯巴達，因此和斯巴達人結盟並建立貴族政體；次年即被推翻，重新恢復和雅典人的結盟。歐里庇得斯的《伊安》演出。

416年 雅典人攻陷梅洛斯島後進行大屠殺。索福克勒斯的悲劇《厄勒克特拉》演出。

415年 雅典海軍在阿爾基比亞德、尼昔亞斯等人領導下遠征敘拉古，阿爾基比亞德奉召回國，歸途中逃往斯巴達。

414年 阿里斯托芬的喜劇《鳥》上演。

413年 雅典因盟國相繼脫離、拒納年貢、經濟困難而徵收進出回稅。雅典帝國開始瓦解。雅典遠征敘拉古海軍遭到覆滅。二萬多雅典奴隸逃亡。歐里庇得斯的悲劇《伊菲革涅亞在陶洛人裡》等演出。

412年 雅典盟國暴動。斯巴達和波斯結盟並接受波斯資助共同對抗雅典。薩摩斯在雅典支援下出現平民革命，反對貴族奴隸主的統治。以斯巴達為首的伯羅奔尼撒諸城邦的海軍集中於米利都，雅典的海軍集中於薩摩斯。

411年 雅典發生寡頭政變，推翻民主政體，建立四百人議事會，遭到駐薩摩斯雅典海軍反對；不久廢除四百人議事會，由溫和的寡頭黨執政，召回阿爾基比亞德。阿里斯托芬的喜劇《呂西斯特剌忒》和《地母節婦女》上演。

410?-339 年　學園派哲學家斯彪西波（Speusippus），柏拉圖的外甥，學園的第二任領導人。

410 年　雅典在庫梓科戰役獲勝，恢復民主政體，拒絕斯巴達的和平建議。索福克勒斯的悲劇《菲羅克忒忒斯》演出得頭獎。

408?-354 年　狄翁（Dion），柏拉圖的最重要的朋友和學生之一。

407 年　阿爾基比亞德回雅典出任將軍職務。赫謨克拉底（Hermocrates）在敘拉古被殺。

406 年　三月雅典在諾丁姆戰役敗績，阿爾基比亞德引咎辭職，三月雅典在阿癸努賽戰役獲勝，但雅典審判和宣告指揮該戰役的將軍們有罪，遭到蘇格拉底的反對。索福克勒斯和歐里庇得斯相繼去世。

405 年　薩摩斯人取得雅典公民權。雅典在埃戈斯坡塔彌戰役敗績。狄奧尼修斯一世（Dionysus I）成爲敘拉古僭主。阿里斯托芬的喜劇《蛙》演出。

404 年　伯羅奔尼撒戰爭以雅典向斯巴達投降結束。雅典出現以柏拉圖的近親克里底亞（Critias）、卡爾米德（Charmides）爲首的「三十僭主」政體。

403 年　「三十僭主」政體覆滅，雅典恢復民主政體。

401 年　索福克勒斯去世不久，其悲劇《伊底帕斯在科羅諾斯》演出得頭獎。

400?-314 年　學園派哲學家色諾克拉底（Xenocates），柏拉圖學園的第三任領導人。

399 年　蘇格拉底在民主政體下遭到指控和被處死。柏拉圖離開雅典到麥加拉等地遊學。柏拉圖假託的《申辯篇》、《克里托篇》、《斐多篇》中談話進行的時期。

398 年　修昔底德的《伯羅奔尼撒戰爭史》發表。

395-387 年　科林斯戰爭，柏拉圖曾參加該戰爭。柏拉圖到埃及、昔勒尼等地遊學。

395-394 年　雅典和底比斯等結盟反對斯巴達。

394-391? 年　柏拉圖撰寫《伊安篇》。

392-390? 年　波呂克拉底（Polycrates）發表小冊子攻擊已去世的蘇格拉底。

390? 年　柏拉圖撰寫《克拉底魯篇》。

390-389 年　雅典宣佈徵收 1/40 的戰爭稅。

389 年　阿里斯托芬的《公民大會婦女》和傳世的最後喜劇《財神》演出。

387 年　柏拉圖第一次訪問南義大利和西西里，結識塔壬同民主政體領袖阿啓泰，以及敘拉古僭主狄奧尼修斯一世。回雅典後創立學園，開始構思《國家篇》。

387-367? 年　柏拉圖撰寫《國家篇》。

387 年後　撰寫《美涅克塞努篇》、《高爾吉亞篇》。

386-382? 年　撰寫《美諾篇》。

385-380? 年　撰寫《會飲篇》。

384 年　亞里斯多德（Aristotle）出生於斯塔癸刺。

384 年　德謨斯提尼（Demosthenes）出生於雅典。

378-377 年　雅典爲首的第二次海上同盟組成。

377 年　雅典實行新的財產稅。

375?-287 年　哲學家塞奧弗拉斯特（Theophrastus），柏拉圖和亞里斯多德的著名學生。

371 年　雅典和斯巴達建立和平。斯巴達在琉克特剌戰敗，國勢逐漸衰落。

369-367 年 柏拉圖撰寫《泰阿泰德篇》。

388? 年　敘拉古僭主狄奧尼修斯一世去世。柏拉圖應邀第二次訪問西西里。亞里斯多德進入學園。

366? 柏拉圖撰寫「第十三封書信」。

361 年　柏拉圖應邀第三次訪問西西里。回雅典後構思《法篇》。

360 年　柏拉圖撰寫「第十二封書信」。

359-336 年　馬其頓興起。菲力出任馬其頓執政。

357 年　雅典收復失地刻索尼蘇斯和歐玻亞。狄翁回西西里，領導推翻狄奧尼修斯二世的統治。柏拉圖在此前後撰寫《蒂邁歐篇》。

356-323 年　亞歷山大大帝出生於馬其頓的佩拉。

354 年　狄翁成爲敘拉古僭主，不久被卡利浦斯（Callipus）謀殺。柏拉圖撰寫「第七封書信」。

353 年　卡利浦斯被推翻。柏拉圖撰寫「第八封書信」。

351 年　德摩斯梯尼發表《斥菲力書》

347 年　柏拉圖逝世，斯彪西波繼任學園領導；亞里斯多德和色諾克拉底等離開雅典到阿泰努等地。

346 年　狄奧尼修斯二世在敘拉古重建僭主政體。

344-343 年　提摩勒昂（Timoleon）領導推翻狄奧尼修斯二世的統治。

343 年　亞里斯多德應邀擔任亞歷山大的老師。

341-270 年　晚期哲學家伊壁鳩魯。

335 年　亞里斯多德回雅典創建逍遙學派。

336 年　斯多亞學派創始人芝諾（Zeno）出生於季蒂昂。

西元 529 年　東羅馬帝國皇帝查士丁尼下令關閉學園。

西元 1459-1521 年　義大利的佛羅倫斯出現柏拉圖學園。

柏拉圖譜系表

*本譜系表參照范明生先生《柏拉圖哲學述評》第五二三頁製作，譯名有改動。

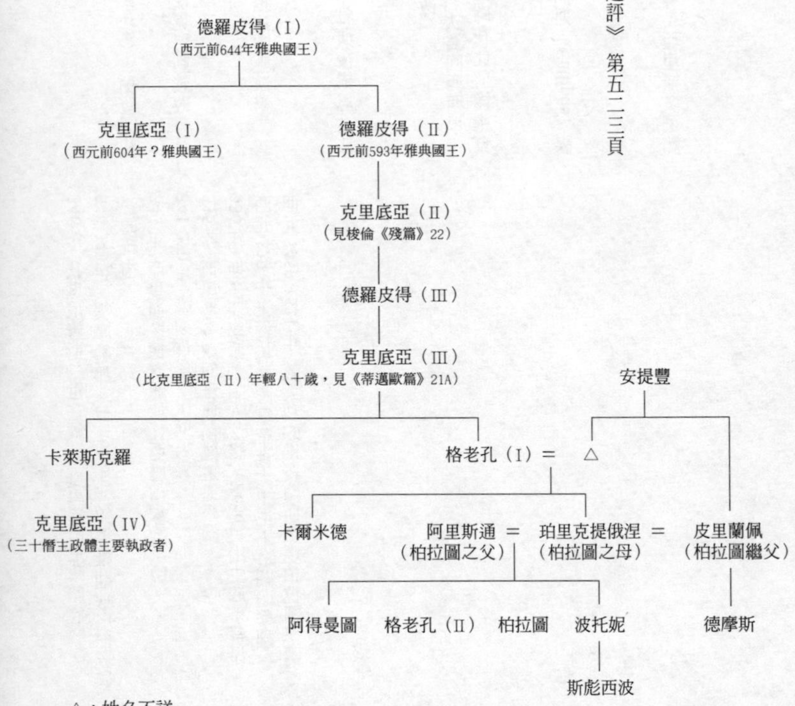

△：姓名不詳
＝：結婚

人名、族名、神名、地名索引

三劃

大流士 Darius，波斯國王，他的世系，3.695C；與雅典人和埃雷特里亞人的爭論，240A；侵犯希臘，3.698C 以下；他的法律與體制，3.695C 以下。

四劃

厄庇美尼德 Epimenides，克諾索斯的，他的發明，3.677D 以下；訪問雅典，1.642D 以下。

厄培烏斯 Epeus，發明拳擊技巧，7.796A。

戈提那（地名） Gortyn，克里特古城，來自戈提那的人在伯羅奔尼撒殖民，4.708A。

月亮女神 Moon，7.821B，10.886D，887E。

五劃

代達羅斯 Daedalus，他的發現與發明的時間，3.677D。

卡斯托耳 Castor，為榮耀他們而舉行的帶盔甲運動比賽，7.796B。

卡德摩斯的後裔／卡德摩斯 Cadmean (s) /Cadmus，卡德摩斯人的故事，2.663E；卡德摩斯的勝利，1.641C。

尼尼微 Nineveh，帝國名，3.685C。

尼魯斯 Nilus，他的「憂鬱的母雞」指不歡迎客人來訪，12.953E。

巨大的性質 Titanic nature，古代的，3.701C。

布里亞柔斯 Briareus，有一百隻手，7.795C 以下。

六劃

《伊利亞特》 Iliad，2.658D。

伊比利亞人 Iberians，喝醉酒，1.637D。

伊西斯 Isis，埃及人的伊西斯頌歌，2.657B。

伊利昂（地名） Ilium，3.685C；建城，3.681E。

伊利緒雅（地名） Ilithyia，那裡的婦女在神廟中集會，6.784A

伊底帕斯 Oedipus，受他的兒子的詛咒，11.931B；他的亂倫，8.838C。

伊克庫斯 Iccus，塔壬同人，自制，8.839E 以下。

伊達山 Ida，山坡上的居民，3.681E。

伊斯彌亞的／伊斯彌亞 Isthmian/Isthmus，派往伊斯彌亞的公民，12.950E。

伊奧尼亞人 Ionian (s)，荷馬詩歌中伊奧尼亞人的生活，

3.680C。

伊齊那（仙女） Aegina，克里特的殖民者，4.708A。

地母神 Earth (goddess)，10.886A，參閱 5.740A；人類之母，12.958E，參閱 5.740A。

多多那（地名） Dodona，多多那的神諭，5.738C。

多利亞人／多利亞的 Dorian (s) /Doric，分配土地，3.684E；起源，3.682E；多利亞人的侵犯與定居，3.702A；多利亞模式，2.670B。

安泰俄斯 Antaeus，著名的摔跤手，7.796A。

安斐翁 Amphion，發明弦琴，3.677D。

米地亞／美地亞人 Medes/Median，敗壞米地亞的教育，3.695B。

米利都（地名） Miletus，米利都的黨派之爭受到體育訓練和公餐制的影響，1.636B。

色雷斯人／色雷斯 Thracians/Thrace，擅長飲酒，1.637E；喝醉酒，1.637D 以下；北風，2.661A；婦女耕種，7.805D。

西西里人／西西里 Sicilian/Sicily，劇場裡的裁判，2.659B。

西徐亞 Scythia (ns)，善飲，1.637E；喝醉，1.637D 以下；使用雙手，7.795A。

西勒諾斯 sileni，（單數 silenus，複數 sileni）在酒神節舞蹈中模仿，7.815C。

西頓（地名） Sidon，來自該地的卡德摩斯，2.663E。

七劃

伯羅奔尼撒（地名） Peloponnesus，3.685B。

克利尼亞 Clinias。克里特人克利尼亞，1.624A 以下，參閱 3.702C，6.753A；不譴責不自然的愛情，8.837E，842A。

克里松 Crison，他的耐力，8.840A。

克里特人／克里特 Cretan(s)/Crete，攜帶武器跳舞，7.796B；克里特無疑是一個島嶼，2.662B；殖民地，3.702C，4.707E，6.752D 以下，754B 以下，參閱 12.969；在克里特島，12.950C；公餐制度，1.625C，633A，6.780B 以下，8.842B；在音樂方面保守，2.660B；飲酒的規矩，2.674A，參閱 1.639E；在軍營中的教育，2.666E；身體訓練的結果，1.636B 以下；對體育的評價，2.673B 以下；沉迷於不自然的愛情，1.636D；心靈的多樣性，1.641E；對荷馬不熟悉，3.680C；虛構的關於該尼墨得的故事，1.636D；分配產品的模式，8.847E；弓箭手和標槍手的駐紮，8.834D；部分克里特人是伯羅奔尼撒人的後裔，4.708A；認為拉達曼堤斯是最公正的人，1.625A；粗魯而樸實的性格，4.704D；說薩拉米人是希臘人的拯救者，4.707B；景色，1.625B 以下；知道堤泰烏斯的詩歌，1.629B；克里特人的體制，有某些合理之處，3.693E；沒有確定的名稱，4.712E；為戰爭而設置，1.625D 以下，4.705D；立法者的支援，8.836B；克里特的法律，出名的，1.631B；由宙斯賜給彌諾斯，1.624A 以下，2.662C；不完善的法律，2.666E；關於孌童的法律，8.836B；不允許最強烈的快樂，1.635B 以下；與斯巴達的法律密切相關，3.683A，參閱 3.693E。

克洛諾斯 Cronus，他的統治，4.713B 以下。

克瑞司豐特 Cresphontes，墨西涅國王，3.683D；老練的立法者，3.692B。

克諾索斯（地名） Cnossus，1.625B，6.753A，754C 以下；克諾索斯的公民克利尼亞，1.629C；克諾索斯的殖民地，3.702C，4.707E，6.752D 以下，754B 以下，參閱 12.950C，969；政府，4.712E。

克羅托 Clotho，第二位命運女神，12.960C。

希波呂特 Hippolytus，被忒修斯詛咒，3.687E，11.931B。

希洛人 Helots，斯巴達國有奴隸，音譯「黑勞士」，6.776C。

希臘／希臘人／希臘的 Hellas/Hellenes/Hellenic，在希波戰爭中的行爲，3.692D 以下，698E；數學上的無知，7.819D 以下；與野蠻人不同的種族，參閱 1.635B；在特洛伊戰爭中，3.682D 以下；曾經崇拜日月星辰，參閱 7.821B 以下，822A。

希臘／希臘人 Greece/Greek（s），崇尚財富，9.870A 以下；希臘人與野蠻人，1.635B；希臘人的家庭崇拜，10.887D 以下；國家及其毀滅的原因，1.636B，3.684D，5.736C，參閱 8.839；受到赫拉克勒斯子孫的保護，3.685B 以下；女性的職業，7.805D 以下；起床的時間，參閱 7.807E 以下；酒神節時喝醉酒，1.637B；女主人與僕人，7.808A；在家裡獻祭，參閱 10.909D 以下。

庇提亞的 Pythian，賽會，7.807C，12.950E；女祭司，12.947D。

狄奧尼修斯 Dionysus，被赫拉剝奪理智，2.672B；不適當地批評狄奧尼修斯的禮物，2.672A；屬於狄奧尼修斯的尚未貯入穀倉的東西，8.844D；用酒神頌歌慶祝酒神的誕生，3.700B；酒神歌隊，2.657D，670 以下，7.812B；伴隨我們的狂歡，2.653D，665A，672B；接近四十歲的人可以祈求酒神降臨聖禮，2.666B。

狄奧波普 Dopompus，他的堅韌，8.840A。

狄奧斯庫里 Dioscuri，爲榮耀他而舉行戴盔甲的比賽，7.796B。

忒修斯 Theseus，詛咒兒子希波呂特，3.687E，11.931B。

忒提斯 Thetis，嫁給帕琉斯，12.944A。

八劃

亞述帝國 Assyrian Empire，3.685C 以下。

亞馬遜人 Amazons，擅長射箭，7.806B。

佩洛匹達人 Pelopidae，與底比斯人，3.685D。

奈米安賽會 Nemean games，派公民去參加賽會，12.950E。

宙斯 Zeus，宙斯的兒子們，12.941B；克里特法律的創立者，1.624A 以下，632D，2.662C；邊界神、部落神、客人的保護神，8.843A，參閱 9.879E，881D；國家的保護者，11.921C；化身爲公鵝的宙斯，5.730A，參閱 12.953E，965E；在克里特的神廟，1.625B；罰金獻給神廟，6.774D，以宙斯的名義起誓，11.936E；派使者去祭拜宙斯，12.941A；神廟，5.745B，8.848D，12.950E；宙斯的獎勵等於平等，6.757B；克里特人發明的宙斯與該尼墨得戀愛的故事，1.636D。

居魯士 Cyrus，沒有接受眞正的教育，3.694C 以下；居魯士之子沒有受到很好的教養，3.695B 以下。

岡比西斯 Cambyses，愚蠢的，3.695B；幾乎毀滅波斯帝國，3.694C。

帖撒利人／帖撒利 Thessalian/Thessaly，12.944D；海拔、水平面，1.625D；農奴，6.776D。

帕拉墨得斯 Palamedes，他的發明的年代，3.677D。

帕特洛克羅 Patroclus，盔甲被赫克托耳奪取，12.944A。

拉伊俄斯 Laius，8.836D。

拉刻西斯 Lachesis，第一位命運女神，12.960C。

拉科尼亞（地名） Laconia (n)，長老，3.692A；不斷打仗，3.686B；沈默，不說話，4.721E；處理國有奴隸，6.776C。

拉棲代蒙／拉棲代蒙人 Lacedaemon/Lacedaemonian (s)，即斯巴達，早期歷史，3.682E，683C 以下；最古老的君主，4.712E；抵達馬拉松的時候太遲了，3.698E；希臘人的保衛者，3.692D 以下；設兩位國王，3.691D 以下；體制，4.712D；禮儀官，3.692A；體制中有一種力量的平衡，3.691D 以下；把各種政制的成分結合在一起，4.712D 以下；爲戰爭而設，1.626C，628E；有某種節制，3.693E；斯巴達的法律，萊喀古斯得自阿波羅，1.624A，632D；與克里特的法律密切相關，3.683A；不會使公民們同樣勇敢地對待快樂與痛苦，1.634A 以下；不允許最強烈的快樂，1.635B 以下，636E 以下；不接受年輕人的批評，1.634D 以下；有關孌童之愛，8.836B；公餐，1.633A，6.780B 以下，8.842B；祕巡，1.633C；斯巴達人的社會平等，3.696A；爲榮耀狄奧斯庫里而舉行的競賽，7.796B；少女參加體育訓練，7.806A；體育訓練產生的不道德結果，1.636B 以下；斯巴達婦女的荒淫，6.780E 以下；婦女的生活方式，7.806A 以下；音樂上的保守，2.660B；忍受痛苦，1.633B 以下；對體育的估價，2.673B 以下；沈默寡言，1.641E；把追蹤當作一種戰爭訓練，1.633B；在戰爭中的表現優於其他所有民族，1.638A。

拉達曼堤斯 Rhadamanthus，以正義著稱，1.625A；決定，12.948B 以下。

昔尼拉斯 Cinyras，富有，2.660E。

波呂丟克斯 Polydeuces，與卡斯托耳，7.796B。

波埃提亞（人） Boeotia (ns)，訓練和公餐制引起派別，1.636B。

波斯（地名） Persia/Persian (s)，波斯的貧瘠山地，3.695A；波斯人不是不守規矩的飲酒者，1.637D 以下；波斯帝國臣民融合各個民族，3.693A；奢侈的生活習慣，1.637E；波斯政府，3.694A 以下，697C 以下；代表著君主制的完善，3.693D；波斯歷史，參閱 3.694A 以下；波斯人的侵犯，3.692C 以下，698B 以下，4.707B 以下；關於波斯的神諭，1.642D 以下；波斯國王，3.694A 以下；波斯的教育，

3.694C 以下；牧人，3.695A。

法篇中的模範城邦 Model City。疆界：根據抽籤做出份地的安排，5.737C 以下，745C 以下；村莊的份地，8.848C 以下；份地不允許出售，5.741B 以下；防衛措施，6.760B 以下；公共工程，6.760E；城市建築：6.778 以下；公共工程，6.763C 以下；環境衛生，6.779C；位置，5.745B；不需要城牆，6.778D 以下；公民：結婚年齡，4.721B 以下，6.772D，774A 以下，785B；服兵役，6.785B；公民的職責，6.785B；公民的階層，5.744C，6.754D；公餐，6.780B 以下，783B，7.806E，8.842B；婦女的公餐，6.781C 以下，7.806E，8.839D；控制私人生活，6.780A；鄉村居所，8.848C；每個家庭有兩所住房，5.745E；不追求錢財，5.741E，743D，11.919D 以下；好公民，7.822E 以下；男人的生活，7.806D 以下；女人的生活，7.804E 以下，806E 以下；公民的數量，5.737C 以下，6.771A 以下；不得擁有金銀，5.742A，743D，746A；生育子女，6.783B 以下；可以有節制地從事農業，5.743D；出生登記，6.785A；公民的財產，5.745A，6.754D 以下，8.850A，9.855B，11.914C；分組，5.745D 以下；少女少男的社會集會，6.771E 以下；通過婚姻把各種人結合在一起；6.773D；教育：天文學，7.820E 以下；男孩子與跟班，7.808D 以下；追蹤訓練，7.823B 以下；關於悲劇與喜劇的法規，7.816D 以下；強制性的，7.804D；吟詠詩歌比賽，8.834E；舞蹈，7.795E，796B 以下，798E，814E 以下；穿戴盔甲戰鬥，8.833E；賽跑，8.833A 以下；以遊戲作爲教育兒童的工具，7.793E 以下，798C 以下；鍛鍊雙手，7.794D 以下；賽馬，8.834B 以下；嬰兒教育，7.788-793；後續的教育，7.793D 以下，808D 以下；學習詩歌與散文的寫作，7.810B 以下；數學，7.818C 以下；軍事體育，8.832D 以下；騎馬射箭比賽，8.834D；音樂，7.801C 以下，809E 以下，812B 以下；音樂競賽，8.834E 以下；學習內容的先後與年紀，7.809E 以下；身體鍛鍊，7.795D 以下，813 以下；備戰與節日的戰鬥競賽，8.819B，830C 以下；讀與寫，7.809E 以下；老師的工資，7.804D；男女一樣，7.804E 以下；兩性分開，7.794C 以下；指導老師，7.812E；訓練基地與學校，7.804C；婦女參加體育競賽，8.833C 以下，834A，D；摔跤，7.795E 以下；政府：公民大會，6.764A；行政官員的監察，12.945B-948B；國葬，12.947B 以下；彈劾，11.947E 以下；音樂和體育訓練方面的權威，6.764C；城防官，6.763C 以下；議事會，6.756B 以下，758B 以下；執法官，6.754D 以下；官員的死亡，6.766C；音樂總監與體育總監，7.801D，813A；婚姻的女監察官，6.784，7.794B，11.930A 以下，932B；將軍與其他軍官，6.755B 以下，760A；孤兒的監護人，10.909C，11.924，926C-928D；執政官，6.751B 以下，753B 以下；以執政官名字命名，6.785B；兒童的監護者，7.794B；公民的集會，6.758D；半夜開會的議事會，10.908A，909A，12.951D 以下，968A，969B；鄉村專員，6.760B-763B；選舉時的檢查，6.753D以下，756E，759C以下，763E，765C以下，766B，767D；教育官員，6.765D以下，7.801D，809以下，811D，813C，8.829D，835A，11.936A，12.951E，953D；進出口官員，8.847C；司法系統：上訴，11.937E；仲裁，12.956C；由特選法官組成的法庭，11.926D，928B，938B，12.948A，956C；正義的法庭，6.766D以下，12.956C以下；訴訟的執行，12.958A以下；法官，6.767以下；懲罰，9.853以下；過程、召集等等，8.846B，9.855D，12.956E；選舉執政官，9.855C；證人與證據，11.936E以下；宗教崇拜：5.738B以下；宗教法規的解釋者，6.775A，8.828B，9.865D，871D，873D，11.916C，12.958D，964B；節日與祭儀，5.738B以下，8.828；崇拜諸神、精靈、英雄，7.801E；宗教法律來自德爾斐，6.759C以下；向諸神獻祭，12.955E以下；祈禱，7.801A以下；祭司，6.759；禁止私人舉行祭儀，10.909D以下；獻祭，6.771D，7.800B以下；神廟，6.759，8.848C以下；神廟的司庫，6.759E以下；相關法律：關於墮胎，9.878A以下；關於外國人，8.850，9.866B以下，11.920A，12.949E以下；關於大使與使者，12.941A；關於藝人，8.846D；關於騷擾，9.879B-882；關於家畜，11.914D；關於致人死命的家畜，9.873E；關於乞丐，11.936B以下；關於破壞合同，11.921；關於賄賂，12.955C以下；關於葬儀，12.958E以下；關於買賣，8.849以下，11.915D以下；關於巫術與巫師，10.909B以下；關於無子女者的住房，9.877D以下；關於奴隸的子女，11.930D；關於合唱隊，12.949C；關於工匠，11.920以下；關於工匠與住房，8.848E；關於反對國家的罪行，9.856B以下；關於貨幣，5.742A；關於奴隸造成的損害，11.936C以下；關於褻瀆的話語，11.934E以下；關於除臭，9.873E以下；寄存，11.913C以下；關於寡婦，5.742C；關於移民，11.923D，928C，12.949E以下；關於進出口，8.847B以下；關於家庭不和，11.928D-930B；關於外國人，12.952D以下；關於欺詐，11.916D以下，12.954A；關於收穫果實，8.844D以下；關於葬禮，12.959C以下；關於雇傭，8.847B；關於殺人，9.864E-874B，11.916C；關於丈夫8.842D以下；關於不虔誠，10.907D-909C；關於利息，5.742C，11.921D；關於地標，8.842E以下；關於愛情，8.838E-841；關於瘋子，11.934C以下；關於第二次婚姻，11.930A以下；關於服兵役，12.942-945；關於殺人兇手，9.869E-974B；關於鄰居，8.843；關於誓言，12.948D以下；關於妨礙競賽公正，12.954E以下；關於冒犯執政官，8.846B；關於孤兒，11.924-928D；關於父母，11.930E以下；關於殺父母者，9.868C以下，872D以下；關於支付，11.921B以下；關於醫生與病人，9.865B；關於毒藥和巫師，11.932E以下；關於價格，11.917B以下；關於監獄，10.908A；關於私仇，12.955B以下；關於產品的分配，8.847E以下；關於財產，6.776B以下，11.913-916D，923B以下，12.955D以下；關於接受盜竊物品，12.955B；關於零售商品，8.847D 以下，11.918-921D；關於使用道路的權利，8.845E 以下；關於出售有病的奴隸和殺過人的奴隸，11.916A 以下；在市場上出售，8.849 以下，11.915D；關於諷刺作品，11.935E 以下；關於研究，12.954A 以下；關於公共安全，12.953E 以下；關於祕密集會，10.909B 以下，11.933A 以下；關於自殺，9.873C 以下；關於稅收，12.949D；關於盜竊神廟，9.853D 以下；關於盜賊，9.857A 以下，874B 以下，11.933E 以下，12.941B 以下；關於財產的訴訟期，12.954C 以下；關於墳墓，12.958E；關於旅行觀光者，12.951C 以下，952B 以下；關於盜竊財寶，11.913 以下；關於使用暴力，10.884 以下；關於水源，8.844A 以下，845D 以下；關於度量衡，5.746D 以下；關於遺囑，11.922B-924B；關於傷害，9.876E-882。

金星 Lucifer，與獻給赫耳墨斯的那顆星（水星），參閱 7.821C。

阿司堤路 Astylus，他的自制，8.840A。

阿耳戈斯人／阿耳戈斯 Argive/Argos，在克里特的殖民，4.708A；阿耳戈斯的早期歷史，3.683C 以下；阿耳戈斯國王的毀滅，3.690D；在希波戰爭中沒有參戰，3.692E。

阿耳忒彌 Artemis，神廟，8.833B。

阿伽門農 Agamemnon，與奧德修斯，4.706D。

阿克圖魯 Arcturus，帶來釀葡萄酒的技藝，8.844E。

阿那克薩戈拉 Anaxagoras，與心靈一致，參閱 12.967B；他的作品與理論，參閱 10.866D 以下。

阿里司托得姆 Aristodemus，「阿里司托得姆那一份」指斯巴達，3.692B。

阿波羅 Apollo，：德爾斐之神，3.686A，參閱 11.923A；技藝之神，2.554B，672D，參閱 2.665A，7.796E；伴隨我們狂歡，2.653D，665A；拉棲代蒙的立法者，1.624A，632D，2.662C；庇提亞的阿波羅，1.632D；奉獻給阿波羅，12.946C 以下；人們把他當作醫療神向他求助，2.664C；在阿波羅聖地的集會，6.766B，12.945E；11.936E；阿波羅的祭司，12.947A；向阿波羅獻祭，12.950E；阿波羅神廟，6.766B，8.833B。

阿特米西烏（地名） Artemisium，戰役，4.707C。

阿特洛波斯 Atropos，第三位命運女神，使靈魂的命運不可逆轉，參閱 12.960C。

阿索斯 Athos，薛西斯在阿索斯開鑿的運河，3.699A。

阿密科斯 Amycus，發明拳擊技巧，7.796A。

阿提卡 Attica，政府，從希波戰爭的角度看，3.698B 以下；缺乏木材，4.706B；向彌諾斯進貢，4.706B。

阿瑞斯 Ares，工匠的保護神，11.920E；8.833B。

阿該亞人 Achaeans，3.682D 以下，685E，706D 以下。

阿蒙 Ammon，阿蒙的神諭，5.738C。

阿彌托耳 Amyntor，詛咒他的兒子福尼克斯，11.931B。

九劃

品達 Pindar，論天然的正義，3.690B，4.714E。

哈得斯 Hades，受懲罰之地，10.904D，參閱 9.870E，881A，12.959B 以下；關於地獄裡的恐怖的故事，參閱 10.904D。

迦太基人 Carthaginian（s），喜歡飲酒，1.637D；對飲酒的限制，2.674A。

珀耳塞福涅 Persephone，她的饋贈，6.782B。

珀琉斯 Peleus，得到盔甲做結婚禮物，12.944A。

科里班忒 Corybantes，科里班忒跳舞的影響，7.790D 以下。

革律翁 Geryon，體格，7.795C。

十劃

埃及／埃及人 Egypt/Egyptian（s），把各種技藝神聖化，2.656D 以下，660C，7.799A；狡猾與技藝嫻熟，5.747C；不好客，12.953E；通過遊戲教兒童算術，7.819B 以下。

埃雷特里亞人 Eretria（ns），與大流士，3.698C 以下；受到波斯人侵犯，3.698C，699A。

埃圖利亞（地名） Etruria，來自埃圖利亞的祭儀，5.738C。

庫克羅普斯 Cyclopes，獨眼巨人，荷馬對他們的相貌的描述，3.680B，參閱 3.682A。

庫里特 Curetes，精靈或神的侍者，在克里特，7.796B。

庫爾努斯 Cyrnus，1.630A。

泰勒斯 Thales，引用他的話，10.899B。

涅斯托耳 Nestor，在口才和節制方面都很優秀，4.711E。

涅墨西斯 Nemesis，正義的使者，4.717D。

特里普托勒摩斯 Triptolemus，他的饋贈，6.782B。

特美努斯 Temenus，阿耳戈斯國王，3.683D；成熟的立法家，3.692B。

特洛伊人／特洛伊 Trojan（s）/Troy，壓迫阿該亞人，4.706D 以下；亞述帝國的一部分，3.685C 以下；被洗劫，3.682D；特洛伊戰爭，3.682D，685C。

神 God，不能與必然性發生衝突，7.818B；萬物的尺度，4.716C；神的本性是一個適宜研究的對象，7.821A，參閱 13.966C 以下；直接向其目的運動，4.716A；是創世主，參閱 10.886-899B；不是惡的創造者，參閱 2.672B；在機遇和技藝的幫助下統治世界，4.709B，參閱 10.888E 以下；奇妙的智者，參閱 10.902E；批准了居間狀態，7.792D；不接受惡人的禮物，4.716E。

馬拉松（地名） Marathon，馬拉松戰役，3.698E 以下，4.707C；拉棲代蒙人遲了一天到達，3.698E。

十一劃

得墨忒耳 Demeter，給人的恩惠，6.782B。

敘拉古人／敘拉古 Syracusan（s）/Syracuse，羅克里的征服，1.638B。

梭倫 Solon，雅典法律之父，參閱 9.858E。

荷馬 Homer，9.858E；似乎描述了一種伊奧尼亞的生活方式，3.680C；詩人中最偉大的天才，6.776E；老人喜歡他的詩歌，2.658D；克里特人讀他的詩不多，3.680C。

野外的精靈 Hecate，11.914B。

麥加拉（地名） Megara，在西西里的麥加拉人塞奧格尼，1.630A。

麥吉盧 Megillus，斯巴達人，1.624A 以下；願意接受關於愛情的法律，8.837E，842A。

麥西尼亞（地名） Messenia，經常發生起義，6.777C。

十二劃

凱居翁 Cercyon，著名的摔跤手，7.796A。

凱涅烏斯 Caeneus，帖撒利的，女人變成男人，12.944D。

凱爾特人 Celts，喜歡喝酒，1.637D。

堤泰烏斯 Tyrtaeus，9.858E；熱烈主張戰爭的，1.629A 以下，參閱 2.667A；引用他的殘篇 12，1.629A 以下。

堤厄斯忒斯 Thyestes，他的亂倫，8.838C。

斯巴達／斯巴達人 Sparta/Spartan（s），不允許喝醉酒，1.637A 以下；軍營式的教育，2.666E；喜歡堤泰烏斯的詩，1.629A 以下；很熟悉荷馬史詩，3.680D；對婦女的許可，1.637C，7.806C；保留了赫拉克勒斯的子孫的體制，3.685A；驕傲的國家，6.753A；訓練，1.633B 以下；堤泰烏斯是一位歸化了的斯巴達人，1.629A；讓城牆安睡在大地上，6.778D。

普拉蒂亞（地名） Plataea，戰役，4.707C。

普路托 Pluto，人類的永久的施恩者，8.828D；第十二個月份獻給他，8.828C。

普羅克列斯 Procles，拉棲代蒙國王，3.683D。

普羅泰戈拉 Protagoras，他的命題「人是萬物的尺度」，參閱 4.716C。

腓尼基人 Phoenician（s），故事，參閱 2.663E；愛財，參閱 5.747C。

萊略古斯 Lycurgus，斯巴達立法家，1.630D；他的法律來自阿波羅，1.632D，參閱 1.624A；在創造中獲得不朽，參閱 9.858E。

開奧斯 Ceos，被雅典人征服，1.638B。

雅典人／雅典 Athenian（s）/Athens。**歷史**，向彌諾斯進貢，4.706B；早期共和，3.698B 以下；與克里特人的友誼，1.642D 以下；與拉棲代蒙人，希臘人的救星，3.692C 以下；古時候民眾在劇場裡保持安靜，3.700C 以下。**戰役**，阿特米西烏戰役，4.707C；馬拉松戰役，3.698E 以下，4.707C；薩拉米戰役，3.698C，4.707B 以下；征服開奧斯島，1.638B；波斯戰爭，3.692C 以下，698B 以下，4.7707B 以下。**法律**，麥吉盧是雅典人的近鄰，1.642B；法律表明民主的完善，3.693。**節慶**，爲榮耀雅典娜而舉行全副武裝的舞蹈，7.796B 以下；雅典人的名字來自這位女神，1.626D；養鳥，7.789B；如果一名雅典人是好人，那麼他就格外地好，1.642C；欣喜欲狂，1.637B；自豪的國家，6.753A；能言善辯，1.641E。

雅典娜 Athena，11.921C；阿提卡的女神，1.626D；工匠的保護神，1.920E；爲什麼全副武裝，7.806B；爲榮耀雅典娜而舉行攜帶武器的舞蹈，7.796B 以下；神廟，5.745B，8.848D。
黑海 Black Sea，7.804E。

十三劃

塞米司 Themis，以塞米司的名義起誓，11.936E。
塞浦路斯（地名） Cyprus，從塞浦路斯借用來的祭儀，5.738C。
塞奧格尼 Theognis，美德的定義，1.630C；引用他的話，1.630A。
塔壬同人/塔壬同 Tarentines/Tarentum，嗜酒，1.637B；斯巴達的殖民地，1.637B。
《奧德賽》 Odyssey，2.658D。
奧林比亞/奧林匹克 Olympia（n）/Olympic，奧林比亞諸神，4.717A；勝利者的幸福，參閱 5.729D，7.807C；派公民參加賽會，12.950E；賽馬，7.822B；長距高賽跑，7.822B；訓練，7.807C，8.839E 以下。
奧林帕斯 Olympus，發明音樂，3.677D。
奧菲斯/奧菲斯的 Orpheus/Orphic，他的各種發明的年代，3.677D；他的生平，6.782C；引用他的詩句，2.669D；他的歌，8.829E。
奧德修斯 Odysseus，責備阿伽門農，4.706D。
義大利（地名） Italy，義大利的海盜，6.777C；在劇場裡派監察員，2.659B。
該尼墨得 Ganymede，克里特人虛構的故事，1.636D。
達耳達諾斯 Dardanus，創建達爾達尼亞，3.702A。
達提斯 Datis，波斯軍隊統帥，3.698C。
達爾達尼亞（地名） Dardania，創建，3.681E，參閱 3.702A。

十四劃

圖里（地名） Thurii，體育和公餐鼓勵黨派之爭，1.636B。
瑪卡瑞烏 Macareus，他的亂倫，8.838C。
瑪里安迪尼人 Mariandynians，6.776D。
瑪息阿 Marsyas，發明音樂，3.677D。
瑪格奈昔亞 Magnesia，柏拉圖法篇在中建構的理想國家的名字，9.860E，11.919D，12.946B，969A；受到崇拜的地方神，8.848D。
福尼克斯 Phoenix，受到他的父親的詛咒，11.931B。
赫耳墨斯 Hermes，使者之神，12.941A。
赫西奧德 Hesiod，與厄庇美尼德，3.677E；老人更喜歡吟詠他的詩，2.658D《工作與時日》38 行以下，3.690E，40 行以下，3.677E，254 行以下，12.943E，287 行以下，4.718E 以下，303 行以下，10.901A。
赫克托耳 Hector，殺死帕特洛克羅，12.944A。
赫拉 Hera，剝奪了狄奧尼修斯的理智，2.672B；對獨身者的罰款獻給赫拉，6.774B 以下。
赫拉克利亞（地名） Heraclea，其居民奴役瑪里安迪尼人，6.776D。

赫拉克勒斯 Heracles，赫拉克勒斯的子孫，3.685D。

赫拉克勒斯的子孫 Heraclidae，指底比斯人，征服伯羅奔尼撒，3.683C 以下，685E；他們的制度，3.685D，5.736C；聯盟的毀滅，3.686B 以下。

赫勒斯旁（地名） Hellespont，橋，3.699A。

赫淮斯托斯 Hephaestus，工匠的保護神，11.920E。

赫斯提 Hestia，在審訊中把證據放在祭壇上，9.855E 以下。

十五劃

德爾斐（地名） Delphi，神廟中的銘文，11.923B；赫拉克勒斯的子孫（底比斯人）求神諭，3.686A；引進新公民要求神諭，9.856E；選舉神諭解釋者，6.759D；對挖到財寶的人發出神諭，11.914A；信奉這位神的宗教，5.738B 以下，6.759C 以下，8.828A，參閱 9.865B，871D，11.914A，12.947D。

歐律斯塞涅 Eurysthenes，拉棲代蒙人的國王，3.683D。

歐羅巴（地名） Europe，波斯人的進犯，3.698B。

墨西涅（地名） Messene，早期歷史，3.683C 以下，反斯巴達的戰爭，3.692D，698E。

墨諾提俄斯 Menoetius，帕特洛克羅之父，12.944A。

十七劃

彌達斯 Midas，富裕的，2.660E。

彌諾斯 Minos，克里特的立法者，1.630D；騷擾雅典人，4.706A 以下；他的法律來自宙斯，1.624A 以下；曾經與其父每九年相會一次，1.624B。

繆斯 Muses，唱頌歌的繆斯，6.775B；饋贈，7.796E；提供最早的教育，2.654A；激勵詩人的迷狂，3.682A，4.719C；感性和諧的源泉，2.672D；幫助人控制慾望，6.783A；我們的啓迪中的伴侶，2.653D，665A，672D；在創作中不會有錯誤，2.669C。

薛西斯 Xerxes，接受溺愛教育的王子，3.695D 以下。

十八劃

薩拉米（地名） Salamis，戰役，3.698C，4.707B 以下。

薩瑪提亞人 Sarmatian，與希臘人相對照，7.806B；擅長騎馬，7.804E 以下。

薩彌拉斯 Thamyras，優秀的歌手，8.829E。

十九劃

羅克里（地名） Locri，被敘拉古征服，1.638B；那裡著名的法律，1.638B。

法篇索引

一劃

一半 half，多於整體，3.690E。

一致、調和 unison，在音樂中的齊唱、齊奏，7.812D。

一般的、將軍 general（s），選拔將軍，6.755B 以下；學習算術與幾何，參閱 7.819C；與軍事專家，「戰鬥的工匠」，11.921D。

二劃

七弦豎琴 lyre，彈奏的方式，7.794E；在學校裡教彈豎琴，7.809E 以下。

人 human，人的事務並不完全繫於機遇，4.709A 以下；人體生長，7.788D；脆弱，9.854A，875B；人的興趣不重要，1.644D，7.803B 以下；人類已經存在了無限長的時間，6.781E 以下；獻祭，6.782C。

人 man/men，最可憐的生靈，7.814B；最初並不想接受法律，6.752；把人與動物比較，參閱 5.735B 以下；唯一接受秩序的動物，2.694A，669A；是最優秀的，2.659A；最優秀的人不需要法律，9.875C；指責別人而不指責自己，5.727B；一生中發生許多改變，參閱 11.929C；是諸神的財產，10.902B，906A；對財富的貪婪，8.831D；善與惡的衝突發生在人身上，1.626D 以下；不打算信服真理，2.663E；在大洪水後，3.677B 以下；所有人都有點精神錯亂，11.929D；都希望實現自己的希望，不管是聰明的還是愚蠢的，3.687C 以下；並不特別想要美德，4.718D 以下；欲望無止境，11.918D；不要表現過分的快樂或悲傷，5.732C；與神具有親屬關係，10.899D，900D；早期的人，3.677B 以下；沒有教育處於野蠻狀態，6.766A，參閱 11.935A；長者在模範城市中起作用，4.712B；每個人都有最親密的朋友，9.873C；存在了很長的時間，6.781E 以下；神掌握著人生的第一步，並對其矯正，6.775E；不能同時聽從兩種召喚，8.846D；對神的敬畏，10.902B；榮耀自己的靈魂僅次於榮耀諸神，5.727A；獵取人，7.823B；對數學無知，7.819D；是神的形象和樣式，參閱 4.716D；分有不朽與時間共存，4.721B 以下；容易掉眼淚，7.791E；受氣候影響，5.747D；人儘管不是合乎美德的，但能很好地判斷美德，12.950B；人類沒有法律比野獸更糟，9.875A；人為這個宇宙而被造，10.903C；人是自己的主人，參閱 1.626D 以下，645A，8.839E 以下，10.904C；人是萬物的尺度，參閱 4.716C；服從和追隨神，

4.716A；老人比我們更加接近神，參閱 12.948B；人類的週期性毀滅，3.677A；是諸神的玩偶，1.644D，7.803C；由於美德而得以保全，10.906B；男人的理智高於女人，6.781B；不能賦予最高的信任度，3.691C 以下，4.713C；二十五歲時身高不能長到五歲時的兩倍，7.788D；痛苦與快樂是人的兩個不聰明的顧問，1.644C；並非自覺自願地多產，5.734B，9.860D；永遠處於戰爭中，1.625E 以下。

人口 population，規劃，5.740B 以下。

人民、民族、民衆 people，古阿提卡的人民不是法律的主人而是法律的奴僕，3.700A；分擔司法管理，6.768B。

入港稅 dues，在進出口貨物時不付入港稅，8.847B。

入會儀式 initiation 伴隨著舞蹈，參閱 7.815C。

力量／強大 strength/strong，強者的統治，1.627A 以下，3.690B，10.890A。

三劃

上訴 appeal，上訴法庭，6.767A，C 以下，參閱 11.926D，928B，938B，12.948A，956C。

乞丐 beggars，禁止，11.936B 以下。

口頭的、詞語的 verbal，不恰當的公正是錯誤的，9.860A。

土、土地、大地、地球 earth，作爲元素之一的土，10.889B，891C 以下。

土地、土壤 soil，神聖的，12.955E；對分配土地立法很難，3.684D 以下；重新分配土地，3.684D 以下，5.736C 以下；土地的分配，5.737C-740，745B 以下；不得買賣，5.741B 以下。

土地改革 agrarian reform，遇到的困難，3.684D 以下，參閱 5.736C 以下。

土匪、強盜 brigands，7.823B；士兵的生活，12.942，參閱 6.761D-763B；由於膽小而受懲罰，12.944E 以下；在國家裡享受第二等的榮耀，11.922A。

大的、大、偉大 great (ness)，大人物的兒子一般接受很差的教育，3.694D 以下。

大洪水 Deluge (s)，關於大洪水的傳說，3.702A。

大師的作品 pancratium，7.795B，8.834A。

大執政官 decemvirs，爲克里特殖民城邦而設，3.702C，6.751E。

女性、雌性 females，女性的種族，8.833C 以下。

小旅館、小酒店 taverns，11.918D 以下。

小販、賣主 vendor，不能及時供貨者，12.954A。

山羊 goat，養山羊，1.639A。

工匠 artisan (s)，公民不當工匠，8.846D；對工匠的統治，8.846D-849A。

工作 work，是淫慾之敵，8.841A。

工資、報酬、薪金 payment，關於報酬的法律，11.921B 以下；對教育支付報酬，參閱 7.804D。

弓（手） bow (men)，駐紮，8.834D。

弓箭手／射箭術 archers/archery，在克里特，1.625D；持

弓箭賽跑，8.833B 以下；薩瑪提亞人的婦女擅長射箭，7.805A；傳授射箭，7.804C，813D。

四劃

不公正、不義 iniquity，與疾病，10.906C。
不匹配、不協調 incompatibility，離婚的根據，11.929E 以下。
不可滅性 imperishability，靈魂與肉體的不可滅，10.904A。
不正義、不公正 injustice，不會帶來好處，2.662B 以下；等於靈魂的內戰，參閱 10.906A；頌揚不正義的人，參閱 2.662B；無意的不義，5.731C，9.864A；與正義，5.730D；導致自我毀滅的，參閱 10.906A。
不正義的人 unjust man，；是不幸福的，參閱 2.661B 以下。
不朽 immortal（ity），敬畏神的人相信不朽，12.967D；我們身上的不朽成分，4.714A；與自動的原則，參閱 10.894B 以下，12.966D 以下。
不自覺的 involuntary，欺騙，5.730C；具有惡的性質，9.860D，864A；不自覺與自覺的行爲，9.860D 以下；不自覺的殺人，9.865-869。
不和、不和諧 discord，內亂，6.757A，E；國家的毀滅，參閱 3.686B。
不恰當、不體面 unseemliness，不恰當與公正，9.860A。
不相信、懷疑 incredulity，改革的障礙，8.839D。
不虔誠、不敬神的 impiety/impious，不虔誠的原因，10.899E 以下；對諸神的不敬，10.885，907D-909C；對不敬神者的起訴，7.799B；相關的法律，9.868E 以下；相關懲罰，10.907E 以下；不虔誠的獻祭是浪費，4.716D 以下；相關訴訟，10.910C 以下。
不敬神、不虔敬 ungodliness/ungodly，對靈魂的本性無知，10.892A；受懲罰，10.907E 以下。
中間、中度、中庸 the mean，中等的幸福，3.679B，701E，5.728E 以下，7.792D，參閱 3.691C。
仇恨 hatred，僭主和臣民間的仇恨，參閱 3.697D 以下。
元素、基質、成分 elements，四元素，10.889B，891C 以下。
內疚 conscience，與恐懼的區別，3.699C；能於服從於法律，3.699C。
六韻步詩 hexameter verses，刻在墓碑上的，12.958E。
公牛 ox，把自己養得胖胖的就像等待屠宰的公牛，7.807A。
公平、公道 equity，違反完善的正義，6.757E。
公民 citizen（s），是一場最重要的競賽中的競爭者，8.830A 以下；控制情慾，8.840 以下；對公民的最後讚揚，7.822E 以下；四個階層，5.744C，6.754D；追求幸福而非財富，5.743C 以下；公民的相互瞭解，5.738D 以下，743C，6.771E；如何進行統治與服從統治，1.643E，參閱 6.762E，12.942C；除了軍事以外需要更多的教育，2.666E；公民不應當對財富表示貪婪，8.832D；在死前不應當受讚揚，7.801E 以下；不應當經商，8.842D，11.919D 以下，參閱 8.847D；不應當過一種懶惰的生活，7.807A 以下；不應當從事手工，8.846D；不應當爭吵，5.737A 以下；不應當參加喜劇表演，7.816E；公民的數量，5.737A 以下，6.771A 以下，9.877D，11.919D，929A；不從事技藝而從事政治，8.846D；報告其他人的惡行，5.730D，742B，參閱 6.762D；是有美德的，6.770B 以下。

公民大會 assembly，8.850B；出席公民大會，6.764A。

公共的 public，法庭接受公眾旁聽，6.767E；公共賽會，12.950E；公眾對音樂無知，2.670B；官員，更夫引起公眾恐懼，7.808C。

公雞 cock (s)，訓練鬥雞，7.789B 以下。

分配 distribution，土地的分配，5.737C-740。

分離 separation，允許無子女者分離，6.784B。

友好的 friendly，精神上需要好朋友，4.718D，723A，參閱 10.885E。

友誼 friendship，國家中的友誼，5.738D 以下，743C，6.759B。

天 heaven (s)，對天體的沉思一定不會產生無神論，12.966E 以下；天神聽取父母的祈求懲罰子女，11.931C。

天文學 astronomy，7.821，12.967A；星辰的運動，7.821B 以下；統治者學習天文學，參閱 7.817E。

太陽 sun，是一位神，7.821B，10.899A，12.950D；在太陽神的聖地集會，12.945E；太陽的軌道，7.822A；太陽神的祭司，12.947A；太陽有靈魂，10.898E 以下。

少女、**姑娘** girls，競賽，8.833D，834D；教育，7.794C 以下，804E 以下，813E 以下；學習使用長槍與盾牌，7.794D，804E 以下。

尺度 measure (ment/s)，標誌合乎美德的生活的既定尺度，4.716C；尺度的標準化，5.746D 以下。

心靈 mind(s)，規範和包含一切的原則，參閱 12.966E 以下；年輕人的心靈受各種事物影響，2.664A 以下。

手 hands，雙手需要得到相同的訓練，7.794D 以下。

文雅、**高貴** gentleness，每個人都要擁有這種品質，5.731B。

日子、**天** day (s)，哀悼日，7.800E；節日，8.828A，834E；做買賣的日子，8.849A 以下。

月亮 moon，阿那克薩戈拉論月亮的性質，參閱 10.886D 以下；月亮軌道，7.822A；有一個靈魂，10.899B。

月桂樹葉、**桂冠** laurel，花冠，監察官們佩戴，12.947A。

木材 timber，用於造船的木材，4.705C。

木偶、**玩偶** puppet (s)，關於木偶的寓言，1.644D 以下，參閱 7.803C 以下；表演，2.658C。

木牌 tables，把要求寫在柏樹板上，5.741C。

木頭 wooden/woods，鑽木取火，8.843E；獻給諸神的木頭貢品，12.956A。

比例、**部分**、**份兒** proportion，國家和個人都需要，3.691C 以下，693B。

比喻 analogy，醫療與懲罰，5.735D 以下。

毛髮、**頭髮** hair，穿戴太多東西阻礙生長，12.942D。

氏族、**部族**、**家庭** clans，3.680D 以下。

水 water，水的污染，8.845D 以下；水的供給，8.844A 以

下。
水利工程 irrigation works，提供，6.761B 以下。
父母 parents，每年祭奠死去的父母，4.717E；父母與子女間的分歧，11.928D 以下；詛咒父母，11.931B 以下；父母不應為子女積聚財富，5.729A，參閱 6.773D 以下；父母殺子女，9.868C 以下；對父母的義務，4.717B 以下，11.917A；諸神的形象，11.930E 以下；關於父母的法律，11.930E 以下；父母精神不健全，11.929D 以下；殺父母，9.869A 以下；家庭的天然權威，3.680E 以下，690A，4.714E；各方面的義務，11.930E 以下；當無政府主義盛行時失去對父母的尊敬，3.701B。
父親 father（s），兒子與父親的不同，11.928D 以下。
王朝、朝代 dynasty，古代的統治形式，3.680B，681C 以下。

五劃

世界 world，不能輕視世界的審判，12.950B；世界靈魂，10.896E-899A；不需要掩飾，參閱 5.727D，8.828D；在那裡懲罰惡人，9.870E，881A，10.904D 以下，12.959B 以下。
世襲的、祖傳的 hereditary，傾向於犯罪，9.856D。
主人 master，主人與奴隸，6.777D 以下。
主帥 hipparchs，6.755C。
主持、總監 presidents，節日的，11.935E；運動的，8.835A。
主要的懲罰 capital punishment，9.854E，859B，862E 以下，881A，12.957E。
主動的 active，主動的與被動的狀態，9.859E 以下，10.903B。
代、世代、生長 generation（s），事物的生長，10.904A。
仙女 nymphs，在酒神狂女的舞蹈中得到模仿，7.815C。
出口 exports，與進口，相關的法律，8.847B 以下。
出生、生育 birth（s），憑藉出生的權力，3.690A。
出生不合法的子女 illegitimate children，11.930D。
出身高貴的、出身名門的 wellborn，統治出身卑微的，3.690A，4.714E。
出售 sales，出售有病的奴隸，11.916A 以下；欺詐性的，12.954A；出售殺過人的奴隸，11.916E；求助於諸神，11.916E 以下；無法更改的價格，11.917B 以下；有關規則，8.849 以下。
功績 merit，論功行賞，8.829C。
卡里亞的 Carian，音樂，7.800E。
占卜者 diviners，卜師，11.913B，933C 以下。
可度量的事物 commensurable things，7.819E 以下。
可恥 shame，可恥與恐懼，書信 7.337A，2.671D。
古人 ancients，賦予各種事物名稱，7.816B。
古老 Antiquity，古代，受到尊重，7.798B。
召喚、傳喚 summonses，8.846B；9.855D。
司法系統 judiciary，在模範城市中，12.956B 以下。
司庫 treasurers，神廟的，6.759E 以下。
史詩 epic，史詩史人，在節日時吟誦史詩，2.658B 以下，參閱 8.834E。

外國人 aliens，外邦人，接納外邦人，12.949E 以下；居留的期限，8.850B 以下；外邦人殺人，9.866B 以下；可以分享果實，8.845A 以下；在諸神的保護下，5.729E 以下，9.879D 以下；當小商販，11.920A；對外邦人的尊敬，9.879D 以下；關於外邦人的法規，8.850；外邦人的生計，8.848A 以下，849A 以下；可以發誓言，12.949B。

外國人 foreign（ers），四種外國人，12.952E 以下；接待外國人，12.952D 以下，參閱 6.758C；旅行的外國人，12.949E 以下，952D 以下。

奴役、苦役 servitude，低下的品性，7.791D。

奴隸 slave（s），對奴隸只能用命令的口氣，6.778A；是一種財產，11.914B；作爲僕從，7.808D 以下；經常比兄弟或兒子還要好，6.776D；奴隸的子女，11.930D；被奴隸毀壞，11.936B 以下；作爲醫生，4.720C，9.857C；處以死刑，11.914A；當作自由民來更公正地對待，6.777D；奴隸殺人，9.865C 以下，872C；殺死主人的奴隸，9.868B 以下，參閱 9.872C，877B；不要讓奴隸全都講一種語言，6.777D；制止毆打父母者的奴隸，9.881C；對奴隸的懲罰，6.793E；從主人那裡得到好處，6.777E；逃跑，11.914E；出售有病的奴隸，11.916A 以下；毆打自由民的奴隸，9.882；不值得信任，6.776E 以下。

奴隸制 slavery，6.776B-778A。

奴隸當醫生 quacksalvers，1.649A。

平民 commons，古時候的平民，平民的僕人，3.700A。

必要性、必然性 necessity，甚至不是一位神能與之相提並論的，5.741A，7.818B；從理智中產生的必要性是最強大的，參閱 7.818B 以下。

打官司 cases，重大案件的審判，9.855C，12.958C。

正典 canons，某種具體音樂的古代名字，7.799C 以下。

正直 rectitude，比財富更寶貴，11.913B。

正義、公正 just（ice），等於強者的利益，參閱 4.714C；繁榮昌盛與眞正的幸福，12.945D；所有公民分享正義，參閱 6.768B；與平等，6.757E；位於善的最高等級，參閱 1.631C；使生活人性化，11.937E；正義與放縱，6.757E；實行正義是吃力的，1.364A，參閱 4.718D 以下；正義的生活是最快樂、最幸福的，2.662D 以下；天然的正義，10.890A，參閱 3.690B；對奴隸和下等人特別必要，6.777D 以下；正義與有益，2.662C；正義與非正義，模糊地察覺到二者的對立，2.663C 以下；是良心貞潔的女兒，12.943E；值得榮耀，5.730D；尤其是要善待、照料下等人，6.777D 以下；是神的朋友，4.716D；是幸福的，2.660E。

正義、公義 righteousness，混合著審慎、智慧、勇敢，1.631C 以下；是人的拯救，10.906B。

正確、正義 right（ness/s），正確與適宜，9.859E 以下；習俗的，10.889E；等於對最優秀者的確信，9.864A；下定義，9.864A；以卑微的態度接受神的律法的義人，4.716A；

正義與強權，1.627A 以下，3.690B，10.890A；與快樂，2.667B 以下；行走在神的一邊，4.716A。

民主制／民主的 democracy/democratic，體制的基質，3.693D；能力有待改進的第三種國家，4.710E。

民事侵權行爲 torts，由於邊界糾紛而引起，8.843B 以下。

民族的、國家的 national，民族性格，1.641E，5.747C 以下；民族情感，3.697C。

犯人／監獄 prisoners/prisons，10.908A。

生日 birthdays，在神廟中註冊，6.785A。

生育 procreation，生育期間不得喝酒，6.775C 以下。

生活、生命 life，爲生活而生活，9.870E，872E 以下；按照自然生活，10.890A；對罪人沒有恩惠，9.862E；生活中發生的變化，參閱 7.788D，11.929C；公民的生活，7.806D 以下；四種生活，5.733；由和諧與節奏指引的生活，2.655 以下；生活的艱辛，參閱 11.937D；正義的生活是最愉快的，2.662D 以下；親近神的生活可以度量，4.716C；最高尚的生活是最愉快的，5.732E 以下；生活中沒有什麼可關注的，參閱 1.644D 以下，7.803B 以下，804B；和平的生活與戰爭的生活，1.6280 以下，7.803D；並非總是考慮生死問題，8.828D，831A，參閱 12.944D 以下；原始的生活，3.677B 以下；過適當生活的正確道路，7.792C 以下，參閱 5.728E 以下；生活的海洋，參閱 7.803B；生活的眞正道路，7.803C 以下；只有善的生活才是有價值的，2.661B 以下，4.707D，參閱 5.727D；美德的生活是辛苦的，7.807D，參閱 4.718D 以下；婦女的生活與男人的生活相似，7.804E 以下。

生產、生育 produce，在克里特的劃分，8.847E；登記，12.955D。

白的（白） white (ness)，最適宜諸神，12.956A。

目的 aim (s)，生活的目的是獲取美德，6.770B 以下；政治家的目的，12.963B 以下；立法者的三個目的，3.701D。

目的 end (s)，生活目的，7.807C 以下。

石頭 stone，刻好的石頭獻給諸神，12.956A；結石病，11.916A。

石頭或木頭製成的書板 tablets，投票，6.753C，參閱 12.948E。

立法 legislation，立法的目標，6.770B 以下，參閱 3.693B 以下；立法的條件，4.709D 以下；早期的立法是簡單的，3.684C 以下，參閱 9.853C；立法的不完善，6.769C 以下，772A 以下，9.875E 以下；不能包括所有細節，7.788B 以下，807E；法律必須具有永久性，7.797D 以下；從來不可能徹底完成，9.857C；立法的秩序，4.721A；立法的起源，3.680A 以下；有時候被認爲完全是技術性的工作，10.889D；立法的標準，8.841B。

立法者 legislator (s)，採用曲調並加以神聖化，2.660A 以下；立法者的目標，12.962D 以下；旨在利益，參閱 3.693B 以下；旨在美德，儘管以不同的名稱，3.693B 以下，參閱 3.701D，4.706A，6.770B 以下，8.835C 以下，12.963A；古代的立法者在土地和債務問題上沒有困難，3.634D 以下，5.736C；旨在把法律賜予諸神的兒子，9.853C；如果他需要的事情做不到要求得到寬容，11.925E 以下；有益於他自己的公共名聲，8.838E，參閱 9.870D 以下，872E 以下，11.913C，927A；立法者與動物的飼養者，5.735B 以下；對立法家的指責是最嚴厲的懲罰，11.926D，參閱 7.823C；從某些習俗開始，12.959E；關心善德勝過關心財富，5.742D 以下；旨在控制公民的私生活，6.780A，參閱 7.790B；在立法中是確定的，4.719D 以下，參閱 6.769D，10.885A，11.916E；決定賦予每一種美德的榮譽，3.696E 以下；立法家與工匠，11.934C；從國家中消除愚蠢，3.688E；不希望立法家嘗試不可能的事情，5.742E；表達法律批准的與法律不禁止的事情，7.823A；給酒宴立法，2.671C；在國家中給予財富最低的位置，3.697B，參閱 3.679B 以下，4.705B，706A，5.742D 以下，743E，9.870A 以下；培養對古代的敬重，7.798B；縱容有益的摩擦，2.663D；堅持正義的生活是最愉快的，2.663B 以下；關於宗教，10.888D 以下；不干涉已經建立的宗教儀式，5.738B 以下，參閱 6.759B，8.848D；知道數，5.737E，747A；把對他工作的矯正留給執法官，6.769C 以下，772A 以下，779C，參閱 7.816C，8.846C，9.875E 以下，11.934B，12.956E 以下；留下某些事情由法庭決定，9.875E 以下；與其他職業家一樣需要有利的條件，4.709D；使其工作完善並堅持，5.746C，參閱 7.823A；需要有約束的權威，4.710D，參閱 5.735D，739A；不要忽視有關婦女的法規，7.805A 以下，806C；立法家的目標不是戰爭而是和平，1.628C 以下，630D 以下；使整個國家按照智慧、節制、正義行事，3.688A 以下；立法家與畫家，6.769B 以下；過去的立法家太軟弱，11.922E；極爲關注教育，6.766A；立法家與醫生，4.720；防止公民爭吵，5.737A 以下，參閱 9.862C；立法家關心的不是民眾的希望而是他們的眞正的利益，3.684C，11.922E，923B；不關注某個特定階級的利益，6.757D；不能規範所有細節，7.788B 以下，807E；詩人的對手，7.817B 以下；確保國家權力的平衡，3.691D 以下，693B；教育公民抗拒快樂與痛苦，1.647C 以下；既使用說服又使用強制，4.718C 以下，10.890B 以下，參閱 9.859A，10.885C，11.928A；老法律的使用，8.843E 以下；注意整個美德而非只注意提供某種缺乏的東西，1.630E；希望被統治者接受美德，4.718C，參閱 6.770B 以下；法律的撰寫，9.858C 以下；寧可喜歡詩人的寫作，9.858C 以下，12.957D，參閱 7.811C 以下，12.964C。

六劃

交通 traffic，與敵人勾通，9.856E 以下。

交際、往來 intercourse，社會交往的重要性，6.771D 以下；兩性間的交往，8.835D 以下，839-841；違反自然的性關係受到譴責，1.636C，8.836C 以下。

仲裁者 adjudicator，調和不同派別的爭端，1.627E 以下。

仲裁者 arbitrators，6.766D；選爲仲裁者的法官，12.956C。

兇殺、兇手 murder (ers)，9.869E-874B；在來世受懲罰，9.870E，872E 以下。
共同的、公共的 common，共有的、共用的。公共執法者、劊子手，9.872B，873B；公共生活，參閱 5.739C；公餐制度，在克里特，1.625C 以下，633A，6.780B 以下，8.842B；爲戰爭而設，1.625C，633A，6.780B，參閱 12.942B；壞的影響，1.636B 以下；在模範城市中，6.780B 以下，783B，7.806E，8.842B；鄉村專員，6.762；在斯巴達，1.633A，6.780B 以下，8.842B；女人的公共生活，6.781C 以下，7.806E，8.839D；立法者的理想，5.739C，參閱 7.807B。
共同體、公社 community，情感的共同體，5.739C 以下；共同體與個人，9.875A 以下，11.923A 以下；整體，受法律保護，4.715B。財產的共同體，5.739C，7.807B；第二好的國家財產不共有，5.739E 以下；婦女兒童共有，5.739C，7.807B。
共產制 communism，共產制的最高形式，5.739C，參閱 7.807B。
共謀、勾結、串通 collusion，11.936D。
匠人 craftsman/craftsmen，獻給保護神，11.920D；技藝的知識，誠實和正直，11.921B；工匠的規矩，11.920 以下。
名稱、名字 names，名稱與定義，10.895D 以下；傳統的名稱是極好的，7.816B；命名是立法家的工作，參閱 7.816B。
名聲、名氣 reputation，名聲的價值，12.950B 以下。
名聲、聲望 fame，聲望的力量，8.838D 以下。
合唱、歌舞 chorus，源於 χαρά，2.654A。
合唱的 choric，技藝，與教育密切相關，2.654B，665A，672E；分成跳舞與唱歌，2.654B；歌典，2.665 以下；在克里特與斯巴達，2.666D。
合唱隊、歌舞隊 choir (s)，老人合唱隊，2.664D；阿波羅和繆斯的歌舞隊，2.664C，665A；到場，12.949C；比賽，8.834E；狄奧尼修斯的歌舞隊，2.665B，670 以下，7.812B；裁判宣誓，12.949A；由年輕人組成的歌舞隊，6.772A；主席或調度，6.764E 以下，772A；三人組成的歌舞隊，2.664C 以下；訓練員，2.655A，7.812E。
吃，快樂 eating，2.667B 以下，6.782E。
吃草 grazing，牛群在鄰居的草地上吃草所受的懲罰，8.843D。
回憶、追憶 recollection，等於重新發現知識，參閱 5.732B 以下。
地方行政官的職位 magistracies，成爲智慧的擁有者，3.689D。
地界、地標 landmarks，有關法律，8.842E 以下。
多、許多、衆人 the many，許多人認爲天文學研究導致不虔誠，12.967A；許多人錯誤地估計善，2.660E 以下，參閱 4.707D；許多人認爲欺騙是正義的，11.916E；對音樂無知，3.700E；西西里和義大利的劇場裡的裁判，2.659B；許多人認爲音樂的目的是快樂，2.655D，658E，3.700E。
好、善 good (ness/s)，；分類，1.631B 以下，2.660E 以下，3.697B，參閱 9.870A 以下；善的社團，5.739C，7.807B；

善與勇敢，3.696B；善與慾望，6.782E 以下；比財富更能計量，5.728A；用假設的兩個靈魂來解釋，10.896E；對惡來說，善與是一種惡，2.661B 以下；善與優秀，12.966A；被財富所阻礙，5.742D 以下；生活之善常遭敗壞，參閱 5.729A；立法家之善，4.705E；善與快樂，2.663A；人把善性灌輸給別人，5.730D 以下；善與節制，3.696B 以下；善與理智，10.900D；善人被眾人錯誤地判斷，3.660E 以下，5.742E；好與壞，10.908B；在不良統治的國家裡找到好人，12.951B；文雅與高尚，5.731D；不要對朋友的死亡感到悲傷，參閱 5.732C，7.792B，800D 以下；傳授他們的優秀品質，5.730E；神熱愛善人，4.716D；寧可被流放去一個很差的國家，6.770E；好人統治自己，1.626E 以下，644B；好人的獻祭是神可以接受的，4.716D 以下；好人的兒子不一定是好人，參閱 3.694D。

好客 hospitality，12.952E 以下；厚待客人為上蒼所樂，4.718A 以下。

字母 letter (s)，花在學習字母上的時間，7.810A。

存在 existence，諸神批准的存在，10.886-899B。

存款 deposits，存放，有關法律，11.913C 以下。

宇宙 universe，可以研究宇宙，7.821A；人與宇宙，10.903C 以下；宇宙的起源，10.889B 以下；由理性統治，參閱 1.631D，632C，10.896E 以下，12.963A，966E，967B；宇宙靈魂，10.896E-899A；整體與部分，10.903B 以下。

守寡 dowries，不允許，5.742C，6.774C 以下。

安全 security，有關法規，12.953E。

年長、資歷深、職位高 seniority，資深者的權柄，9.879C。

年紀 age，擔當統治者的年紀，3.690A，11.917A；擔任合唱隊領隊的年紀，6.765A；擔當祭司、神論解釋者的年紀，6.759D 以下；擔任教育總監的年紀，6.765D。

年輕的／青年 youthful/youths，參加監察官的葬禮，12.947B 以下；競賽，8.833C；他們的懷疑主義不會持久，10.888C；青年的脾氣易變，11.929C。

年輕的 young，容易相信任何事情，2.664A 以下，參閱 2.671C；年輕的牲率活潑愛動，2.653D 以下，664E；不批評法律，1.634D 以下；受溺愛而變得蠻橫暴躁，7.791D；保持古老的運動和生活方式，7.797B 以下；服從立法者，7.823C；在國家裡是被統治者，3.690A，4.714E，參閱 3.680E 以下；服從長者，9.879C，11.917A，參閱 4.721D；訓練的最佳方式，5.729B 以下；年輕人的視野遍佈整個國家，12.964E 以下。

收葡萄、釀葡萄酒 vintage，季節，8.844E。

曲調、音調 melodies/melody，在教育中，2.654E 以下，670B 以下；用音調表示美德與惡德，2.655A 以下；曲調與節奏的配合，2.669C 以下，670C 以下。

有限的 limit (ed)，在有關財產的爭論中提到有限的時間，12.954C 以下。

有意的 intentional，有意的行動與無意的行動，9.878B。

有機體 organisms，隨著歲月流逝而有許多變化，6.782A。

死亡 death，害怕死亡，參閱 10.904D；死還是生，何者更好，8.828D，參閱 12.944D 以下。**死刑作爲一種懲罰**：何時判處死刑，9.866C，868E，871D；何時不處死刑，9.854E，859B，862E 以下，881A，12.957E；處以死刑是唯一懲治惡人的方法，12.957E，參閱 5.735E，9.854E，862E 以下；關於某些蓄意殺人的情況，9.877B；由於愛財而引起的死亡，11.938C；殺死奴隸，9.872C；處死搶劫公共財產者，12.941D，參閱 9.857A 以下；處死妨礙司法的罪犯，12.958C；處死按自己的意願宣佈戰爭或和平的人，12.955B 以下，處死犯有四種僞證罪的人，11.937D；處死佔有超過法律規定數量財產的自由民，11.915B 以下；處死殺死外國人後返回的人，9.866C；處死殺死奴隸的人，9.868C；處死殺人犯，9.871D 以下；關於殺人罪行未被發現的情況，9.874B；處死瀆職官員，12.946E；處死殺害父母者，9.809B 以下，873B；關於管理毒藥的醫生與占卜者，11.933D 以下；處死不告發主人罪行的奴隸，11.914A；處死殺害自由民的奴隸，9.872B；處死接受賄賂者，12.955D；處死盜竊神廟者，9.854E；處死擾亂立法和教育事務者，12.952D；處死叛國者，9.856C；處死不信神者，10.908E 以下。

死者 the dead，榮譽方面的競爭，12.947E；對死者的頌揚，7.801E；停屍的規定，12.959A；死者的靈魂對人間事務感興趣，11.927A，參閱 9.870E，872E；墳墓，12.958E。

污染、玷污 pollution，血親仇殺引起的，9.872E；由兇殺引起的，8.831A，9.865 以下，869E，871A 以下，873A。

老人 aged, the，老人們的法律遊戲，6.769A。

老的 old，惡人在老的時候極端孤獨，5.730D；老人具有遠見，4.715E；老人們的裁判遊戲，3.685A，參閱 7.820C；可以邀請狄奧尼修斯來赴宴，2.666B；不要過分自信，7.799D；在模範國家中起作用，5.746A；寧可朗誦荷馬或赫西奧德的詩歌而不要別的快樂，2.658D；可以說出以往法律的缺點，1.634E 以下；會害怕青年，5.729B；作爲歌手，2.665B 以下，666C 以下，670 以下；照料孤兒，11.927B 以下；對國家的理解，12.965A。

考察、調查 inquiry，考察神的本性並非不虔誠，7.821A，參閱 12.966C 以下。

考察 scrutiny，在選舉中，6.753D 以下，755D 以下，756E，759C 以下，763E，765C 以下，766B，767D，參閱 13.947E。

肉 flesh，有些地方不吃肉或用肉做獻祭，6.782C。

自由 freedom，絕對的自由比有約束的統治更糟，3.698B；不允許自由處置遺產，11.922B-923C；意志自由，10.904C 以下；民主制的市場，參閱 12.962E；波斯的自由狀況，3.694B。

自由 liberty，很容易變成無政府主義，3.701B；是民主制的標誌，參閱 12.962E；國家中實行自由的必要性，3.697C 以下。

自我 self，自律，需要有快樂的經驗，1.647D，649C；自欺，5.727B，732A 以下，9.863C；技藝中的保持自我前後一致，5.746C；自衛，允許自衛，9.874B 以下，880A，對外國人進行自衛不合法，9.879D，不能對父母進行自衛，9.869B，國家必須要有自衛的權力，8.829A 以下，830C 以下，參閱 7.814A 以下；自戀，是許多惡行的源泉，5.731E；自主，1.626D 以下，8.839E 以下；第一被推動者，等於第一原則，10.895B；自己運動，等於生命，10.895C；自給自足，國家的自給自足是必要的，5.738D。

自殺 suicide，埋葬，9.873C 以下。

自然的／自然 natural/nature，本性的／本性，天然的技藝與偶然性，10.888E 以下；道德中的自然與習俗，10.889C；自然的饋贈，10.908C 以下，參閱 7.819A；天然的正義，10.890A；這個詞的意思，10.892C；希臘人對自然風景的感覺，參閱 1.625B 以下；自然與政治，10.889D；哲學家對自然的看法，10.888E 以下；自然界並非沒有神，12.966E 以下。

自願的，自覺的 voluntary，殺人，9.866E 以下；在行爲中，9.860D 以下。

至點 solstice，夏至，3.683C，6.767C，12.945E。

行星 planets，7.821B 以下；行星運動，12.966E。

行動 act（ions），行爲的種類，9.864B 以下；行動有靈魂，10.904A；自願的行動與不自願的行動，9.860D 以下。

七劃

位置，地點 locality，對身體和心靈的影響，5.747D。

估價 valuation，財產的估價，12.955D 以下。

作家／作品 writers/writing，在學校裡教寫作，7.809E 以下。

作惡者 wrongdoer，並非故意作惡，5.731C；可悲的，5.731A。

低劣者、下等人 inferiors，被優秀者用專門的正義來對待，6.777D 以下。

判斷、裁判、法官 judge（s），作爲一種技藝所具有的性質，2.669A 以下；體育競賽的裁判，6.765C；大案，9.855C 以下，856C，866C，867E，871D，12.958C，參閱 11.916C；在受傷害的案子中，9.877B，878D，879A，參閱 9.879D 以下；不提供幫助，9.880D；審判不孝之子，11.9332C；比賽的裁判，8.833E；選拔組成法庭，11.926D，928B，938B，12.946D，948A，956D；法官的選拔，6.767D；賽馬，8.834C；讓發言者不跑題，12.949B；爲立法家提供服務，11.934B；有關法律，6.766D 以下，9.855C-857B，12.957B 以下；對聽眾撒謊，6.761E；音樂比賽的裁判，6.765B，12.949A；補充立法家的遺漏，11.934B；把立法家的著述當作試金石，12.957C 以下；劇場裡的裁判不向觀眾妥協，2.659A。

判斷 judgment（s），與恐懼、自信相關，1.644D；最後的判斷，12.959B 以下；判斷的金圈，1.644D 以下；對惡做判斷是最劇烈的，5.728B；判斷與報復，5.728B 以下。

利息 interest，禁止收利息，5.742C，11.921D。

利益 advantage，立法者的目標，參閱 3.693B 以下。
君主制 monarchy，與民主制結合，6.756E，參閱 3.698B，701E；體制的基質，3.693D。
告誡 admonition，對無神論者，10.888A 以下；作爲教育的傳統方式，5.729B。
吟詠詩人 minstrels，受雇在葬禮上服務，7.800E，參閱 12.959E 以下。
吟詠詩人 rhapsodes，比賽，8.8340E，參閱 2.658B 以下。
妒忌 envy，作爲一種邪惡，5.731A 以下。
妒忌 jealousy，是可恨的，5.731A 以下。
尿急痛 strangury，11.916A。
巫師 charmers，對巫師的懲罰，10.909B 以下，參閱 11.933A 以下。
巫師 wizard（s），受懲罰，10.909B 以下，11.933A 以下。
巫術、妖術 sorcery，11.933A 以下。
巫術、巫師 magic（ian），11.933A 以下。
巫術、魔法 witchcraft，10.909B 以下，11.933A 以下。
希望 hope，在不幸時安慰好人，5.732C 以下。
序言 preludes，法律的序言，4.719E 以下，722D 以下，6.772E，9.870D，880A，10.887A 以下。
快樂 pleasure（s），沒有正確的標準，2.667B 以下；快樂的慾望是錯誤行爲的原因，9.863B；所有人都希望快樂，5.732E 以下；快樂就是沒有不舒服之處，6.782E；飲酒的快樂，2.667B，6.782E，783C；吃東西的快樂，2.667B 以下，6.782E，783C；在斯巴達受到禁止，1.637A；模仿性的技藝提供，2.667D 以下；快樂與善，2.663A；快樂與幸福，2.662E 以下；兒童的不節制是不允許的，7.792D 以下；正義的生活是最快樂的，2.662D 以下；學習的快樂，2.667C；喜歡快樂對人來說是天然的，5.732E；寧可要有節制的快樂，7.792D 以下；不是音樂的對象，2.655D，668A，3.700E，參閱 2.658E，7.802D；兒童的第一感覺，2.653A；被快樂所征服，參閱 1.633E，8.836E；快樂與理性，3.689A 以下；對靈魂信念的沖刷，參閱 1.633D；生殖的保證，1.636C；快樂與靈魂，5.727C；斯巴達或克里特的法律不訓練人們抗拒快樂，1.634 以下；快樂與節制，5.734；快樂與痛苦：等於沒有痛苦的快樂，5.733A 以下；心靈中的快樂與痛苦，參閱 1.633D；是人的兩個不聰明的顧問，1.644C。
抗辯者 demurrer，抗辯者的上訴，11.937B。
技巧 skill，技巧與機會，4.709C 以下。
技藝、手藝 craft(s)，對技藝一無所知的年代，3.677B 以下。
技藝 art（s），技藝及其前提，參閱 4.709C 以下；全都是低賤的和機械性的，參閱 7.806D，8.846D；技藝與機會，10.888E 以下；合唱的技藝，2.672E；對技藝的批評，2.667D-670A；埃及人不允許技藝的變化，2.656D 以下；鐵對陶工和織匠的技藝來說並非必需的，3.679A；巫術的技藝，11.833A；技藝與本性，10.888E 以下，890D，892B；無人可以從事兩種技藝，8.846D；陶器的技藝，

3.679A；技藝與政治家，10.889D；作戰的技藝，4.706C 以下；紡織的技藝，3.679A。
批評、批判 criticism，友好的批評有價值，1.635A。
抒情詩 lyric，在教育中，7.812B 以下；抒情詩人，不允許嘲笑任何公民，11.935E；詩歌競賽，2.658B。
投石器 slings，8.834A。
村莊 villages，適當的人口，8.848C 以下。
步兵 infantry，比水兵更有用，4.706C 以下。
求援者 suppliants，在諸神的專門關照下，5.730A。
沉溺、著迷 indulgence，對完全正義的違反，6.757E。
沉默寡言 taciturnity，拉棲代蒙人的，1.641E。
沐浴 bath（s），熱水澡供老人用，6.761C。
沒收 confiscation，沒收財物，不允許沒收財物，9.855A。
沒有信仰的人 unbelievers，受懲罰，10.907E 以下，908E 以下。
沒有留下遺囑的 intestate，兒童，11.924B 以下。
灶石 hearthstone，家裡神聖的地方，12.955E。
男孩、童僕 boy（s），競賽，8.833C，教育，7.809E 以下；在學校裡學詩歌，7.8l0E 以下；遊行，7.796C 以下；禁止喝酒，2.666A；是最不守規矩的野獸，7.808D。
男祭司 priests，阿波羅和太陽的祭司，12.947A；照料外邦人，l2.953A 以下；夜間議事會的成員，l2.951D，參閱 l2.961A；與女祭司，6.759 以下，7.799B，800A 以下。
男親屬 kinsmen，決定一個兒子有無繼承權，11.929B 以下；對孤兒的義務，6.766C，11.924B-925C；不能擔任法官，9.879A；追究殺人犯，9.866B，868B 以下，871B 以下，873E。
私人的、私下的 private，禁止私人舉行儀式，10.909D 以下；控制私人生活，6.780A，7.788 以下，790B。
見證、證據、證言 witness（es），8.846B，11.936E 以下；錯誤的見證，11.937B 以下；毀滅證據，12.954E 以下。
身體的 physical，體育文化，包括跳舞蹈和摔跤，7.795D 以下，參閱 2.673A，7.813A 以下；身體訓練，從痛苦開始，1.646D；對男孩與女孩的訓練，7.813B 以下；具有軍事性質，7.813D 以下；適宜婦女的訓練，7.804E，813E。
車 wagons，節日遊行用的車，1.637B。
辛勞 toil，是一種幸福，6.779A。
巡查 patrol，國家的巡查，6.760B 以下。
邪惡的、邪惡 wicked（ness），惡人歧視優秀者，12.950B；諸神不受惡人之禮，10.885D，905D 以下，908E，12.948C，參閱 10.888C；惡人所認爲的幸福，2.660E 以下，10.899E 以下，905B。
防衛 defense，相關安排，6.760B 以下，參閱 6.778E。
防護、保護 protection，反對錯誤的東西，8.829A。
防護 fencing，防守技藝，7.813E，8.833E。

八劃

乳香 frankincense，不能進口，8.847B。

事奉 service，事奉長者是榮耀的，6.762E；服兵役，12.943A 以下；年紀，6.760B，785B；事奉國家是一種義務，12.955C 以下。

依戀 attachment，相同與不同，8.837。

使者 ambassadors，關於派遣使者的法律，12.941A。

使者 envoys，關於派譴使者的法律，12.941A。

供品、供物 offerings，獻給諸神，有關的規定，12.955E 以下。

供給者 provider，世界的供給者，10.903B。

例子、榜樣、典範 example，比法規好，5.729B 以下。

來世的生活 future life，惡人受懲罰，9.870E，881A，10.904D 以下，12.959B 以下。

侏儒、矮人 manikins，蠟製的，11.933A 以下。

兒子 son（s），被趕走的兒子，11.929C 以下；偉大人物的兒子比他的父親差，參閱 3.694D。

兒童、孩子 children，教育中需要照料，6.766A，7.788，808D 以下；懲罰，7.808E；把美德和邪惡當作快樂與痛苦一樣來接受，2.653A；在埃及，7.819B 以下；經歷痛苦與快樂，7.792B 以下；兒童的恐懼和勇敢，7.791B 以下；兒童遊戲，1.643B 以下，7.793C 以下，797B 以下；擁有適度的運氣是最幸福的，5.729A，參閱 6.773D 以下；不要聽不適宜的故事，參閱 12.941B；受歌曲的影響，2.659E；兒童的本能，2.653A 以下；學習騎馬，5.467D 以下，參閱 7.804C；生兒育女是獲得不朽的一種方式，4.721C，6.774A，776B；在村莊的聖地相聚，7.794A；生育的數量要充足，11.930D；子女與父母，4.717B 以下，9.869B，11.928D 以下，930E 以下；喜歡喜劇勝過喜歡悲劇，2.698D；生育，6.775B 以下，783B 以下，參閱 2.674B；註冊，6.735A；奴隸的子女，11.930D；兒童在國家中，7.804D；子女不用爲父母的罪行而受苦，9.855A，856D；參加軍事訓練，8.829B。

制定法律者 lawgiver（s），採用和神聖化曲調，2.657B；按照智慧、理智、公義規範國家，1.631D 以下；教育公民抗拒快樂與痛苦，1.634 以下。

取消 cancellation，有必要取消債務以重建社會，5.736C，參閱 3.684D 以下。

受苦 suffering，與正義相關時受苦是恰當的嗎？9.859E 以下。

味道、滋味 taste，在這方面搞新花樣是危險的，7.797B 以下。

呼喊者 criers，11.928D。

和平 peace，和平舞，7.814E 以下；和平生活，7.803D 以下，8.829A 以下；沒有權威就無法締結和平，12.955B 以下；僅僅是個名稱，1.626A；比戰爭好，1.628C 以下，7.803D，8.829A；用戰備保證和平，8.829B。

和平舞 ermmeleiae，7.816C。

和睦 Amity，國內的和睦，3.694A 以下；被暴君所毀，3.687D。

和諧 concord，美德的和諧，2.653B，3.689。

命令 command，與服從，1.643E，6.762E，12.942C。
命運／命運女神 fate/Fates，12.960C。
命運女神／命運 Destinies/destiny，7.799B；命運的規定，10.904C。
夜間開會的議事會 nocturnal council，在模範城邦裡，10.908A，909A，12.951D 以下，961A 以下，968A。
奉承、討好 blandishments，奉承的作用，1.633D。
奉承者／奉承 flatterers/flattery，對靈魂產生的作用，11.923B。
奇數 odd，獻給天神，4.717A 以下。
妻子 wives，當擁有財產時往容易變得固執，6.774C。
孤兒 orphans，11.922A；在十五名老執法官的特別照料下，11.924C，926C-928D，參閱 12.959E；監護人，10.909C，11.924，926C-928D；孤兒成年後的婚姻，11.924D-926D。
宗教 religion，是一種習俗，10.889E；是一種不很容易建立的祭儀，10.909E；無政府主義盛行時受到輕視，3.701B；自然哲學家輕視宗教，10.886E；希臘宗教，4.716D 以下；從小就受影響，10.887D 以下；宗教事務留給德爾斐處理，5.738B 以下，6.759C 以下，8.828A，參閱 9.865B，871D，11.914A，12.947D；對死者的讚揚，7.801E；祈禱，7.801E；獻祭時的合唱隊，7.800C 以下；病人的迷信，10.909E。
宗教法規的解釋者 exponents of religious law，6.759C 以下，775A；選舉解釋者，6.759D 以下。
宗族關係、血緣關係、親屬關係 kindred，一種光榮，5.729C；婚姻形成的，11.924E。
定居 settlements，無繼承權的人和家中的幼子被送往海外定居，11.923D，928E，參閱 11.925B 以下。
定義、界定 definition，定義與名稱，10.895D 以下。
幸運、好運 fortune，因不幸而受譴責，參閱 5.727B；幸運是善的，但無公義可言的好運是惡的，2.661B 以下，善與惡的幸運，5.732C；禁止製造好運，5.741E。
幸福、快樂 happiness，公民的幸福，5.743E；最大的幸福獎勵給最公義的人，參閱 2.664C；個人的幸福與國家的幸福，8.828D 以下；法律的目的，1.631B；幸福與快樂，2.662E 以下；普世嚮往的，參閱 9.870A 以下；不義者的幸福，參閱 2.660E 以下；並非眞的賦予不義者，2.660E 以下，662B 以下，10.899E 以下，905B；幸福與財富，5.743A 以下，9.870A 以下；許多人錯誤地理解幸福，2.660E 以下。
弦琴 cithara，傳授弦琴，7.812A；在無歌詞的音樂中使用，2.669E。
忠誠、忠心 loyalty，處於危急中，1.630A 以下。
忠實的 faithfulness，忠誠的，在內戰中，1.630A 以下。
性／性的 sexes/sexual，性慾，6.782E 以下，8.835D 以下；兩性接受同樣的訓練，7.804E 以下；兩性關係，8.835D 以下；兩性分開接受指教，7.794C 以下。
性格 character（s），受氣候和土壤的影響，5.747D；模仿低劣的事物產生惡的性格，2.669B 以下，參閱 7.798D 以下；

從嬰兒時期形成，7.791B 以下；不良教育毀壞人的性格，參閱 8.831E；性格與意願，10.904C。
性情、脾氣 temper (ament)，與習慣，3.655E；年輕人的性情易變，11.929C。
房子 house (s)，矯正所，10.908A；鄉下的房子，8.848C；懲治所，10.908A；在房子裡獻祭，參閱 10.909D 以下；一家人要有兩所房子，5.745E。
所有權 proprietorship，奴僕的所有權，6.776C 以下。
拋棄、背棄 desertion，有關背棄的控告，12.943D。
抽籤 lot (s)，通過抽籤選舉，6.759C；等於上蒼的青睞與幸運，3.690C，參閱 6.757E，759C；使用抽籤，9.856D，12.946B；公民的抽籤：總是保持相同，5.740B 以下，741B，744E，6.754E 以 下，9.855A，856D，857A，877D，11.923D 以下；對所有人平等，5.745E。
拍馬者、奉承者 sycophants，對年輕人的影響，5.729A 以下。
放棄、拋棄、脫離關係 renunciation，拋棄兒童，11.928D 以下。
放蕩、荒淫 profligate，這樣的生活不如有節制的生活，5.733D 以下；無人自願放蕩，5.734B。
放蕩的、無法無天的 license，始於音樂，3.701A 以下；斯巴達婦女的，1.637C，6.780E 以下。
服從 obedience，是社會生活的棕櫚枝，4.715C，716A，5.729D，11.919E，參閱 3.699C，11.935C。
朋友 friend (s)，朋友間的一切都是共同的，5.739C。
果實 fruit，關於收穫果實的法律，8.844D 以下。
武士 warrior，是左右手都善用的，7.794D 以下；勇敢的武士受到獎勵，12.943C。
武器 arms，拋棄武器是可恥的，12.943E 以下；在海戰中允許，4.706C；雅典娜教授使用武器，參閱 7.796B 以下；婦女學習使用武器，7.804E 以下，813E 以下；克里特人在日常生活中攜帶武器，1.625C。
武器 weapons，進出口武器，8.847D。
法、法律、法則 law (s)，僅僅旨在美德，3.693B 以下，12.963A；使人幸福，1.631B；古代的法律經常是優秀的，8.843E 以下；在人類中從習俗中產生，10.889E 以下；經典和曲子，7.799E 以下；迦太基關於喝酒的法律，2.674A；在多大範圍內被改變，6.769C 以下，772A 以下；爲公民所理解，12.951B；克里特的法律，1.625 以下，631B 以下，633E 以下；限定的，1.644D；有限的，4.719D 以下；法律是有害的除非統治者是卓越的，6.751B 以下；把善分成三類，3.697A；法律與教育，2.659D 以下；以統治者爲榜樣強制執行，4.711C；把城邦公共法當作寶貴的黃金，1.645A；比知識低下，9.875C；法律條文刻在柱子上，參閱 11.9[illegible]E 以下；法律知識是最寶貴的，12.957D；拉棲代蒙人的法律，1.626C；有較長的或較短的形式，4.720E 以下；法律與音樂，7.799E 以下，參閱 3.700B；品達論天然的正義，3.690B，4.714E，參閱 10.890A；法律的必要性，9.875A 以下；需要實踐的考驗，6.769D，772A 以下，8.846C；法律與習俗，4.722D，參閱 6.772E；服從法律，4.715C 以下，5.729D，6.762E；波斯的法律，3.695C 以下；法律與序曲，4.722D 以下，6.772E，9.870D，880A，10.887A 以下，參閱 4.718B 以下；法律的恰當考驗，1.638A 以下；法律的目的，9.880D 以下；只考慮現存體制的利益，4.714C；作爲美德的整體而非作爲它的部分，1.630E，4.705D；法律的嚴峻面貌，9.859A；爲最優秀的人制定，1.628C；法律對天的事奉，6.762E；法律的權威拯救社會，4.715D；對某些具體問題幾乎沒什麼用處，7.788B 以下；寫文章的具體法則，參閱 9.858C 以下，12.957C 以下；法律的監察者，12.951D 以下；應當恐嚇他們還是說服他們？9.859A，10.890B 以下，參閱 4.718C 以下；原始社會不知道法律，3.680A；古時候沒有成文法，3.680A，7.793A 以下；成文法的價值，10.890E；酒宴之法，2.671C 以下，673E 以下；使人痛恨不平等，9.862D；不批評法律，1.634D 以下。

法令、法規、條令 enactments，最初不打算接受，6.752B 以下。

法律書 Laws，立法材料的彙編，9.858B；第二好的體制的法律，5.739E，7.807B；教育監察官的標準，7.811D；關於法律書的故事，6.752A。

法律訴訟 lawsuits，幾乎無人知道，5.743C。

法庭、法官席、審判員席 tribunals，6.767B 以下。

法庭 courts of law，在模範城邦中，訴訟，6.767A，C 以下，參閱 11.926D，928B，938B，12.946D，948A，956D；重大案件的訴訟，9.855C 以下；良好安排的重要性，9.876A 以下；法庭的位置，6.778C；最古老公民的法庭，11.932C；對公眾開放，6.767C；公眾法庭，6.768A 以下；法庭程序，9.855D 以下；立法者不履行法律職責，9.875E；三種法庭，6.767B 以下；部落法庭，6.768B，11.915C。

法規專家 canonists，宗教法規的專家，8.828B，9.871D，873D，11.916C。

爭吵、爭執 quarrels，最優秀的國家不知道，參閱 5.737A 以下。

牧人、牧者 shepherd (s)，神聖的牧人，參閱 4.713D 以下；與統治者，參閱 5.735B 以下；大洪水的倖存者，3.677B 以下。

牧歌 nome，一種音樂的老名字，3.700B。

物體、身體、肉體 bodies/body，天體、物體與靈魂，11.967A；身體與肢體、身體的複合狀態，參閱 12.964D 以下；與靈魂的聯繫，消亡的結局，8.828D；不是永恆的，而是可消亡的，10.904A；身體對自由人具有很低的價值，7.796D；身體爲靈魂而存在，9.870B；身體與鬼，12.959B；身體的成長，7.788D；歸於身體的榮耀，5.728D 以下；低於靈魂，5.728D 以下，743E，10.892A 以下，12.959A；靈魂統治身體，5.726 以下，10.892A，896C 以下，12.959A，967B，參閱 12.966D 以下；用狗狩獵，7.824A。

玩具 toys，兒童的玩具作爲教育手段，1.643B 以下。

知道、認識、懂 know（ing），「認識你自己」，11.923A。
知識 knowledge，知識的欺騙，3.701A，5.727B，732A 以下；知識與勇敢，參閱 12.963E；工匠的知識是誠實的與直接的，11.921B；關於神的知識是高尚的，12.966C 以下；善的相是最高的，參閱 12.965D 以下；在法律之上，9.875C；回憶的過程，參閱 5.732B 以下；三重知識，10.895D；知識與智慧，參閱 3.689C 以下。
社會 society，由法律而非體制來保證階級利益，4.715B；社會的起源，3.676C 以下；社會的清洗，5.735B 以下。
社會的 social，古雅典的社會階級，3.698B；關於共同體的知識，9.875A；根據地形和立法來判斷的社會體制，4.707C；社會的觸覺，1.640C。
肺結核 phthisis，11.916A。
表現 representation，在詩歌中，4.719C。
長者、長官、佔優勢者、優勝者 superiors，公正地對待下級，6.777E。
長者 elder（s），諸神和凡人尊敬長者，9.879C；拉科尼亞的長者，3.692A；長者與年輕人，9.879C，11.917A，參閱 4.721D；長者統治，3.690A，4.714E，參閱 3.680E 以下。
長槍、長矛 spear，少女學習使用，7.794D。
阿波羅頌歌 paeans，音樂的分類，3.700B。
青銅 bronze，不獻給諸神，12.956A。

九劃

信心、自信 confidence，等於對快樂的預見，1.644D；自信與節制，1.[illegible]7A 以下。
信用 credit，法律不承認，8.849E，11.915D 以下。
信念、信服 conviction，關於最佳事物的信念，9.864A。
信念 belief，並非所有人相信諸神，12.948C。
保證、擔保 sureties，法規的保證，9.871E 以下，873B，11.914D 以下。
保護神 patrcral gods，工匠的，11.920D 以下。
冒失、厚顏無恥 impudence，3.701B；最大的惡之一，1.647B。
勇士的葬禮 burial，父母的葬禮，4.717D 以下；葬禮的規矩，12.958E 以下；富人家的婦女的葬禮，4.719D；統治者的葬禮，12.9[illegible]B 以下；自殺者的葬禮，9.873C 以下。
勇敢 valor，對勇敢者的獎勵，12.943C；在美德中列第四位，1.630C，[illegible]1D，2.667A；美德的一部分，1.631D 以下。
勇敢的 cou[illegible]ge（ous），不能用來描寫兒童或動物，參閱 12.963E；依靠節制來獲得，12.963E；壞人也可以勇敢，1.63[illegible]；沒有節制與其他品質混合，參閱 1.630A，3.696B；諸神不缺乏勇敢，10.901E；勇敢的生活，5.733E；經常從害怕中產生，12.963C 以下，參閱 3.688A，[illegible]6B；勇敢抗拒快樂，1.634A 以下；勇敢與智慧，12.96[illegible]E。
叛亂 sedition，對叛亂的懲治，9.856B 以下。
哀悼者/哀悼 mourners/mourning，7.800E，12.960A。

品性、性格 manners，不會變，7.797B 以下。
型、相 form（s），：愛智者所理解的，12.965B 以下；知識與相，12.965B 以下。
型、模型、原型、類型 pattern（s），天上的模型，參閱 5.739E。
城邦、城市 cities/city，較早的城邦，3.680E 以下；好城邦導向和平的生活，8.829A；沿海的城邦，不穩定，4.705A，參閱 12.949E 以下；不是建構，而是定居，4.712E 以下；城邦的名稱，4.704A；城邦像一艘船，6.758A。
城防官，6.759A，760B，763C 以下，779C，7.794C，8.849E，11.913D，918A，920C，936C，12.954B；職責，9.881C；處理外邦人毆打公民的事件，9.879D 以下；處理牲畜殺人之事，9.873E；管理工匠，8.847A 以下，849A；管理供水，8.844C，845E。**市場專員**，6.759A，760B，763C 以下，11.913D，917B，E，920C；職責，6.764B，8.849，9.881C，11.936C，12.953B。**鄉村官員**，6.760B-763B，11.914A，920C，12.955D；公餐制度，6.762C 以下；職責，9.881C；在境內執法，8.843D；管理水源，8.844C；熟悉國家的每一個部分，6.763A 以下；對失職者的懲罰，6.761E 以下；處罰毆打父母者，9.881D；沒有僕從，6.763A；把工匠安置在不同村莊裡，8.848E 以下。
城牆 walls，有害的，6.778E 以下。
契約、合同 compact（s），獲得批准，5.729E。
契約、合同 contract(s)，違反契約，11.921；契約法，8.847B，11.920D，921。
屍體 corpses，罪犯的，扔到邊境外，9.855A，873B，10.909C。
幽靈 apparitions，5.738C，10.910A。
後代、後裔 descendants，不會因爲不適當的遺產而得福，11.913E。
後母、繼母 stepmothers，11.930B。
後裔 heirs，繼承人，與女繼承人，5.740B 以下，11.923C-926D。
持久、堅韌 endurance，士兵需要養成的習慣，12.942D，參閱 6.762E；斯巴達人的堅韌持久，1.633B 以下。
指控 charges，錯誤的指控，12.943E。
指揮員 commander，軍隊的指揮官，必須勇敢，1.639B，640A，參閱 2.671D；酒宴的指揮，1.639D；必須清醒，1.640D 以下。
政制 polity，早期發展形式，3.680B 以下；最古老的族長制政制，3.680B。
政府 government（s），古雅典政治制度，3.698B 以下；政府的起源，3.676C 以下；波斯人居魯士時代的政府，3.694A 以下；黨派之爭，8.832C；政府的形式：只能被其自身所摧毀，3.683E；斯巴達和克里特政府包含著所有政府形式的要素，4.712D 以下；四種政府形式，5.739，7.807B；四種或五種形式的政府是不完善的，參閱 4.712C；政府有能力改善秩序，4.710E 以下；四種或五種形式的政府是不完善的，參閱 4.712C；政府有能力改善秩序，4.710E 以下。
政治性的／政治 political/politics，只有公民可以實踐這種技藝，8.846D；不需要專門的知識，參閱 8.846D；政治與國家，4.715A 以下。
政治家 statesman（ship）/statesmen，政治家的目標，12.963B 以下；對天性進行教化，1.650B；政治家的本性與技藝，10.889D；在理智的幫助下保衛國家，12.961D 以下。
故事 stories/story，不好的故事不適合兒童，參閱 12.941B。
星辰、行星 stars，星辰的運動，7.821B 以下；軌道，7.821B 以下；星辰與靈魂，10.899B。
染色／染料 dyeing/dyes，不得輸入，8.847C；在獻祭給諸神的物品中不得使用，12.956B。
柱 columns，刻有法律條文的柱子，參閱 11.917E 以下。
柏木 cypresswood，柏木板，5.741C。
柏樹 cypress，4.705C；克諾索斯附近墓地的柏樹，1.625C。
毒藥 poison，關於毒藥的法律，11.932E 以下；用於抓魚，7.824。
泉水 fountains，在市場周圍的泉水，6.764B。
洪水 floods，關於大洪水的傳說，3.677A。
流放、放逐 exile，流放殺人犯，9.867C 以下，868C 以下；流放無意殺人者，9.865E 以下；流放毆打父母者，9.881D 以下；流放有意傷害者，9.877A 以下。
洗 washings，9.871C。
活的 living，活著的人不受讚揚，7.802A。
派別 faction，產生派別的原因，5.744D，6.757A，E，12.945D 以下；與戰爭的差別，1.629C 以下，參閱 1.628B 以下；受懲罰，9.856B 以下。
狩獵 hunting，劃分，參閱 7.823B；對年輕人有價值，6.763B。
玷污 defilement，葬儀中發生的，12.947D。
相同的、相似的 like，同類相聚，8.837A。
相等、平等 equal（ity），平等與友誼，6.757A；國家中的平等與不平等，5.744B 以下，6.757；兩種平等，6.757B 以下。
盾牌 shield，少女學習使用盾牌，7.794D。
研究 search，研究的權利，12.954A 以下。
祈禱 prayer（s），愚蠢者的祈禱是危險的，3.688B 以下；可以被誤導，3.687D 以下，7.801B 以下；在獻祭時祈禱，7.801A 以下。
紀律 discipline，在軍事中的重要性與必要性，12.942A 以下，參閱 6.762B 以下。
美 beauty，絕對的美，參閱 2.655C；美是精神性的激情，8.8410。
美惠／美惠女神 grace/Graces，幫助詩人，3.682A。
美德、德行 virtue（s），人生的主要事務，7.807C 以下；靈魂的協和，2.653B；四種美德：智慧、勇敢、節制、正義，1.631D，12.965D，參閱 3.688A，12.963 以下；善中最偉大的，2.661B 以下；靈魂的健康、美麗與良好狀況，參閱 10.906B；賦予幾種美德以榮耀，3.696E；被財富所阻礙，8.831C，836A；立法的對象，3.693B 以下，6.770B 以下，8.835C 以下，12.962D 以下；是一還是多？參閱 12.963C 以下，965D 以下；美德比邪惡更令人愉快，5.732E 以下；可教嗎?參閱 5.730E；統治者是美德的教師，12.964B 以下；塞奧格尼對這個問題的看法，1.630A 以下；美德與勇敢，1.631D 以下，2.667A，12.963C 以下，參閱 3.688A。

英雄 hero（es），死後受到神一般的榮耀，參閱 12.947E；對英雄的崇拜與對諸神和精靈的崇拜聯繫在一起，4.717B，5.738D，7.801E，參閱 9.853C，10.910A。

計算 ciphering，教育的優秀方式，7.809C 以下。

計算者/計算、推斷 reckoners/reckoning，年齡跨度，6.785B。

訂婚 betrothal，關於訂婚的法規，6.774E。

貞潔 chastity，8.835D 以下。

軍事的 military，體育有軍事的性質，7.813D 以下，8.830D，832D 以下；軍事訓練，12.942D；專家與將軍、工匠，11.921D；選拔軍事官員，6.755B 以下；職業，參閱 11.921D 以下；軍事法規，12.942-945B；服役的年紀，6.760B，785B；在選舉執政官中發出聲音，6.753B。

重量 weights，與尺度，5.746D 以下。

重新分配 redistribution，財產的重新分配，5.736D 以下。

陌生人、客人 strangers，在宙斯的保護下，8.843A。

革命、劇烈的變動、旋轉、公轉 revolution，革命的原因，3.690D 以下，12.945D 以下，參閱 5.736A。

音高 pitch，音高的性質，2.665A。

音階 scales，音階與節奏的調和，7.802E。

音樂、音樂的 music（al），在古雅典不由民眾來判決，3.700C 以下；古代的音樂形式不得更改，2.657A 以下，7.798D 以下，801C 以下，參閱 7.816C；嚴肅音樂與流行音樂，7.802C 以下；合唱隊的音樂，6.764E 以下；音樂的色彩，2.655A；音樂競賽，2.657D 以下，6.764D 以下，8.828C，834E 以下，12.947E；拒絕過於複雜的音樂，7.812D；旋律與音符，參閱 7.812D 以下；被詩人腐蝕，2.699C 以下，3.700D 以下；以一種快樂的形式賦予規範，2.659D；音樂指導，7.813A；在教育中的作用，2.654B 以下，660C 以下；音樂的效果，7.812B 以下；模仿性的，2.655D 以下，668A 以下，7.798D 以下，812C，參閱 10.889D；對音樂作出正確判斷及認識其重要性的難處，2.669B 以下；目的不是爲了獲得快樂，2.655D，668A，3.700E，參閱 2.658E，7.802D；音樂的種類，3.700A 以下；爲音樂立法，7.801D；放縱音樂導致國家的無政府狀態，3.701B，參閱 7.798E；音樂老師，7.812B 以下；音樂的起源，2.653D 以下，672C 以下；姿勢，2.655A 以下；在克里特和斯巴達有嚴格規定，2.660B；簡潔的音樂產生節制，參閱 7.802E；音樂獨奏家，6.764D，765A；男性與女性的歌，7.802E；音樂的標準，7.800A；音樂監督，12.949A；婦女的音樂，參閱 7.804D；學習音樂要花的時間，7.810A，812E；在埃及音樂是不可改變的，2.657A 以下，7.799A；正確與錯誤地使用音樂，2.655B 以下。

食物、肉食 meat，飲食習慣，6.782；吃東西的快樂，6.783C。

食物、糧食 food，分配糧食，8.847E 以下。

香水 perfumes，不得進口，8.847B。

十劃

值得稱讚的 laudable，發明新事物，10.889E，參閱 12.957B。

倡導、建議、唆使 advocate（s），法律的倡導，11.937E 以下。

個人、個體、個別 individual（s），與社團，9.875A 以下，11.923A 以下；個人與國家，3.689B 以下，5.739C 以下，8.828D 以下，9.877D，11.925E 以下，930C。

修辭學 rhetoric，關於對與錯的說服的創造者，參閱 11.937E 以下。

原因 cause（s），犯罪的原因，8.831E 以下，9.870A 以下；錯誤行爲的原因，9.863B 以下；最初的原因，10.981E；研究事物的原因，7.821A。

原始的人 primitive man，3.677B 以下，680 以下。

哲學 philosophy，哲學與詩學的爭論，參閱 12.967C；與詩人之間的爭吵，參閱 12.967；輕視宗教，10.886E；不是無神的，12.966E 以下；請人們按照自然生活，10.890A。

娛樂 amusements，不改變兒童的娛樂，7.797B。

娛樂 entertainment，具有相對的價值，2.657D 以下。

家庭、戶 household，無子女的，9.877E，11.924A，925C 以下；早上起床要早，7.807E 以下。

家庭、家族 family，家中的不和，11.928D-930B；家庭生活，5.740B 以下；由長者統治，3.680E 以下；家庭崇拜，10.887D 以下。

弱的 weak，弱者生來就要服從強者，3.690B，4.714E。

恐怖 terror，謀殺的原因，9.870C 以下。

恐懼、害怕 fear，等於分有痛苦，1.644D；與良心，3.699C；等於預日到惡，1.646E；與節制，1.647A 以下，649C，2.671D；從小開始克服，7.791B 以下；與酒，1.647E 以下；與可恥，2.671D；好與差的試金石，8.831A。

拳擊手／拳擊 boxers/boxing，7.795B，參閱 8.830E；訓練，8.830A 以下；技巧，7.796A。

拳擊手 pugilists，8.830A。

旅行 travel，效果，13.949E 以下；旅行的價值，12.951A 以下。

時間 time，時間帶來變化，3.676B 以下；規定時間，12.954C 以下。

根據遺囑處理遺產 testamentary disposition，11.923B 以下。

梳毛 carding，參閱 6.780C。

氣候 climate，對人的影響，5.747D；氣候的多變，6.782A。

消化 gestation，消化與養育，7.789。

消遣、娛樂 recreations，眞正的用法，2.657C 以下。

海 sea，城市到海邊的距離，4.704B 以下。

海上的、海事的 maritime，海島上的城鎮，4.705A。

海盜 corsairs，在義大利，6.777C。

海盜 piracy/pirates，7.823E。

疾病 disease，犯罪的原因，9.864D；對國家的影響，

4.709A；有病的生活，5.734B 以下；神聖的疾病（瘋狂），11.916A 以下；疾病與邪惡相比，10.906C。
病人、顧客 patient（s），關於病人與醫生的法律，9.865B；兩類病人，4.720C 以下，9.857C 以下。
眞理、眞相 truth，諸善之首善，5.730C；否定眞理是不虔誠的，9.861D；人們不會輕易信仰眞理，2.663E；國家的眞理，5.738E。
祕巡 crypteia，斯巴達的一種制度，1.633C。
祕儀、奧祕 mysteries，關於謀殺親屬的教訓，9.872E 以下，參閱 9.870D 以下。
神 God，不能與必然性發生衝突，7.818B；萬物的尺度，4.716C；神的本性是一個適宜研究的對象，7.821A，參閱 13.966C 以下；直接向其目的運動，4.716A；是創世主，參閱 10.886-899B；不是惡的創造者，參閱 2.672B；在機遇和技藝的幫助下統治世界，4.709B，參閱 10.888E 以下；奇妙的智者，參閱 10.902E；批准了居間狀態，7.792D；不接受惡人的禮物，4.716E。
神話 myth（ology），關於卡德摩斯的故事，2.663E；對諸神的誤釋，10.886C，12.941B，參閱 2.672B。
神廟 temple（s），赫斯提、宙斯、雅典娜的神廟，8.848D；新國家的神廟，5.738B 以下；神職人員，6.759 以下；盜竊神廟，9.853D 以下；位置，6.778C；盜賊，8.831E；供水，6.761C。
神龕 shrines，在私人住宅中禁止設神龕，10.909D 以下。
笑劇 panes，在酒神信徒的舞蹈中模仿，7.815C。
紡織 weaving，5.734C 以下；不需要鐵，3.679A；經紗與緯紗，5.734E 以下。
紡織品 woven work，獻給諸神，12.956A。
素食者 vegetarians，6.782C。
純潔的 purity，強制過純潔的生活，8.835D 以下。
缺陷 deficiency，精神缺陷，是婚姻的一個障礙，11.925E 以下。
訓練、鍛鍊 exercise（s），對兒童有益的訓練，7.790E 以下；裸體鍛鍊，1.633C，6.772A，8.833D。
訓練 training，從痛苦開始，1.646D；拳擊手，8.830A 以下；產生有節制的行爲，8.839E 以下；爲賽會訓練，7.807C，8.839E 以下；訓練的基礎，7.804C；爲戰爭做準備，1.625C 以下。
財產、佔有物 possession，地產和房產，12.954C。
財產 property，在次好的國家中放棄，5.739E 以下；放棄或爭執，11.913B-916D；財產的原則，11.913A；財產登記，5.745A，6.754D 以下，8.850A，9.855B，11.914C；對財產的限制，11.923B 以下；估價，12.955D 以下；在模範城邦中，5.744B 以下。
財富、財產、資源、富裕的 wealth（y），；不要爲子女積累財產，5.729A；不要把財產作爲婚姻的主要考慮因素，6.773，774C；富人的兒子容易作惡，3.695E；富人的罪惡，4.705B，5.742D 以下，8.831C，9.870A 以下；過度積聚財產引起黨爭，5.744D；財富與幸福，5.729A，743A以下，9.870A以下；財富不是幸福，9.870A以下；在斯巴達不榮耀財富，3.696A；財富是人們獲取美德的障礙，5.728A，742D以下，8.831C，836A；對國家的影響，參閱4.705A以下，5.728E以下，744E；只能有節制地獲取，9.870B以下；在國家中具有最末的地位，3.697B，5.743E，9.870A以下，參閱7.801B；富人既無聖地又無避難所，7.801B；不如正義那樣有價值，11.913B；愛財是犯罪的原因，9.870A以下；防止戰爭，8.831C。
起義 rising，早期的，7.807E以下。
迴避 evasion，逃避兵役，12.943A以下。
追捕 the chase，7.822D；斯巴達人進行的戰爭訓練，1.633B；關於追捕的法律，7.823B以下。
酒 wine，誰可以喝酒，什麼時候可以喝酒，2.674；在教育中，1.647E以下；爲什麼要給人喝酒，2.672B以下；使人感到充滿自信，1.647E-649B；酒宴需要監察，2.671D；禁止男孩喝酒，2.666A；年老時喝酒消磨時光，2.666B；酒的使用，2.666A以下。
酒神的 Dionysiac，在酒神節醉灑，1.637B；處理，7.790E。
酒神附身 Bacchic possession，2.672B。
酒神信徒 bacchanals，他們跳的舞蹈，7.815C。
閃電 lightning，打雷，9.873E。
馬 horse（s），有關馬的競賽，6.765C；賽馬，8.834B以下；在克里特用的不多，8.834B。
馬術 horsemanship，帖撒利人追求馬術，參閱1.625D；適宜婦女，7.804E以下，813E，834D。
高利貸 usury，一般加以禁止，5.742C，11.921D。
鬼 ghosts，10.910A，參閱5.738C；與身體，12.959B。

十一劃

僞裝成敵人進行訓練 xenelasia，參閱12.953E；錯誤的政策，12.950B。
健康 health，健康的生活，5.733E以下。
偶數的、一致的、均等的 even，定義偶數，10.895E；獻給冥神的數，[illegible].717A。
副帥 phylarchs，6.755C；選舉副帥，6.756A。
動物 animal（s），動物的撫養，5.735B以下；不能被稱作勇敢的，參閱12.963E；動物造成的傷害，11.936E；因宇宙的逆轉而被摧毀，參閱3.677E；動物是人的榜樣，8.840E；人是一種變化無常的動物，6.777B；動物使人致死而當作謀殺罪審判，9.873E；在有些社會中不用動物獻祭或禁食動物，6.782C。
商人 merchant（s），在國家中是必要的，參閱4.705A。
商貿 commerce，8.842D。
唯物主義者 materialists，10.888E以下。
國土 territory，好國家不需要加以限制，5.737C以下。
國王 king（ship），國王中普遍擁有愚蠢，3.691A；波斯國王，3.6[illegible]A以下；在原始社會中，3.680E以下；與牧人，參閱5.735B以下；斯巴達的國王，3.691D以下，參閱3.696A；宇宙之王，10.904A。

國家 country，防衛安排，6.760，778E；在執行公務時不能以不在場爲理由接受賄賂，12.955C以下。

國家 state (s)，是人類熟悉的，12.951B；和睦的重要性，5.738D以下，743C，6.759B，771D以下；保存國家必須要有和平與自由，3.694B，697C以下，701D；甚至壞的國家也並非沒有好人，12.951B；能夠自衛，8.829A以下，830C以下，參閱7.814A以下；不和的原因，4.709A，5.744D，6.757A，12.945D以下；設計國家不是爲了戰爭而是爲了和平，1.625D以下；貴族和完善生活的劇烈變動，7.817B；家庭生活，5.740B以下；財富的地位最低，3.697B，5.743E，9.870A以下，參閱4.705B，7.801B；國家的偉大並非因爲財富和是大帝國，5.742D以下；沒有對婦女的恰當規範是不會幸福的，6.781B，7.805A以下；根據功績給予榮譽，3.696E，4.707B，715B以下，5.743E，6.757C以下，11.921E以下，參閱5.738E；國家與個人，3.689B以下，5.739C以下，8.828D以下，9.877D，11.925E以下，930C；法律高於權威，4.715D；位於富裕和貧困的中道，3.679B，5.742E，744D以下；節制貪婪是國家的堅實基礎，5.736E以下；需要優秀的統治者和優秀的法律，6.751B以下；冒犯國家，6.768A以下，9.856B以下；國家的起源，3.678以下，參閱5.739，8.832C；只有國家自己才能推翻自己，3.683E；如何在變化中保存下來，12.960D以下；由於愚蠢而遭到毀滅，3.688E；次好的國家，5.739，7.807B；是自足的，5.737D；國家要在城邦之間事務的波濤中顛簸，6.758A，參閱12.945C；可能嗎？參閱4.712A，5.739C以下，12.968E以下；最容易產生獨裁制，4.709E，參閱5.739A；老年人統治年輕人，參閱3.690A，4.714E；階層的功能，參閱8.846E；驅逐詩人，參閱7.817；國家的大小與國家的統一並不相符，參閱5.737C以下；最完整的國家，5.739C以下；婦女兒童與財產共有，參閱5.739C，7.807B；只有國家有權撒謊，參閱2.663D以下；現存的國家建立在錯誤的原則上，12.962D以下；幾乎全部腐敗了，參閱12.950A；不是一個國家而是多個國家，12.945E。

執法官 curators of law，1.632C，6.762D，765A，767E，775B，784C，7.794B，799B，800A，801D，8.829D，835A，9.855C，878E，10.910C，11.930E，12.951A；理智健全者不會對忤逆父母者提建議，11.929E；在處理離婚案時起作用，11.929E；照料孤兒，11.924C，926C-928D，參閱9.877C，10.909C，12.959E；懲罰不孝順父母的人，11.932B；決定對官員的彈劾，12.948A；職責，6.754D以下；選舉執法官，6.753B以下；進一步立法，6.770以下，772A以下，779C，7.816C，8.828B，840E，846C，847D，9.871D，12.956E以下；擔任重大案件的法官，9.855C，856C，866C，867E，871D，12.958C，參閱11.916C；保持登記財產，6.754D以下，8.850A，9.855B，

11.914C；執法官的數量，6.752E，753D；監察葬禮，12.959E 以下，制定商販的規矩，8.849E，11.917E，920A 以下；具有關於美德的正確觀念，12.964B 以下；從執法官中選擇教育官員，6.766B，7.809A，811D，829D；十名最年長的執法官屬於夜間開會的議事會，12.951D，961A；終生任職，6.755A；十二名執法官負責進出口事務，8.847C。

執政官的監察者 auditors of magistrates，12.945B-948B；葬禮，12.947B 以下；監察官的創立，12.945E 以下；向阿波羅和太陽獻祭，12.946C 以下；彈劾，12.947E 以下。

奢侈 luxury，腐蝕靈魂，11.919B。

婦女、女人 women，不好的教育者，3.694D 以下，參閱 3.695D 以下；共有的妻子兒女，5.739C；婦女的公餐，6.781E 以下；穿戴盔甲的競賽，8.833E 以下；在危險時並不膽小，7.814B；雇用，7.805D 以下；婦女的節日，8.828C；女巫，6.781A；在體育場上，7.813E，8.833C 以下；希臘的婦女，7.806B；學習軍事，7.813E 以下，8.829B；在天性上與男人有別，參閱 7.802E；比男人低劣，6.781B；女人的音樂，7.802E；薩瑪提亞婦人，7.804E 以下，806B；斯巴達婦女，1.637C，6.780E，7.806A 以下；婚姻監察官，7.794B，11.930A 以下，932B；生育，6.784；色雷斯婦女，7.805D；像男人一樣接受訓練，7.804E 以下，8.829E；戰爭中的婦女，6.785B，7.805A，806A 以下，813E 以下。

婚姻 marriage，結婚年齡，4.721B 以下，6.772D，774A 以下，785B，不生育可以作為分居的理由，6.784B；婚後的生活，6.780B；女性的監察官，7.794B，11.930A 以下，932B；節日，6.775C 以下；不匹配是離婚的依據，11.929E 以下；有關法律，4.721，6.773 以下；相反的性格在婚姻中和諧，6.773A 以下，參閱 11.930A；孤兒長大後的婚姻，11.924D-925D；第二次婚姻，11.930A 以下。

將是 coming to be，將是與運動，10.893B 以下。

常規、習俗、慣例 convention，習俗與自然，10.889E。

強姦 rape，有關的法律，9.874C。

強權 might，與公理，1.627A 以下，3.690B，10.890A。

悉心照料、溺愛兒童 coddling，在嬰兒期過後應當停止，7.793E。

情人、愛人 lover (s)，對所愛的人是盲目的，5.731E。

情慾 lust，征服情慾，8.840B 以下。

接受 receiving，接受贓物，12.955B。

掙工錢的人、雇工的技藝 wage earner (s)，；必要的，參閱 5.742A。

教育 education，旨在理想，1.643E 以下；在出生前就開始了，7.789；帶來勝利，1.641C；教育與合唱技藝，2.672E；不是被迫的，參閱 7.804D；與靈魂的和諧有關，2.653B 以下；克里特與斯巴達的教育，2.660D 以下，666E；如果導向錯誤會帶來危險，參閱 7.819A；宴飲在教育中的作用，1.641D，2.653C 以下，參閱 2.657C 以下；

最早的教育通過繆斯和阿波羅，2.654A；埃及的教育，2.656D 以下，7.819B 以下；教育中的運動與訓練，7.790E 以下；人的最大幸福，1.644B；反覆教育要服從法律，2.659D；在少兒時期通過娛樂來進行教育，1.643B 以下；重要性，6.766A，7.808D 以下；教育等於音樂和體育，參閱 2.672E 以下，7.795D 以下；波斯國王的教育，3.694C 以下；教育的詩歌部分，參閱 7.810E 以下；詩人是壞的教育者，參閱 7.810E 以下，811C 以下，10.886C，890A；增進美德，參閱 1.643E，7.788C；國王的方式，3.694D 以下；對男女都一樣，7.804E；錯誤的自我命令，1.647D；好人的兒子經常忽視教育，參閱 3.694D；等於訓練兒童的本能，2.653A 以下，659D；教育在模範城邦中；較高的教育，7.817E 以下，12.967E 以下；初等教育，7.788 以下，808D 以下；導師，6.765D 以下，7.801D，809 以下，811D，812E，813C，8.829D，835A，11.936A，12.951E，953D。教育的科目：算術，5.747A 以下，7.809C，819C；希臘學校裡的教育科目，7.809E 以下；音樂，2.654B 以下，660C 以下，7.809E 以下，8l2B 以下；背誦詩歌，7.810E；讀與寫，7.809E 以下。

教師／教學 teachers/teaching，7.813E；執法官負責國家的美德教育，l2.964B 以下；教育方法，7.815B 以下；音樂教育，7.815B 以下；體育訓練，7.813B 以下；教學標準，7.811E 以下。

教練 directors，指導，音樂的指導，7.801D；體育和身體鍛鍊的指導，7.801D，813A，8.835A。

殺人、兇殺 homicide，外國人殺人，9.866B 以下；外國人被殺，9.865E 以下；被獸類所殺，9.873E；被兄弟姐妹所殺，9.868E；被兄弟、公民、陌生人、奴隸所殺，9.869C 以下；殺人的原因，9.870A 以下；兒童殺人，9.869A 以下；競賽中殺人，8.831A，9.865A 以下；不服從者處死，9.868A 以下；流放殺人犯，9.864E；被父母所殺，9.868C 以下；殺父母等，9.872D 以下；殺自由民，9.865D 以下；被妻子或丈夫所殺，9.868E；被無生命的物體所殺，9.873E 以下；間接殺人，9.872A；非故意的殺人，9.865-869；正當的殺人，9.874B 以下；殺死情慾，9.866D 以下；被不知名者所殺，9.874A 以下；殺人前精心預謀，9.867；對殺人犯的懲罰，9.871D 以下；殺人犯的返回，9.857D 以下；被奴隸所殺，9.868B 以下；殺死奴隸，9.865C 以下，872C；殺過人的奴隸在出售前要告訴買主，11.916C；殺死同胞，9.871；自覺地殺人，9.869E-874B。

殺人者、兇手 manslaughter，9.864E-874B。

殺父 parricide，9.869A 以下，872D 以下。

殺母者 matricide，9.869A 以下。

清醒、節制、冷靜 soberness/sobriety，由簡潔的音樂產生，參閱 7.802E；由公餐和體育鍛鍊而改進，l.636A。

淨化、滌罪 purgation，社會的淨化，5.735B 以下。

理性 reason，理性與嗜好，參閱 3.686E 以下，689A 以下。

理智／理智的 intelligence/intelligible，美德之首，3.688A；祈

求理智，3.688A；事物的拯救，12.961D 以下；理智與智慧，1.632C。
理智 understanding（s），理智與善，10.900D；理智統治一切，9.875D；理智與智慧，12.963A 以下。
理想、理想主義者 ideal（ists/s），在教育中使用，1.643E 以下；在立法中，5.746B 以下；很難實現，4.710E 以下；可能嗎，5.739C 以下，參閱 4.712A，12.968E 以下。
疏忽、粗心大意 negligence，不能把這種性格歸於神，10.903A。
盔甲 armor，戴盔甲進行搏鬥，男人的和女人的，8.833E 以下；戴盔甲的舞蹈，7.796B 以下；需要雙手，7.795B；婦女學習這種技藝，7.813E。
衆人、民衆 mass，好壞不分，9.859D，860C。
眼淚 tears，愛流淚作爲人的性格，7.791E。
祭儀／祭儀的 rites/ritual，古代的祭儀不能打擾，5.738C，參閱 6.759B，8.848D；舞蹈，7.815C。
笛子 flute，用豎琴模仿笛子，3.700E；用於無歌詞的音樂，2.699D。
符合中道的國家 intermediate states，參閱 9.878B。
符咒、吸引力、迷惑力 spells，11.933A 以下。
符咒、咒語 incantations，11.933A 以下。
符咒、魔法 charms，11.933A 以下。
粗心 carelessness，不應當把諸神說成粗心的，10.900C 以下。
粗俗的言語、謾罵 scurrility，是禁止的，11.934E 以下。
粗俗難聽的話語 defamatory words，有關的法律，11.934E 以下；七種統治，3.690A 以下，4.714E。
統治者 ruler（s），不應當是獨裁的，3.697C 以下，701E；起引導作用，4.711C；尋求自己的利益嗎？參閱 9.875A 以下；數量增加到難以改革，4.710D；要始終得到監督，6.758A，參閱 7.807E；法律的僕人或使者，4.715C 以下，參閱 6.762E；統治者與被統治者就像經紗與緯紗，5.734E 以下；只有統治者有權撒謊，參閱 2.663D 以下。
統領 taxiarchs，6.755C。
習俗 νόμος，詞源爲 νοῦ 或 διανομή，4.714A，12.957C；νόμοι 曲調與法典，7.799E 以下，參閱 4.722D，6.772E。
習俗、習慣 custom，不恰當地實施的原因，1.637D；習俗與法律，8.841B，參閱 12.959E；原始社會的法律，3.680A；習俗的多樣性，3.681B，6.782。
習慣 habit，在嬰兒教育中，7.792E；習慣的力量，4.708C；習慣與自然，7.794E；習慣與性格，2.655E。
船 ship（s），國家與船，6.758A。
船的、海軍的 naval，海戰，4.706C。
荷馬 Homer，9.858E；似乎描述了一種伊奧尼亞的生活方式，3.680C；詩人中最偉大的天才，6.776E；老人喜歡他的詩歌，2.658D；克里特人讀他的詩不多，3.680C。
處罰 penalties，具體化，9.855A 以下。
術士 demagogues，10.908D。
被動的 passive，被動的國家與主動的國家，9.859E 以下。

貨幣、錢 currency，5.742A，746D；功能，11.918B。

貪財、貪心 cupidity，對貪財加以節制是國家的堅實基礎，5.736E 以下。

貪婪 avarice，獨裁者的貪婪，3.697D 以下；引起兇殺，9.870A 以下。

貧乏 penury，在原始人那裡不是競爭的原因，3.679B；有限的，5.744D；與豐盛，11.919B 以下。

貧困、貧乏 destitution，對國家的影響，4.709A。

貧窮 poverty，把實施正義與擺脫貪婪結合起來，5.736E；移民的動機，4.708B，參閱 5.736A，744D。

通姦 adultery，8.841D 以下；在生育者中，6.784E。

通報者、告密者 informers，光榮的，5.730D，742B，11.914B，參閱 6.762D，9.872B，10.907E，11.917D，932D；各到一半罰金，5.745A，9.868B，11.928C。

造船 shipbuilding，用來造船的木頭，4.705C。

造船工 shipwright，造船工與立法家，7.803A。

部分 part (s)，在醫藥中，10.902D，參閱 10.903D；宇宙的部分，10.903B 以下，905B，參閱 1.630E，12.965 以下。

部族、部落 tribes，部族法庭，6.768B，11.915C，12.956C；十二部族，5.745B 以下，參閱 6.771B 以下。

酗酒、喝醉酒 intoxication，只允許老年人這樣，2.666B 以下；在酒神節期間，1.637B；酗酒的性質，1.640C 以下；在西徐亞等民族中間，1.637D 以下；作用，1.645D 以下。

野獸 beast，育肥的家畜，7.807B；殺了人的野獸要當作謀殺犯受審，9.873E；家畜作爲財產，11.914D，915D。

野蠻人 barbarian (s)，尊崇財富，9.870A 以下。

釣魚／釣魚術 angler/angling，關於釣魚的規則，7.823B 以下。

陪審員 juries/jury，陪審員投票，12.956E，參閱 12.949B；有關法律，12.956E。

陪審員 jurymen，不能喝酒，2.674B。

陶器製造 potter (y)，不需要鐵，3.679A。

鳥 birds，養鳥，7.789B；作爲人的榜樣，8.840D；作爲供品，12.956B。

十二劃

傑出、優秀、卓越、優點 excellence，常常由好惡來決定，2.655E。

最重要的東西、基要 fundamentals，不干預最重要的事情，3.684D 以下。

最接近的 proximity，最親近的，血親，11.924E，925C 以下。

最熱忱的 earnest，參閱 2.659E，6.761D，7.803C。

創世、創造 creation，創世的起始，10.893C 以下；物理學的創世論，10.888E 以下。

創造者 creator，世界的創造者，10.886-899B。

勞動 labor，勞動的劃分，參閱 8.846D 以下。

勝利 victories/victory，戰鬥勝利不能證明體制有價值，1.638A

以下；經常自取滅亡，1.641C；在城邦生活中的勝利是對服從的獎勵，4.715C，5.729D，參閱 8.840B，845D；兩件事情提供勝利，1.647B；勝利是上蒼的恩寵，7.803E；奧林匹克賽會勝利者的光榮，5.729D，參閱 7.807C。

喜劇 comedy，允許嗎？參閱 7.816E 以下，11.935D 以下；是奴隸的娛樂，7.816E 以下；兒童們喜歡，2.658D。

喜劇詩人 comic poets，11.935D 以下。

喜歡、愛好 liking，經常作爲評價好壞的標準，2.655E。

單一、個體、整體 unity，國家的統一，5.739C 以下。

單憑經驗的人 empirics，4.720B 以下，9.857C。

報仇、報復 vengeance，5.728C。

報復、還擊 retaliation，復仇的法律，9.870E，872E 以下。

報應、果報 retribution，無法逃避的，9.873A，10.905A。

堡壘、要塞 citadel，5.745B，參閱 6.778C。

奠酒 libations，7.807A。

富有的 rich（es），不幸福，5.743A 以下。

尊敬 respect，尊敬父母，11.930E 以下。

尋找寶藏 treasure-troves，11.913 以下。

幾何的／幾何學 geometrical/geometry，；統治者學習幾何，參閱 7.817E；平面幾何，7.817E，819E 以下。

循環 cycles，自然中的循環，3.677A。

惡、邪惡 evil(s)，無人希望惡，5.731C；神不是惡的創造者，參閱 2.672B；惡對非正義有好處，2.661D；不自願地作惡，5.731C，9.860D；在這個世界上惡比善多，10.906A；惡兆要避免，7.800B 以下，12.949B，參閱 11.935B，12.957B；對惡的懲罰，5.728B；對人的美德的傷害，2.656B；神不會接受惡做禮物，4.716E；惡人反而昌盛，10.899E 以下，905B，參閱 2.660E 以下。

惡、邪惡 vice，靈魂的疾病，參閱 10.906A；人毀滅的原因，10.906B 以下；在快樂中低於美德，5.732E 以下。

惡 bad（ness），壞，人不會自願爲惡，9.860D。

悲哀、悲傷 lamentation/laments，受檢查，參閱 7.792B，12.949B；在衛士中不鼓勵，參閱 7.792B，800D 以下；音樂的劃分，3.700B；在獻祭時的悲哀，7.800C 以下。

悲傷 grief，不能放縱，5.732C，參閱 5.727C 以下，7.792B，800B 以下。

悲傷 sorrow，不允許耽溺於悲傷之中，5.732C，7.800D，參閱 5.727C 以下，7.792B。

悲劇／悲劇的 tragedy/tragic，悲劇與喜劇，參閱 7.816D 以下；大多數人喜歡的娛樂，2.658D；再現伊底帕斯等，8.838C。

提出訴訟、爭吵 litigation，熱愛訴訟是可恥的，參閱 5.743C，11.938B。

提供、供給 supply，供給與需要，11.918C。

援救、營救 rescue，在遇到騷擾時援救的責任，9.880B 以下。

散文 prose，7.810B，12.957D。

斯巴達的國慶日 gymnopaediae，1.633C。

智者 Sophist（s），奇妙的神，參閱 10.902E；經常是無信仰者，10.908D。

智慧／聰明 wisdom/wise，智慧的欺騙，9.863C，10.886B；智與靈魂眞正協和，3.689D；智慧與勇敢，12.963E；智慧就是保持相互之間的和諧，3.691B，692B；智慧與運動，10.897C 以下；人的拯救，10.906B；智慧與自我欺騙，參閱 5.727B，732A 以下，9.863C；國家中的智慧，參閱 3.689C 以下，12.964B 以下，965A；聰明人的生活，5.733E；聰明人統治無知者，3.690B；美德之首，1.631D。

期待、期盼 longing，期待與聯合，6.776A。

期待、期望 expectation，1.644C。

森林神、羊人 satyr（s），在酒神狂徒中模仿，7.815C。

棋 draughts，7.820C 以下；按照神聖的線移動，5.739A。

欺詐 imposture，生意中的欺騙，11.916D 以下。

欺騙 conceit，一般性知識的欺騙，3.701A。

欺騙 deception，原始社會不知道欺騙，3.679C，參閱 12.948C；自覺和不自覺的欺騙，5.730C。

欺騙 fraud，11.916D 以下；懲罰，11.917D 以下。

殖民化 colonization，4.708B 以下；殖民與社會的淨化，5.736A，740E，參閱 4.708C 以下。

殖民地 colony，克里特的，3.702C，4.707E，6.752D 以下，754B 以下，參閱 12.969；在克里特的殖民地，12.950C；與母邦的關係，6.754B。

無生命的物體 inanimate objects，引起人死亡，9.873E 以下。

無所不知 omniscience，全知者，全知者的欺騙，5.732A 以下，9.863C，10.886B，參閱 5.727B。

無法改造的罪犯 incurable criminals，應該處死，9.854E。

無法度量的事物 incommensurable things，7.819E 以下。

無知／無知的 ignorance/ignorant，引起錯誤的行爲，9.863C；完全無知比誤用知識要好，7.819A；受智慧的欺騙，9.863C；服從聰明人，3.690B；雙重的無知，9.863C。

無花果 figs，書信 13.361B；關於採摘無花果的法規，8.844E。

無信仰的、不忠誠的 infidelity，指責天文學家無信仰，12.967A。

無政府狀態 anarchy，始於音樂，3.701A 以下；「應當從全部人類生活中驅逐」，12.942D。

無神論／無神論者 atheism/atheists，10.885B 以下，887C 以下，12.948C；對無神論的訓誡，10.888A 以下；假定自然哲學家是無神論者，參閱 7.821，12.966；駁斥無神論，10.886-899B。

無視法律 lawlessness，源於音樂，3.701A 以下。

無意向的 unintentional，與有意向的行爲，9.878B。

無意的 indeliberate nature，無意的惡，5.731C。

無繼承權的 disinheritance，兒童的繼承權，11.928D 以下。

畫家／繪畫 painter（s）/painting，6.769A 以下；埃及的繪畫，2.656E；模仿性的技藝，參閱 10.889D；繪畫與立法，

6.769B 以下；繪畫所需要的努力，6.769B 以下。
痛苦 pain，斯巴達人善於忍受痛苦，1.633B 以下；痛苦與快樂，1.633D-635D；靈魂的共性，3.689A。
發明、創新 innovation，原因，4.709A；在兒童遊戲中的創新導致改變性格，7.797C；在教育中搞新發明是危險的，2.656D，660B。
發假誓、做僞證 perjuries/perjury，11.916E 以下，937B 以下，12.943E。
發誓 forswearing，12.948D 以下。
盜賊 theft，9.857A 以下，874B 以下，11.933E 以下，12.941B 以下；不能說諸神是盜賊，12.941B；處死盜竊公共財產的公民，12.941D，參閱 9.857A 以下；接受賊贓，12.955B；盜竊神廟，8.831E。
短長格、抑揚格的 iambic，詩歌，11.935E。
稅、稅收 tax（ation/es），12.955D 以下；對外國人收稅，8.850B；戰時強迫徵稅，12.949D。
紫色的 purple，不能進口紫色的染料，8.847C。
給予者 giver，起名字的人，7.816B。
著名的、出名的 renown，想出名是人們的普遍願望，4.721B。
虛構、杜撰的故事 fiction，關於諸神的故事，10.886C，12.941B，參閱 2.672B。
視覺、視力 sight，最神奇的感覺，參閱 12.961D。
註冊、登記 registration，外國人的，8.850B 以下；兒童登記，6.785A；出生登記，12.955D；財產登記，5.745A，6.754D 以下，8.850A，9.855B，11.914C。
詞、語詞 words，不配音樂的詞，2.669D。
詞源 etymology，νοῦς，νόμος，4.714A，7.799E 以下，12.957C；χορός，χαρά，2.654A；Ἀθηναῖος，1.626D；νόμος，4.714A，7.799E 以下，12.957C；χορός，2.654A。
詛咒、禍根 curse，從古代的罪惡中產生，9.854B；來自父母的，可怕的，11.931B 以下，參閱 3.687E。
詛咒 imprecations，在訴訟中不能發詛咒，12.949B，參閱 12.957B。
訴訟 suits，判決，6.761D 以下；執行，12.958A 以下；法律訴訟，6.766D 以下，9.853A，12.956C 以下；對使用暴力妨礙訴訟者的懲罰，12.954E 以下。
象牙 ivory，不能獻給諸神，12.956A。
貴族政治（的） aristocracy/aristocratical，貴族制的起源，3.681D。
貿易 trade（r/s），傷害性的影響，4.705A，5.743D 以下，參閱 5.741E 以下；無人可從事兩種行業，8.846D。
跑步者/跑步 runners/running，賽跑，8.833A 以下。
進口 imports，與出口，相關法律，8.877B 以下。
量、數量 quantity，量與質，6.757B 以下。
開玩笑 jesting，與奴隸開玩笑是不明智的，6.778A；與誠意相關，參閱 6.761D，7.803C。
開端 beginning，開端與運動，12.966E。

閒暇 leisure，自由民的閒暇生活，7.806D 以下。
隊長、船長 captain（s），巡邏隊長，6.760B-763B，778E，8.843D。
階層、階級 class（es），四個階層，5.744C，6.754D；保持不同階層的功能，參閱 8.846E。
雄蜂 drones，參閱 10.901A。
集會 meetings，公民大會，由議事會召集和解散，6.758D。
雇傭兵 mercenary soldiers，粗魯的、不義的，1.630B；寡頭的來源，3.697E。
飲酒 drinking，對情慾的影響，1.645D；迦太基關於飲酒的法律，2.674A；飲酒和音樂，1.642A；生兒育女時不得飲酒，6.775C 以下；飲食之快樂，2.667B 以下，6.782E，783C；飲酒的規定，2.671C 以下，673E 以下；酒宴失態，1.649D 以下，參閱 2.652；當作一種教育，1.641C 以下；需要有人管理，1.639D 以下。
馭手/馬車 charioteer/chariots，克里特沒有馬車，8.834B。
黃金/黃金的 gold（en），黃金時代，4.713B 以下；不能把黃金獻給諸神，12.955E；不能擁有金子，5.742A，743D，746A；原始社會不知道黃金，3.679B。
黑海 Black Sea，7.804E。
亂交 promiscuity，禁止亂交，參閱 6.782E 以下，8.835D 以下。
亂倫 incest，人們普遍感到可怕，8.838A 以下。

十三劃

債務 debts，取消債務，3.684D 以下；爭吵的根源，5.736C。
傲慢 pride，由於勝利而產生的，1.641C。
傳統的四行六韻步詩 epitaph（s），12.958E。
傳說、傳統 tradition（s），關於大洪水的傳說，3.677A，702A；傳統與法律，7.793A 以下；傳統的力量，11.913C；關於血親仇殺的傳統，9.872E 以下，參閱 9.870D 以下；眞相不一定知道，173E，4.713E，6.782D，參閱 11.927A；關於地獄的傳說被惡人所輕視，9.881A。
傷害、傷口 wounding/wounds，相關的法律，9.876E-882；是一個實際問題，9.875E；自覺的與不自覺的傷害，9.874E 以下。
傷害、損害 detriment，與摧毀，9.862A 以下。
嫁妝的標準 appareling，6.774D。
微風 breeze，幸運之風，5.732C。
愚蠢 folly，等於靈魂的混亂，3.689B；最糟糕的疾病，3.691D；愛惡恨善是最大的愚蠢，3.689A；在國王中盛行，3.691A；等於毀滅，3.688D 以下。
意志 will，意志的自由，10.904C 以下。
意見分歧、爭論 dissension，原因，3.690D 以下。
感情、感覺 feeling，情感的社團，5.739C 以下；民族情感被暴君摧毀，3.697C 以下。
感情 affection，情感與愛，8.837。
感覺、知覺 perception，感覺與力量，10.902C。

愛 love，愛與情慾，8.837；身體的愛與靈魂的愛，8.837C；愛變童，1.636B 以下；是一種狩獵，參閱 7.823B；三種愛，8.837 以下；違背自然的愛受譴責，1.636C 以下，8.836C 以下。
搏鬥 combats，節慶的，8.829B。
損害、寵愛、溺愛 spoiling，使年輕人無視法律，7.791D。
搖晃 rocking，嬰兒的，7.790C 以下。
敬畏、崇敬 reverence，由於古老而引起的，7.798B；古代阿提卡的相關法律，3.698C；在年輕人中，5.729B，9.379C 以下，11.917A；對年輕人的尊敬，5.729B。
新娘 bride，聘禮，6.744D。
新發明、新花樣 novelties，音樂與體育中不能有新發明，2.657B 以下，660B，7.798E，801C 以下。
毀滅 destructions，以往人類的毀滅，3.677A。
毀壞，毀滅 damage（s），毀壞的行為，8.846A，12.956C 以下；奴隸和動物的毀壞，11.936C 以下；自願與不自願的毀壞，9.861E 以下；毀壞與錯誤，9.861E 以下。
溫和 placidity，脾氣溫和，道德品質優秀的人通常比較溫和，7.791C。
照料小主人的跟班 attendants（tutors），書僮，7.808D 以下。
稟賦、天資 gifts，可以被歪曲，參閱 5.747B 以下，7.815A，10.908C 以下。
節日 festival（s），諸神指定節日來緩解人類的不幸，2.653D，參閱 2.665A；對兩性相同的節日，6.771E 以下；用節慶中最顯赫的位置當作獎賞，12.947A；推進友誼，5.738D，6.771D 以下；在婚禮中，6.775A 以下；混合著娛樂，2.658A 以下；節日的主持人，11.935E；節日的規定，7.809D，816C，8.828，834E，835B；婦女的節日，8.828C；酒神節，1.637B；酒神節，1.637B；狄奧斯庫里節，7.796B；埃及人的節日，7.799A。
節制、中等、適度 moderation，節制與勇敢，參閱 3.696B；由自然的聲音所記錄下來，8.839A；必要性，3.690E，693E，5.732C，736E 以下；大多數人不遵守，11.918D。
節制、穩健、適度 temperance/temperate，3.696B 以下；在獨裁制中，4.710A 以下，參閱 4.712A；節制的生活比不節制的生活好，5.733E 以下；節制與愛情，8.839 以下；神愛有節制的人，4.716D；支持節制的原則，8.841A 以下；是人獲得拯救的途徑，10.906B；國家的節制，3.696B 以下；不是一種美德而是一種附屬品，3.696B 以下，697B，4.710A；不是智慧，4.710A；配得上光榮，5.730E。
節奏 rhythm（s），模仿的，7.798D；男性的節奏和女性的節奏不同，7.802E；等於運動中的秩序，2.665A；節奏與音階，7.802E；節奏與交替，10.601B。
節食 diet，2.659E 以下。
經紗 warp，把統治者與被統治者比作經與緯，5.734E 以下。
罪、罪行 crime（s），由不信而引起的罪，10.908C 以下；犯罪的原因，9.870A 以下；等於沒有從心中根除而滋生出來的罪惡念頭，9.854B；由精神錯亂而引起的，9.864D 以下，自願的與不自願的，9.860D 以下。
罪犯 criminal (s)，罪犯的子女，9.855A，856D；關於處置罪犯的法律，9.853D 以下；秩序良好的國家存在犯罪，9.853C 以下，872D。
群眾、民眾 multitude, the，不能管理國家，6.758B。
聖地 sanctuaries，建立聖地不是一件易事，10.909E；赫斯提，宙斯，雅典娜的聖地，5.745B。
聖歌 chant，國家的，122.947C。
腳 feet，赤腳，12.942E，參閱 1.633C。
葬禮 funeral (s)，監察官的葬禮，12.947B 以下；挽歌，12.959E，參閱 7.800E；節制葬禮的開支，4.719D 以下，12.959C 以下。
葡萄 grapes，關於採摘葡萄的法規，8.844E。
葡萄樹 vine，第一次出現，6.782B；最近才栽培，2.674C。
蜂 bees，關於養蜂的法律，8.843D 以下；蜂的毒性，11.933D。
補償、賠償 compensation，對受傷害者的賠償，9.877B，878C 以下。
補償 expiation，抵償，抵罪，8.831A，9.854B，865 以下，868 以下，872E 以下，881E；滌淨住所，9.877E。
解釋者 interpreters，宗教法規的解釋者，9.865D，12.958D，964B。
詩人 poets，經常獲得眞理，3.682A；受到驅逐，參閱 7.817；詩人與短長格，11.935E；爲國家寫祈禱詞，7.801B；受法律控制，2.661D，662B，7.801B 以下，參閱 7.802B，811B 以下；被聽眾的鼓掌所敗壞，2.659C；受某種類型或規則指導，參閱 2.656C 以下，660A，4.719B 以下，7.817D，8.829D，11.936A；是模仿者，參閱 4.719C；受激勵的，3.682A，4.719C；與立法者，9.858D 以下，12.957C 以下，964C；需要知道再現得是好還是不好，2.670E，參閱 4.719C；與哲學家的爭論，參閱 12.967C；年輕人的不良教師，參閱 10.886C，890A，12.941B；他們濫用音樂，2.669C 以下，3.700D 以下，參閱 3.670E。
詩歌 poetry，與神靈激勵，3.662A，4.719C；在學校裡背誦，7.810E；詩學與哲學之爭，參閱 12.967C；在教育中的地位，2.659D 以下；與散文，7.811C 以下；在國家中，參閱 7.817。
賄賂 bribes，受賄要處死刑，12.955D。
路邊的 wayside，路邊的精靈，11.914B。
跳舞、舞蹈 dance (s) /dancing，在埃及被神聖化，2.656E，7.799A；在教育中的作用，3.654E 以下，7.813B 以下；對靈魂的影響，7.791A；舞蹈和體育，2.673C 以下；榮耀諸神，7.804B；模仿性的舞蹈，7.798D 以下，814D 以下；禁止在舞蹈發明新花樣，7.798D 以下，802A，809B，816C；在克里特或斯巴達不允許，2.660B；青年男女的舞蹈，6.771E 以下；軍事性的舞蹈，7.796B 以下，12.942D；舞蹈的起源，2.654A，672E 以下，673C 以下；戰爭訓練的一部分，7.796B 以下，12.942D；和平的舞蹈，7.814E 以下；舞蹈與體育訓練，7.795D 以下，813A 以下；出征舞，7.815A 以下；兩種舞蹈，7.795E，814E 以下。

較好 better，較優秀的人能被較低劣的統治嗎？1.627A 以下；較優秀的人與較強的人是一回事嗎？參閱 1.627A 以下。

農夫／務農 farmer (s) /farming，農奴，7.806D。

農夫／農業 husbandmen/husbandry，允許的，5.743D 參閱 12.949E；有關法律，8.842D 以下；屬於高尚的技藝，10.889D。

農奴 serfs，帖撒利的農奴，6.776D。

農業 agriculture，起源，3.681A；關於農業的法律：火災，8.843E；水災，8.844C；收穫，8.845E；地界，8.842E 以下；鄰居，8.843；採摘果實，8.844D 以下；植距，8.843E；水源的污染，8.845D 以下，蜂群，8.843D 以下；牧牛越界，8.843D；灌溉，6.844A 以下。

運動 motion (s)，運動與開端，12.966E；對兒童有益，7.789B 以下，790E 以下；運動與變化，10.893B 以下；運動與靜止，10.893B 以下；靈魂的運動，10.894B 以下；星辰的運動，7.821B 以下，11.966E；十種運動，10.893C 以下；運動與智慧，10.897C 以下。

運動員 athlete (s)，在戰爭中擔當衛士，參閱 7.824A，8.830A 以下；運動員的訓練，8.830A 以下。

遊戲 games，玩骰子，12.969A；下棋，5.739A，7.820C 以下；木偶戲，1.644D 以下；對男女都適合的遊戲，7.8 3D 以下，8.828C 以下；兒童的遊戲：不得更改，7.797E 以下；影響性格與道德，7.797A 以下；教育的一種方式，1.643B 以下。

遊戲 play，定義，2.667D 以下。

道路 roads，6.763C；修建得很好，6.761A；道路的正確，8.845E。

違約者 brokers，要對交易中的欺騙負責，12.954A。

過繼 adoption，9.878A 以下，11.923C 以下，929C。

零售小販 retail trade (rs)，有益的，11.918B 以下；公民不要去做小販，8.842D，847A，11.919D 以下；為什麼不受尊敬，11.918C 以下，參閱 4.705A；相關的法律，8.849 以下，11.918–921D；是必要的，參閱 4.705A。

預兆 omens，預兆的觀察者，7.813D。

預言／先知 prophecy/prophets，11.933C 以下。

頌神詩 dithyrambic poetry，獻給狄奧尼修斯，3.700B。

頌詞 panegyrics，在競賽中慶祝勝利，8.829C 以下。

頌歌 eulogies，允許頌揚去世的公民，7.801E。

頌歌 hymn (s)，追隨確定的類型，7.799A 以下，801A；葬禮上的頌歌，7.800E，12.947B；允許把頌歌獻給諸神，參閱 3.700A 以下，7.801E。

十四劃

僭主 tyrants，對公民品性的影響，4.711B 以下；可悲的，參閱 2.661B 以下。

僭主的／僭主 tyrannical/tyranny，不是一種體制，4.712C。

僕人 servant（s），壞僕人不能成爲好主人，6.762E。
劃分 division，勞動的劃分，8.846D；土地的劃分是發生爭執的根源，3.684D 以下。
劃分土地 allotments，5.745C 以下；保持同一，9.855A，856D。
圖形、形象 figures，作爲獻給諸神的供品，12.956B；對立法家有用，5.737C。
墓碑 tombstones，12.958E。
夢 dream（s），由夢引起的迷信，10.910A。
寡頭的／寡頭制的 oligarchic/oligarchy，最難改良，4.710E。
實在、實體 realities/reality，實在與靈魂，10.895D 以下。
實踐、實施 practice（s），殺人是戰爭中的實踐，8.831A；必要性，8.830C 以下。
對立、相異者 contraries/contrary，在創造中混合，10.889C；相異者的食糧，7.816D；靈魂中的對立，10.896D。
對技藝的監察 censorship，詩歌的檢查，7.801B 以下，817D，8.829D。
摔跤 wrestling，7.795B，E 以下，814D；有關規則，8.833E。
榮譽、榮耀 honor，榮耀身體，5.728D 以下；榮耀靈魂，5.727 以下；榮譽的授予之處，3.696B 以下，4.707B，715B 以下，5.730D 以下，743E，6.757，11.921E 以下，參閱 5.738E；賦予不同的神靈，4.717A 以下；榮耀長者，4.721D；好比士兵的軍餉，11.921E。
歌曲 song（s），不允許搞新花樣，7.798E，816C；男子的歌曲和女人的歌曲，7.802D；老人的歌曲，2.665B 以下，7.812B；青年人的靈魂咒語，2.659E。
歌唱老師 singing masters，6.764E。
演說、演講、講話、發言 speech（es），古波斯的言論自由，3.694B。
滌罪 purification，對於毆打父母者，9.881E；關於殺人的滌罪，9.865 以下，868 以下，869A，E，11.916C。
瘋子／瘋狂 madman/madness，在父母那裡，11.929D 以下；在古代有時候是一種懲罰，9.854B。
瘋狂、精神錯亂 insanity，犯罪的原因，9.864D；不得結婚，11.926B。
瘋狂、精神錯亂 lunacy/lunatic，不同種類的，11.934D；看管在家裡，11.934C；父母輩的，11.928E，929D 以下。
監督 wardens，酒宴的監督保持清醒，2.671D。
監察、督察 supervisors，監察員，夜間開會的議事會，12.951，961A 以下，968A；教育的監察，6.765D 以下，7.801D，809 以下，811D，812E，813C，8.829D，835A，11.936A，12.951E，953D；對進出口的監察，8.847C；由女性監察婚姻，7.794B，11.930A 以下，932B；對生育的監察，6.784；對體育和學校的監察，6.764C，12.949A。
監察官 ephorate，其權力，3.692A，4.712D。
監護人、監察 overseers，孤兒的監護人，6.766C。
睡眠 sleep（ing），不需要過多的睡眠，7.808B 以下。
種植／植物 planting/plants，相關法律，8.843E。

管家 innkeeping/inns，小旅店的管理，11.918E 以下。
算術（的） arithmetic（al），教育的傑出手段，5.747A 以下，7.819C；統治者學習算術，參閱 7.818C 以下；數字遊戲，7.819B；通過觀察天體學會計算，參閱 6.771B。
精神病、精神的不和諧 disorder, mental，婚姻的障礙，11.925E 以下。
精靈、神靈、守護神 daemon（s），神與人的中介，參閱 4.713D，717B，5.727A，738B，D，740A，7.801E，8.848D，9.853C，10.906A，910A。
精靈、精神 spirit，路上的精靈，11.914B。
綜合、合成 synthesis，羅克里的征服，1.638B。
罰款 fines，9.855A 以下。
舞劍 swordplay，7.795C。
製造者 artificer，始終一貫地堅持一個原則製造他的產品，5.746C。
語言 language，語言的區分，12.944B 以下。
誓言 oaths，無效的，3.692B；撒謊的，11.916E 以下；由發誓來決定的訴訟，12.948C；赫拉克勒斯的子孫立下的誓言，3.683E 以下；接受誓言的時候，12.948E 以下。
說服，勸說 persuasion，說服與強制是立法者的工具，4.719E 以下，722B 以下，參閱 10.885D。
輓歌 dirges，對死者唱輓歌，12.959E。
銀子 silver，不能獻給諸神，12.955E；不能擁有，5.742A，743D，參閱 5.746A；原始時代不知道銀子，3.679B。
障礙、阻礙 obstruction，阻礙證人和競賽者到場，12.954E 以下。
需要 demand，需要與供應，11.918C。
骰子 dice，高投與低投，12.969A。

十五劃

儀式、禮儀 ceremonials/ceremonies，12.949D；禁止私下舉行儀式，10.909D 以下，參閱 12.955E。
價格 prices，執政官確定的價格，11.920C；在市場上，11.917B 以下。
劇場 theater（s），觀眾，2.658C 以下，7.817C；衰退，2.659B 以下，3.700C 以下。
劇場裡的聽眾 audience at theaters，作為裁判，2.659B，3.700C；包括婦女、兒童、奴隸，2.658C 以下，7.817C；聽眾的主權，3.701A。
劊子手／行刑 executioners/executions，9.872B，873B。
嘲笑 laughter，在衛士中不允許，參閱 5.732C，11.935B 以下。
嘲笑 scoffing，在什麼範圍內允許，11.935A 以下。
墳墓 tomb（s），相關規定，12.958E。
審判 trials，審判行為，9.855D 以下。
影像、形象 image（s），誓言的完成，10.910A。
徵稅 levies，戰爭中徵稅，12.949D。
慾望 desire（s），與理性的衝突，參閱 3.686E 以下，689A 以

下；人的慾望，6.782D 以下；使人不節制，11.918D。
撒謊 lie（s），詩人的謊言，參閱 12.941B；統治者可以撒謊，參閱 2.663D 以下。
撫養、飼養 breeding，飼養動物，5.735B 以下；公雞，7.789B。
敵對、競爭 rivalry，兇殺的原因，9.870C。
數 number（s），公民的數量，5.737C 以下，6.771A 以下，9.877D；家庭的數量不能改變，5.740B 以下；帕拉墨得斯發明數，參閱 3.677D；奇數獻給天神，偶數獻給冥神，4.717A 以下；可度量的，5.746D 以下。
數學的／數學家／數學 mathematical/mathematician/mathematics，可度量的與不可度量的，7.819E 以下；埃及的數學教育，7.819B 以下；希臘人在數學上的無知，7.819D 以下；在教育中的價值，7.818C 以下，819C。
暴力 violence，關於暴力的法律，10.884 以下。
標準 standards，關於音樂標準的法律，7.800A。
模仿／模仿的／模仿者 imitation/imitative/imitators，影響性格，2.669B 以下，參閱 7.798D 以下；標準，2.667D 以下；在舞蹈中，2.655D 以下，669C，7.798D 以下，814D 以下；在音樂中，2.655D 以下，668A 以下，7.812C，參閱 7.798D 以下，10.889D；在繪畫中，參閱 10.889D；模仿的快樂，2.667D 以下。
模範城市中的市場 market, in model city，6.778C，8.849 以下，11.917B 以下；市場官員，6.759A。
模範城市的行政長官 magistrates in model city，對行政長官的監察，12.945B-948B；在值職那一年不喝酒，2.674A；職責，6.754D 以下；選舉，6.753B 以下；以執政官的名字命名，6.785A，參閱 12.947A 以下；與法官，6.767A；行政長官名單，6.785A；監視年輕人，8.836A；冒犯行政長官，8.846B；行政官的職位，6.778C；財產登記，5.745A；選舉行政長官，9.855C；行政官的選拔，6.751；補充立法家遺漏之處，9.875E 以下。
毆打 assaults，9.879D 以下，毆打外國人，9.879D 以下；毆打老人，9.880B 以下；毆打父母，9.880E 以下；自衛中的打鬥，9.880A；被奴隸毆打，9.882。
潔淨、洗滌 cleansing，爲殺人而舉行的滌罪儀式，8.831A。
熟人 acquaintance，在國家中，6.771D 以下。
獎賞 award，對美德的獎賞，12.953D。
獎勵 prize（s），對功績的獎勵，8.829C；對勇敢的獎勵，12.943C；美德的獎勵，4.715C，5.729D，730E，11.919E，12.946B，948A，952D，961A，964B 以下，參閱 8.845D，11.935C。
瘟疫、流行病 pestilence，對國家的影響，4.709A。
窮的 poor，與富人的敵意，參閱 5.736A。
衛士 guardians，模範城邦的衛士：年長的擁有理智，年輕的視覺敏銳，12.964 E 以下；舉行入伍儀式，12.965B 以下；對衛士進行選拔和教育，12.968C 以下；學習神性，12.966C 以下。孤兒的監護人：10.909C，11.922A，924，926C-928D；擁有智慧的階層，參閱 12.965A；不能受到嘲笑，參閱 5.732C，11.935B 以下；高尚的和溫和的，參閱 5.731B；經受快樂與痛苦的考驗，參閱 1.633D 以下；不哭泣，參閱 5.732C；輔助者：戰爭中的運動員，參閱 7.824A，8.830A 以下。

衛生設備 sanitation，6.779C。

衝突 conflict，凡人的，善與惡的衝突，10.906A 以下；理性與慾望的衝突，3.687 以下，689A 以下。

褓姆 nurse (s)，7.791E 以下，794A；餵養與消化，7.789B 以下。

談話、文章 discourse，年輕人學習立法者的講話，7.811D；並非總是冗長的，10.887B，參閱 4.721E 以下，10.890E。

諸神 god (s)，不是永恆的而是不滅的，10.904A；擁有絕對的知識，1.641D；關心所有事務，10.902A 以下；既非無理智的又非無知的，10.900C 以下；不缺乏勇敢，10.901E；不能對付必然性，5.741A；萬物都充滿神，10.899B；瞎眼的神，等於財富，等於普路托，參閱 1.631C；天神與冥神，8.828C；分成四組，4.717A 以下；太陽和月亮是神，7.821B，參閱 10.886A；地下世界的神，12.958D；對諸神的信仰不是普世的，12.948C；不相信諸神，10.885B 以下，887C 以下，908B 以下，12.948C；證明諸神的存在，10.886-899B，參閱 12.966E 以下；據說諸神依據習俗而存在，10.889E；不關心人類事務，10.885B，888C 以下，12.948C；使詩人的心靈迷狂，參閱 3.682A，4.719C；神靈附體，5.726 以下；是我們的看守者與主人，參閱 5.727A；與我們有親緣關係，10.899D，900D；指定節日給人類以緩解，2.653D，參閱 2.665A；工匠的保護神，11.920D 以下；年長者與神相似，11.930E 以下；生育之神，5.729C，9.879D；遊戲之神，6.783A；諸神的親屬關係與家族，9.881D；市場之神，11.917D；監視外國人和求援者，5.729E 以下；監護孤兒，11.927B；關心人類社會的保存，使之不遭誅殺，9.871C；使人從詛咒中解脫，9.854B；酒神，1.643A；古代崇拜地方神，5.738C，8.848D；有關崇拜的安排，5.738B 以下；乞靈，11.916E 以下；關於諸神法律，4.717A 以下；向諸神獻祭，12.955E 以下；諸神與神廟，10.909E；若干晝夜獻給諸神，7.807A；模範城邦中的十二位神，5.745D，6.771D，8.828C，848D；不會受禮而動心，10.905D 以下，908E，參閱 4.716E，10.885D，888C，12.948C；諸神喜歡撒謊，11.917A；諸神喜歡不正義，參閱 10.899E 以下；關於諸神的普遍流傳的故事，10.886C，12.941B，參閱 2.672B。

諸神的厄運 doom，10.904E。

調子、曲調 tunes，神聖化的，7.799A 以下。

論證 argument (s)，爭論，爭論中需要禮貌，參閱 1.629A，634C，635A；人格化的「爭論」，需要有一個尾巴，參閱 6.752A，「我們現在可以結束論證了」，3.682E；鼓勵我們，5.741A；好比下棋，參閱 7.820C 以下；像狩獵，參閱 2.654E；必須在論證中加以約束，3.701C；可以涉水而過的河，10.892D 以下，參閱 10.900C；必須停下來等著我們，參閱 6.781E；「論證之風把我們吸到哪裡，我們就進到哪裡」，參閱 2.667A。
豎琴 harp，曾經模仿笛子，3.700E。
質、性質 quality，與數量，6.757B 以下。
輪子 weels，7.823D。
輪迴、移居 transmigration，靈魂的輪迴，10.903D 以下，904E。
適宜、恰當、標致 comeliness，低於善，5.727D；恰當與正確，9.859C 以下。
遷移 emigration，相關的規則，12.949E 以下。
鄰居 neighbors，由鄰居組成的法庭，6.766E；不能傷害鄰居，8.843C。
醉酒 drunken (ness)，結婚時喝醉酒，6.775B 以下；喝醉酒在斯巴達，1.637A 以下；由醉酒引起的傷害，1.640E 以下；男人喝醉酒以爲自己有權爲一切立法，2.671B；就好像再次成爲小孩，1.645E 以下。

十六劃

學校 schools，位置，7.804C；維修，6.764C；課程，7.809E 以下；學校總監，6.764C。
學校老師 schoolmasters，7.804D，808D 以下。
學習 learn (ing)，學習的快樂，2.667C。
學習 studies/study，不是強制性的，參閱 7.810A。
戰爭 war，戰爭的技藝，參閱 11.921D；是移民的原因，4.708B；戰爭的時機，參閱 1.638A 以下；戰爭與追蹤，1.633B，7.823B；戰爭舞，7.796B 以下，815 以下，12.942D；跳舞與摔跤是戰爭的準備，7.796A 以下，參閱 7.813D 以下，12.942D；沒有國家當局的批准不得宣戰，12.955B 以下；對國家的影響，4.709A；內戰與外戰，1.628A 以下；參與戰爭的男女老少，參閱 6.785B，7.804E 以下，806A 以下，813E 以下；人的天然狀態，1.625E 以下；戰爭的目的是和平與和解，1.626D-628；低於和平，1.628C 以下，7.803D，8.829A；在和平時期練習戰爭，8.829B，830C 以下，12.942B 以下；爲何不實施戰爭，8.831B 以下；嚴重的，7.814E；比外戰更糟，1.629D。
戰鬥、搏鬥、打架 fighting，手持矛與盾的戰鬥，7.795B。
戰術 tactics，海軍戰術，不光榮的，4.706C 以下。
整體、整個、全體 whole，整體與國家的幸福，7.806C；在立法中，1.630E；在醫藥中，參閱 10.902D，903D；在宇宙中，10.903B 以下，905B；美德的整體，參閱 1.630E，12.965D 以下。
橄欖樹 olive，最早出現，6.782B；橄欖枝編成的勝利花冠，12.943C，946B。
機智、圓滑 tact，在主持酒宴中的，1.640C。
機遇 chance，機會，機會與技藝，10.888E 以下；機會與神，4.709B 以下；是偉大的立法者，4.709A；機會與本性，10.888E 以下；機會與技巧，4.709C 以下。
歷史 history，早期希臘的歷史，3.681E 以下。

激情、高尚 high spirit，有著文雅和高尚精神的衛士，參閱 5.731B；嬰兒身上的，參閱 12.963；靈魂的成分，參閱 9.863B。

激情、情慾 passion（ate/s），酒對激情的作用，1.645D；靈魂的組成部分，9.863B；一種有壞傾向的東西，11.935A；介於有意與無意之間，9.866E 以下，878B；反對情慾，8.835C 以下。

激勵、靈感、靈機、妙想 inspiration，詩人的靈感，3.682A，4.719C。

獨身 celibacy，對獨身者的懲罰，4.721D，6.774A。

獨唱、獨奏 solo，表演者，6.764D 以下。

獨裁政府/獨裁者 autocracy/autocrat，是邪惡的，3.697C 以下，701E；幸福，2.661B；沒有力量，4.714D 以下；建立社會的最容易的方法，4.710B；年輕的獨裁者，4.709E 以下。

親近、親切 proxeni，1.642B。

諺語、格言 proverbs，障礙已經躍過，參閱 8.947A；第二遍重新開始，4.733D；良好的開端是成功的一半，6.753E；卡德摩斯式的勝利，1.641C；在火堆上梳理羊毛，6.780C；平等產生友誼，5.757A，參閱 8.837A；惡人永遠不知道，5.741D；我們已經有了公平的比賽條件，12.968E；每個人都天然地是他自己的朋友，5.731E；朋友的財產確實是公共財產，5.739C；重複是好事，參閱 6.754C，12.956E；連神也沒有辦法，5.741A，7.818B；不能同時與兩個敵人作戰，11.919B；認識你自己！11.923A，最親密的友誼存在於同類之中，參閱 8.837A；騎在馬上丟了座位，3.701D；移動了不可移動的東西，8.843A，11.913B；既不能讀書又不能游泳，3.689D；第二個童年，1.646A；說請你們原諒的時間已經沒有了，6.751D；進入新一輪擲骰子，12.969A；智者應當去叩開富人的大門，參閱 12.953D。

諷刺作品 satire，不允許諷刺個人的作品，11.935E 以下。

選舉、選拔 election，監察官的選舉，12.945B 以下；選舉合唱比賽的主席和競賽裁判，6.765；選舉市政官與市場官，6.763E；議事會的選舉，6.756B 以下；上訴法庭法官的選舉，6.767E；執政官的選舉，6.753B 以下；軍隊官員的選舉，6.755E 以下；選舉的混合模式，6.753，756，763E，767D；介於君主制和民主制之間的選舉模式，6.756E；祭司、解釋神諭者、神廟管理者的選拔，6.759 以下；鄉村巡視員、專員的選拔，6.760B 以下。

遺贈 bequest，遺贈的自由和限制，11.922B-923C。

遺囑 wills，立遺囑的自由受到限制，11.922B-923C；相關法規，11.923B-924B。

錯誤，虛假 falsehood（s），神憎恨謊言，參閱 11.917A；僅由國家使用藥物，參閱 2.663D 以下。

錯誤，謬誤 error（s），關於諸神的三個錯誤，10.885B 以下；三類錯誤，9.863C 以下。

錯誤 wrong，與損害，9.861E 以下；下定義，9.863E 以下；

不自覺的，9.860D；可修復的與不可修復的，5.731C以下；錯誤與正確，2.663E。
錯誤的、假的 false，錯誤的指控，12.943E；虛假的誓言，12.948D以下；做僞證，11.937B以下。
錯誤的行爲 misconduct，原因在於，9.863B以下。
錢、金錢 money，在模範城邦中的作用，5.744B以下；兩種錢在模範城邦裡，5.742A以下；是可鄙的，參閱5.741E，8.832A；禁止掙錢，5.743D，8.842D。
雕刻家/雕刻 sculptors/sculpture，在埃及，2.656E；雕刻中的圖畫，2.668E以下。
雕像 statues，塗色的雕像，2.668E以下。
靜止 rest，靜止與運動，10.893B以下。
頭 head，不要遮蓋，12.942D。
龍牙 dragon，s teeth，龍牙的故事，2.663E。
閹人、太監、宦官 eunuch（s），壞的教育者，3.695B；著名的宦官，3.695B。

十七劃

優秀 fine，優秀與好，12.966A。
嬰兒 infants，嬰兒的練習，7.789，790C以下；有激情無理性，參閱12.963E。
檢驗物、審判者 triers，音樂的考察，7.802B。
獲得自由的奴隸 freedmen，自由民，相關法規，11.915A以下。
繁盛、富裕 opulence，充裕和貧乏同樣有害，5.744D，11.919B以下。
聯合、合併、團結 union，受到飽足的傷害，6.776A。
膽小、怯懦 cowardice，在戰爭中因膽怯而受懲罰，12.944E以下。
臨時性的議事會 prytanes，6.755E；負責照料因公來訪的外國人，12.953C。
褻瀆 blasphemy，在獻祭時，7.800B以下，參閱7.821D。
謙遜、虛心、節制 modesty，與自信的區別，1.647A；謙虛與害怕，1.647A以下，649C，671D；在葬儀花費中的節制，12.959D。
購買 buying，買與賣，8.849以下，11.915D以下。

十八劃

歸納 induction，知識的源泉，12.965B以下。
獵取野禽 fowling，7.823B以下；不適宜自由民，7.824。
禮儀官 gerousia，在拉棲代蒙，3.692A。
簡單、簡潔、簡樸 simplicity，教育的第一原則，參閱7.812D以下；原始社會的簡樸，3.679B以下，參閱12.948B。
簡潔 brevity，拉科尼亞式的簡潔，4.721E以下；並非總是受到注意，4.721E以下，10.887B。
職務、職司 office/officials，年齡規定，6.785B；官員死亡，6.766C；要實行長期監督，7.808C；與監察官相關，6.761E；服從法律受獎賞，4.715B以下。

職業 occupations，不允許卑鄙的職業，5.741E。
職業的／職業 professional/professions，需要一個有利的條件，4.709D。
豐收 harvest，豐收的禮物，8.844D。
轉變、皈依 conversion，靈魂的轉變，12.957E。
醫生 doctor（s），奴隸當醫生的助手，4.720C，參閱 9.857。
醫生 physician(s)，醫生的無用，6.761D；與病人，9.865B；要考慮整體，參閱 10.902D，903D；兩種醫生，4.720B 以下，722B，723A，9.857C 以下。
醫藥 medicine，要考慮整個身體，參閱 10.903D；節食，2.659E 以下；兩類醫學，4.720。
離婚 divorce，允許無子女者離婚，11.930A；不相配，11.929E 以下。
顏色、色彩 color（s），音樂的色彩，2.655A；在向諸神奉獻時不用的顏色，12.956B。
騎兵 cavalry，選擇騎兵指揮官，6.755E 以下；帖撒利的騎兵，1.625D。
騎馬 riding，；兒童們學習騎馬，參閱 7.794C，813E；婦女騎馬，7.794C，804E 以下，813E。

十九劃

懲罰 punishment，子女不能懲罰父母，9.855A，856D；與醫藥，5.735D 以下；性質與實施者，5.735D 以下，9.854E，862E 以下，11.934A 以下，12.944D，964B；相關原則，9.860E 以下；對奴隸的懲罰，6.777E，7.793E；對惡人的懲罰，9.870E，881A，10.905A 以下，12.959B 以下。
懷孕 pregnancy，7.789B 以下，792E。
懶惰 indolence，懶惰之惡，6.779A。
懶散、無所事事 idleness，不能把諸神說成這樣，10.900E 以下；懶散是荒淫之母，8.835E。
瀕臨大海而居的人 nautical population，是邪惡的，4.705A。
簽署 subscriptions，朋友的簽署不受法律承認，11.915E。
證據 evidence，關於作證的法律，11.936E 以下。

二十劃

獻祭 sacrifice（s），參與獻祭，12.949D；獻祭時的褻瀆，7.800B 以下；向諸神獻祭，4.716D 以下，7.804B；向人獻祭，6.782C；在獻祭時哀悼，7.800C 以下；獻祭的數量，7.809D，8.828A 以下；犧牲，6.753D；改進友誼，6.771D 以下。
競爭、競賽 competitions，體育競賽，6.764C 以下，8.828C，830D 以下，833 以下，12.947E；競賽的指導，6.765C；體育競賽中的殺人，8.831A，9.865B 以下；騎馬比賽，6.764D，755C，8.834B 以下，12.947E；賽跑，8.833A 以下；力量的競賽，8.833D。
競賽 contests，榮耀死者，12.947E；裁判，2.659A 以下，6.764D，8.833E，12.949A；種類，2.658A 以下；音樂競賽，2.657D 以下，6.764D 以下，8.828C，834E 以下，

12.947E；競賽的障礙，12.955A 以下；吟詠比賽，參閱 2.658B 以下；競賽訓練，1.646D，7.807C，8.830A 以下，839E 以下；美德的競賽，5.731A 以下。
競賽者 competitor，競賽者的障礙，12.955A 以下。
繼承、承受、遺產 inheritance，有關法律，5.740B 以下。
議事會 council，模範城市的，6.756B 以下，766B；議事會的劃分，6.758B 以下；職責，6.758B 以下；夜間舉行會議，10.908A，909A，12.951D 以下，961A 以下，968A，969B。
警惕、警覺 watchfulness，在國家中是必要的，6.758A，7.807E，808C。
警察、保安人員 police，鄉村的，11.936C。
黨派人士後來變爲其他職業者 party ascendancies，8.832C。

二十一劃

攝生法、養生法 regimen，生活方式的改變，7.797E 以下。
蠟、蠟製的 wax（en），巫術用的蠟製小人，11.933A 以下。
辯證法、辯證的，dialectic（al），雅典人對辯證法的經驗，10.892D 以下；自然哲學家錯誤地使用辯證法，10.891D。
鐵 iron，不能向諸神獻鐵器，12.956A；對陶工和織匠來說不是必要的，3.679A。
顧問、議員 counselors，兩位不聰明的顧問（快樂與痛苦），1.644C。

二十二劃

權力、力量 power（s），5.727A；並不經常與節制和正義結合在一起，4.711D 以下；爲權力而鬥爭，4.715A；審慎是最高的力量，3.691C 以下，4.713C，9.875B，參閱 4.712A，714D，716A。
權威 authorities/authority，在音樂與體育訓練中的權威，6.764C；令下屬敬畏，11.917A；最高權威，對擁有最高權威者是危險的，3.691D，9.875B，參閱 4.716A；權威的稱號，3.690A 以下，4.714E。
歡宴的聚會 convivial meetings，要處在控制下，1.639D 以下。
歡樂、喜悅 joy，不是不節制，5.732C。
聽、聆聽 hearing，最高級的感覺之一，12.961D。
襲擊、搜查 raids，斯巴達的祕巡制度，1.633B。
讀 read（ing），在學校裡，7.809E 以下。
贖罪祭 atonement for crimes，不容易，10.885D，905D 以下，908E，12.948C，參閱 10.888C。

二十三劃

變化 change（s），變化之惡，7.797D 以下；不允許音樂發生變化，7.798D 以下；變化的原則，10.893C 以下；靈魂的變化，10.903D 以下，904C 以下；年輕人脾氣的變化，11.929C。
邏輯 logic，範疇，10.895C 以下。
體育、體操 gymnastic（s），保留古代體育形式，參閱 7.796A；嬰兒時期的鍛鍊，7.789；賽馬，8.834B 以下；

假定體育的目的只是爲了身體，參閱 2.673A，7.795D 以下；旨在靈魂，參閱 5.743E；體育的源起，2.653D 以下，672C，673D；體育競賽的主席或仲裁，12.949A；賽跑，8.833A 以下；身體鍛鍊的目的在於培養美德，1.636B 以下；適宜婦女的體育，8.833C 以下；花在體育上的時間，參閱 7.810A；拳擊手的訓練，8.830A 以下；通過訓練達到節制，8.8339E；關於競賽，7.807C，8.839E 以下。

體育場 gymnasiums，在模範城市中，6.761C；體育訓練督察，6.764C。

體育運動 sports，男女都可參加的舞蹈，6.771E 以下；在體育運動中獲得榮譽，9.881B；體育總監，8.835A；在公共體育活動中不允許嘲笑，11.935B；仲裁人，12.949A。

體育競賽 athletic competitions，6.765C，8.828C；戰爭法規，1.633A 以下，8.830C 以下，832D 以下。

體制 constitution（s），貴族制，3.681D；最佳政府的體制，參閱 5.739C 以下；體制的構成與個人不一樣，1.636A；民主制的形式隨時間發生變化，3.676B 以下，參閱 6.782A；次好的體制，5.739E，7.807B；不正確地用於一般的國家，4.712E，715B；第三位好的體制，5.739；體制的兩個策源地，3.693D。

二十四劃

癲癇 epilepsy，11.916A 以下。

靈魂 soul（s），道德品質的原因，10.896D；人死後靈魂的狀況，10.904D 以下，12.959B；從黑暗到光明的轉變，參閱 12.957E；劃分爲理性、激情、慾望三部分，參閱 9.863B 以下；不是永恆的，而是不可滅的，10.904A；靈魂的愚蠢，3.689A 以下；不能從四種元素中形成，10.891C 以下；節制產生靈魂的和諧，參閱 2.653B；天體的靈魂，12.967A；歸於靈魂的榮耀，5.727 以下；人的最榮耀的部分，5.743D；對性格的影響，10.904C 以下；靈魂與理智，12.961D 以下；等於生命，10.895C；靈魂中的對立，參閱 10.896D；萬物之靈魂，10.892A 以下，895C；靈魂中的情慾，9.863B 以下；快樂與靈魂，5.727C；神靈附體，5.726 以下；人的最寶貴的財產，5.731C；一切事物的最初源泉，10.899C；等於變化的原則，10.904C 以下；靈魂自動，10.896A 以下，12.966E；太陽與星辰的靈魂，10.899A 以下；靈魂的轉世，10.903D 以下，904E；善的靈魂與惡的靈魂，10.896E；靈魂與宇宙，參閱 10.896E-899A；靈魂與身體的相連不如與身體的分離，8.828D；靈魂比身體年長，參閱 10.893-898；靈魂高於身體，10.892A 以下，896C 以下，12.959A，967B，D，參閱 12.966D 以下；靈魂不朽：12.959B，967D。

靈魂的慾望成分 appetitive element of soul，要加以克制，參閱 3.686E 以下，689A 以下。

二十五劃

觀光者 observers，旅行觀光者，12.951C 以下，952B 以下，

961A。

觀眾 spectator（s），在義大利和西西里由觀眾投票決定勝利者，2.659B；在古雅典觀眾保持沉默，3.700C 以下；不自覺地受到他所看到和聽到的東西的影響，2.656A，659C。

二十六劃

讚美 praise（s），讚美諸神，7.801E。